Geschichte

Realschule Bayern

Entdecken und Verstehen 10

Vom Ende des Zweiten Weltkriegs bis zur Gegenwart

Bearbeitet von
Florian Basel, Eichstätt
Heike Bruchertseifer, Buchloe
Dr. Magdalene Gärtner, Schwäbisch Gmünd
Kathrin Iberl, Neumarkt/Opf.
Maximilian Schuster, Ingolstadt
Doris Thammer, Vohenstrauß
und Josef Zißler, Riedenburg

Cornelsen

Liebe Schülerinnen und Schüler!

In den letzten vier Jahren haben Sie die Geschichte von den Anfängen bis zum Ende des Zweiten Weltkriegs kennen gelernt. Dieser Band behandelt die Geschichte vom Ende des Zweiten Weltkriegs bis in die Gegenwart.

Zum Aufbau des Buches
Da wir auf ganz unterschiedlichen Wegen die Geschichte unserer Vorfahren erkunden können, finden Sie in den Kapiteln zahlreiche Bilder, Karten und Grafiken. Auch die Texte sind unterschiedlich gestaltet. Die folgenden Erklärungen sollen Ihnen helfen, die unterschiedlichen Möglichkeiten, die das Buch bietet, zu erkennen.

Einführung in das Thema
Jedes Kapitel beginnt mit einer „Auftaktseite". Sie will neugierig auf das kommende Thema machen und zu Fragen anregen. Mit ihrer Hilfe können Sie auch zusammentragen, was Sie schon wissen.

Themenseiten
Auf jeder Seite berichten die Autorinnen und Autoren in einem zusammenhängenden Text über die geschichtlichen Ereignisse. Die Überschrift verdeutlicht das Thema, um das es geht.

Quellen
Manchmal lassen die Autorinnen und Autoren die damals lebenden Menschen bzw. Zeitzeugen selbst zu Wort kommen. Die Berichte der damals lebenden Menschen bzw. Zeitzeugen nennen wir Quellen. Rein äußerlich erkennen Sie diese daran, dass sie mit einem „Q" gekennzeichnet sind, außerdem verläuft an ihrem Rand ein Farbstreifen. Auch die Abbildungen, Gemälde und Fotos sind historische Quellen, aus denen Sie wichtige Informationen entnehmen können.

Materialien
Texte von Geschichtsforschern, Berichte anderer Forscherinnen und Forscher und weitere Materialien sind mit einem „M" und – ebenso wie die Quellen – mit einem Farbstreifen gekennzeichnet.

Die Randspalte
Jede Seite ist mit einer farbigen Randspalte versehen. Je nach Bedarf finden Sie hier
- die Erklärung schwieriger Begriffe, die im Text mit einem Sternchen (*) versehen sind,
- wichtige Jahreszahlen und Ereignisse oder
- Zusatzinformationen zu den Themen, die auf der Seite behandelt werden, z.B. Lesetipps oder Hinweise aufs Internet.

Aufgaben
1 *In den Arbeitsaufgaben werden Sie dazu angeleitet, aus den Texten, den Quellen und den Abbildungen Informationen zu entnehmen und einen Sachverhalt mit ihrer Hilfe zu besprechen.*

Methode
Die Seiten „Methode" leiten dazu an, mit den Materialien in diesem Buch umzugehen. Sie helfen Ihnen aber auch, anderswo Informationen zu finden.

Geschichte vor Ort
Auf den Seiten „Geschichte vor Ort" finden Sie Vorschläge für eigene Nachforschungen, z.B. wie Sie die deutsch-deutsche Vergangenheit erkunden können.

Zusammenfassung
Die umfangreichen Kapitel fassen am Ende den wesentlichen Inhalt noch einmal zusammen.

Testen Sie Ihre Kompetenzen!
Mit der abschließenden Doppelseite können Sie testen, inwieweit Sie den Lehrstoff fachlich und methodisch beherrschen und ausgewählte Aspekte selbstständig beurteilen können.

Thematischer Rückblick
Die „roten Seiten" können Sie heranziehen, um über das Thema „Jugend im 20. Jahrhundert" zu sprechen.

Thematischer Querschnitt
Auf den „gelben Seiten" finden Sie Material zu den Themen, die sich zur Befragung von Zeitzeugen eignen, z.B. die erste Mondlandung 1969.

Regionalgeschichtliches Unterrichtsvorhaben
Die „grünen Seiten" helfen Ihnen dabei, die Geschichte Ihres Heimatortes oder -raumes im 20. Jahrhundert zu erforschen.

Das Register
Auf den Karteikarten der Seite „Testen Sie Ihre Kompetenzen!" sowie im Anhang sind die Begriffe, Namen und Daten übersichtlich zusammengefasst, die Ihr geschichtliches Grundwissen darstellen. Was Sie dort finden, ist auf den Themenseiten blau hervorgehoben. Mit dem Stichwortverzeichnis können Sie schnell herausfinden, wo z.B. etwas über den ersten Bundeskanzler der Bundesrepublik Deutschland, Konrad Adenauer, berichtet wird.

Inhaltsverzeichnis

Inhaltsverzeichnis

3 Die Welt verändert sich 88

4 Leben im geteilten Deutschland 112

5 Neuorientierung in Europa 142

Inhaltsverzeichnis

1 Die Spaltung Europas im „Kalten Krieg"

Berlin, Friedrichstraße, Oktober 1961. Da stehen sie sich gegenüber: russische Panzer auf der östlichen, amerikanische auf der westlichen Seite der Stadt, ihre Kanonenrohre aufeinander gerichtet. Was war geschehen? An der Grenze zwischen Ost- und West-Berlin begannen im August Grenzsoldaten der DDR, Stacheldraht auszurollen, Bauarbeiter fingen an, eine Mauer hochzuziehen – mitten durch die Stadt. Knapp 20 Jahre war es her, seit sich die UdSSR und die USA zusammenfanden, um gemeinsam Hitlerdeutschland zu bekämpfen und schließlich zu besiegen. Aus Freunden waren Feinde geworden.
„Kalter Krieg" nannten die Menschen damals den Zustand zwischen West und Ost. In diesem Kapitel können Sie erarbeiten, wie der Kalte Krieg begann, wie er sich Schritt für Schritt über Europa und die übrige Welt legte, wie er sich auf das Leben der Menschen auswirkte, welche Gefahren für die Menschheit von ihm ausgingen …

Der Ost-West-Konflikt

Ost-West-Konflikt: *Ideologischer und politischer Gegensatz der von den USA und der Sowjetunion angeführten Machtblöcke. Er hatte die Teilung Deutschlands, Europas und weiter Teile der Welt nach dem Zweiten Weltkrieg zur Folge und war erst 1989 beendet.*

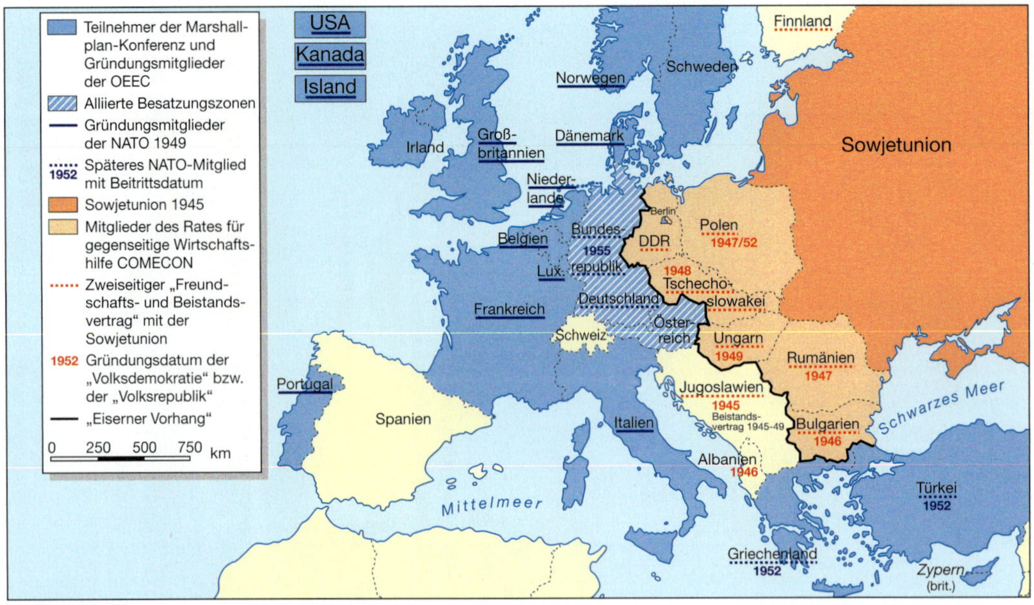

1 **Blockbildung in Europa nach dem Zweiten Weltkrieg.**

Der „Kalte Krieg“

Das Bündnis der Westalliierten – USA, Großbritannien und Frankreich – mit der Sowjetunion im Zweiten Weltkrieg verfolgte das Ziel, Nazideutschland niederzuringen. Unmittelbar nach der Niederlage Deutschlands brachen die ideologischen und gesellschaftspolitischen Gegensätze zwischen den Siegermächten wieder auf. Sie entzündeten sich an der Frage, was aus dem besiegten Deutschland und dem befreiten Europa werden soll. In den unmittelbaren Nachkriegsjahren wurde deutlich, dass eine weitere Zusammenarbeit nicht mehr möglich war. Stattdessen herrschte eine offene Feindschaft, die gewöhnlich als „Kalter Krieg“ bezeichnet wird.

Nach dem Zweiten Weltkrieg unterstützten die USA den staatlichen und wirtschaftlichen Wiederaufbau der in ihrem Machtbereich liegenden Länder, in welche sie ihre Vorstellungen von Demokratie und Marktwirtschaft exportierten. Wie die USA versuchte auch die Sowjetunion, ihr sozialistisches Gesellschaftssystem auf möglichst viele Länder zu übertragen. Durch Spionage gelangte sie an Kenntnisse über den Bau von Atomwaffen. Beide Mächte verfügten nun über Waffensysteme, die es ermöglichten, die jeweils andere Seite mit der totalen Vernichtung zu bedrohen.

Wegen dieses großen Vernichtungspotenzials vermieden die USA und die Sowjetunion die direkte Konfrontation. Sie versuchten vielmehr, weltweit ihre Einflussbereiche und Interessensphären schrittweise zu erweitern und den Gegner nur insoweit zu behindern, als dies ohne Krieg zwischen den beiden Supermächten möglich war. Viele Menschen befürchteten, dass es nur eine Frage der Zeit sei, bis aus dem „Kalten“ ein „Heißer Krieg“ werden würde.

1 *Erklären Sie den Begriff „Kalter Krieg“ mit eigenen Worten.*

2 *Fassen Sie die Entstehung des Ost-West-Konflikts kurz zusammen.*

1945
Konferenz von Potsdam

1946
Wiedergründung des Freistaates Bayern

1948
Währungsreform

1948/49
Blockade Berlins und Luftbrücke

Ziele und Pläne der Alliierten

2 **Die Aufteilung des Deutschen Reiches.**

Alliierte Kriegskonferenzen:

1943 Casablanca: *Roosevelt und Churchill forderten die bedingungslose Kapitulation Deutschlands.*

1945 (Februar) Jalta: *Roosevelt, Churchill und Stalin legten die politischen Nachkriegsziele für Europa und den Vorderen Orient fest.*

1945 (Juli/August) Potsdam: *Truman, Churchill bzw. Attlee und Stalin erörterten gemeinsame Maßnahmen gegenüber Deutschland und die Schaffung einer Nachkriegsfriedensordnung.*

Pläne der Alliierten vor Kriegsende

Während des Krieges trafen die „Großen Drei" (der amerikanische Präsident Roosevelt, der sowjetische Staatschef Stalin und der britische Premierminister Churchill) mehrmals zusammen, um über die Nachkriegsordnung in einem vom Nationalsozialismus befreiten Deutschland und Europa zu beraten. Im Februar 1945 beschlossen sie in Jalta u. a.:

- Aufteilung Deutschlands in vier Besatzungszonen
- Einsetzung eines Alliierten Kontrollrats zur Ausübung der obersten Regierungsgewalt in Deutschland
- Festlegung der neuen polnischen Ostgrenze und – damit verbunden – Verschiebung des polnischen Staatsgebiets nach Westen auf Kosten Deutschlands
- gemeinsame Besetzung Berlins und Einteilung in vier Sektoren

Ziele der Alliierten nach 1945

Die Kriegsalliierten waren sich einig, dass nach einem militärischen Sieg über Deutschland eine dauerhafte Friedensordnung geschaffen werden musste. Ob das gelingen konnte, hing jedoch entscheidend davon ob, ob die jeweiligen Zielvorstellungen und Interessen der Siegermächte in Einklang zu bringen waren.

Die sicherheitspolitischen Vorstellungen der USA bestanden in der Kontrolle des gesamten amerikanischen Kontinents und der angrenzenden Weltmeere. Ihr wirtschaftliches Ziel sahen sie in einem für den freien internationalen Handel offenen Weltmarkt. Die sowjetische Politik erstrebte die Beseitigung der umfangreichen Kriegsschäden im eigenen Land. Eine Sicherung des sozialistischen Herrschafts- und Wirtschaftssystems erhoffte sich die Sowjetunion durch einen „Schutzgürtel" benachbarter Staaten. Die britische Politik sah es als vorrangig an, die Interessenbereiche in Europa klar abzugrenzen und einen Einfluss der UdSSR auf Westeuropa zu verhindern.

3 *Arbeiten Sie mögliche Konfliktpunkte aufgrund der unterschiedlichen Ziele der Alliierten heraus.*

1949
Gründung der beiden deutschen Staaten

1953
Volksaufstand in der DDR

1961
Bau der Berliner Mauer

Der Einmarsch der Alliierten 1945

1 **Der Einmarsch der Alliierten in das Deutsche Reich im April/Mai 1945.**

7./8. Mai 1945: *Bedingungslose Kapitulation der deutschen Wehrmacht, Ende des Zweiten Weltkriegs in Europa.*

Kriegsende 1945

Das Finale des Krieges in Europa war für Millionen Deutsche die schrecklichste Phase des Zweiten Weltkriegs. Vom Westen rückten die Amerikaner, Briten und Franzosen vor, die Russen überschritten die Oder. Im Süden hatten die Westalliierten bereits die Alpen erreicht. Im Luftkrieg kam es zu verheerenden Angriffen auf immer kleinere deutsche Städte. Einheiten der US-Army und der Roten Armee reichten sich am 25. April bei Torgau an der Elbe die Hände, am selben Tag schlossen sowjetische Truppen Berlin ein.

Q1 Der amerikanische Leutnant William Robertson erinnert sich:

… Eigentlich hatten wir gar nicht die Erlaubnis, bis an die Elbe heranzufahren … Es sollte eine Pufferzone bleiben, um zu vermeiden, dass es versehentlich zu Feuergefechten zwischen uns und den Sowjets kommt … Ich spürte die Verlockung, es auf einen Versuch ankommen zu lassen, den Russen zu begegnen … Wir hatten einen russischen Soldaten im Tross, den wir aus deutscher Kriegsgefangenschaft befreit hatten; der schrie nun mit lauter Stimme über den Fluss: „amerikanski, amerikanski". Diesmal gab es zum Glück kein Gegenfeuer. Wir konnten also riskieren, aus der Deckung herauszugehen. Langsam bewegten wir uns vorwärts, balancierten vorsichtig auf den geborstenen Tragebalken der Brücke. Dann endlich kamen auch die Sowjets aus ihrer Deckung heraus …

Q2 Der Rotarmist Alexander Silwaschko berichtet:

Als ich die Uniformen der US-Armee erkannte, fasste ich den Entschluss, den amerikanischen Kameraden entgegenzutreten. Das waren spannende Minuten. Und dann kam der große Augenblick: Mitten auf der Brücke reichten wir uns die Hände; es war ein erhebendes Gefühl.

In der Endphase des Krieges wurden KZ-Häftlinge auf Gewaltmärschen verschleppt und prominente Regimegegner in den KZs liquidiert. Im überfüllten Dachauer Konzentrationslager befreiten amerikanische Truppen etwa 32 000 Häftlinge.

Am 30. April fuhren amerikanische Panzer vor dem schwer beschädigten Münchner Rathaus vor. Am gleichen Tag beging Adolf Hitler im Führerbunker des umkämpften Berlin Selbstmord.

1 *Vergleichen Sie die Gefühle des amerikanischen Leutnants mit denen des Rotarmisten.*

„Warten, abwarten, was kommt"

Deutsche, die … Truppen bei der Besetzung erlebten	wenig gemerkt	angenehm	unangenehm	sehr unangenehm
… die britischen …	47%	16%	26%	11%
… die amerikanischen …	36%	15%	32%	17%
… die französischen …	28%	7%	35%	30%
… die russischen …	4%	1%	24%	71%
Erwachsene Gesamtbevölkerung im Bundesgebiet und West-Berlin	32%	12%	28%	28%

2 **„Wie waren – einmal ganz allgemein gesagt – Ihre Erfahrungen 1945 bei der Besetzung?"** Ergebnis einer Umfrage des Instituts für Demoskopie [= Meinungsforschung] in Allensbach/Bodensee, November 1948.

Q3 Der 15-jährige Heinz Hanß erinnert sich:
In den letzten Apriltagen kam ich in München an. Ich ließ mich wenig sehen, denn es gab ja genügend Leute, die noch an den Endsieg glaubten. So bestand auch ein Fanatiker darauf, dass ich zum Volkssturm kam. Wir mussten ausrücken – aber richtig bewaffnet hat man uns nicht mehr. Es lagen Panzerfäuste und Maschinenpistolen bereit. Aber wir mussten erst einmal Barrikaden am Nockherberg errichten. Im Salvatorkeller, am Nockherberg, war die Befehlsstelle des Gauleiters … Wir stellten alte, ausgebrannte Straßenbahnwagen quer über die Straße. Die anrückenden Amerikaner waren bereits in Freising … Am Ostfriedhof habe ich … gewartet, bis es Nacht wurde, um zu meinen Großeltern zu laufen. Am nächsten Tag waren die Amerikaner in München …

Q4 In einem Hauskeller verborgen erlebte der Schriftsteller Günter Kunert im April 1945 die Eroberung Berlins:
Die Schlacht um Berlin beginnt …
Im Keller nichts Neues. Einer der Mieter hat in weiser Voraussicht seinen Detektorempfänger von 1922 nicht weggeworfen … Und wir werden … den … Satz vernehmen: „Der Führer ist tot" …
Getümmel setzt ein. Papiere werden hervorgezerrt, Dokumente, Ausweise, Fotos, Indizien für die eigene Schuld, für die Mitverantwortung am … „Dritten Reich". Ab ins Fegefeuer mit dem belastenden Material, auf dass man selber gereinigt und geläutert aus dem Keller in eine neue Zeit hervorgehe … Warten, abwarten, was kommt. Was soll schon kommen? Die Sieger natürlich …

Q5 Der ehemalige Bundespräsident Richard v. Weizsäcker hielt 1985 zum 40. Jahrestag des 8. Mai 1945 eine viel beachtete Rede:
… Der 8. Mai ist für uns Deutsche kein Tag zum Feiern. Die Menschen, die ihn bewusst erlebt haben, denken an ganz persönliche und damit ganz unterschiedliche Erfahrungen zurück. Der eine kehrte heim, der andere wurde heimatlos. Dieser wurde befreit, für jenen begann die Gefangenschaft. Viele waren einfach nur dafür dankbar, dass Bombennächte und Angst vorüber und sie mit dem Leben davongekommen waren. Andere empfanden Schmerz über die vollständige Niederlage des eigenen Vaterlandes. Verbittert standen Deutsche vor zerrissenen Illusionen, dankbar andere Deutsche vor zerrissenen Illusionen … Unser Schicksal lag in der Hand der Feinde … Würden sie uns nun vielfach entgelten lassen, was wir ihnen angetan hatten? … Erschöpfung, Ratlosigkeit und neue Sorgen kennzeichneten die Gefühle der meisten … Hatte ein Neuaufbau … überhaupt Sinn? …

2 *Formulieren Sie das Ergebnis der Umfrage (Tabelle) mit eigenen Worten. Finden Sie Erklärungen für die unterschiedliche Bewertung der Besatzungsmächte.*

3 *Das Thema eignet sich zur Befragung von Zeitzeugen (zur Methode siehe S. 229 f.). Fragen Sie Ihre Großeltern und ältere Bekannte nach deren Erinnerungen an die Zeit der Besatzung.*

Die politische Neuordnung Deutschlands

1 **Churchill, Truman und Stalin auf der Potsdamer Konferenz.** Foto, 1945.

Massenflucht und Vertreibung:
Millionen Menschen flüchteten im Herbst 1944 und im Frühjahr 1945 vor der vorrückenden Roten Armee aus den deutschen Ostgebieten nach Westen. Nach der Kapitulation versuchten viele, wieder in ihre Heimat zurückzukehren. Bereits im Juni 1945 setzten aber in Polen, in den polnisch verwalteten Gebieten und in der Tschechoslowakei „wilde" Vertreibungen ein. Eine neue Flüchtlingswelle von etwa 2,5 Millionen Menschen gelangte unter schlimmen Umständen in den Westen. 1946 wurden dann, entsprechend den Absprachen der Siegermächte während der Potsdamer Konferenz, fast alle Deutschen aus den Gebieten östlich von Oder und Neiße, aus Ungarn und der Tschechoslowakei planmäßig vertrieben.

Die Konferenz von Potsdam
Nach dem Sieg über Deutschland berieten die „Großen Drei" in Potsdam vom 17. Juli bis zum 2. August 1945 über das Schicksal Deutschlands. In vielen Punkten konnten sie sich nur mühsam auf Kompromisse einigen. Am Ende der Beratungen stand das sogenannte „Potsdamer Abkommen".

Q1 Aus dem Abschlussprotokoll:
… III. Über Deutschland
Alliierte Armeen führen die Besetzung von ganz Deutschland durch und das deutsche Volk fängt an, die furchtbaren Verbrechen zu büßen … Der deutsche Militarismus und Nazismus werden ausgerottet und die Alliierten treffen nach gegenseitiger Vereinbarung … auch andere Maßnahmen, die notwendig sind, damit Deutschland niemals mehr seine Nachbarn oder die Erhaltung des Friedens in der ganzen Welt bedrohen kann.

Weiterhin wurde beschlossen:
- Alle aktiv gewesenen Mitglieder der nationalsozialistischen Partei sind aus den öffentlichen Ämtern und aus Führungspositionen in wichtigen Privatunternehmen zu entfernen.
- In ganz Deutschland sind alle demokratischen Parteien zu erlauben.
- Das Erziehungswesen ist nach demokratischen Grundsätzen zu gestalten.
- Die Herstellung von Kriegsmaterial ist zu verbieten. Entsprechende Produktionsanlagen sind entweder zu demontieren oder zu vernichten.
- Das Hauptgewicht ist auf die Entwicklung der Landwirtschaft und der Friedenswirtschaft für den inneren Bedarf zu legen.
- Während der Besatzungszeit ist Deutschland als wirtschaftliche Einheit zu betrachten. Jede Besatzungsmacht entnimmt ihre Reparationen aus ihrer Zone. Die Sowjetunion erhält zusätzlich aus den westlichen Zonen bestimmte Güter.
- Die endgültige Festlegung der Westgrenze Polens soll bis zu einer Friedenskonferenz zurückgestellt werden. Bis dahin sollen die früher deutschen Gebiete östlich der Oder-Neiße-Linie unter polnische Verwaltung gestellt werden.

1 *Stellen Sie zusammen, mit welchen Beschlüssen und Maßnahmen die „Großen Drei" in Potsdam ihre Ziele verwirklichen wollten.*
2 *Gestalten sie eine Collage zum Thema: „Die Zukunft Deutschlands 1945".*

Reparationen und Demontage

2 In den Werkhallen der Firma Kugelfischer in Schweinfurt wird Reparationsgut zum Abtransport in die UdSSR verpackt. Foto, 1946.

Reparationspolitik der Siegermächte

Als Wiedergutmachung für die Schäden, die während des Krieges und unter der Herrschaft der Nationalsozialisten in den von ihnen besetzten Ländern entstanden waren, verlangten die Siegermächte Reparationen [= Wiedergutmachungen]. Dafür waren Geldleistungen, Demontagen [= Abbau von Industrieanlagen], die Entnahme von Gütern aus der laufenden Produktion sowie die Verwendung von Arbeitskräften (Kriegsgefangene, Facharbeiter) vorgesehen. Zu konkreten Regelungen über die Höhe der Reparationen kam es aber nicht. Jede Besatzungsmacht sollte ihre Ansprüche aus der eigenen Zone abdecken. Der UdSSR wurden zusätzliche Leistungen in Höhe eines Viertels der Demontagen aus den Westzonen zugestanden. Dieses Prinzip zerstörte aber die wirtschaftliche Einheit Deutschlands. Die unterschiedlichen Ansichten in der Reparationsfrage waren einer der entscheidenden Gründe für das Auseinanderfallen des Kriegsbündnisses zwischen der Sowjetunion und den USA. Historiker schätzen, dass die UdSSR bis zum Jahr 1953 aus ihrer Zone etwa 66 Milliarden Reichsmark an Reparationen erhielt. Die Westzonen mussten bis 1951 dagegen nur ca. 20 Milliarden Reichsmark, gerechnet in Preisen von 1938, aufbringen.

Unterschiedliche Entnahmen

Die durchgeführten Demontagen hatten in den Besatzungszonen unterschiedliche Ausmaße. Die USA waren besonders an der weit entwickelten deutschen Raketen- und Flugzeugtechnik interessiert. So arbeiteten Wernher von Braun und seine Mitarbeiter schließlich in der amerikanischen Raumfahrtindustrie. Frankreich und Großbritannien entnahmen bis Ende 1947 industrielle Anlagen, wenn auch nicht in dem Umfang wie die UdSSR. Diese transportierte ganze Fabriken samt Belegschaft und zahlreiche Wirtschaftsgüter in ihr zerstörtes Land. Dies belastete den wirtschaftlichen Wiederaufbau der Ostzone weit stärker als den in den Westzonen.

Q2 Ein Beispiel für „menschliche Reparationen" aus der Sowjetzone:

Gegen zwei Uhr nachts erfüllte plötzlich Motorenlärm die Straßen … Der planmäßige Abtransport deutscher Techniker und Spezialisten in die Sowjetunion hatte begonnen … Erschütternde Szenen spielten sich ab. In den meisten Fällen folgten die Frauen ihren Männern in das ungewisse Schicksal …

3 *Vergleichen Sie die Reparationspolitik der Siegermächte nach dem Ersten Weltkrieg mit der nach 1945. Nennen Sie Unterschiede und Gemeinsamkeiten.*

Wernher von Braun *(1912–1977): Leitender Mitarbeiter des deutschen Raketenforschungszentrums Peenemünde/Ostsee. Nach dem Krieg siedelte er in die USA über und nahm 1955 die amerikanische Staatsbürgerschaft an. In der US-Raumfahrtbehörde NASA arbeitete er im Rahmen des „Apollo"-Programms (Mondlandung) in führender Position.*

Die Wappen westdeutscher Länder:

Baden-Württemberg

Bayern

Hessen

Rheinland-Pfalz

Saarland

Die Besatzungspolitik der Siegermächte

1 Ländergründungen in den Besatzungszonen Deutschlands.

Besatzungszonen

Schon vor der offiziellen Kapitulation Deutschlands hatten in fast allen eroberten und besetzten Gebieten die örtlichen Militärkommandanten der jeweiligen Truppen der Sowjetunion, Großbritanniens und der USA die Macht übernommen. Die Aufteilung Deutschlands in vier Besatzungszonen unter Beteiligung Frankreichs war von den „Großen Drei" auf den Konferenzen in Teheran und Jalta beschlossen worden. Berlin sollte von allen vier Mächten gemeinsam verwaltet werden („Viermächtestatus").

Verkleinerung Deutschlands

Über eine Verkleinerung Deutschlands im Osten war man sich einig, allerdings ohne einen genauen Verlauf der neuen Ostgrenze festzulegen. Ohne Absprache mit den übrigen Siegermächten übertrug aber die Sowjetunion die Verwaltung der von ihr besetzten deutschen Gebiete östlich der Oder und Lausitzer Neiße bereits am 7./8. Mai 1945 an die provisorische polnische Regierung. Dies bedeutete, wie die gleichzeitige Eingliederung des nördlichen Ostpreußens mit Königsberg in das Gebiet der Sowjetunion, eine Vorwegnahme der Grenzziehung. Eine endgültige Festlegung der neuen Grenzen Deutschlands sollte einem künftigen Friedensvertrag vorbehalten bleiben. Nach der Wiedervereinigung Deutschlands wurde 1990 im sogenannten „Zwei-plus-vier"-Vertrag eine „abschließende Regelung in Bezug auf Deutschland" zwischen den Siegermächten und den beiden deutschen Staaten getroffen (siehe S. 164).

Besatzungsherrschaft

Am 5. Juni 1945 übernahmen die USA, die Sowjetunion, Großbritannien und Frankreich offiziell die Macht auf dem Gebiet der vier Besatzungszonen in Deutschland und Berlin. Die Oberkommandierenden der Streitkräfte der Siegermächte waren die Oberbefehlshaber in ihren Besatzungszonen; sie handelten nach Anweisungen ihrer Regierungen. Fragen, die Deutschland als Ganzes betrafen, sollten laut „Potsdamer Abkommen" im Alliierten Kontrollrat einstimmig entschieden werden.

In jeder Stadt oder in jedem größeren Ort herrschte ein Militärkommandant, der die wichtigsten Fragen des Alltagslebens regelte und zunächst die Versorgung der Bevölkerung mit Strom, Wasser und Lebensmitteln sicherstellen sollte. Brücken und Straßen mussten repariert, zerstörte oder stillgelegte Betriebe wieder in Gang gebracht werden. Am dringendsten war die Beschaffung von Wohnraum, vor allem auch für die aus den Ostgebieten vertriebenen Deutschen. Schließlich musste eine örtliche Verwaltung aufgebaut werden, die unter der Kontrolle der jeweiligen Besatzungsmacht lokale Fragen regeln sollte. Dazu griffen die Besatzungsmächte auf deutsche Kräfte zurück, auch auf ehemalige Mitglieder der NSDAP.

1 *Suchen Sie in einem Atlas oder im Internet nach einer politischen Karte von 1945 und tragen Sie in diese die Besatzungszonen und die die in ihnen entstandenen Länder ein.*

2 *Schreiben Sie einen Artikel für die Lokalzeitung und schildern Sie darin den Beginn der Besatzungsherrschaft und die wichtigsten Alltagsprobleme der Nachkriegszeit.*

Der Wiederbeginn des politischen Lebens

Die amerikanische Zone

Die Besatzungsmächte richteten von Ende 1945 bis Anfang 1946 in ihren Zonen größere Verwaltungseinheiten ein, die Länder. Nachdem die Amerikaner in ihrer Zone ab Mai 1945 Gemeinde- und Bezirksverwaltungen gebildet hatten, koordinierte ab September ein Länderrat den Aufbau von drei Ländern. Mit der Bildung der Länder Bayern und Württemberg-Baden konnten die Amerikaner an schon vorher bestehende Ländertraditionen anknüpfen. Eine Neugründung war das Land Großhessen. Ende 1946 (Bayern) und Mitte 1947 fanden in allen drei Ländern freie Wahlen zu den Landtagen statt.

Die französische Zone

Die französische Zone wurde streng von den anderen Zonen abgeschlossen. So fanden z. B. Flüchtlinge und Vertriebene hier keine Aufnahme. 1946 wurde das Land Rheinland-Pfalz gegründet, dazu kamen 1947 die entstandenen Länder Baden und Württemberg-Hohenzollern. 1952, nach der Gründung der Bundesrepublik, wurden diese beiden Länder mit Württemberg-Baden nach einer Volksabstimmung in allen drei Ländern zum Bundesland Baden-Württemberg vereinigt.
Eine Sonderrolle nahm das Saarland ein. Im Sommer 1946 trennte Frankreich das Saarland gegen den Widerstand vor allem der USA und Großbritanniens von seiner Zone ab. Parteien wurden im Saarland nur unter der Bedingung zugelassen, dass sie sich nicht für einen Anschluss an Deutschland einsetzten. Erst 1957 wurde das Saarland nach einer Volksabstimmung ein Bundesland der Bundesrepublik.

Die britische Zone

Die britische Zone bestand aus der Stadt Hamburg, vier kleineren Ländern und mehreren preußischen Provinzen. Die Briten gründeten am 23. August 1946 das Land Nordrhein-Westfalen, im selben Jahr das Land Niedersachsen und den Stadtstaat Hamburg. Mit der Gründung des Landes Schleswig-Holstein (1947) war die Neuordnung der britischen Zone abgeschlossen.

2 Eines der ersten Wahlplakate in Bayern, Juni 1946.

Die sowjetisch besetzte Zone (SBZ)

Die Sowjetische Militäradministration (SMAD) gründete im Sommer 1945 in ihrer Zone die Länder Thüringen, Sachsen, Mecklenburg und die Provinzen Brandenburg und Sachsen-Anhalt. In diesen Ländern wurden früher als im Westen antifaschistische Parteien und Gewerkschaften zugelassen. Mit der Einrichtung von elf, den Ländern übergeordneten Zentralverwaltungen legten die Sowjets den Grundstein für eine sozialistische Staats- und Gesellschaftsordnung. 1952 wurden die Länder wieder aufgelöst und durch 14 Bezirke ersetzt.

Wiedergründung politischer Parteien

Im Sommer 1945 fanden sich auf örtlicher Ebene politisch Gleichgesinnte zusammen, um das politische Leben wieder in Gang zu bringen. Voraussetzung für die Bildung von Parteien war aber die Genehmigung des Parteiprogramms durch die jeweilige Militärregierung.

3 *Fassen Sie den Wiederbeginn des politischen Lebens in Deutschland nach 1945 zusammen.*

Die Wappen der ostdeutschen Bundesländer nach der Vereinigung:

Brandenburg

Mecklenburg-Vorpommern

Sachsen

Sachsen-Anhalt

Thüringen

Der Freistaat Bayern entsteht wieder

Fritz Schäffer
(1888–1967), 1929 bis 1933 Vorsitzender der Bayerischen Volkspartei, 1931 bis 1933 bayerischer Finanzminister, 1933 vorübergehend inhaftiert, 1945 Mitbegründer der CSU, 1945 kurzzeitig von den Amerikanern als bayerischer Ministerpräsident eingesetzt, 1949–1957 Bundesfinanzminister, 1957 bis 1961 Bundesjustizminister.

Wilhelm Hoegner
(1887–1980), SPD-Politiker, 1924–1932 und 1946–1970 Mitglied des bayerischen Landtags, 1933–1945 Exil in Österreich und in der Schweiz, Mai 1945 bayerischer Justizminister, 1945/46 Ministerpräsident, 1950–1954 Innenminister, 1954–1957 Ministerpräsident.

1 Kontrolle von Flüchtlingen durch die US-Army in Bayreuth, 1945.

Besatzer und Besetzte: Neuaufbau der Verwaltung

Im April 1945 von der US-Armee besetzt, wurde Bayern Teil der amerikanischen Besatzungszone.

Q1 Aus der Proklamation Nr. 2 der Militärregierung vom 19. September 1945:
… Innerhalb der amerikanischen Besatzungszone werden hiermit Verwaltungsgebiete gebildet, die von jetzt ab als Staaten bezeichnet werden; jeder Staat wird eine Staatsregierung haben. Die folgenden Staaten werden gebildet: Groß-Hessen; Württemberg-Baden; Bayern, wie es 1933 bestand …

Bereits am 1. Mai hatte man mit dem Aufbau einer deutschen Verwaltung begonnen. NSDAP-Mitglieder wurden aus den Behörden entlassen und unbelastete Deutsche als Bürgermeister und Landräte eingesetzt. Am 28. Mai ernannte die US-Militärregierung Fritz Schäffer (CSU) zum Ministerpräsidenten. Seine Aufgabe war es, Minister vorzuschlagen, Nationalsozialisten aus allen Ämtern zu entfernen und eine Zivilverwaltung mit bayerischem Personal aufzubauen. Wegen Meinungsverschiedenheiten in der Frage der Entnazifizierung wurde Schäffer allerdings bereits Ende September durch Wilhelm Hoegner (SPD) ersetzt. Ohne den Grund zu kennen, waren beide am 28. September in das US-Hauptquartier nach München bestellt worden.

Q2 Hoegner schildert in seinen Erinnerungen die Atmosphäre des Amtswechsels:
… Ich wurde in das Zimmer des Oberst Dalferes geführt. Er stand, von einer Anzahl von Offizieren mit Stahlhelmen umgeben, hinter seinem Schreibtisch. Schäffer und seine Begleitung wurden hereingerufen. Hierauf nahm Oberst Dalferes ein Schreiben und begann: „Sie, Herr Fritz Schäffer, Ministerpräsident von Bayern, sind hiermit abgesetzt. Hier ist Ihr Brief." … Dann wandte sich Dalferes an Hoegner. „Sie, Dr. Wilhelm Hoegner, werden hiermit zum Ministerpräsidenten von Bayern ernannt. Hier ist Ihr Brief. Haben die Herren noch etwas zu sagen?", fragte Oberst Dalferes. Wir verneinten …

1 *Bewerten Sie mit Hilfe der Quelle das Verhältnis zwischen Besatzern und Besetzten.*

Hoegner übernahm es nun, den Neuaufbau Bayerns in die Wege zu leiten. Er organisierte nicht nur die Eingliederung der Flüchtlinge und Vertriebenen sowie die Versorgung der Bevölkerung, sondern trieb auch die Errichtung einer demokratischen Staatsordnung voran.

Die bayerische Verfassung

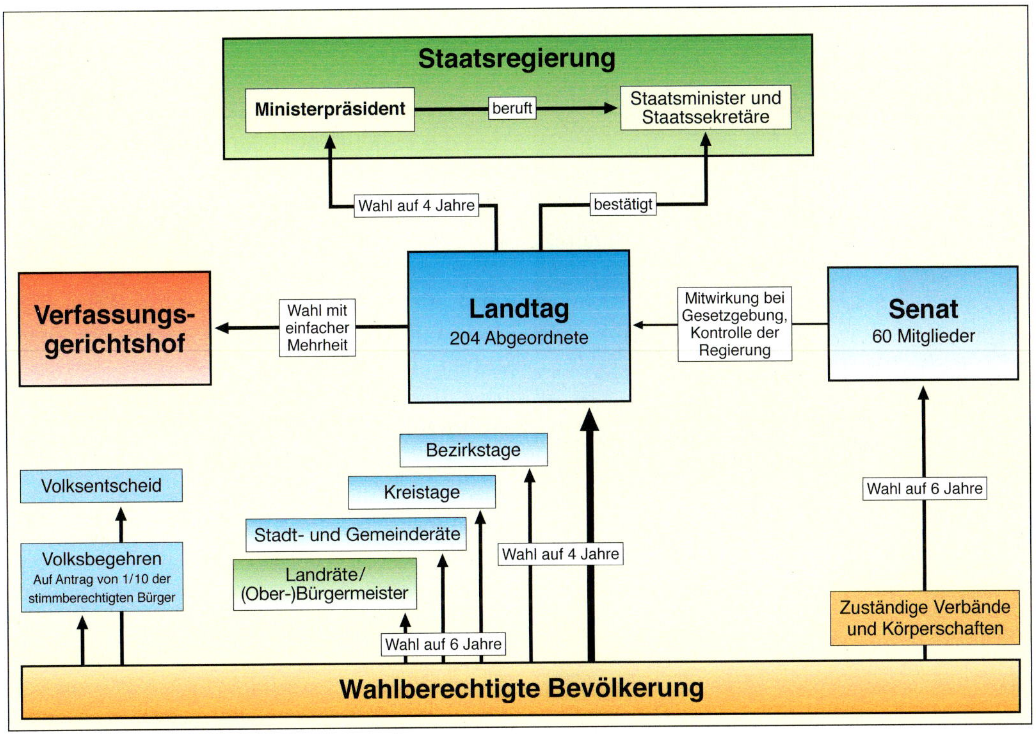

2 **Politisches System des Freistaats Bayern nach der Verfassung von 1946.**

Auf dem Weg zum „Freistaat"*

Die USA waren bestrebt, in ihrer Besatzungszone ein demokratisches Staatswesen nach ihren Vorstellungen aufzubauen. Die Zulassung von Parteien und die Durchführung von Kommunalwahlen [= Wahl politischer Vertreter in Städten, Landkreisen und Gemeinden] waren die ersten von der Militärregierung vorgegebenen Schritte zur Demokratisierung. Im Herbst 1945 bildeten sich in Bayern politische Parteien. Neben der SPD und der KPD, die bereits vor 1933 bestanden hatten, wurden die CSU, FDP, WAV (Wirtschaftliche Aufbau-Vereinigung) und Bayernpartei neu gegründet.

1946 folgten die Gemeinderats- und Kreistagswahlen, in denen die CSU die meisten Stimmen erhielt. Im Februar 1946 wurde Ministerpräsident Hoegner angewiesen, für den 30. Juni die Wahl einer verfassunggebenden Landesversammlung auszuschreiben. Ein Verfassungsausschuss aus Vertretern der verschiedenen Parteien legte der Militärregierung einen Verfassungsentwurf für ein demokratisches Bayern vor, das einem künftigen deutschen Bundesstaat angehören sollte. Nach einer Überarbeitung wurde der Entwurf am 1. Dezember 1946 in einem Volksentscheid mit 70,6 Prozent der abgegebenen Wählerstimmen gebilligt. Mit seiner Inkraftsetzung am 8. Dezember war der Freistaat Bayern wieder gegründet.

Zusammen mit der Volksabstimmung fanden die ersten Landtagswahlen statt, in denen die CSU die absolute Mehrheit erreichte. Der zum Ministerpräsidenten gewählte Hans Ehard (CSU) bildete angesichts der bevorstehenden großen Aufgaben eine Koalitionsregierung aus CSU, SPD und WAV. Nach dem Ausscheiden der Sozialdemokraten aus dem Kabinett im Juli 1947 regierte die CSU allein weiter.

2 *Vergleichen Sie die heutige Parteienlandschaft in Bayern mit der nach dem Krieg.*

3 *Welche Unterschiede sind im politischen System Bayerns zwischen 1946 und heute festzustellen? Entwerfen Sie dazu mit Hilfe des Schaubilds ein Schema der bayerischen Verfassung von heute.*

Freistaat*: *Der Begriff entstand im 19. Jahrhundert und bezeichnete einen Staat, der nicht monarchisch regiert wurde. Er wird synonym für „Republik" gebraucht.*
Am Ende des Ersten Weltkriegs, in der Nacht vom 7. zum 8. November 1918, rief der Sozialist Kurt Eisner in München den „Freien Volksstaat Bayern" aus und beseitigte die Monarchie der Wittelsbacher.
Heute führen außer Bayern die Länder Sachsen (seit 1990) und Thüringen (seit 1993) den Titel „Freistaat".

Hans Ehard *(1887–1980), CSU-Politiker, 1946–1954 bayerischer Ministerpräsident, 1949 bis 1954 Vorsitzender der CSU, 1954 bis 1960 Landtagspräsident, 1960–1962 erneut Ministerpräsident, 1962–1966 Justizminister.*

8. Dezember 1946: *Inkrafttreten der bayerischen Verfassung und Wiedergründung des Freistaats Bayern.*

Neugablonz – ...

*__Edvard Beneš*__ (1884–1948), 1945 bis 1948 tschechischer Staatspräsident.*

1 **Das Vertriebenendenkmal erinnert an die Vertreibung 1945.** Plastik von Hanne Wondrak, 1963.

*__Jablonec*__ (= tschechisch): Das tschechische Wort „jablonec" bedeutet Apfelbaumsiedlung. Die Geschichte der __Gablonzer Glas- und Schmuckwarenindustrie*__ reicht bis ins 16. Jahrhundert zurück. Im wald- und wasserreichen Isergebirge waren gute Bedingungen für die Entstehung von Glashütten gegeben. Später wurde Glas zu Perlen, Knöpfen, Lüsterbehang, Schmuck u. a. verarbeitet. Gablonz hatte Ende des 19. Jahrhunderts den Ruf einer Welthandelsstadt für Schmuck.*

„Gablonzer" kommen ins Allgäu

Stadt und Kreis Gablonz (tschechisch: Jablonec*) liegen in Nordböhmen. Hier lebten 1945 etwa 100 000 Menschen, fast nur Deutsche. Mehr als 50 Prozent der Bevölkerung verdienten ihren Lebensunterhalt in der Gablonzer Glas- und Schmuckwarenindustrie.

Nach dem Sieg über Hitlerdeutschland begannen die Tschechen, die Sudetendeutschen aus ihrer Heimat zu vertreiben und wirtschaftlich zu entrechten. Die Grundlage dafür bildeten die so genannten Beneš-Dekrete*. Erst mit den Beschlüssen der Potsdamer Konferenz wurde diesem oft auch gewalttätigen Treiben ein Ende gesetzt, und die Umsiedlung der Sudetendeutschen sollte „in ordnungsgemäßer und humaner Weise" erfolgen. Im Kreis Gablonz entstanden Sammellager für die Deutschen, die später in Viehwaggons vorrangig in die sowjetische und amerikanische Besatzungszone transportiert wurden.

Q1 Frau Traubach aus Reichenau bei Gablonz erinnert sich:

... Am 10. April (1946) wurden wir dann wieder in einen Sonderzug verladen (30 Personen und Gepäck in einen Viehwaggon) und es ging Richtung Bayern ... Über Augsburg kamen wir nach Kaufbeuren, waren drei Wochen in der Turnhalle untergebracht, wurden geimpft, und dann brachte man uns in die Dörfer ringsum – wo man uns nicht wollte ... Ich fand bald Arbeit in Kaufbeuren. Wir machten Broschen aus Holz, die ich mit meinen Kolleginnen mit Blumen u. Ä. bemalte ...

So wie Frau Traubach kamen etwa 18 000 Deutsche aus der nordböhmischen Region nach Kaufbeuren; man nannte sie „Gablonzer". Das Besondere daran war: Es entstand

2 **Ruinenwüste 1947:** Blick in Richtung der heutigen Gürtlerstraße und Perlengasse.

eine Siedlung, die nur von Vertriebenen aus einem bestimmten Gebiet gegründet wurde; seit 1952 trägt sie den Namen „Neugablonz". Großen Anteil an der Entstehung der Siedlung hatte Diplomingenieur E. Huschka aus dem Gablonzer Kreis. Er überzeugte die bayerische und die schwäbische Regierung davon, dass mit rund 7000 Arbeitern auf einem geeigneten Gelände die Glas- und Schmuckindustrie wiederbelebt werden könnte.

1 *Erläutern Sie, warum „Gablonzer" gerade nach Kaufbeuren kamen.*

2 *Überlegen Sie, aus welchen Gründen die einheimische Bevölkerung nach dem Krieg oft nicht erfreut über die Flüchtlinge gewesen ist.*

Die Goldgräberstadt

Mit viel Fleiß, Geschick, Durchhaltewillen und Erfindungsreichtum gelang es den Vertriebenen, in den schweren Jahren nach dem Krieg die Produktion wieder aufzunehmen. Anfänglich gab es Widerstände gegen die Ansiedlung von so vielen Menschen aus nur einer Region an einem Ort, auch von Seiten der bayerischen Regierung. Doch die zu erwartenden Einkünfte aus der Glas- und Schmuckherstellung überzeugten auch den damaligen bayerischen Wirtschaftsminister Erhard.

1946 wurden die Allgäuer Glas-, Metall- und Schmuckwaren eGmbH und die Aufbau- und Siedlungsgesellschaft Kaufbeuren gegründet. Auf dem Gelände einer ehemaligen Dynamitfabrik entstanden die neuen Produktionsstätten; die Arbeit wurde aufgenommen. Nach und nach erfolgte der Ausbau der Infrastruktur (Einzelhandelsgeschäfte, Arztpraxen, Post, Polizeiwache, Schule, Kindergarten, Kirchen, Busanbindung nach Kaufbeuren). 1947 hatte die Siedlung 872 Einwohner und 151 arbeitende Betriebe. Ein Jahr später waren es schon mehr als 1000 Einwohner – Tendenz steigend. Die erste Exportbilanz der Neugablonzer Industrie stammt aus dem Jahr 1949: Sie betrug 40000 US-Dollar (damals 166000 DM). 1953 wurden Waren im Wert von 103 Mio. DM exportiert, der Umsatz erreichte bereits 307 Mio. DM. Das bedeutete, dass der Staat Steuern in Höhe von 16 Mio. DM einnahm und die Stadt Kaufbeuren eine Gewerbesteuer von 1,65 Mio. DM erhielt.

3 Ausbildung zum Goldschmied in der Staatlichen Berufsfachschule für Glas und Schmuck.

Neben ihrem handwerklichen Geschick brachten die „Gablonzer" auch ihre Mundart, Kultur und ihr Vereinsleben mit ins Allgäu. Man gewöhnte sich trotz einiger Widerstände ein und nahm auch am politischen Leben in der neuen Heimat teil. 1948 saßen „Gablonzer" erstmals im Stadtrat von Kaufbeuren, 1956 waren es von 27 Stadträten bereits 13. 1952 wurde erstmals ein „Gablonzer" zum Bürgermeister von Kaufbeuren gewählt.

3 *Erklären Sie die Bedeutung der Überschrift „Goldgräberstadt".*

4 *Nennen Sie die Ursachen für den wirtschaftlichen Erfolg der Sudetendeutschen in Neugablonz.*

Hat die Schmuckherstellung eine Zukunft?

Heute leben in Kaufbeuren-Neugablonz mehr als 13000 Menschen. Einige, meist kleine Betriebe wurden schon geschlossen, andere stellten um auf Zulieferprodukte für die Auto- und Elektronikindustrie. Der Konkurrenzdruck bei der Modeschmuckherstellung aus Fernost ist sehr groß. Neugablonz ist mehr zu einer Wohnsiedlung geworden, in der heute nicht mehr nur Sudetendeutsche und ihre Nachkommen leben.

5 *Informieren Sie sich im Internet über Chancen und Probleme in der Region heute.*

Zeitungen in der Nachkriegszeit

1 Zeitungskiosk inmitten von Trümmern, Berlin 1947. Ein erstaunlich vielfältiges Angebot an Zeitungen und Zeitschriften war in der unmittelbaren Nachkriegszeit sehr schnell vorhanden.

Die Zeitungslandschaft im Nachkriegs-Bayern

Da es noch kein Fernsehen gab und nur wenige über ein Radiogerät verfügten, waren in der unmittelbaren Nachkriegszeit die Zeitungen das wichtigste Informationsmittel für die Menschen. Außerdem sollten nach dem Willen der Besatzungsmächte die Zeitungen zur Überwindung des Nationalsozialismus, zur Umerziehung der Bevölkerung zur Demokratie und zum demokratischen Wiederaufbau beitragen.

In drei Schritten wurde die Presse in Deutschland neu organisiert. Das Gesetz Nr. 191 der Militärregierung vom 24. November 1944 verbot alle deutschen Presseerzeugnisse. Sogenannte alliierte „Mitteilungsblätter", später „Armeegruppenzeitungen", wie z. B. die „Münchner Zeitung", die „Regensburger Post" oder der „Augsburger Anzeiger", traten an ihre Stelle. Sie unterrichteten die deutsche Bevölkerung in den ersten Nachkriegswochen und -monaten über die Maßnahmen der Besatzungsmächte. Im Oktober 1945 erschien z. B. die erste Ausgabe der „Neuen Zeitung", einer amerikanischen Zeitung für die deutsche Bevölkerung.

Schließlich legten die Amerikaner das Pressewesen wieder in deutsche Hände, zunächst unter alliierter Kontrolle. Sorgfältig ausgewählte und nicht belastete deutsche Journalisten und Verleger durften wieder deutsche Zeitungen machen. Als erste deutsche Zeitung, die unter amerikanischer Kontrolle herausgegeben wurde, erschien bereits am 24. Januar 1945 das Wochenblatt „Aachener Nachrichten". Weitere Lizenzierungen erfolgten erst nach Kriegsende. Vorreiter waren die Sowjets mit der „Berliner Zeitung" am 21. Mai 1945. Mitte 1946 gab es in Bayern wieder 35 Zeitungen, die „Licence No. 1" erhielt am 6. Oktober 1945 die „Süddeutsche Zeitung". Diese „Tageszeitungen" erschienen zunächst wegen des großen Papiermangels zumeist nur zwei- oder dreimal in der Woche. Um relativ hohe Auflagen erzielen zu können, musste der Umfang jeder Zeitungsausgabe auf vier bis sechs Seiten beschränkt bleiben.

Schritt für Schritt wurde in den folgenden Jahren parallel zum Entstehen demokratischer Strukturen die Presse aus der direkten US-Kontrolle entlassen. Zugleich mit dem Inkrafttreten des bayerischen Pressegesetzes am 3. Oktober 1949, das die Freiheit, aber auch die öffentliche Verantwortung der Presse verankerte, hob die Militärregierung in der Generallizenz Nr. 3 jeden Lizenzzwang auf. Diese allgemeine Freigabe des Pressewesens führte zugleich zu einer Vielzahl von Zeitungsgründungen.

1 *Fassen Sie die Entwicklung des Pressewesens in Bayern nach dem Krieg zusammen.*

2 *Erkunden Sie, welche in der Nachkriegszeit gegründeten Zeitungen heute noch existieren.*

Von der US-Militärregierung lizenzierte Zeitungen in Bayern:

Lizenz-Nr. 1: Süddeutsche Zeitung, München

Lizenz-Nr. 2: Hochland-Bote, Garmisch

Lizenz-Nr. 3: Nürnberger Nachrichten

Lizenz-Nr. 4: Frankenpost, Hof

Lizenz-Nr. 5: Mittelbayerische Zeitung, Regensburg

Lizenz-Nr. 6: Oberbayerisches Volksblatt, Rosenheim

Lizenz-Nr. 7: Schwäbische Landeszeitung, Augsburg

Lizenz-Nr. 8: Main-Post, Würzburg

Lizenz-Nr. 9: Main-Echo, Aschaffenburg

Lizenz-Nr. 10: Donau-Kurier, Ingolstadt

DONAU-KURIER

Neue Zeitung für Stadt und Kreis Ingolstadt

1. Jahrgang / Nummer 1 | Lizenz Nr. 10 der Nachrichtenkontrolle der Militärregierung Ost | Dienstag, 11. Dezember 1945

Sie kehren heim

Newyork, 8. Dez. (Dana). Das amerikanische Kriegsministerium ergriff in der vergangenen Woche Maßnahmen zur beschleunigten Heimsendung von 360 000 in den Vereinigten Staaten befindlichen deutschen Kriegsgefangenen. Die Heimsendung der in Frage kommenden deutschen Kriegsgefangenen soll bis 1. April beendet sein. Alle mit Ausnahme von 800 Mann sind Kriegsverletzte.

Jeder Mann kann 27½ Kilogramm Gepäck und 5 Kilogramm Druckschriften mit sich nehmen. Die Heimkehrer dürfen kein Geld mitnehmen, doch sind ihre Lohnkonten, soweit sie gearbeitet haben, bereits nach Europa überwiesen und warten auf ihre Ankunft.

Es gibt mehr Lebensmittel

D. K. Stuttgart, 6. Dez. Auf der dritten Tagung des Rates der Ministerpräsidenten von Bayern, Württemberg-Baden und Großhessen gab der Stellvertreter des Chefs der amerikanischen Militärregierung, Generalleutnant Lucius D. Clay, eine Erklärung über die Erhöhung der Lebensmittelzuteilungen vom 1. Januar ab bekannt. Er sagte dazu: „Beginnend mit der Zuteilungsperiode vom 1. Januar werden wir eine Durchschnittsration von 1550 Kalorien pro Tag zulassen. Hunger und Hungerstod sind nie

Welthandelskonferenz kommt

Eine US.-Milliardenanleihe an England

Washington, 10. Dez. (Dana u. DK.) Zwischen den Vereinigten Staaten und England ist dieser Tage ein umfangreiches Wirtschaftsabkommen geschlossen worden, das als ein erster Schritt zur Wiedereinführung einer geordneten Weltwirtschaft angesehen wird. Danach gewähren die USA und England eine Anleihe von 1000 Millionen Pfund Sterling (44 Milliarden RM.). Die Summe setzt sich zusammen aus 650 Millionen Dollar (6,5 Milliarden RM.), die als Endsumme der englischen Leihpacht-Schuld verrechnet werden, und einem Kredit von 3,75 Milliarden Dollar (37,5 Milliarden RM.). Von 1951 ab wird die Anleihe mit 2 Prozent verzinst und von 1951 ab in 50jährigen Teilzahlungen getilgt werden. Das Abkommen wird nach der Ratifikation durch die Parlamente beider Länder in Kraft treten.

Zugleich mit der Bekanntgabe des Anleihe-Abkommens veröffentlichten die amerikanische und die englische Regierung eine gemeinsame Erklärung über ihre Einigkeit in allen Grundfragen der Welthandelspolitik. Die beiden Regierun-

a[illegible] genau bestimmte Fälle vor. Sie beantragen eine wesentliche Herabsetzung der Schutzzölle, Beseitigung von Vorzugszöllen, internationale Kontrolle aller Subsidien und Ausgleich der Steuerbelastung eingeführter Güter in den einzelnen Ländern. An zweiter Stelle stehen die Handelsbeschränkungen durch private Syndikate und Kartelle. Die Broschüre schlägt die Schaffung eines internationalen Amtes vor, welches der Welthandelsorganisation Vorschläge zur Beseitigung von schädlichen Eingriffen der Kartelle in den internationalen Handel machen soll. Schließlich schlägt die Broschüre internationale Zusammenarbeit in der Krisenbekämpfung, insbesondere Zusammenarbeit zwischen Erzeuger- und Verbraucherländer vor.

Eine Währungskonferenz

Frankfurt, 7. Dezember (Dana). Zum ersten Male fand hier eine Konferenz über deutsche Währungs- und Finanzfragen statt, an der der großhessische Ministerpräsident Dr. Geiler, die Wirtschafts- und Finanzminister von Bayern und Großhessen und ein Vertreter des amerikanischen Hauptquartiers teilnahm.

Zum Geleit

Mit dem „Donau-Kurier", der heute zum ersten Male vor seine Leser tritt, erhält das um Ingolstadt herum wesentlich erweiterte Verbreitungsgebiet wieder ein Organ der öffentlichen Meinung und der Unterrichtung über Politik, Kulturfragen und Heimatangelegenheiten. Von den irreführenden und verlogenen Propagandablättern des Nazi-Reiches unterscheidet sich unser neues Blatt grundsätzlich in allen Dingen. Als völlig freie und unabhängige Zeitung, ohne Kontrolle oder Zensur, wird der „Donau-Kurier" von deutschen Journalisten geschrieben und bearbeitet, die ihre Befehle oder Richtlinien weder von den Besatzungsbehörden erhalten, noch — wie es unter dem Nazi-Terror ausnahmslos der Fall war — von einer Staatsregierung oder sonst von einer übergeordneten Stelle. Leitmotiv seiner Arbeit ist ihm die Verbreitung der Wahrheit und die unverfälschte Darstellung der Tatsachen.

Das verpflichtet zugleich zu einem unerbittlichen Kampf gegen jeden Versuch geistiger Knechtung und demoralisierenden Gewissenszwanges, gegen den militaristischen Größenwahn von Weltherrschaftsaspiranten und nicht zuletzt gegen den folgenschweren Lug und Trug jenes demagogischen Klüngels, der, gestützt allein auf die brutale Gewalt, um des eigenen Vorteils willen ein ganzes Volk der grenzenlosen Verelendung preisgab. Es verpflichtet mit einem Worte,

2 Die Nummer 1 des „Donau-Kurier" Ingolstadt vom 11. Dezember 1945.

Wenn Sie eine umfangreiche Recherche, z. B. über die Entwicklung Ihrer Heimatzeitung in der Nachkriegszeit, durchführen wollen, eignet sich dieses Thema gut, um fächerübergreifend (Deutsch, Sozialkunde) ein Unterrichtsprojekt zu planen.
Folgende Vorgehensweise bietet sich an:

1. Schritt:
Organisation des Projekts
Überlegen Sie, mit welchen Einzelaspekten Sie sich beschäftigen wollen, und bilden Sie in der Klasse entsprechende Arbeitsgruppen als Expertenteams. Diese können z. B. erkunden,

- wann die Erstausgabe erschienen ist;
- welche Auflage, welchen Umfang sie hatte, was sie kostete;
- wer als Lizenznehmer auftrat;
- wie der Vertrieb organisiert war;
- ob und in welchen Schritten sich der Zeitungsverlag vergrößerte;
- wie viele Mitarbeiter die Zeitung heute im Vergleich zur Nachkriegszeit beschäftigt;
- mit welchen Problemen der Verlag heute zu kämpfen hat.

Stellen Sie unbedingt einen Zeitplan für Ihre Recherche auf.

2. Schritt:
Sammeln von Informationen
Um an die nötigen Informationen zu kommen, müssen Sie verschiedene Quellen „anzapfen": Bibliotheken, Internet, Archive, persönliche Kontakte zu Mitarbeitern der Zeitung (Journalisten, Redakteuren, Herstellern).

3. Schritt:
Präsentieren der Rechercheergebnisse
Hier sind Ihrer Kreativität keine Grenzen gesetzt. Sie können z. B. eine Wandzeitung in Ihrem Klassenzimmer gestalten, eine Ausstellung in der Schule organisieren, eine Homepage im Internet platzieren, einen Artikel für die Schülerzeitung schreiben. Sie können sich auch an einem Projekt beteiligen, das Tageszeitungen in Zusammenarbeit mit den Schulen durchführen, z. B. „Zeitung in der Schule" der „Mittelbayerischen Zeitung" Regensburg oder „Klasse" des „Donau-Kurier" Ingolstadt.

Der Beginn des „Kalten Krieges“

1 **„The Rock“.** Karikatur in der Zeitung „Daily Herald“, 13. Februar 1945.

Sowjetische Einflusssicherung

Das Verhältnis zwischen den Siegermächten des Zweiten Weltkriegs verschlechterte sich schon 1945 so sehr, dass man von einem „Kalten Krieg“ zu sprechen begann. Die anfängliche Gemeinsamkeit in der Anti-Hitler-Koalition wurde mehr und mehr abgelöst von einem beginnenden Ost-West-Konflikt.

Q1 Im April 1945 erklärte Stalin:

... Dieser Krieg ist nicht wie in der Vergangenheit; wer immer ein Gebiet besetzt, der legt ihm auch sein eigenes gesellschaftliches System auf. Jeder führt sein eigenes System ein, soweit seine Armee vordringen kann. Es kann ja gar nicht anders sein ...

Totalitarismus*: *Staatsform, die aufgrund einer bestimmten Ideologie für sich in Anspruch nimmt, in alle Bereiche des menschlichen Zusammenlebens hineinregieren zu dürfen.*

In den von den Sowjets besetzten Gebieten Osteuropas unterstützte die Sowjetunion kommunistische Gruppen. Sie ließ antikommunistische Kräfte verhaften, um die schwache Verankerung der Kommunisten in der Bevölkerung zu verstärken. In Bulgarien wurden 2000 antikommunistische Führungskräfte ermordet, in Polen antikommunistische Widerstandskämpfer verhaftet und in die UdSSR deportiert. Aus allen besetzten Gebieten wurden große Mengen von Wirtschaftsgütern und Erntevorräten in die Sowjetunion abtransportiert, um die dortige Not zu lindern. Entgegen den Vereinbarungen mit den Westmächten unterstützte die Sowjetunion tatkräftig die Ausdehnung des polnischen Gebiets auf Ostpreußen und Schlesien bis zur Oder-Neiße-Linie im März 1945 durch eine kommunistische polnische Regierung. Auf ähnliche Weise versuchte sie in anderen osteuropäischen Staaten vollendete Tatsachen zu schaffen. Im Iran, in der Türkei und in Griechenland förderte die UdSSR kommunistische Gruppen, ebenso in Nordkorea und in der Mandschurei. Vor dem Hintergrund dieser Politik der Sowjetunion wandte sich der damalige amerikanische Botschafter in Moskau im Sommer 1945 an den US-Präsidenten.

Q2 Aus der Privatnotiz George F. Kennans:

... Die Idee, Deutschland gemeinsam mit den Russen regieren zu wollen, ist ein Wahn. Ein ebensolcher Wahn ist es zu glauben, die Russen und wir könnten uns eines schönen Tages höflich zurückziehen und aus dem Vakuum werde ein gesundes und friedliches, stabiles und freundliches Deutschland steigen. Wir haben keine andere Wahl, als unseren Teil von Deutschland ... zu einer Form von Unabhängigkeit zu führen ... Besser ein zerstückeltes Deutschland, von dem wenigstens der westliche Teil als Prellbock für die Kräfte des Totalitarismus* wirkt, als ein geeintes Deutschland, das diese Kräfte wieder bis an die Nordsee vorlässt ...

1 *Untersuchen Sie die Quellen 1 und 2 im Hinblick auf den Konflikt, der sich bereits 1945 andeutet.*

Der „Eiserne Vorhang“

Q3 Zur Politik der Sowjetunion sagte der ehemalige britische Premierminister Winston Churchill am 5. März 1946:

...Von Lübeck an der Ostsee bis nach Triest an der Adria hat sich ein Eiserner Vorhang über den Kontinent gesenkt. Dahinter liegen die Hauptstädte der vormaligen Staaten Zentral- und Osteuropas: Warschau, Berlin, Prag, Wien, Budapest, Belgrad, Bukarest und Sofia. Alle diese berühmten Städte und die umwohnende Bevölkerung befinden sich in der Sowjetsphäre ... und unterstehen im hohen Maße der Kontrolle Moskaus ...

2 *Erklären Sie den Begriff „Eiserner Vorhang“.*

„Die freien Völker unterstützen"

Die Politik der Eindämmung

Die USA antworteten auf das Vorgehen der UdSSR mit einer Politik der Eindämmung des kommunistischen Einflusses („Containment-Politik"). Im Iran, in Griechenland und in der Türkei verhinderten sie durch massive Unterstützung westlicher Gruppen eine kommunistische Machtübernahme. Vor dem Hintergrund der sich in China abzeichnenden Machtübernahme durch die Kommunisten (siehe S. 98) und der Vorgänge in Europa hielt Präsident Truman vor dem US-Kongress eine richtungweisende Rede.

Q4 Aus der Rede Trumans am 12. März 1947:

> ... Im gegenwärtigen Abschnitt der Weltgeschichte muss fast jede Nation ihre Wahl in Bezug auf ihre Lebensweise treffen. Nur allzu oft ist es keine freie Wahl. Die eine Lebensweise gründet sich auf den Willen der Mehrheit und zeichnet sich durch freie Institutionen, freie Wahlen, Garantie der individuellen Freiheit, Rede und Religionsfreiheit und Freiheit vor politischer Unterdrückung aus. Die zweite Lebensweise gründet sich auf den Willen einer Minderheit, der der Mehrheit aufgezwungen wird. Terror und Unterdrückung, kontrollierte Presse und Rundfunk, fingierte [= scheinbar, vorgetäuscht] Wahlen und Unterdrückung persönlicher Freiheit sind ihre Kennzeichen. Ich bin der Ansicht, dass es die Politik der USA sein muss, die freien Völker zu unterstützen, die sich der Unterwerfung durch bewaffnete Minderheiten oder durch Druck von außen widersetzen ... Ich bin der Ansicht, dass unsere Hilfe in erster Linie in Form wirtschaftlicher und finanzieller Unterstützung gegeben werden sollte ... Die Saat der totalitären Regime gedeiht in Elend und Mangel ... Sie wächst sich vollends aus, wenn in einem Volk die Hoffnung auf ein besseres Leben ganz erstirbt...

3 *Erläutern Sie den Kurswechsel in der amerikanischen Politik 1947.*

4 *Vergleichen Sie die beiden Karikaturen (Abb. 1 und 2) aus dem Jahr 1945 und beschreiben Sie die Politik der Großmächte.*

2 **Die Kluft zwischen Ost und West vertieft sich durch Vorwürfe und Verdächtigungen.** Karikatur in der „Los Angeles Times", 1945.

3 **Die Außenministerkonferenz in London** im November/Dezember 1947 war der letzte Versuch der Alliierten, sich über die politische und wirtschaftliche Zukunft Deutschlands zu einigen. Sie wurde ergebnislos abgebrochen.

Der Marshall-Plan ...

1 **Werbung für den Marshall-Plan im Westen.** Plakat, 1950.

***Institutionen**:** *Öffentliche Einrichtungen mit staatlicher oder kirchlicher Trägerschaft.*

5. Juni 1947: *Verkündung des Marshall-Plans.*

George C. Marshall *(1880–1959), 1947–1949 amerikanischer Außenminister, 1950/51 Verteidigungsminister.*

Der Marshall-Plan

Am 5. Juni 1947 kündigte US-Außenminister Marshall in einem Vortrag an der berühmten Harvard Universität in Cambridge/Massachusetts ein Hilfsprogramm für den Wiederaufbau Europas (European Recovery Program = ERP) an, in das alle Länder einschließlich der UdSSR einbezogen sein sollten, wenn sie die Bedingungen des Programms annähmen. Damit sollte die von Präsident Truman im März angekündigte Politik umgesetzt werden.

Q1 Marshall sagte hierzu:

... Die Wahrheit ist, dass die Bedürfnisse Europas für die nächsten drei oder vier Jahre an ausländischen Nahrungsmitteln und anderen lebenswichtigen Produkten, in der Hauptsache aus Amerika, um vieles größer sind als die gegenwärtige Fähigkeit Europas, dafür zu bezahlen. Europa muss deshalb eine wesentliche zusätzliche Hilfe erhalten... Unsere Politik ist nicht gegen irgendein Land oder irgendeine Doktrin [= politischer Lehrsatz], sondern gegen Hunger, Armut, Verzweiflung und Chaos gerichtet. Ihr Zweck soll es sein, die Weltwirtschaft wiederherzustellen, um das Entstehen politischer und sozialer Verhältnisse zu ermöglichen, unter welchen freie Institutionen* existieren können...

Die amerikanische Hilfe bestand in der Gewährung langfristiger Kredite und der Lieferung von Investitionsgütern (Güter, die der Produktion dienen) und Lebensmitteln. Ihre Annahme setzte die Beibehaltung oder Wiederzulassung der freien Marktwirtschaft voraus. Nach der Rede Marshalls legten 16 europäische Länder einen Entwurf für ein Aufbauprogramm vor. Der Marshall-Plan hatte in den westeuropäischen Ländern günstige psychologische und wirtschaftliche Folgen. Er verstärkte den begonnenen Wiederaufbau und legte in Westdeutschland die Grundlage für das spätere „Wirtschaftswunder" (siehe S. 43).

Die UdSSR untersagte den osteuropäischen Ländern und der Sowjetischen Besatzungszone Deutschlands die Teilnahme, weil sie im Marshall-Plan ein Mittel zur direkten Einflussnahme auf die Politik der Länder Osteuropas sah. Auch widersprach die Forderung nach Zulassung der freien Marktwirtschaft völlig den Vorstellungen von einer sozialistischen Wirtschaftsordnung.

1 *Erläutern Sie anhand des Schaubilds, wie der Marshall-Plan funktionierte.*

2 *Erklären Sie, welche Ziele die USA mit dem Marshall-Plan verfolgten und warum die UdSSR den osteuropäischen Staaten die Teilnahme untersagte.*

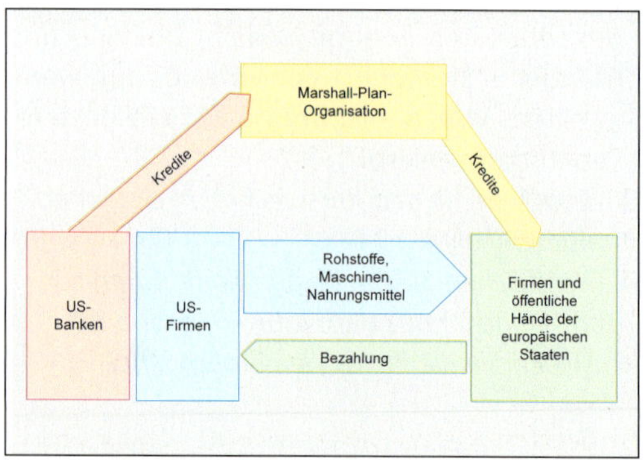

2 **So funktionierte der Marshall-Plan.**

… und seine Folgen

Die Antwort der UdSSR

Als Antwort auf den Marshall-Plan gründete die UdSSR ein Kommunistisches Informationsbüro (Kominform), mit dem die Arbeit der kommunistischen Parteien Osteuropas besser organisiert und kontrolliert werden sollte.

Q2 Der sowjetische Delegierte Malenkow erklärte auf der Gründungsversammlung des „Kominform" im September 1947 zur Politik der Sowjetunion und der USA:

… Es bildeten sich zwei entgegengesetzte Richtungen in der internationalen Politik heraus. Die eine Politik wird von der Sowjetunion und den Ländern der neuen Demokratie verfolgt. Die Außenpolitik der Sowjetunion und der demokratischen Länder ist auf die Untergrabung des Imperialismus, auf die Sicherstellung eines festen demokratischen Friedens zwischen den Völkern und auf den größtmöglichen Ausbau der freundschaftlichen Zusammenarbeit der friedliebenden Völker gerichtet … In der anderen Richtung der internationalen Politik ist die herrschende Clique der amerikanischen Imperialisten führend. In dem Bestreben, die Positionen zu festigen, die das amerikanische Monopolkapital* während des Krieges in Europa und Asien erobert hat, hat diese Clique nun den Weg der offenen Expansion betreten, den Weg der Versklavung der geschwächten kapitalistischen Länder Europas, … den Weg der Vorbereitung neuer Kriegspläne gegen die UdSSR und die Länder der neuen Demokratie, wobei sie sich des Vorwandes eines Kampfes gegen die „kommunistische Gefahr" bedient. Den klarsten und den konkretesten Ausdruck fand diese Richtung der Politik des amerikanischen Kapitals in den Plänen von Truman und Marshall …

3 *Klären Sie, wer mit der Bezeichnung „Länder der neuen Demokratie" gemeint ist. Ziehen Sie dazu auch die Karte auf S. 8 heran.*

4 *Arbeiten Sie heraus, welche Ziele die Sowjetunion und die „Länder der neuen Demokratie" laut Malenkow verfolgen.*

5 *Erläutern Sie, was Malenkow der amerikanischen Politik unterstellt.*

6 *Beurteilen Sie Malenkows Darstellung der sowjetischen Politik anhand von Q 1.*

3 **Ablehnung des Marshall-Plans in der sowjetischen Zone.** Plakat, 1947.

Die politische Situation 1947/48

Q3 Im November 1947 schrieb ein hoher amerikanischer Beamter dem US-Außenminister einen Brief, in dem er die politische Situation bewertete:

… Der politische Vormarsch der Kommunisten in Westeuropa konnte wenigstens zeitweise aufgehalten werden. Dies ist das Ergebnis mehrerer Faktoren, von denen einer die Aussicht auf US-Hilfe ist … Der Stillstand des kommunistischen Vormarsches zwingt Moskau, seinen Einfluss in Osteuropa zu konsolidieren [= festigen] … Alles in allem muss unsere Politik darauf ausgerichtet sein, ein Kräftegleichgewicht in Europa und Asien wiederherzustellen. Das bedeutet, dass wir … darauf bestehen müssen, Westdeutschland von kommunistischer Kontrolle freizuhalten. Wir müssen dann sehen, dass es besser in Westeuropa integriert wird …

7 *Erläutern Sie, welche politische Entwicklung der Beamte erwartet und welche Schlüsse er daraus zieht.*

Der Marshall-Plan 1948–1952

Großbritannien
3,6 Mrd. Dollar

Österreich
0,6 Mrd. Dollar

Frankreich
3,1 Mrd. Dollar

Griechenland
0,8 Mrd. Dollar

Italien
1,6 Mrd. Dollar

Belgien/Luxemburg
0,6 Mrd. Dollar

Niederlande
1,0 Mrd. Dollar

Verschiedene
1,8 Mrd. Dollar

Westzonen, Bundesrepublik Deutschland
1,5 Mrd. Dollar

Monopolkapital*: *Im Sinne der Wirtschaftstheorie von Karl Marx Bezeichnung für die Unternehmen, die aufgrund ihrer marktbeherrschenden Stellung ohne Konkurrenten hohe Gewinne erzielen können.*

Die wirtschaftliche Entwicklung in den Westzonen

1 **„Zweie sind schon ein Verein – doch viere würden besser sein."** Amerikanische Karikatur in der Tageszeitung „Die Welt", 2. August 1946.

James F. Byrnes (1879–1972), 1945–47 US-Außenminister.

1. Januar 1947: *Zusammenschluss der amerikanischen und britischen Besatzungszone zur Bizone.*

Der wirtschaftliche Weg zum Weststaat

In einer Rede am 6. September 1946 hatte der amerikanische Außenminister Byrnes in Stuttgart bereits eine Wende in der bisherigen amerikanischen Besatzungspolitik angekündigt. Er trat für einen Wegfall der Zonenschranken ein, soweit sie die wirtschaftliche Zusammenarbeit behinderten. Bisher habe es keine gerechte Verteilung der Güter in den Zonen gegeben. Die Rede enthielt ein Angebot an alle anderen Zonen, sich mit der amerikanischen Zone zu vereinigen. Danach sollte möglichst bald eine vorläufige deutsche Regierung gebildet werden.

Nur Großbritannien folgte dem amerikanischen Vorschlag. Am 1. Januar 1947 schlossen sich die beiden Besatzungszonen zur Bizone zusammen.

Q1 Aus dem Abkommen über die Zusammenlegung der beiden Besatzungszonen:

... Die beiden Zonen sollen in allen wirtschaftlichen Angelegenheiten als ein einziges Gebiet behandelt werden ... Der amerikanische und britische Oberbefehlshaber sind verantwortlich dafür, dass unter ihrer gemeinsamen Kontrolle deutsche Verwaltungsbehörden eingesetzt werden, die zur wirtschaftlichen Vereinigung der beiden Zonen notwendig sind.

1 *Erläutern Sie anhand der Karikatur die Haltung der Besatzungsmächte im Hinblick auf eine Vereinigung ihrer Zonen.*

2 *Stellen Sie die Gründe zusammen, die zur Bildung der Bizone führten.*

3 *Bewerten Sie das Angebot der Amerikaner an die anderen Besatzungsmächte, ihre Zonen zu vereinigen.*

Am 25. Juni 1947 setzten die Amerikaner und Briten den Wirtschaftsrat als deutsche Verwaltungsbehörde ein. Dieser konnte unter alliierter Kontrolle Gesetze erlassen. Seine Mitglieder wurden von den Landtagen gewählt. Von den 52 Mitgliedern gehörten je 20 der CDU und SPD, 4 der FDP und 8 anderen Parteien an. Für die fünf Verwaltungen (Ernährung und Landwirtschaft, Verkehr, Post, Finanzen und Wirtschaft) wurden Direktoren ernannt, die alle der CDU angehörten. Direktor für Wirtschaft wurde der spätere Wirtschaftsminister Ludwig Erhard (siehe S. 44).

4 *Beurteilen Sie die Möglichkeiten deutscher Politiker zur Mitwirkung und Einflussnahme während der Zeit der Besatzung.*

Die Währungsreform

2 **Volle Schaufenster nach der Währungsreform 1948.**

Die Währungsreform in den Westzonen

Die Wirtschaftshilfe des Marshall-Plans konnte erst dann positive Auswirkungen haben, wenn das Geld wieder etwas wert war. Unter strengster Geheimhaltung bereiteten die Westmächte in Zusammenarbeit mit deutschen Verwaltungsstellen eine Währungsreform vor, die am 20. Juni 1948 in den Westzonen (in West-Berlin am 24. Juni) in Kraft trat.

- Jeder Westdeutsche konnte 60 Reichsmark im Verhältnis 1:1 in D-Mark tauschen („Kopfgeld"). Davon erhielt er 40 DM sofort, einen Monat später weitere 20 DM.
- Sparguthaben wurden im Verhältnis 15:1 getauscht, wobei Guthaben über 5000 Reichsmark zunächst vom Finanzamt überprüft wurden.
- Löhne und Gehälter wurden in der gleichen Höhe wie bisher weiterbezahlt.
- Grundbesitz, Produktionsstätten und Aktien behielten ihren Wert und wurden weiter frei gehandelt. Die Rationierung* vieler Produkte und die Preiskontrollen entfielen.

Am Tag nach der Währungsreform, einem Montag, trauten viele ihren Augen nicht: In den Schaufenstern türmten sich Waren, die es vorher nicht gegeben hatte oder für die man stundenlanges vergebliches Herumlaufen in Kauf nehmen musste.

Q2 Der Bonner „Generalanzeiger" berichtete am 20. Juni 1958 zum zehnten Jahrestag der Währungsreform:

Die DM erwirkte schnell das erwartete Wunder. Schon am Montag, dem 21. Juni, war Bonn wie verwandelt. Waren, die man jahrelang nicht gesehen hatte, erschienen in den Schaufenstern, vor allem Haushaltsartikel. Wer sich seit Jahren um einen Bezugsschein für einen Topf oder eine Pfanne bemüht hatte, sah mit Erstaunen, wie sich die begehrten Dinge nun in erstaunlicher Vielzahl präsentierten. Einer der ersten Artikel, die wieder auftauchten, waren übrigens Fahrradreifen. Sie fanden Stück für Stück um 7,50 DM reißenden Absatz; viele Bonner konnten jetzt ihre wegen Reifenmangels außer Betrieb gesetzten Stahlrösser wieder in Dienst nehmen … Am Morgen nach der Währungsreform erschien ein Wagen mit Kopfsalat in den Bonner Straßen, Stück für 20 Pfennig. Die Hausfrauen sahen ihn kritisch an und fanden ihn „zu teuer", nachdem sie jahrelang astronomische Preise für jedes zusätzliche Nahrungsmittel gezahlt hatten.

5 *Schreiben Sie mit Hilfe von Abb. 2 und Q2 eine kurze Rundfunkreportage zum 20. Juni 1948.*

6 *Überlegen Sie, wem die Währungsreform Vorteile brachte und wer benachteiligt wurde.*

20. Juni 1948: *Währungsreform in den Westzonen.*

Rationierung*: *Staatliche Zuteilung von Lebensmitteln und anderen wichtigen Waren durch Bezugsscheine und in begrenzten Mengen.*

Die Berlin-Blockade

1 **„How to close the Gap?".** Karikatur von D. R. Fitzpatrick, 1948.

24. Juni 1948 bis 12. Mai 1949:
Berlin-Blockade und Luftbrücke.

Die Blockade

Die Kluft zwischen den Siegermächten war im Lauf des Jahres 1947 immer tiefer geworden. Im März 1948 verließ der sowjetische Vertreter aus Protest den Alliierten Kontrollrat. Mit der Währungsreform zeichnete sich die Entwicklung zu einem selbstständigen Weststaat ab. Die Sowjetunion versuchte, auf die Westmächte Druck auszuüben. Berlin wurde seit 1945 von den vier Siegermächten gemeinsam verwaltet. Die Stadt war in vier Sektoren aufgeteilt. Die Einführung der neuen DM-West in den Westsektoren nahm die Sowjetunion zum Anlass, in der folgenden Nacht die Lieferung von elektrischem Strom in die Westsektoren einzustellen.

Lucius D. Clay *(1897–1978), vom 6. Januar 1947 bis 1. Juni 1949 Militärgouverneur der US-Besatzungszone.*

Q1 Die sowjetzonale Nachrichtenagentur brachte am 24. Juni folgende Meldung:
Infolge einer technischen Störung ist die Transportverwaltung der sowjetischen Militärverwaltung gezwungen, sowohl den Passagier- als auch den Güterverkehr auf der Strecke Berlin–Helmstedt in beiden Richtungen einzustellen.

Damit waren die Westsektoren Berlins von Westdeutschland abgeschnitten. Die Lebensmittelvorräte reichten für 36, die Kohlevorräte für 45 Tage. In einem Schreiben an die Westmächte erklärte die Sowjetunion, die Westmächte hätten ihr Recht an einer gemeinsamen Besetzung Berlins verwirkt, da sie in Deutschland eine Politik der Spaltung betrieben hätten.

Q2 Der amerikanische General Clay hatte schon im April 1948 seinem Präsidenten berichtet:
Wenn Berlin fällt, folgt Westdeutschland als nächstes. Wenn wir beabsichtigen, Europa gegen den Kommunismus zu halten, dürfen wir uns nicht von der Stelle rühren. Wir können Demütigungen und Druck, die nicht zum Krieg führen, in Berlin einstecken, ohne das Gesicht zu verlieren. Wenn wir fortgehen, gefährden wir unsere europäische Position. Falls Amerika das jetzt nicht versteht, es nicht begreift, dass die Würfel gefallen sind, wird es nie zu dieser Erkenntnis kommen und der Kommunismus wird alles übernehmen.

1 *Erarbeiten Sie Ursache, Anlass und Ziel der sowjetischen Blockade Berlins. Berücksichtigen Sie die Karikatur (Abb. 1).*

2 *Erläutern Sie den Standpunkt des amerikanischen Militärgouverneurs.*

Die Versorgung Berlins aus der Luft

General Clay reagierte auf die sowjetische Blockade mit der Organisation einer Versorgung Berlins über eine Luftbrücke. Bis zum Mai 1949 trafen täglich im Minutenabstand auf drei Flugplätzen in der Stadt Transportmaschinen ein. Neben Lebensmitteln und Medikamenten brachten sie vor allem Kohle, um die Stromversorgung aufrechtzuerhalten. Für die Berliner Bevölkerung war in der eingeschlossenen Stadt eine Zeit der Entbehrungen angebrochen.

Q3 Frau Butz, eine Zeitzeugin erinnert sich:
... Nur gab es ab jetzt fast nur noch pulverisierte Lebensmittel, leichtes Gemüse und Dörrobst. Ja, wir haben gehungert, aber manchmal hatte ich sogar gar keine Lust zu essen, da es jeden Tag das gleiche, geschmacklose, fade Essen gab ... Viel schlimmer als das Hungern war das Frieren in dem

Die Luftbrücke

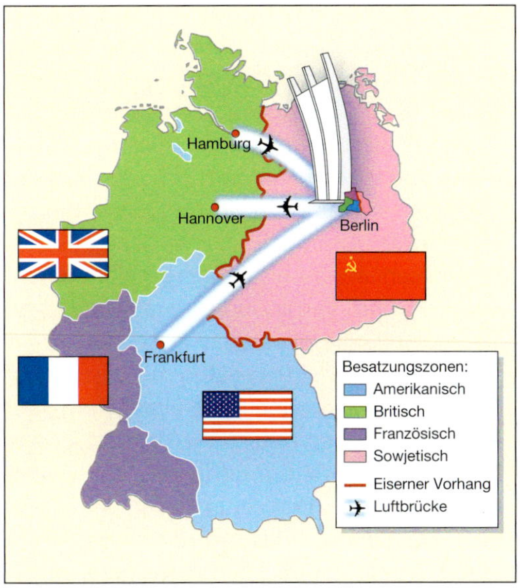

2 **Die Luftbrücke zwischen den westlichen Besatzungszonen und West-Berlin.**

kalten Winter von 48/49. Den Hunger konnte man aushalten oder vergessen, aber die fürchterliche Kälte nicht. Man konnte sich praktisch nie richtig aufwärmen, da selbst das Haus und das Bett kalt waren.

3 *Versetzen Sie sich in die Lage der Zeitzeugin und schreiben Sie an deren Bekannte in der amerikanischen Zone einen Brief.*

Das Ende der Blockade

Im Sommer 1948 störten kommunistische Demonstranten mehrmals die Sitzung der in Ost-Berlin tagenden Stadtverordnetenversammlung aller vier Sektoren. Um weiteren Störungen zu entgehen, verlegten alle Abgeordneten, die nicht der SED (siehe S. 31) angehörten, die Sitzungen in den Westen der Stadt. Die SED erklärte den Regierenden Bürgermeister Ernst Reuter für abgesetzt und bildete in Ost-Berlin eine eigene Stadtverwaltung. Berlin war endgültig in zwei Teile, West- und Ost-Berlin, geteilt. Im Mai 1949 beendete die Sowjetunion die Blockade Berlins.

Q4 Der amerikanische Präsident Truman schrieb dazu in seinen Memoiren 1955:
Dass wir … in Berlin ausharrten, demonstrierte den Völkern Europas unseren Willen, gemeinschaftlich mit ihnen jeder Bedrohung ihrer Freiheit entgegenzutreten. Die Folge war eine engere politische Bindung … an die Vereinigten Staaten.

4 *Erläutern Sie die Motive der Amerikaner und Briten, den Berlinern mit einer Luftbrücke zu helfen.*

5 *1998 nahmen Zigtausende Berliner an den Feierlichkeiten zum 50. Jahrestag der Luftbrücke teil. Erklären Sie, warum.*

3 **Die Luftbrücke nach Berlin 1948.** Berliner Kinder jubeln einem „Rosinenbomber"* zu.

Ernst Reuter *(1889–1953), SPD-Politiker, von 1948 bis zu seinem Tod Regierender Bürgermeister von Berlin. Berühmt wurde seine Rede „Ihr Völker der Welt …" im September 1948, mit der er während der Blockade leidenschaftlich um internationale Hilfe für Berlin warb.*

Das 1951 eingeweihte ***Luftbrückendenkmal*** *am Flughafen Tempelhof in Berlin erinnert an die Leistungen und Opfer der Berliner Luftbrücke. Der Berliner Volksmund nennt es die „Hungerharke".*

Rosinenbomber*: *Spitzname der Berliner für die Flugzeuge der Luftbrücke.*

Die politische Entwicklung in der SBZ

Walter Ulbricht *(1893–1973), trat 1918 dem Spartakusbund und 1919 der KPD bei, 1928 bis 1933 Reichstagsabgeordneter der KPD, 1933 emigriert und von 1936 bis 1938 Politkommissar im spanischen Bürgerkrieg, ab 1938 in der UdSSR, ab 1945 am Aufbau der kommunistischen Strukturen in der SBZ führend beteiligt („Gruppe Ulbricht"). Von 1949 bis 1971 in den entscheidenden Machtpositionen der DDR: stellvertretender Ministerpräsident der DDR (1949 bis 1960), Generalsekretär der SED (ab 1950), Erster Sekretär des ZK der SED (1953–1971) und Vorsitzender des Staatsrats (ab 1960).*

Antifaschist*: *Widerstandskämpfer gegen die Nationalsozialisten und mögliche Nachfolgeorganisationen.*

1 Wahlplakat der SED kurz nach der Vereinigung von SPD und KPD 1946.

Die Gruppe Ulbricht

Schon während des Krieges war in Moskau eine Gruppe deutscher Kommunisten besonders geschult worden. Sie sollte nach dem Krieg in Deutschland eine Machtübernahme durch die Kommunisten vorbereiten. Ihr Kopf war Walter Ulbricht, der in der Weimarer Republik Reichstagsabgeordneter der KPD gewesen war. Diese Gruppe wurde in den letzten Kriegstagen nach Berlin geflogen. Sie sollte dort in Zusammenarbeit mit dem russischen Kommandanten unverzüglich eine deutsche Verwaltung organisieren.

Q1 Ein Mitglied dieser Gruppe, Wolfgang Leonhard, schilderte 1955 die von Ulbricht im Frühjahr 1945 ausgegebenen Handlungsanweisungen:

Die Bezirksverwaltungen müssen politisch richtig zusammengestellt werden. Kommunisten als Bürgermeister können wir nicht gebrauchen ... Die Bürgermeister sollen in den Arbeiterbezirken in der Regel Sozialdemokraten sein. In den bürgerlichen Vierteln ... müssen wir an die Spitze einen bürgerlichen Mann stellen, einen, der früher dem Zentrum, den Demokraten oder der Deutschen Volkspartei angehört hat. Am besten, wenn er ein Doktor ist; er muss aber gleichzeitig auch Antifaschist* sein. Für Gesundheitswesen antifaschistisch eingestellte Ärzte, für Post und Verbindungswesen parteilose Spezialisten, die etwas davon verstehen. Jedenfalls müssen zahlenmäßig mindestens die Hälfte aller Funktionen mit Bürgerlichen oder Sozialdemokraten besetzt werden ... Der erste stellvertretende Bürgermeister, der Dezernent für Personalfragen und der Dezernent für Volksbildung – das müssen unsere Leute sein. Dann müsst ihr noch einen ganz zuverlässigen Genossen in jedem Bezirk ausfindig machen, den wir für den Aufbau der Polizei brauchen ... Es muss demokratisch aussehen, aber wir müssen alles in der Hand haben.

1 *Fassen Sie Ulbrichts Vorhaben in eigene Worte.*

2 *Bewerten Sie Ulbrichts Vorgehensweise.*

Die Zwangsvereinigung von SPD und KPD

Im Sommer 1945 ließ die sowjetische Militärregierung vier Parteien zu: KPD, SPD, CDU und LDPD (Liberal Demokratische Partei Deutschlands). Diese schlossen sich sehr bald zur „Einheitsfront antifaschistisch-demokratischer Parteien" zusammen. Ein gemeinsamer Ausschuss dieses „Antifa-Blocks" fasste Beschlüsse aufgrund gemeinsamer Vereinbarungen, nicht nach Mehrheitsbeschlüssen. Nachdem die Kommunisten bei ersten freien Wahlen in Österreich im November 1945 eine schwere Niederlage erlitten hatten, strebten sie in der SBZ mit aller Macht eine Vereinigung mit der SPD an. Vor allem die sowjetische Besatzungsmacht drang nun darauf, den mehrheitlichen Widerstand in der SPD gegen eine Vereinigung beider Parteien zu brechen.

Q2 Ein damaliger Augenzeuge berichtete 1983 von einer gemeinsamen Veranstaltung von KPD und SPD Anfang 1946:

Die große Mehrheit stimmte am Ende für die Vereinigung beider Parteien; die wenigen

Die SED

Nein-Stimmen und die etwas zahlreicheren Stimmenthaltungen wurden, da die Abstimmung offen durchgeführt wurde, sogleich identifiziert und die Namen von den Russen notiert. Unter diesen Umständen nahm es nicht wunder, dass schon vor dem sogenannten Berliner Vereinigungsparteitag vom 21./22. April 1946 prominente sozialdemokratische Politiker in den Westen flohen oder verhaftet wurden.

Nach der Zwangsvereinigung der beiden Parteien zur Sozialistischen Einheitspartei Deutschlands (SED) im April 1946 wurden Wilhelm Pieck (bisher KPD) und Otto Grotewohl (bisher SPD) zu Vorsitzenden gewählt. Während die Sowjetunion eine Urabstimmung der SPD-Mitglieder in Ost-Berlin über die Vereinigung gewaltsam verhinderte, lehnten die SPD-Mitglieder West-Berlins diese Vereinigung mit 80 Prozent Nein-Stimmen ab.

3 *Erläutern Sie den Einfluss, den die Sowjetunion bei der Gründung der SED nahm.*

4 *Beschreiben Sie die Haltung der SPD in Ost und West.*

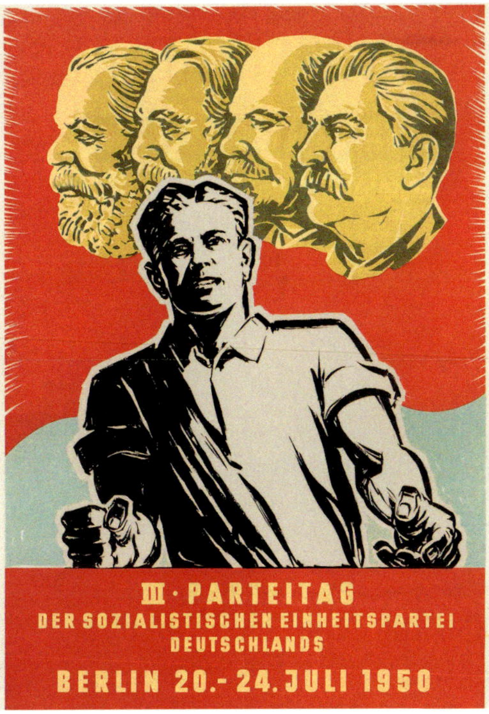

2 **Plakat der SED zum III. Parteitag, 1950.**

SED unter Moskaus Führung

Die SED stand unter der Aufsicht der sowjetischen Besatzungsoffiziere, besonders der SMAD*, die sich in fast alle Angelegenheiten der SED einmischte. Andererseits wandte sich auch die neue Partei selbst in allen Fragen und mit wichtigen Vorlagen an die SMAD, um ihre Entscheidungen abzustimmen und genehmigt zu bekommen.

Diese offene Abhängigkeit von der sowjetischen Besatzungsmacht stieß bei den SED-Mitgliedern auf Kritik. In der Bevölkerung führte sie zu einem starken Ansehensverlust der SED, da die Partei weder die wilden Demontagen und Beschlagnahmungen durch sowjetische Truppen noch die zahllosen Vergewaltigungen deutscher Frauen durch russische Soldaten wirksam verhindern konnte. Trotz massiver Behinderungen der bürgerlichen Parteien erreichte die SED bei den Landtagswahlen 1946 in keinem der Länder der SBZ die absolute Mehrheit, in Groß-Berlin erhielt sie nur 19,8 Prozent.

SED – eine Partei „neuen Typs"

Als Konsequenz aus dieser Entwicklung schloss sich die SED noch enger an die Sowjetunion und begann sich zu einer Kaderpartei*, einer Partei „neuen Typs" umzuformen.

Q3 In einer Rede vom August 1948 sagte Walter Ulbricht:

… Die enge Verbundenheit mit der Sowjetunion ist die Grundbedingung, dass die Arbeiterklasse in Deutschland den Sieg erringen kann, und ohne die Sowjetunion im Rücken, ohne die brüderlich kameradschaftliche Hilfe der Sowjetunion können wir nicht siegen, können wir die Macht nicht erringen …

5 *Erklären Sie die Rolle der SED und ihre Entwicklung in der SBZ.*

6 *Arbeiten Sie mit Hilfe der Abbildung 2 und des Gedichts in der Randspalte das Selbstverständnis der SED heraus.*

7 *Vergleichen Sie das SED-Plakat aus dem Jahr 1950 (Abb. 2) mit dem Plakat von 1948 (Abb. 1).*

„Die Partei"
Die Partei, die hat immer Recht!
Und Genossen, es bleibe dabei;
Denn wer kämpft für das Recht,
Der hat immer Recht.
Gegen Lügen und Ausbeuterei.
Wer das Leben beleidigt,
Ist dumm oder schlecht.
Wer die Menschheit verteidigt,
Hat immer Recht.
So, aus Lenin'schem Geist,
Wächst, von Stalin geschweißt,
Die Partei, die Partei, die Partei!
(Gedicht von Louis Fürnberg anlässlich des 3. Parteitages der SED im Juli 1950)

SMAD*:
Die Sowjetische Militäradministration in Deutschland war die höchste sowjetische Besatzungsbehörde in der SBZ von 1945 bis 1949 und das wesentliche Instrument der sowjetischen Besatzungspolitik.

Kaderpartei*:
Partei, die auf einem System von „Stämmen" besonders ausgebildeter und geschulter Nachwuchs- bzw. Führungskräfte („Kader") aufbaut.

Die wirtschaftliche Umgestaltung in der SBZ

1 **Plakat zur Bodenreform in der SBZ, 1945.**

Der wirtschaftliche Weg zum Oststaat

Mit Beginn der Besetzung nahmen die Sowjets in ihrer Zone weitreichende Eingriffe in die bisherige wirtschaftliche Struktur vor. Landwirtschaft und Industrie gestalteten sie schrittweise nach sowjetischem Vorbild um. Damit legten sie schon 1945 den Grundstein für eine von den Westzonen abweichende Entwicklung in der SBZ.

Bodenreform

Nach der entschädigungslosen Enteignung von Banken und Sparkassen begann im September 1945 die Bodenreform.

3. September 1945: *Beginn der Bodenreform in der SBZ.*

Q1 Aus einer Verordnung für die Provinz Sachsen, 3. September 1945:

Folgender Grundbesitz wird … unabhängig von der Größe der Wirtschaft enteignet:

a) der Grundbesitz der Kriegsverbrecher und Kriegsschuldigen …

b) der Grundbesitz …, der den Naziführern und aktiven Verfechtern der Nazipartei und ihren Gliederungen sowie führenden Personen des Hitlerstaates gehörte …

Gleichfalls wird der gesamte feudal-junkerliche Boden und Grundbesitz über 100 Hektar mit allen Bauten, lebendem und totem Inventar und anderem landwirtschaftlichen Vermögen enteignet.

1 *Fassen Sie den Inhalt der Verordnung in eigenen Worten zusammen.*

2 *Untersuchen Sie das Plakat zur Bodenreform (Abb. 1) und arbeiten Sie seine Zielsetzung heraus.*

In der Provinz Sachsen wurden bis zum Juli 1949 insgesamt 717 609 Hektar Grundbesitz enteignet. Ein kleinerer Teil ging als „volkseigene Güter" (VEGs) in Landeseigentum über, 458 093 Hektar wurden an landlose und landarme Bauern, Landarbeiter, Umsiedler und Flüchtlinge vergeben. Sie erhielten in der Regel bis zu fünf Hektar Land. Damit waren Zusammenschlüsse, wie sie nach 1952 in Gestalt der LPGs (Landwirtschaftliche Produktionsgenossenschaften, siehe S. 48) erfolgten, bereits vorprogrammiert.

Die Enteignungen fanden oft unter schlimmen Umständen statt; die bisherigen Besitzer wurden mit Gewalt vertrieben, oft hatten sie nur dreißig Minuten Zeit, ihre Sachen zu packen. Viele von ihnen flohen in den Westen. Andere Gutsbesitzer, die sich gegen die Enteignung aktiv wehrten, wurden als „Konterrevolutionäre" inhaftiert.

Die Bodenreform insgesamt wurde von den Bauern begrüßt, besonders von den Neubauern, die ein Stück Land erhalten hatten. Sehr bald erwies sich die Bodenreform wirtschaftlich gesehen aber als Fehlschlag. Viele Neubauern ließen ihre Äcker unbestellt und suchten sich lieber in den Städten Arbeit. Es kam zu Mangelernährung und Hunger, die bis zu fünf Hektar großen Parzellen erwiesen sich als zu klein und daher unrentabel.

Ein zusätzliches Problem für alle Bauern, besonders aber für die Neusiedler, bestand in der rücksichtslosen und unerbittlichen Beschlagnahme landwirtschaftlicher Erzeugnisse durch die Besatzungsmacht, die nach festgesetzten Quoten ohne Rücksicht auf Bodenbeschaffenheit und Wetter erfolgte.

3 *Bewerten Sie die Bodenreform.*

Industriereform und Enteignungen

Wilde Demontagen

Angesichts der großen Not und der Zerstörung im eigenen Land beschlagnahmte die Sowjetunion Fabriken in der SBZ, ließ sie von deutschen Arbeitern vollständig zerlegen und in die Sowjetunion abtransportieren. 1945 betraf diese Demontage 4339 der 17024 Industrieobjekte. 1946 wurden weitere 200 Betriebe zerlegt und 60 Firmen in der SBZ in sowjetische Aktiengesellschaften (SAG) überführt. In diesen Betrieben bestimmte die Sowjetunion die Produktion und Verwendung der Güter. Nach der Rückgabe einiger Betriebe gehörten 1947 der Sowjetunion noch 25 Prozent der Produktionskapazität (Leistungskraft der Produktion) in der DDR. In Thüringen kontrollierten sie sogar 88 Prozent des Kalium- und Salzbergbaus, 40 Prozent des Kohlebergbaus und die gesamte Chemieindustrie.
Historiker schätzen, dass die Sowjetunion der SBZ insgesamt ein Drittel der Industrieproduktionskapazität als Reparationen entzog. Die Demontagen verliefen weitgehend chaotisch: Abgebaute Maschinen verrotteten unabgeholt, zurückgegebene Betriebe wurden zum Teil ein zweites Mal demontiert. Selbst die SMAD konnte den unterschiedlichen Beutebrigaden keinen Einhalt gebieten. Trotz vieler Eingaben der SED und zahlreicher Versprechen der Sowjetunion stoppten die Demontagen nicht. Erst 1948 wurden die Beschlagnahmungen eingestellt.

Sonderfall SDA Wismut

Unter katastrophalen Lebens- und Arbeitsbedingungen ließen die Sowjets ab 1946/47 im Erzgebirge in den Bergwerken bei Aue, Annaberg, Schneeberg und Oberschlemma Uran abbauen, das sie für den Bau von Atombomben benötigten. Der gesamte Bergbau wurde in eine sowjetische Aktiengesellschaft überführt, die bis zum Ende der DDR 1990 im Besitz der Sowjetunion blieb. Etwa 40000 Arbeiter mussten ohne genügende Ausrüstung und ohne jeden Schutz vor den radioaktiven Strahlen, schlecht ernährt und – bis 1948 – schlecht bezahlt nach dem Uran schürfen. Die Folge waren hohe Kranken- und Unfallzahlen.

4 *Überlegen Sie, welche Auswirkungen diese Politik in der Bevölkerung haben musste.*

2 **Plakat für den Volksentscheid in Sachsen, 1946.**

Industriereform

Im Oktober 1945 ordnete die sowjetische Militärregierung die Beschlagnahmung allen Eigentums des deutschen Staates, der NSDAP und der Wehrmacht an. Einen Teil der schwerindustriellen Anlagen nahm die Sowjetunion in Besitz, den Rest übergab sie deutscher Verwaltung. Insgesamt wurden acht Prozent der Industriebetriebe enteignet, die aber fast die Hälfte der Industrieproduktion lieferten.
Um der zum Teil vollzogenen und der geplanten Enteignung allen privaten Besitzes an Fabriken einen „demokratischen" Anstrich zu geben, befürwortete die SMAD einen Volksentscheid über diese Frage in Sachsen.
An dem von allen Parteien, der Kirche und gesellschaftlichen Gruppen unterstützten Volksentscheid am 30. Juni 1946 beteiligten sich 94 Prozent der Bevölkerung. 77,7 Prozent stimmten für die Enteignung, 16,5 Prozent dagegen, 5,8 Prozent der Stimmzettel waren ungültig.

5 *Erklären Sie die Zielsetzung des Volksentscheids und berücksichtigen Sie dabei die Abb. 2.*

30. Juni 1946: *Volksentscheid zur Verstaatlichung der Industrie in Sachsen.*

Auf dem Weg zum Weststaat

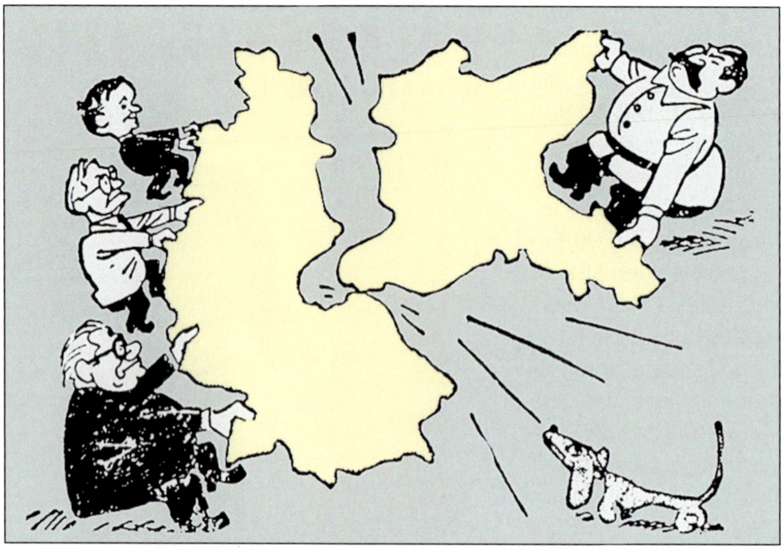

1 **„Gegenwärtige Operationen in Deutschland".** Die Karikatur erschien zunächst in der Pariser Zeitung „L'Aurore" und wurde von der „Hannoverschen Presse" übernommen, 22. Mai 1948.

Die Teilung Deutschlands zeichnet sich ab
1948 war deutlich geworden, dass die Siegermächte unvereinbare Konzepte für die Behandlung des besetzten Deutschlands und die Durchsetzung ihrer Interessen hatten. Die Berliner Blockade zeigte, dass die Alliierten ihre Interessen in Deutschland nicht ohne ein gewisses Maß an Unterstützung durch die Deutschen in den von ihnen besetzten Zonen sichern konnten. Nun bekamen die politischen Kräfte in Deutschland Zug um Zug freie Hand, auch die staatliche Ordnung im Westen wie im Osten selbst zu regeln – im Rahmen von Leitlinien, die in der SBZ auf eine kommunistische, in den Westzonen auf eine marktwirtschaftlich-demokratische Ordnung hinausliefen.

1 *Welche politische Situation Deutschlands spiegelt die Karikatur (Abb. 1) wider?*

Von den Londoner Konferenzen zum Parlamentarischen Rat
Nach dem Scheitern der Londoner Außenministerkonferenz 1947 (siehe S.23) ergriff die amerikanische Regierung die Initiative, um die politische Neuordnung in den Westzonen voranzutreiben, und zwar mit dem Ziel der Errichtung eines Weststaats. Ende Februar 1948 trafen sich in London Vertreter der drei Westmächte und der Benelux-Staaten, um ein gemeinsames Vorgehen abzusprechen. Erst im Juni war Frankreich bereit, seine Besatzungszone der Bizone anzugliedern und einen westlichen Teilstaat zu bilden.
Das Ergebnis der Londoner Beratungen wurde den Ministerpräsidenten der Länder in den Westzonen am 1. Juli 1948 in Frankfurt durch die drei Militärgouverneure mitgeteilt. Das erste der drei Frankfurter Dokumente ermächtigte die Ministerpräsidenten, eine verfassunggebende Versammlung einzuberufen.

Q1 Auszug aus dem Dokument Nr. 1:
... Die verfassunggebende Versammlung wird eine demokratische Verfassung ausarbeiten, die für die beteiligten Länder eine Regierungsform des föderalistischen Typs schafft, die am besten geeignet ist, die gegenwärtig zerrissene deutsche Einheit schließlich wiederherzustellen und die Rechte der beteiligten Länder schützt, eine angemessene Zentralinstanz schafft und die Garantien der individuellen Rechte und Freiheiten enthält ...

2 *Bewerten Sie die Vorgaben der Westmächte bezüglich einer staatlichen Neuordnung Deutschlands. Wie lassen sie sich erklären?*

Q2 Die Ministerpräsidenten nahmen am 10. Juli Stellung:
Die Ministerpräsidenten glauben jedoch, dass ... alles vermieden werden müsste, was

Die Gründung der Bundesrepublik Deutschland

2 **Der Parlamentarische Rat nach der Abstimmung über das Grundgesetz am 8. Mai 1949.**

dem zu schaffenden Gebilde den Charakter eines Staates verleihen würde; sie sind darum der Ansicht, dass ... zum Ausdruck kommen müsste, dass es sich lediglich um ein Provisorium [= Übergangslösung] handelt ...

3 *Überlegen Sie, welche Sorge hinter der Stellungnahme der Ministerpräsidenten stand.*

Ein Verfassungskonvent aus Fachleuten, der auf Einladung des bayerischen Ministerpräsidenten Ehard im August auf Herrenchiemsee tagte, entwickelte verfassungsrechtliche Grundsätze und Richtlinien, die als Entwurf für ein künftiges Grundgesetz einem Parlamentarischen Rat als Diskussions- und Arbeitsgrundlage dienen sollte.

Die Gründung der Bundesrepublik Deutschland

Am 1. September 1948 nahm der Parlamentarische Rat in Bonn seine Arbeit auf. Die Länderparlamente hatten 65 Abgeordnete bestimmt (CDU/CSU 27, SPD 27, FDP 5, KPD 2, Zentrum 2, Deutsche Partei 2). Diese wählten den 72-jährigen CDU-Politiker Konrad Adenauer zum Präsidenten. Nach längeren Beratungen verabschiedete der Parlamentarische Rat mit 53 gegen 12 Stimmen am 8. Mai 1949 die Verfassung. Sie wurde „Grundgesetz" genannt, um den provisorischen Charakter zu betonen. Die drei Westalliierten genehmigten das Grundgesetz, die westdeutschen Landtage stimmten mit Ausnahme Bayerns zu, dem die Verfassung zu zentralistisch war. Am 23. Mai trat das Grundgesetz* der Bundesrepublik Deutschland in Kraft. Dieser Tag wird heute als „Verfassungstag" gefeiert.

Q3 Aus der Präambel des Grundgesetzes:

Im Bewusstsein seiner Verantwortung vor Gott und den Menschen, von dem Willen beseelt, seine nationale und staatliche Einheit zu wahren und als gleichberechtigtes Glied in einem vereinten Europa dem Frieden der Welt zu dienen, hat das deutsche Volk ..., um dem staatlichen Leben für eine Übergangszeit eine neue Ordnung zu geben, kraft seiner verfassungsgebenden Gewalt dieses Grundgesetz der Bundesrepublik Deutschland beschlossen. Es hat auch für jene Deutschen gehandelt, denen mitzuwirken versagt war. Das gesamte deutsche Volk bleibt aufgefordert, in freier Selbstbestimmung die Einheit und Freiheit Deutschlands zu vollenden.

4 *Erklären Sie die rechtliche Grundlage des Grundgesetzes und erläutern Sie vor allem die beiden letzten Sätze der Präambel.*

Konrad Adenauer *(1876–1967), 1917–1933 und 1945 Oberbürgermeister von Köln und 1920–1933 Präsident des preußischen Staatsrates. Als Gegner der Nationalsozialisten kam er zweimal in Haft. 1945 wurde das ehemalige Mitglied der Zentrumspartei Mitbegründer der CDU. 1948/49 war er Präsident des Parlamentarischen Rates, 1949–1963 erster Bundeskanzler der Bundesrepublik Deutschland.*

Grundgesetz*: *Verfassung der Bundesrepublik Deutschland, bis zur Wiedervereinigung 1990 als Provisorium gedacht.*

23. Mai 1949: *Inkrafttreten des Grundgesetzes und damit Gründung der Bundesrepublik Deutschland.*

Die politische Ordnung der Bundesrepublik: ...

Der französische Staatsphilosoph Charles de Montesquieu *schlug 1748 vor, die Macht des Staates in drei voneinander unabhängige, aber sich gegenseitig kontrollierende Gewalten aufzuteilen, in die* ***Legislative:*** *gesetzgebende Gewalt,* ***Exekutive:*** *ausführende Gewalt,* ***Judikative:*** *Recht sprechende Gewalt. Mit dieser Gewaltenteilung, heute Kennzeichen westlicher Demokratien, sollte einem Machtmissbrauch vorgebeugt werden.*

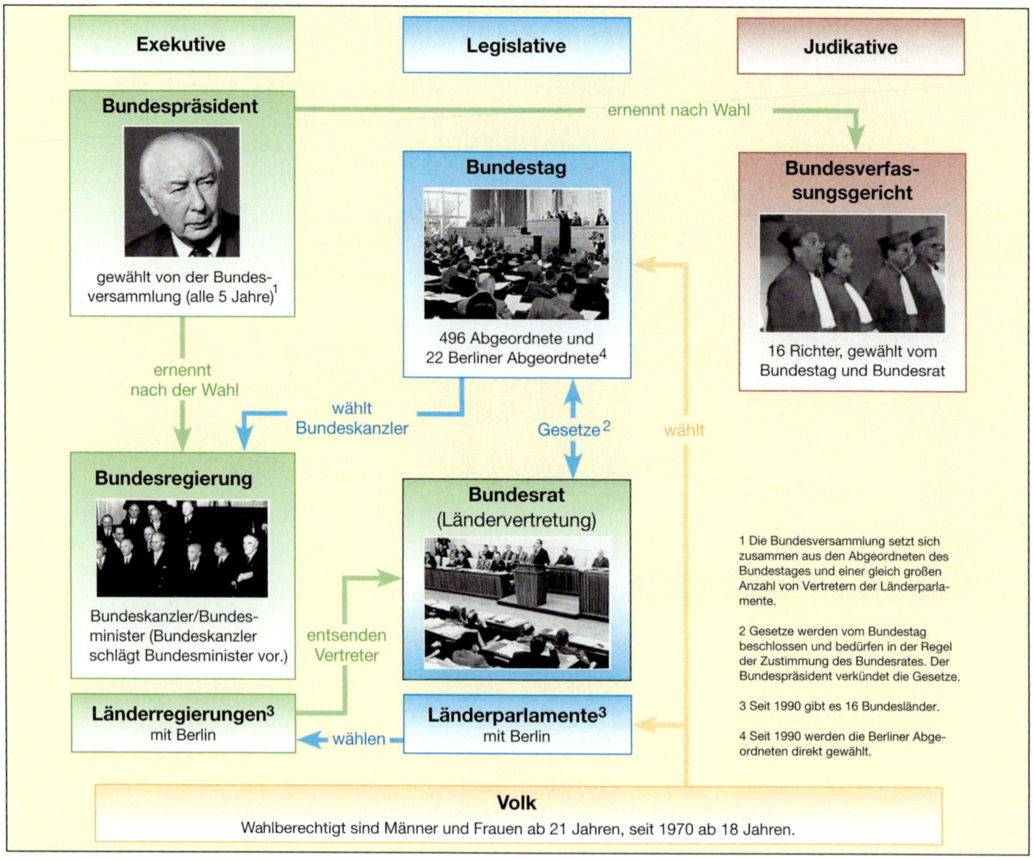

1 Staatsaufbau der Bundesrepublik Deutschland bis 1990.

Stabile Regierungen

Die Bestimmungen des Grundgesetzes und des Parteiengesetzes über die Wahl des Bundeskanzlers und des Bundestages sorgten in der Bundesrepublik im Unterschied zur Weimarer Republik für stabile Regierungen.

Q1 Aus dem Grundgesetz:

Artikel 63: (1) Der Bundeskanzler wird auf Vorschlag des Bundespräsidenten vom Bundestag ohne Aussprache gewählt.

... Artikel 64: (1) Die Bundesminister werden auf Vorschlag des Bundeskanzlers vom Bundespräsidenten ernannt und entlassen ...

Artikel 65: Der Bundeskanzler bestimmt die Richtlinien der Politik und trägt dafür die Verantwortung. Innerhalb dieser Richtlinien leitet jeder Bundesminister seinen Geschäftsbereich selbstständig und unter eigener Verantwortung. Über Meinungsverschiedenheiten zwischen den Bundesministern entscheidet die Bundesregierung ...

Artikel 67: (1) Der Bundestag kann dem Bundeskanzler das Misstrauen nur dadurch aussprechen, dass er mit der Mehrheit seiner Mitglieder einen Nachfolger wählt ...

Q2 Aus dem Bundeswahlgesetz in der Fassung von 1975:

§ 6 (4) Bei Verteilung der Sitze ... werden nur Parteien berücksichtigt, die mindestens fünf von Hundert ... Zweitstimmen erhalten haben oder in mindestens drei Wahlkreisen einen Sitz errungen haben ...

1 *Listen Sie die Aufgaben des Bundeskanzlers nach dem Grundgesetz auf.*

2 *Erläutern Sie anhand des Schaubilds die Aufgaben der Verfassungsorgane.*

3 *Erklären Sie den Begriff „parlamentarische Demokratie".*

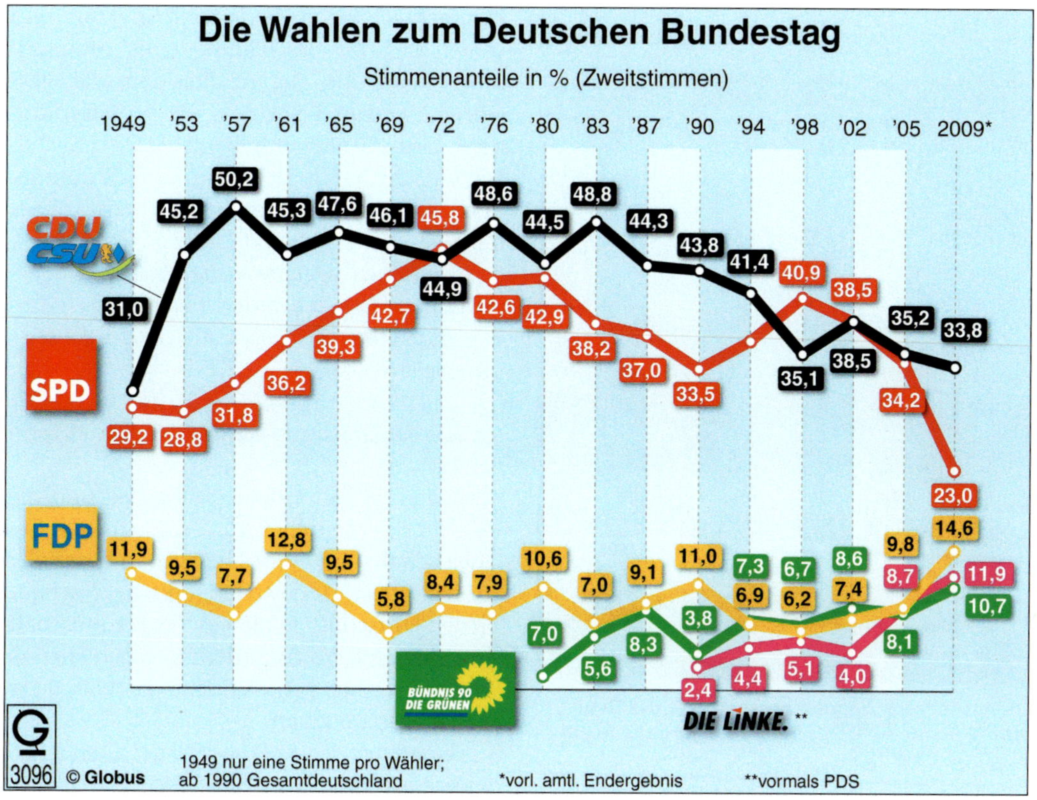

2 **Ergebnisse der Bundestagswahlen 1949–2009** (in Prozent der Zweitstimmen).

Die Bundesrepublik – eine „Kanzlerdemokratie"?

Am 14. August 1949 wurde der erste Deutsche Bundestag gewählt. Aufgrund des Wahlergebnisses bildete Bundeskanzler Konrad Adenauer (CDU) eine Koalitionsregierung aus CDU/CSU, FDP und DP. Erster Bundespräsident wurde am 12. September 1949 der FDP-Politiker Theodor Heuss.

Nach dem Grundgesetz bestimmt der Bundeskanzler die Richtlinien der Politik. Adenauer verstand dies in seiner 14-jährigen Amtszeit zu nutzen. Die Vorrangstellung Adenauers ließ das Schlagwort von der „Kanzlerdemokratie" entstehen. Viele hielten – je nach Standpunkt – die Machtstellung des Kanzlers für ein Charakteristikum oder einen Systemfehler der Verfassung. Es sollte sich aber zeigen, dass die starke Position Adenauers auf seine Persönlichkeit und die politischen Umstände zurückzuführen war.

4 *Fassen Sie das Schaubild 2 in Worte.*

1949–1957	Konrad Adenauer, CDU (Koalition aus CDU/CSU, FDP, DP)
1957–1961	Konrad Adenauer, CDU (Alleinregierung der CDU/CSU)
1961–1963	Konrad Adenauer, CDU (Koalition aus CDU/CSU, FDP)
1963–1966	Ludwig Erhard, CDU (Koalition aus CDU/CSU, FDP)
1966–1969	Kurt Georg Kiesinger, CDU (Koalition aus CDU/CSU, SPD)
1969–1974	Willy Brandt, SPD (Koalition aus SPD, FDP)
1974–1982	Helmut Schmidt, SPD (Koalition aus SPD, FDP)
1982–1998	Helmut Kohl, CDU (Koalition aus CDU/CSU, FDP)
1998–2005	Gerhard Schröder, SPD (Koalition aus SPD, Bündnis 90/Die Grünen)
seit 2005	Angela Merkel, CDU (Koalition aus CDU/CSU, SPD; seit 2009 Koalition aus CDU/CSU, FDP)

3 **Die Bundeskanzler seit 1949.**

Die Bundespräsidenten der Bundesrepublik Deutschland und ihre Amtszeiten:

Theodor Heuss (FDP): 1949–1959
Heinrich Lübke (CDU): 1959–1969
Gustav Heinemann (SPD): 1969–1974
Walter Scheel (FDP): 1974–1979
Karl Carstens (CDU): 1979–1984
Richard von Weizsäcker (CDU): 1984 bis 1994
Roman Herzog (CDU): 1994–1999
Johannes Rau (SPD): 1999–2004
Horst Köhler (CDU): 2004–2010
Christian Wulff (CDU): 2010–2012
Joachim Gauck (parteilos): seit 2012

Die Gründung der DDR

Wilhelm Pieck *(1876–1960), Mitglied der KPD, kehrte 1945 mit der „Gruppe Ulbricht" (siehe S. 30) aus dem Exil nach Deutschland zurück. Von 1946 bis 1954 gemeinsam mit Otto Grotewohl Vorsitzender der SED, 1949–1960 Staatspräsident der DDR.*

Otto Grotewohl *(1894–1964), Mitglied der SPD, vollzog 1946 unter dem Druck der sowjetischen Besatzungsmacht mit Wilhelm Pieck den Zusammenschluss von SPD und KPD zur SED, die er bis 1950 mit leitete, 1949–1964 Ministerpräsident der DDR.*

1 Auf seiner 9. Tagung proklamierte der Deutsche Volksrat die Deutsche Demokratische Republik, 7. Oktober 1949.

Die Gründung der Deutschen Demokratischen Republik

Die SED hatte nicht vor, ihre Vorherrschaft in der SBZ aufzugeben. Im März 1948 wurde von der SED der II. Volkskongress einberufen, er bestand vor allem aus Delegierten der Parteien und Gewerkschaften. Der Volkskongress wählte einen Volksrat. Dieser arbeitete eine Verfassung aus, wobei er sich auf einen Entwurf der SED von 1946 stützte. Außerdem beschloss er, den III. Volkskongress im Mai 1949 durch allgemeine Wahlen berufen zu lassen. Bei diesen Wahlen konnte die Bevölkerung nur mit Ja oder Nein für eine Einheitsliste stimmen. Auf der Einheitsliste waren der SED und den von ihr beherrschten Massenorganisationen mehr als die Hälfte der Sitze im neuen Volkskongress garantiert. Dieser III. Volkskongress bestätigte am 30. Mai 1949 den Verfassungsentwurf und wählte einen neuen Volksrat. Am 7. Oktober 1949 erklärte sich der Volksrat zur Provisorischen Volkskammer der Deutschen Demokratischen Republik. Die nicht aus Wahlen hervorgegangene Volkskammer setzte die Verfassung in Kraft und sprach sich für die Bildung einer provisorischen Regierung aus. Als Präsident der DDR wurde Wilhelm Pieck und als Ministerpräsident Otto Grotewohl, beide SED, gewählt. Die entscheidende politische Gewalt übte jedoch der Erste Sekretär des Zentralkomitees der SED, Walter Ulbricht (siehe S. 30), aus.

7. Oktober 1949: Inkrafttreten der Verfassung und damit Gründung der DDR.

1 *Vergleichen Sie, auf welche Weise die beiden deutschen Staaten gegründet wurden.*

2 *Untersuchen Sie, welche Rolle dabei die Bürger spielten.*

Q1 Aus der Einleitung zur DDR-Verfassung von 1949:

Von dem Willen erfüllt, die Freiheit und die Rechte des Menschen zu verbürgen, das Gemeinschafts- und Wirtschaftsleben in sozialer Gerechtigkeit zu gestalten, dem gesellschaftlichen Fortschritt zu dienen, die Freundschaft mit allen Völkern zu fördern und den Frieden zu sichern, hat sich das deutsche Volk diese Verfassung gegeben.

3 *Vergleichen Sie die Präambel des Grundgesetzes (S. 35) mit der Einleitung der DDR-Verfassung.*

Die DDR – Satellitenstaat der Sowjetunion

Die zunehmenden Spannungen zwischen den drei Westalliierten – insbesondere den USA – und der UdSSR haben dazu geführt, dass aus den vier Besatzungszonen im Jahr 1949 zwei deutsche Staaten entstanden sind; sie haben damit über Jahrzehnte eine Teilung Deutschlands bewirkt. In einem Glückwunschtelegramm begrüßte Stalin die Gründung der DDR als einen „Wendepunkt in der Geschichte Europas", der „die Möglichkeit neuer Kriege ... ausschließt, dem Blutvergießen ... ein Ende bereitet". Zwar betonte er dabei die Unabhängigkeit des neu gegründeten Staates, aber dennoch bestimmte die UdSSR auch weiterhin die wesentlichen Züge der Politik der DDR, sah sie doch in ihr den „Kernstaat" eines vereinten sozialistischen Deutschlands, an den die Bundesrepublik durch einen „nationalen Befreiungskampf" angeschlossen werden sollte.

4 *Erläutern Sie, welche Rolle die DDR in Stalins Deutschlandpolitik übernehmen sollte.*

BRD und DDR: Staatsgründungen im Kalten Krieg

2 **„Zwei Volk, zwei Reich, zwei Führer".** Karikatur aus dem „Simpl", 1949.

Zwei Perspektiven

Q2 Aus der Erklärung von Ministerpräsident Otto Grotewohl am 12. Oktober 1949 vor der Provisorischen Volkskammer:

Die Entwicklung unseres deutschen demokratischen und friedlichen Staates wird am stärksten behindert von den imperialistischen Westmächten, die die Spaltung Deutschlands bis zu dem heutigen beklagenswerten Stand vorwärtsgetrieben haben ... Statt der im Potsdamer Abkommen vorgesehenen Demokratisierung, Entmilitarisierung und Entnazifizierung Deutschlands sind sie bestrebt, die von ihnen besetzten Teile Deutschlands in eine Kolonie zu verwandeln, die mit den traditionellen Methoden imperialistischer Kolonialherrschaft regiert und ausgebeutet wird ...

Die Regierung wird sich niemals damit abfinden, dass in den westlichen Besatzungszonen Deutschlands ein jeder Rechtsgrundlage entbehrendes Besatzungsstatut* benutzt wird, um einen Teil unseres Vaterlandes in eine Kolonie zu verwandeln. Wir werden den Weg des deutschen Volkes zu einem einheitlichen, demokratischen und friedliebenden Deutschland zu finden wissen.

Q3 Aus der Erklärung von Bundeskanzler Konrad Adenauer am 24. Oktober 1949 vor dem Deutschen Bundestag:

Entgegen dem Potsdamer Abkommen ..., in dem beschlossen wurde, Deutschland während der Besatzungszeit als eine politische und wirtschaftliche Einheit zu betrachten, trat schon sehr bald eine verschiedene Auffassung über die Deutschland gegenüber zu beobachtende Haltung unter den Alliierten zutage. In der Sowjetzone wurden schon im Jahre 1945 im Gegensatz zu den drei anderen Zonen Zentralverwaltungen eingerichtet, die den unverkennbaren Zweck hatten, die ganze sowjetische Zone staatlich einheitlich zu organisieren ...

Nach dem völligen Zusammenbruch aller staatlichen Organisation in Deutschland ... kann ... eine Organisation in Deutschland nur dann den Anspruch darauf erheben, ein legitimer Staat zu sein, wenn sie auf dem freien Willen der Bevölkerung beruht.

Es wird niemand behaupten können, dass die nunmehr geschaffene Organisation der Sowjetzone auf dem freien Willen der Bevölkerung dieser Zone beruht. Sie ist zustande gekommen auf Befehl Sowjetrusslands und unter Mitwirkung einer kleinen Minderheit ihm ergebener Deutscher ...

In der Sowjetzone gibt es keinen freien Willen der deutschen Bevölkerung. Das, was jetzt dort geschieht, wird nicht von der Bevölkerung getragen und damit legitimiert [= als rechtmäßig erkennen] ...

Die Bundesrepublik Deutschland stützt sich dagegen auf die Anerkennung durch den frei bekundeten Willen von rund 23 Millionen stimmberechtigter Deutscher. Die Bundesrepublik Deutschland ist somit bis zur Erreichung der deutschen Einheit insgesamt die alleinige legitimierte staatliche Organisation des deutschen Volkes.

5 *Untersuchen Sie die Erklärungen Grotewohls (Q 2) und Adenauers (Q 3) und listen Sie Gemeinsamkeiten und Unterschiede auf.*

6 *Interpretieren Sie mit Hilfe der Arbeitsschritte auf S. 227 die Karikatur (Abb. 2).*

Besatzungsstatut*: *Auf dem Gebiet der Bundesrepublik Deutschland am 21.9.1949 in Kraft gesetztes Regelwerk, das die Zuständigkeit der Westalliierten für bestimmte Politikbereiche festlegte und Vorrang vor dem Grundgesetz hatte.*

Die sozialistische Staatsordnung

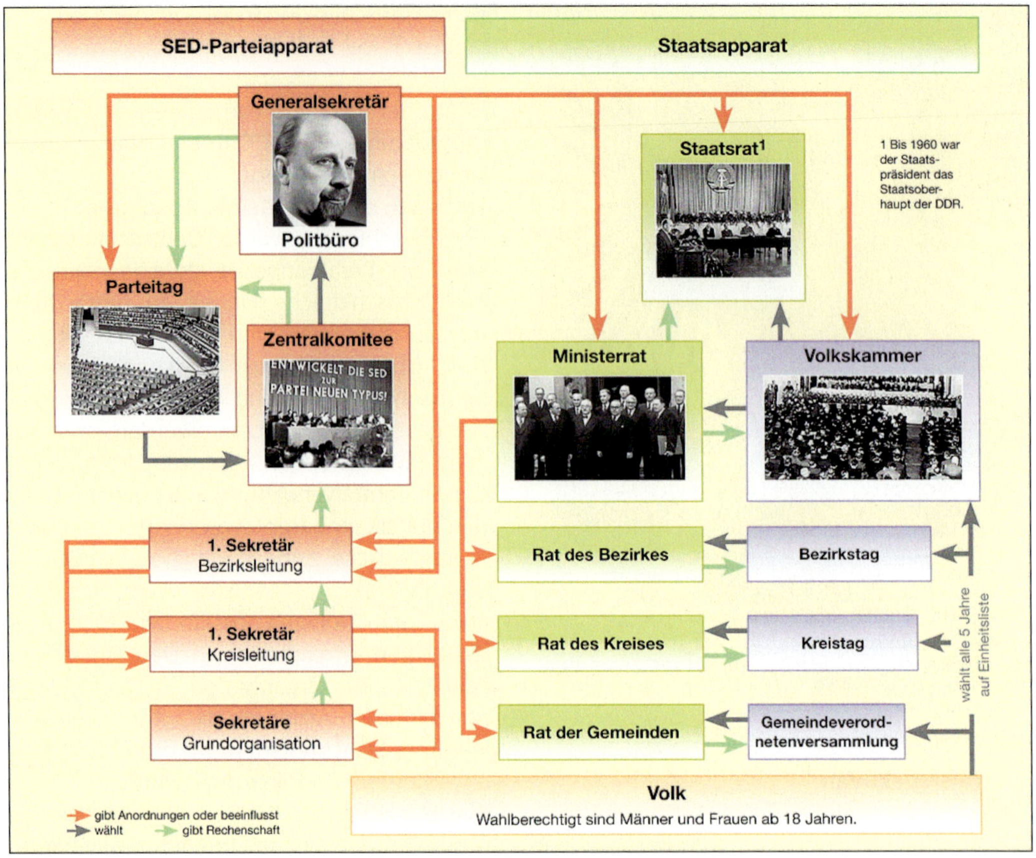

1 **Staatsaufbau und Herrschaftsverhältnisse in der DDR bis Ende 1989.**

Zentralkomitee*: *In den kommunistischen Parteien das wichtigste Entscheidungsorgan, an dessen Beschlüsse die gesamte Partei gebunden war.*

Arbeiter- und Bauernklasse*: *Gesellschaftliche Gruppe, die die herrschende Rolle in der entwickelten sozialistischen Gesellschaft übernehmen sollte.*

Nationale Front*: *Zusammenschluss aller Parteien und Massenorganisationen unter der Führung der SED.*

Blockparteien*: *Parteien wie die CDU oder LDPD, die in der DDR zwar weiterbestanden, aber politisch und wirtschaftlich von der SED abhängig waren. Sie handelten daher kaum eigenständig und zeigten sich fast immer in Übereinstimmung mit der SED.*

Der Aufbau einer sozialistischen Ordnung

Nach dem Vorbild der Sowjetunion plante die SED die Errichtung einer sozialistischen Staats- und Gesellschaftsordnung. Die wichtigsten Entscheidungen in Staat und Wirtschaft und in allen gesellschaftlichen und kulturellen Bereichen traf das Zentralkomitee* der SED mit dem Anspruch, im Namen der Arbeiter- und Bauernklasse* eine neue und gerechte Gesellschaftsordnung aufzubauen. Grundlage sollten die Gedanken des Marxismus-Leninismus sein, aus denen sich die Zukunft wissenschaftlich planen und entfalten lasse. Ihren totalitären Machtanspruch setzte die SED auch mit Gewalt durch. Dabei stützte sie sich auf die sowjetischen Truppen und einen eigenen Polizeiapparat. Wahlen wurden nur auf Einheitslisten der Nationalen Front* durchgeführt, die wiederum die Mehrheit der SED garantierten. Bei der Wahl galten Ergebnisse von 98 Prozent für diese Einheitsliste als normal. Eine geheime Stimmabgabe war zwar möglich, sie war aber unerwünscht.

Die sozialistische Gesellschaft

Eine wichtige Rolle in der Gesellschaft spielten die von der SED (2,2 Mio. Mitglieder) gelenkten Massenorganisationen. Dazu zählten unter anderem:

- der Freie Deutsche Gewerkschaftsbund (FDGB)
- die Freie Deutsche Jugend (FDJ)
- der Demokratische Frauenbund Deutschlands
- die Gesellschaft für Deutsch-Sowjetische Freundschaft

Die verschiedenen Parteien wie die CDU, LDPD, NDPD oder DBD bestanden als Blockparteien* weiter, mussten aber die führende Rolle der SED anerkennen.

1 *Beschreiben Sie mit Hilfe des Schaubilds den Herrschaftsapparat der DDR.*

Blockbildung in Europa

2 **Bundeskanzler Adenauer besucht 1955 in Andernach die ersten freiwilligen Bundeswehrsoldaten.**

Die Integration der Bundesrepublik in das westliche Verteidigungsbündnis

Im April 1949 hatten westliche Staaten unter Führung der USA ein militärisches Bündnis geschlossen, die NATO (= North Atlantic Treaty Organization). Sie reagierten damit auf die zunehmend als Bedrohung empfundene Politik der Sowjetunion in Osteuropa.

Q1 Aus dem NATO-Vertrag:

Artikel 5 Die vertragschließenden Staaten sind darüber einig, dass ein bewaffneter Angriff gegen einen oder mehrere von ihnen in Europa oder Nordamerika als ein Angriff gegen sie alle betrachtet wird …

2 *Erklären Sie die Zielsetzung der NATO.*

Nachdem der Plan einer Europäischen Verteidigungsgemeinschaft (EVG) am Veto der französischen Nationalversammlung gescheitert war, wurde die Bundesrepublik Deutschland 1955 in den Nordatlantikpakt aufgenommen. Im gleichen Jahr erlangte sie mit dem Inkrafttreten des schon 1952 von der Bundesrepublik und den drei Westmächten unterzeichneten „Deutschlandvertrags" – mit einigen Vorbehalten hinsichtlich der Truppenstationierung und der alliierten Verantwortung für Deutschland als Ganzes und Berlin – eine weitgehende staatliche Souveränität. Der „Deutschlandvertrag" löste das Besatzungsstatut von 1948 ab. 1955 wurde die Bundeswehr gegründet und die allgemeine Wehrpflicht eingeführt.

Die Integration der DDR in den Ostblock

Die UdSSR hatte schon 1954 eine „Erklärung über die Gewährung der Souveränität an die Deutsche Demokratische Republik" abgegeben. Die Westmächte und die Bundesrepublik betrachteten die DDR aber weiterhin als „Zone", in der die Sowjetunion die Besatzungsherrschaft ausübte.

Als Antwort auf die westlichen Bündnisse schlossen sich Mitte Mai 1955 sieben Staaten des Ostblocks zu einem Militärbündnis unter sowjetischer Führung (Warschauer Pakt) zusammen. 1956 wurde die DDR in dieses Bündnis aufgenommen. Die bisherige „kasernierte Volkspolizei" der DDR wurde zur „Nationalen Volksarmee" (NVA) umgestaltet. Die allgemeine Wehrpflicht führte die DDR allerdings erst 1962 ein.

Mit der Gründung von Nordatlantik- und Warschauer Pakt sowie der Eingliederung der Bundesrepublik und der DDR in unterschiedliche Militärbündnisse war die Blockbildung in Europa abgeschlossen. Die folgenden Jahrzehnte waren in Europa geprägt durch diese Frontstellung zweier feindlicher Blöcke.

3 *Beschreiben Sie mit Hilfe des Textes und der Karte S. 8 die Bildung der Militärblöcke.*

NATO: *1949 abgeschlossenes Militärbündnis zwischen den USA, Kanada und zehn westeuropäischen Staaten. Die Mitglieder verpflichteten sich zu gegenseitigem militärischen Beistand im Fall eines Angriffs von Dritten. Die Bundesrepublik wurde 1955 aufgenommen.*

Warschauer Pakt: *1955 abgeschlossenes Militärbündnis zwischen der UdSSR und den meisten osteuropäischen Staaten, darunter auch die DDR. Der Pakt löste sich 1991 auf.*

Mit dem steigenden Wohlstand stieg auch der Grad privater Motorisierung. *Werbeplakat der Firma Messerschmitt für den KR (= Kabinenroller) 200, 1955.*

Wirtschaftliche Entwicklung im Westen

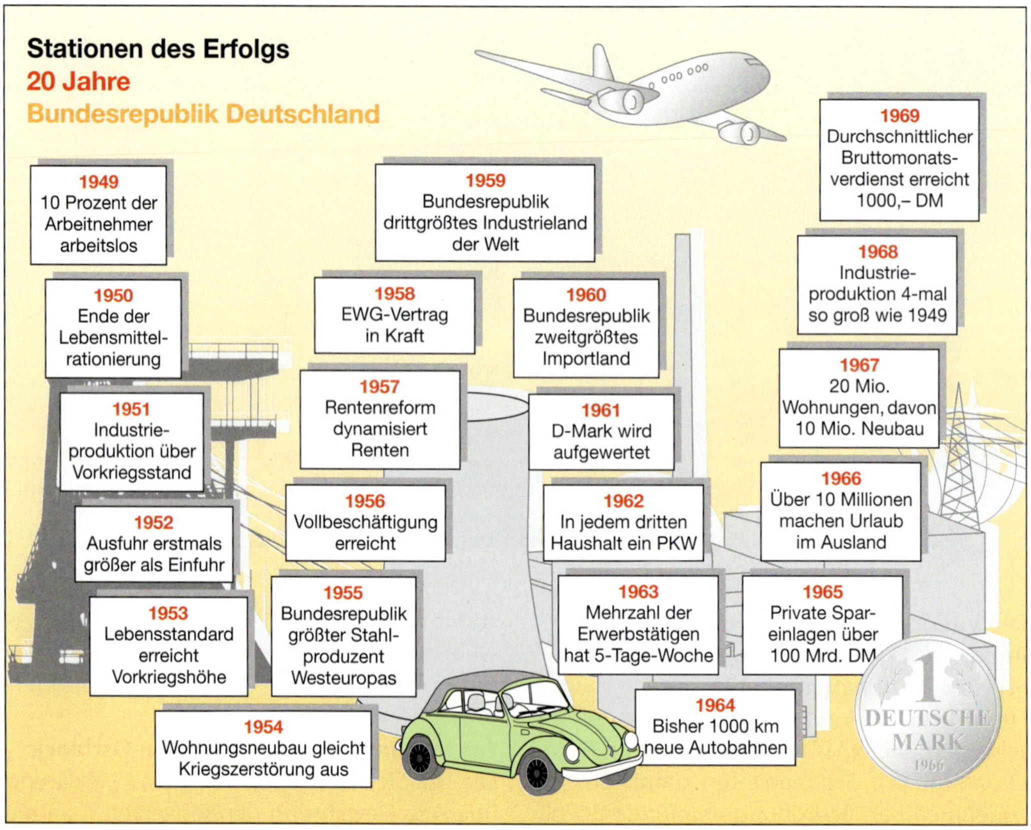

1 **Das „Wirtschaftswunder".** Schaubild, 1969.

2 **Die Fünfzigerjahre.** Collage, 1996.

Das „Wirtschaftswunder"

Jahr	Industrie-produktion*	Beschäftigte (Mio.)	Erwerbs-losigkeit	Industr. Erzeuger-preise*	Lebens-haltung*	Brutto-stundenlohn*
1949	80	13,5	10,3	103	107	95
1950	100	14,1	10,7	100	100	100
1951	118	14,5	10,2	119	108	115
1952	126	15,0	9,8	121	110	124
1953	139	15,6	8,4	118	108	130
1954	155	16,2	8.3	116	108	133
1955	178	17,1	7,9	119	110	142
1956	192	17,8	5,5	121	113	156
1957	203	18,3	3,7	124	115	170
1958	209	18,5		125	119	182
1959	225	18,9	3,0	124	121	191
1960	249	19,4		126	123	209

* 1950 = 100

3 **Ausgewählte Daten zur wirtschaftlichen Entwicklung der Bundesrepublik Deutschland 1949–1960.**

Der wirtschaftliche Aufschwung

„Wir sind wieder wer" – so beschrieb Ende der 1950er Jahre der damalige Wirtschaftsminister und spätere Bundeskanzler Ludwig Erhard die Stimmung in der Bundesrepublik. 1949 hätte eine solche Entwicklung sicherlich niemand vorherzusagen gewagt: Zerbombte Städte, Reparationsforderungen der Alliierten, die finanzielle Belastung des Staates durch die Versorgung der Witwen, Waisen, Kriegsversehrten, Flüchtlinge und Vertriebenen ließen nicht auf eine positive Wirtschaftsentwicklung hoffen. Die Entscheidung für die soziale Marktwirtschaft (siehe S. 44) legte aber den Grundstein für einen rasanten Wirtschaftsaufschwung, der allgemein als „Wirtschaftswunder" bezeichnet wurde.

Dieses „Wunder" hatte aber ganz reale Ursachen:

- Der bereits begonnene Wirtschaftsaufbau wurde durch die Wirkungen des Marshall-Plans und die Währungsreform noch verstärkt.
- Neue Produktionsanlagen waren der Konkurrenz aus dem Ausland überlegen.
- Es gab – auch bedingt durch die Vertriebenen und Übersiedler aus der DDR – ein großes Angebot leistungswilliger und gut ausgebildeter Arbeitskräfte.
- Die Qualität der Waren und der große Nachholbedarf nach dem Zweiten Weltkrieg und während des Koreakriegs (siehe S. 68 f.) ließen den Export schnell ansteigen.

Auf dem Weg zur Konsumgesellschaft

Nach Jahren der Entbehrung löste jetzt eine Welle die andere ab. Der „Fresswelle" folgte die „Wohn-" und „Automobilwelle". Am Beginn der 1960er Jahre rollte die „Reisewelle". Gestiegene Löhne und ein wachsender Anspruch auf Urlaubstage machten Ferien vor allem an den Mittelmeerstränden Italiens möglich.

Aber nicht jeder konnte sich in den 1950er Jahren diesen Wohlstand leisten. Für die Mehrheit der Familien wurde der Lebensstandard der Vorkriegszeit erst nach 1955 erreicht und überschritten. Fernsehgerät, Waschmaschine, Telefon und Auto waren noch kaum im Besitz der Privathaushalte.

1 *Fragen Sie Ihre Großeltern und ältere Verwandte nach deren Erinnerungen an die Zeit des „Wirtschaftswunders" der 1950er Jahre.*

2 *Beschreiben Sie mit Hilfe dieser Zeugenaussagen und der Materialien auf dieser Doppelseite die wirtschaftliche Entwicklung der Bundesrepublik in ihren ersten 20 Jahren.*

Unternehmer der „Wirtschaftswunder"-Jahre:
Gustav Schickedanz *(1895–1977) hatte bereits in den 1920er Jahren eine Großhandlung in Fürth eröffnet, die er nach 1945 mit seiner Frau* ***Grete*** *zum Versandhaus „Quelle" ausbaute.*
Franz Burda *(1903 bis 1986) erweiterte den 1908 in Offenburg gegründeten Verlag zusammen mit seiner Frau* ***Aenne*** *zu einem Medien-Imperium, in dem Zeitschriften wie „Bunte" und „Freundin" erscheinen.*

Wohlstand für alle

Ludwig Erhard (1897–1977), CDU-Politiker, 1949–1963 Bundeswirtschaftsminister, führte das Prinzip der sozialen Marktwirtschaft ein und gilt als „Vater des Wirtschaftswunders". 1963–1966 Bundeskanzler.

1 **In seinem Buch „Wohlstand für alle" legte Bundeswirtschaftsminister Ludwig Erhard die Prinzipien der sozialen Marktwirtschaft dar.** Foto, 1957.

Alfred Müller-Armack (1901–1978): In seinem Buch „Wirtschaftslenkung und Marktwirtschaft" (erschienen 1947) prägte der Wirtschaftsprofessor den Begriff der „sozialen Marktwirtschaft". Als Leiter der Grundsatzabteilung im Wirtschaftsministerium arbeitete er eng mit Ludwig Erhard zusammen.

Der freie Markt

Das von dem schottischen Moralphiliosophen Adam Smith (1723–1790) beschriebene Modell der freien Marktwirtschaft ging davon aus, dass die Herstellung von Produkten und deren Konsum von einem freien Markt gesteuert werden. Danach regulieren sich das Angebot von und die Nachfrage nach Gütern von selbst. Der Staat wirkt nur indirekt am Markt mit, indem er eine Marktordnung festlegt.

In der freien Marktwirtschaft richtet sich der Preis für ein Produkt nach dem Prinzip von Angebot und Nachfrage. Ein knappes Warenangebot lässt den Preis steigen, ein zu großes Warenangebot verbilligt die Ware. Die Konkurrenz von Unternehmern, die gleiche oder ähnliche Produkte herstellen, sorgen für eine Verbesserung des Preis-Leistungs-Verhältnisses und der Produktqualität. Der Zugang zum Markt ist für beide Teilnehmer, Produzent wie Konsument, ohne Einschränkungen möglich.

Die soziale Marktwirtschaft

Die Währungsreform 1948 beendete die Zwangsbewirtschaftung (z. B. von Wohnraum) und die Rationierung (z. B. von Lebensmitteln). Gegen die weit verbreitete Skepsis, vor allem bei den Besatzungsmächten, der Opposition, den Gewerkschaften und in der Bevölkerung, setzte sich das von Ludwig Erhard und Alfred Müller-Armack entwickelte Modell einer sozialen Marktwirtschaft durch. Danach soll das Potenzial einer freien Marktwirtschaft, insbesondere wirtschaftliche Leistungsfähigkeit und hohe Güterversorgung, genutzt, gleichzeitig sollen aber Nachteile verhindert werden. Der Staat beteiligt sich aktiv am Wirtschaftsgeschehen, um zerstörerischen Wettbewerb, Ballung wirtschaftlicher Macht in den Händen weniger und unsoziale Auswirkungen zu vermeiden. Dies geschieht dadurch, dass der Staat marktbeherrschende Konzerne verbieten kann, Preisabsprachen nicht zulässt, eine aktive Konjunkturpolitik betreibt, die Vermögensbildung, den Wohnungsbau und die Ausbildung fördert sowie für eine gerechte Verteilung der Einkommen sorgt.

1 *Vergleichen Sie die „freie" mit der „sozialen" Marktwirtschaft. Stellen Sie Gemeinsamkeiten und Unterschiede fest.*

2 *Nennen Sie Beispiele, wie der Staat in das Wirtschaftsgeschehen eingreifen kann.*

Das soziale Netz

Der wirtschaftliche Aufstieg im Rahmen der von der Bundesregierung und ihrem Wirtschaftsminister Ludwig Erhard verfolgten Politik einer sozialen Marktwirtschaft wurde begleitet von einem schrittweisen Ausbau des Sozialstaats.

Durch das Bundesversorgungsgesetz 1950 erhielten 4,5 Millionen Kriegsopfer und Hinterbliebene Unterstützungsleistungen. In diesem Jahr begann der soziale Wohnungsbau; mit staatlichen Zuschüssen konnten bis 1955 fast zwei Millionen preiswerte Wohnungen gebaut werden. Ab 1952 kam ein Lastenausgleichsgesetz all denen zugute, die durch Krieg und Vertreibung alles verloren hatten und denen nun der Aufbau einer neuen Existenz erleichtert wurde. Die Einführung der dynamischen Rente und die gleichzeitige Erhöhung der Renten um 65 Prozent im Jahr 1957 ließ auch die ältere Generation am steigenden Lebensstandard teilhaben. Die Lohnfortzah-

Der Auf- und Ausbau des Sozialstaats

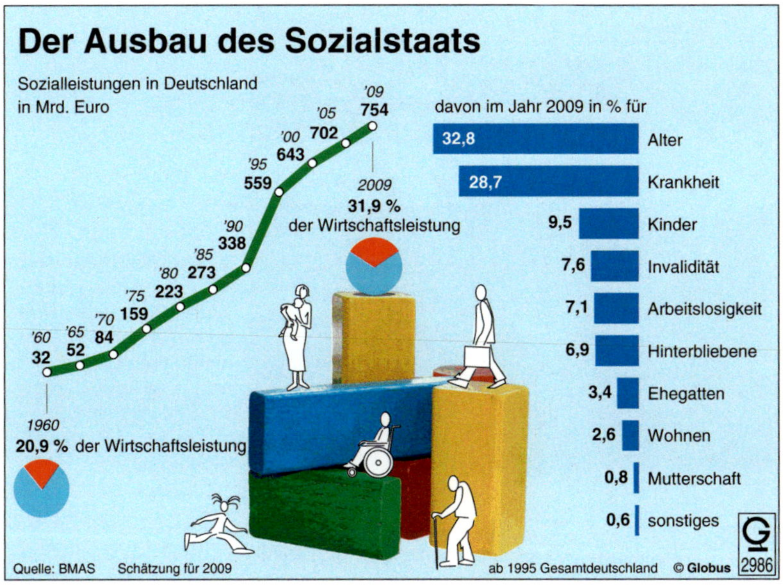

2 **Die Ausgaben für Sozialleistungen in Deutschland 1960–2009.**

lungen im Krankheitsfall*, das Kindergeld und die Ausbildungsförderung (BAFöG) für Kinder einkommensschwacher Familien sind beispielhafte Vorhaben, mit denen das Netz des Sozialstaates immer enger geknüpft wurde. Das letzte Resultat dieser Politik war die Einführung der Pflegeversicherung*.

3 *Berichten Sie über den schrittweisen Ausbau des Sozialstaats.*

4 *In unserer Zeit hört man häufig, dass der Sozialstaat an den Grenzen seiner Finanzierbarkeit angekommen sei. Erkundigen Sie sich im Sozialkundeunterricht nach den heutigen Problemen der sozialen Sicherungssysteme.*

„Sozialpartner"

Wegen ihrer Bedeutung für die sozialpolitische Entwicklung werden Arbeitgeberverbände und Gewerkschaften auch „Sozialpartner" genannt. Seit dem Tarifvertragsgesetz 1949 handeln sie bis heute Löhne und Gehälter für Arbeiter und Angestellte aus.

Eine große Bedeutung hatte die Frage der wöchentlichen Arbeitszeit. Sie war nach dem Krieg noch sehr lang, sie lag bei knapp 50 Stunden in der Woche. Nach jahrzehntelangen Auseinandersetzungen gelang es den Gewerkschaften, zunächst die 45-Stunden-Woche mit arbeitsfreiem Samstag (1956), dann die 40-Stunden-Woche (1967) und schließlich u. a. in der Metallindustrie eine wöchentliche Arbeitszeit von 35 Stunden durchzusetzen. Das Betriebsverfassungsgesetz 1952 und das Mitbestimmungsgesetz für Großunternehmen 1976 verbesserten die Mitwirkungsrechte der Arbeitnehmer in den Betrieben entscheidend.

Eine Bilanz

Die soziale Marktwirtschaft hat zu einer nicht gekannten Steigerung des Wohlstands bei breiten Bevölkerungsschichten und zu einem hohen Maß an sozialer Sicherheit geführt. Sie ist kein abgeschlossenes System, sondern muss bei sich wandelnden Wertvorstellungen ständig überprüft und verbessert werden.

Die Wirtschaftsordnung der Bundesrepublik ist nicht im Grundgesetz festgeschrieben. Zentrale Elemente unserer Rechtsordnung, z. B. Recht auf Eigentum, Tarifautonomie, Sozialstaatsprinzip schließen aber Extreme einer schrankenlosen Marktwirtschaft oder einer Zentralverwaltungswirtschaft aus.

5 *Ludwig Erhard formulierte den Slogan „Wohlstand für alle". Klären Sie, ob diese Parole einer Überprüfung heute noch standhält. Begründen Sie Ihre Ergebnisse.*

Lohnfortzahlung*: *Das Lohnfortzahlungsgesetz regelt die Auszahlung des Lohns an den Arbeitnehmer, auch wenn dieser krankheitsbedingt der Arbeit fernbleiben muss.*

Pflegeversicherung*: *Alle gesetzlich oder privat Krankenversicherten müssen eine Pflegeversicherung abschließen. Mit dem Geld aus der Pflegeversicherung erhalten pflegebedürftige Menschen die individuell notwendigen Pflegeleistungen.*

„Das Wunder von Bern"

1 **Die Weltmeisterelf 1954:** (von links) Fritz Walter, Toni Turek, Horst Eckel, Helmut Rahn, Ottmar Walter, Werner Liebrich, Jupp Posipal, Hans Schäfer, Werner Kohlmeyer, Karl Mai, Max Morlock.

Gustav „Bubi" Scholz *(1930 bis 2000), Boxer.*

Fritz Thiedemann *(1918–2000), Springreiter.*

Filmtipp:
Das Wunder von Bern, Regie: Sönke Wortmann, Deutschland 2003.

Neben den wirtschaftlichen Erfolgen, dem „Wirtschaftswunder", brachte ein weiteres „Wunder" der jungen Bundesrepublik internationale Anerkennung ein: „das Wunder von Bern".
Gegen den haushohen Favoriten Ungarn, der über vier Jahre unbesiegt war und dem man in der Vorrunde noch 3:8 unterlegen war, gelang ein 3:2-Sieg. „Das Unglaubliche ist wahr, das Unerwartete Wirklichkeit. Der Fußballweltmeister 1954 heißt Deutschland", jubelte der Spielführer Fritz Walter, und im Überschwang der Gefühle sangen die deutschen Fans bei der Siegerehrung „Deutschland, Deutschland über alles". In der Heimat wurde die Mannschaft triumphal empfangen.

Q1 Bundesinnenminister Gerhard Schröder (CDU) gratulierte zum Sieg:
... Ich spreche Ihnen allen ... die herzlichsten Glückwünsche der Bundesregierung aus ... Wir freuen uns mit Ihnen über den Erfolg, und zwar von Herzen. Wir werden dabei jedoch nicht in die Gefahr kommen, falsche Wertmaßstäbe anzulegen. Jeder weiß es und soll es wissen, dass es ein Spiel war ... Die Freude darüber, dass Sie die Weltmeisterschaft im Fußball errungen haben, wollen wir uns von keiner Seite beeinträchtigen lassen ... Wir sind nicht so reich wie manche andere Nation an Anlässen oder Symbolen, die ein starkes gemeinsames Erleben ermöglichen. Deswegen sind wir umso dankbarer für jedes Ereignis, das uns ein so echtes Gemeinschaftsgefühl vermittelt ...

1 *Überlegen Sie, warum der Sieg der deutschen Fußball-Nationalmannschaft 1954 eine so große Bedeutung für die Deutschen hatte.*
2 *Erörtern Sie die Gefahren, die diese sportlichen Erfolge in sich bargen. Nehmen Sie auch Q1 zu Hilfe.*

Aber nicht nur der Gewinn der Fußballweltmeisterschaft förderte das Gefühl „Wir sind wieder wer!", sondern auch andere sportliche Erfolge. 1951 stellte Wilhelm Herz auf NSU den Motorradweltrekord ein, 1952 gewann eine bundesdeutsche Mannschaft die Feldhandball-Weltmeisterschaft, und bei den Olympischen Winterspielen desselben Jahres in Oslo ging ein wahrer Medaillenregen über die westdeutschen Sportler nieder. Die deutschen „Skimädel" Mirl Buchner und Ossi Reichert gewannen allein vier Medaillen, Ria und Paul Faul siegten im Eiskunstpaarlauf, und Gold gab es auch für den Zweierbob mit Anderl Ostler und Lorenz Nieberl.
3 *Informieren Sie sich mit Hilfe des Internets über weitere bekannte und erfolgreiche Sportler der 1950er Jahre und entwerfen Sie ein Plakat/eine Wandzeitung.*

Der „Club" – ein Traditionsverein

2 Anmarsch der Fans in den alten „Zabo". Selbst in den 1920er Jahren, als die Wirtschaftskrise ihre Schatten vorauswarf, war der „Club" ein Publikumsmagnet.

Die Anfänge des „Clubs"

Am 4. Mai 1900 trafen sich im Wirtshaus „Zur Burenhütte" in Nürnberg 18 junge Leute und gründeten einen Verein, den „1. Fußballclub Nürnberg". Vom „richtigen" Fußball waren sie allerdings noch weit entfernt, da sie nach Rugby-Regeln spielten. Bereits im Sommer 1901 einigte man sich jedoch auf den Wechsel zum Fußball und erste Erfolge ebenso wie eine steigende Zahl Fußballinteressierter führten dazu, dass 1913 endlich ein vorbildliches Sportgelände in Zerzabelshof zur neuen Heimat des Vereins wurde. Das bald nur noch mit dem Kürzel „Zabo" bezeichnete Stadion bot 8000 Zuschauern Platz.

Der „Club" und die deutsche Geschichte

Der Kriegsausbruch 1914 bedeutete auch für den 1. FCN einen Einschnitt, da zahlreiche Vereinsmitglieder zum Militärdienst eingezogen wurden. Nach den vier Kriegsjahren zeichnete sich allerdings in ganz Deutschland ein Aufschwung für den Fußballsport ab und die 1920er Jahre waren für den „Club" mit dem Gewinn von insgesamt fünf deutschen Meistertiteln in sportlicher Hinsicht „golden". Die angespannte Wirtschaftslage führte jedoch dazu, dass im Sommer 1923 die Vereinszeitung aus Kostengründen vorerst eingestellt werden musste und der Verein 1930 kurz vor der Pleite stand.

Sportlich ging der „Club" nach den erfolgsverwöhnten Jahren ebenfalls durch ein Tief, bis der Ungar Jenö Konrad als Trainer verpflichtet wurde. Ihm gelang es, die Mannschaft wieder zum Erfolg zu führen. Im Halbfinale der Meisterschaftsendrunde 1931/32 schied der „Club" jedoch gegen den späteren Meister Bayern München aus und das nationalsozialistische Blatt „Der Stürmer" – Herausgeber war Julius Streicher, der NSDAP-Gauleiter von Franken – titelte: „Der 1. Fußballklub Nürnberg geht am Juden zugrunde .... Club! Besinn dich und wache auf. Gib deinem Trainer eine Fahrkarte nach Jerusalem." Nach dieser Hetzkampagne hatte Jenö Konrad mit seiner Familie Nürnberg fluchtartig verlassen.

Der Siegeszug des Nationalsozialismus machte sich auch weiterhin im Vereinsleben bemerkbar: Noch drei Monate vor der offiziellen Gleichschaltung wurde allen Juden die Mitgliedschaft aufgekündigt. Am 1. August 1944 schließlich trat eine Verordnung in Kraft, die überregionale Sportveranstaltungen und Meisterschaften untersagte.

Erst 1961 feierte der „Club" erneut eine deutsche Fußballmeisterschaft und bereits ein Jahr später stimmte die Vereinsführung der Teilnahme an einer Bundesliga zu. Mit zehn Meisterschaften war der „Club" bis 1987 über 60 Jahre deutscher Fußballrekordmeister.

Ein Traditionsverein und seine Zukunft

Seit Mitte der 1980er Jahre steht der „Club" im Ruf einer „Fahrstuhlmannschaft". Es gelang dem Verein nicht, sich dauerhaft in einer Liga zu etablieren, sondern er stieg wiederholt auf und ab. Seit Sommer 2009 spielt der „Club" allerdings wieder erfolgreich in der Fußballbundesliga. Seine Fans zählen zu den treuesten der Liga – auf sie kann der Club bauen.

4 *Informieren Sie sich mit Hilfe des Internets über die Vereinsgeschichte des 1. FC Nürnberg und stellen Sie diese in einer Wandzeitung dar.*

5 *Recherchieren Sie, ob es in Ihrem Wohn- oder Schulort auch Vereine mit Tradition gibt, und stellen Sie diese vor. Dabei muss es sich nicht unbedingt um Sportvereine handeln.*

Sportarten: *Boxen, Handball, Hockey, Roll- und Eissport, Schwimmen, Ski, Tennis*

Erfolge:
Deutscher Fußballmeister 1920, 1921, 1924, 1925, 1927, 1936, 1947, 1948, 1961, 1968

Deutscher Pokalsieger 1935, 1939, 1962, 2007

Die sozialistische Planwirtschaft

1 Werbung für den Trabant 1965.

Schwierige Startbedingungen

Die Startbedingungen für die wirtschaftliche Entwicklung in der DDR waren besonders schlecht:

- Zwar gab es auf dem Gebiet der späteren DDR vor 1945 zahlreiche Hochtechnologie-Betriebe, wie z. B. die Zeiss-Werke in Jena, sie wurden aber meist demontiert.
- Die DDR musste etwa dreimal so viel Kriegsentschädigung an die Sowjetunion zahlen wie die Bundesrepublik Deutschland an die westlichen Siegermächte.
- Die UdSSR untersagte ihrer Besatzungszone die Teilnahme am Marshall-Plan, weil sie in ihm ein Mittel der USA zur direkten Einflussnahme auf die politische Entwicklung sah und die Forderung nach Zulassung marktwirtschaftlicher Verhältnisse ihren Vorstellungen von einer sozialistischen Wirtschaftsordnung völlig widersprach.
- Die Teilung Deutschlands und die Abtrennung der Ostgebiete entzogen der DDR-Wirtschaft die vormaligen Grundlagen der Energieversorgung (Steinkohle) und Stahlerzeugung. Für diese Bereiche mussten Ersatzlösungen gefunden werden.

***Technologische Höchstleistungen der DDR** waren das in Dresden gebaute Verkehrsflugzeug 152/II und das erste deutsche Stahltriebwerk für Verkehrsflugzeuge Pirna 014.*

Wirtschaftliche Umgestaltung

Schon in der SBZ waren früh die Weichen für eine sozialistische Planwirtschaft nach sowjetischem Vorbild gestellt worden. An die Stelle des privaten Eigentums der Unternehmer trat das „gesellschaftliche Eigentum" der Genossenschaften und des Staates. Jedem Betrieb wurde von zentralen staatlichen Planungsbehörden vorgeschrieben, was er zu produzieren hatte. Aufgrund der langfristig erstellten Planvorgaben reagierten die Betriebe nur sehr schwerfällig auf veränderte wirtschaftliche Forderungen. Wirtschaftsbereiche, die bei der Planung als weniger wichtig angesehen wurden, fielen immer weiter zurück. Symbolhafte Produkte der DDR-Wirtschaft waren deshalb nicht hochmoderne Verkehrsflugzeuge, sondern Pkw der Marken Trabant und Wartburg, die jahrzehntelang ohne wesentliche Veränderungen gebaut wurden.

Auch die Landwirtschaft wurde nach sowjetischem Vorbild umgestaltet. Schrittweise wurden landwirtschaftliche Produktionsgenossenschaften (LPGs) gebildet und der Privatbesitz an landwirtschaftlichen Gütern fast vollständig aufgehoben. Ab Mitte 1960 gab es in der DDR keine selbstständigen Bauern mehr. Die genossenschaftliche Produktion unter staatlicher Aufsicht führte aber nicht zu einer Produktivitätssteigerung. Auch 1961 mangelte es z. B. an Butter und Fleisch. Die Milch- und Brotversorgung war vor allem am Wochenende nicht mehr gesichert.

1 *Beschreiben Sie die wirtschaftliche Umgestaltung der DDR.*

	1955	1966	1970	1978
Pkw	0,2	9	15	34 (62)
Fernseher	1,0	54	69	87 (94)
Waschmaschine	0,5	32	53	79 (82)
Kühlschrank	0,4	31	56	99 (98)

(In Klammern die Zahlen für die Bundesrepublik Deutschland 1978)

2 Verteilung wichtiger Konsumgüter auf die Haushalte der DDR 1955–1978 (Angaben in Prozent).

Folgen der Planwirtschaft: Probleme im Alltag

3 **„Im ersten Vierteljahr bekamen wir nur Heizkörper, im zweiten Türen, im dritten Badewannen ...“** Karikatur aus der satirischen sowjetischen Zeitschrift „Krokodil“.

Schwieriger Alltag

Der Alltag in den 1950er Jahren in der DDR gestaltete sich mühsam.

Q1 In einem Bericht der Volkspolizei Bischofswerda über die Stimmung der Bevölkerung heißt es:

VPKA Bischofswerda, 28.10.1955

Die Einwohner der Gemeinde Bretnig sind über die hohen Preise der Massenbedarfsgüter verbittert. Man ist der Meinung, dass die Preise, die 1953 gesenkt wurden, jetzt den alten Stand wieder erreicht, ja überschritten haben. Mit der Verbesserung der Qualität sind sie nicht einverstanden und stellen z. B. folgende Rechnung auf: 1953 kostete ein Fahrrad 260,– M, heute 300,– M; 1953 kostete eine Bockwurst 1,29 M, heute 1,40 M.

Q2 Die wirtschaftliche Lage um 1957 schildert ein Brief vom 1. November 1957 an eine Bezirksleitung der SED:

Wir haben zwölf Jahre nach Kriegsende immer noch Lebensmittelkarten und demnach fünf verschiedene Sorten von Menschen. Diejenigen, die das meiste Geld verdienen, bekommen die höchsten Kartenstufen und zusätzlich verbilligte gute Werksverpflegung. Diejenigen, die weniger verdienen, oft mühevoll und viel länger arbeiten müssen, bekommen die niedrigsten Stufen ... Die Rentner, ich verstehe darunter alte, arbeitsunfähige oder kranke Personen, bekommen ca. 100 Mark und die niedrigste Karte. Von diesen Renteneinkommen kann wohl selten einer seinen gesamten Lebensunterhalt bestreiten und sich HO-mäßig ein Stück Butter kaufen ... Nun die üblichen Preise im Vergleich zu denjenigen in Westdeutschland. Bei uns kostet ein Viertel Kakao minderer Qualität 8 Mark, drüben lose 60 Pfennig, beste Qualität lose 70 Pfennig. Mit Bohnenkaffee verhält es sich ebenso wie mit Schuhen, Kleidung, Lebensmitteln ... Das Leben ist demnach drüben wesentlich billiger.

2 *Geben Sie die Lebenssituation der Menschen in der DDR anhand der Quellen 1 und 2 mit eigenen Worten wieder.*

3 *Schreiben Sie aus der Sicht eines Betroffenen eine Eingabe an die Bezirksleitung, in der Sie auf die Probleme der Planwirtschaft aufmerksam machen. Gehen Sie dabei vor allem auf die Situation ein, wie sie sich in den Abbildungen 3 und 4 widerspiegeln.*

4 *Vergleichen Sie mit Hilfe der Statistik (Abb. 2) den Lebensstandard in der Bundesrepublik und in der DDR.*

5 *Überlegen Sie, welche Folgen die wachsende Unzufriedenheit der Bevölkerung haben kann.*

4 **Schlangestehen vor einem HO-Laden (HO = Staatliche Handelsorganisation der DDR).**

Anzeigen in DDR-Zeitungen:

Biete für Wolga M 21 vorn linken und rechten Kotflügel mit Radkasten und Schürze. Suche Karosserieteile für Wartburg 353 (Tourist) od. Verk., 550,– M.

Biete Schaffelle, suche 20 qm Keramikfliesen (hellblau).

Suche dring. Ziegelsteine, auch Kleinstmengen, zu kf.

Die deutsche Frage

1 **„Vereinte Abwehr".** Plakat aus der Bundesrepublik Deutschland, 1952.

Die Westorientierung der Bundesrepublik
Mit dem Inkrafttreten des Grundgesetzes am 23. Mai 1949 war zwar die Bundesrepublik Deutschland gegründet, sie war aber zu diesem Zeitpunkt noch kein souveräner Staat. Ein Besatzungsstatut gab den Rahmen vor, in dem der neu gegründete Staat eigenverantwortlich handeln konnte; es legte Bereiche fest, die der Entscheidungsgewalt des neuen Staates entzogen und einer sogenannten Alliierten Hohen Kommission vorbehalten waren, z. B. auswärtige Angelegenheiten oder Außenhandel.
Die Politik Adenauers hatte deshalb von Anfang an das Ziel, diese Beschränkungen schrittweise abzubauen und die volle Souveränität zu erlangen. Dies war seiner Überzeugung nach nur möglich in einer engen Partnerschaft mit den USA und den westeuropäischen Nachbarstaaten, umso mehr, als er nach der Zuspitzung des Ost-West-Gegensatzes und dem Ausbruch des Koreakrieges (siehe S. 68 f.) nur so die Sicherheit der Bundesrepublik für gewährleistet hielt. Im Angebot einer deutschen Wiederbewaffnung in einem westlichen Bündnis sah er die Möglichkeit, die erstrebte Gleichberechtigung zu verwirklichen. Seiner Überzeugung nach konnte nur die Zusammenarbeit mit den Westmächten und eine Einbettung in eine europäische Politik die Voraussetzungen schaffen, auch die Teilung Deutschlands zu überwinden.

Die sog. ***„Ohne-mich-Bewegung"*** *war eine erste Friedensbewegung in der noch jungen Bundesrepublik. Geprägt von den Kriegs- und Nachkriegserfahrungen versuchten Intellektuelle, Gewerkschaften, Kirchen und Frauenverbände durch unkoordinierte und spontane Aktionen, eine Wiederbewaffnung der Bundesrepublik zu verhindern.*

Q1 1952 erklärte er dazu vor dem Bundestag:
Ich glaube, dass wir die Wiedervereinigung Deutschlands nur erreichen werden mit Hilfe der drei Westalliierten, niemals mit Hilfe der Sowjetunion ... Nach meiner festen Überzeugung ... gibt es ... nur eine Rettung für uns alle: uns so stark zu machen, dass Sowjetrussland erkennt, ein Angriff ... ist ein großes Risiko für Sowjetrussland selbst ... Wenn der Westen stark genug ist, (ist) Sowjetrussland bereit, in vernünftige Verhandlungen mit dem Westen einzutreten.

Q2 Darauf antwortete der SPD-Abgeordnete Arndt:
Welche Stärke will der Westen noch abwarten und erreichen, um auf höchster Ebene der Vier-Mächte-Basis ernstliche Verhandlungen in dieser Frage zu beginnen? ... Es ist ja so leicht gesagt, dass man über ein vereinigtes Europa zu einem in Freiheit einigen Deutschland kommen wolle. Aber wer verbürgt sich dafür, dass dieser Weg zum Ziel führt und die Eingliederung des westlichen Teiles der Bundesrepublik Deutschland nach Westeuropa nicht die unwiderrufliche Ausgliederung ihres östlichen Teils bewirkt?

Adenauers Zielsetzung, durch die Westintegration und eine „Politik der Stärke" die deutsche Einheit wiederherzustellen, führte zu einem heftigen Streit in der Bundesrepublik. Insbesondere die SPD, die Gewerkschaften, aber auch Vertreter der katholischen wie evangelischen Kirche sprachen sich dagegen aus, befürchtete man dadurch auch eine Zementierung der deutschen Teilung. Überall im Land fanden Demonstrationen und Kundgebungen statt.

Wiederbewaffnung oder Wiedervereinigung?

1 *Nennen Sie die wesentlichen Ziele der Politik Adenauers.*
2 *Stellen Sie die unterschiedlichen Positionen dar, die in Q 1 und Q 2 für und gegen eine Wiederbewaffnung genannt werden.*
3 *Überlegen Sie, welche Gefühle das Plakat (Abb. 1) hervorrufen will.*

Der sowjetische Vorschlag von 1952
Nach den Plänen des Westens sollte die Bundesrepublik Deutschland einen eigenen Verteidigungsbeitrag leisten und dazu wieder eine Armee bekommen. Diese Armee sollte Teil einer Europäischen Verteidigungsgemeinschaft (EVG) sein. Die Sowjetunion versuchte dies zu verhindern und sandte im Frühjahr 1952 ein Schreiben Stalins an die Westmächte, die sogenannte Stalin-Note. Darin machte Stalin folgende Vorschläge:
- Wiederherstellung Deutschlands als einheitlicher Staat
- Abzug aller Besatzungstruppen spätestens ein Jahr nach Inkrafttreten eines Friedensvertrages mit Deutschland
- Keinerlei Koalitionen oder Militärbündnisse, die sich gegen einen der Kriegsgegner Deutschlands aus dem Zweiten Weltkrieg richten.

Die Westmächte und die Bundesregierung werteten diese Vorschläge als Störmanöver und lehnten Verhandlungen darüber ab.

Q3 Die amerikanische Zeitung „New York Herald Tribune" kommentierte das im Mai 1952:
Die westlichen Alliierten wollen die deutsche Einheit gar nicht oder noch nicht heute. Sie wollen so schnell und so eng wie möglich den Einbau Westdeutschlands in die westliche Gemeinschaft. Unzweifelhaft will dies auch Dr. Adenauer, aber jedes Mal, wenn er es zu offen zeigt, verliert er die Unterstützung der Öffentlichkeit.

In der deutschen Öffentlichkeit gab es heftige Auseinandersetzungen. Die Opposition forderte, Stalin beim Wort zu nehmen. Man müsse zumindest in Verhandlungen prüfen, ob eine Wiedervereinigung in Freiheit erreichbar sei.

2 Verführerisches Angebot oder verhängnisvolle Verlockung? Karikatur aus der Zeitschrift „Der deutsche Eisenbahner", 20. Mai 1952.

Q4 Adenauer schrieb in seinen Erinnerungen 1965:
Die Bundesrepublik befand sich in einer gefährlichen Lage. Ein falscher Schritt konnte uns das Vertrauen der Westmächte kosten, ein falscher Schritt, und wir waren lediglich Verhandlungsobjekt zwischen Ost und West. Ich war und bin fest überzeugt, dass eine gesicherte Zukunft für uns Deutsche nur im festen Anschluss an die freien Völker des Westens gegeben war und ist. Ich war und bin überzeugt, dass nur eine feste, entschlossene Politik des Anschlusses an den Westen eines Tages die Wiedervereinigung in Frieden und Freiheit bringen wird.

4 *Auf welche Problematik macht der Karikaturist (Abb. 2) aufmerksam? Vgl. die Arbeitsschritte S. 227.*
5 *Untersuchen Sie die Statistik in der Randspalte und fassen Sie die wesentlichen Befunde in eigenen Worten zusammen.*

Reale Erwartungen auf Wiedervereinigung für die Jahre 1951 bis 1987 *(in Prozent):*

	Wiedervereinigung erfolgt	Wiedervereinigung erfolgt nicht
1951	39	41
1953	61	28
1956	66	23
1961	48	45
1965	58	37
1970	18	72
1975	8	83
1980	17	82
1985	11	86
1987	3	97

Der 17. Juni 1953

1 Demonstrationszug am 17. Juni 1953 vor dem Brandenburger Tor in Berlin.

17. Juni 1953: Arbeiteraufstand in der DDR.

Arbeitsnorm: Festgelegte Arbeitsleistung, die in einer bestimmten Zeit erbracht werden muss.*

Der „neue Kurs" in der DDR

Im Frühjahr 1953 kam es in der DDR zu einer Verschlechterung bei der Versorgung der Bevölkerung mit Lebensmitteln und Konsumgütern; durch eine gleichzeitige Erhöhung der Arbeitsnormen* um 10 Prozent – bei gleich bleibendem Lohn – sollte eine Steigerung der wirtschaftlichen Produktivität erreicht werden. Die betroffenen Arbeiter antworteten mit Unruhen und Streiks.
Nach dem Tod Stalins im März 1953 gestand die Partei- und Staatsführung Fehler ein und das Politbüro der SED wurde zu einem „neuen Kurs" gezwungen. Es versprach, die Preise zu senken, die Versorgung zu verbessern, enteignete Betriebe zurückzugeben und die Kollektivierung in der Landwirtschaft zu beenden. Einzig von der Erhöhung der Arbeitsnormen rückte man nicht ab.

Von einer Protestaktion zum Volksaufstand

Bereits am 16. Juni 1953 formierten sich 3000 Bauarbeiter auf der Stalinallee in Berlin zu einem spontanen Demonstrationszug, der bald auf 10000 Menschen angewachsen war. Am Haus der Ministerien forderte die Menge zunächst das Erscheinen Walter Ulbrichts und Otto Grotewohls, am Ende aber den Rücktritt der Regierung sowie freie und geheime Wahlen.

Q1 Auf Transparenten und in Sprechchören formulierten die Demonstranten ihre Forderungen in unmissverständlicher Form:
Bauarbeiter fordern Normsenkung! – Wir wollen keine Sklaven sein! – Die HO macht uns tot! – Keine Volksarmee, wir brauchen Butter! – Spitzbart, Bauch und Brille sind nicht Volkes Wille! – Wir wollen Freiheit, Recht und Brot, sonst schlagen wir die Bonzen tot.

Der Volksaufstand

Aus einer Protestaktion der Bauarbeiter entstand am 17. Juni ein Generalstreik. Er erfasste über 400 Orte und 6000 Betriebe, landesweit beteiligten sich mehr als eine halbe Million Menschen. Parteibüros der SED gingen in Flammen auf, Zuchthäuser wurden gestürmt und die Häftlinge befreit, die rote Fahne wurde vom Brandenburger Tor heruntergeholt und unter großem Beifall zerrissen. Es kam zu Zusammenstößen mit der Volkspolizei, die

Volksaufstand in der DDR

2 **Am Potsdamer Platz, unmittelbar an der Sektorengrenze, werden sowjetische Panzer von Demonstranten angegriffen.**

nicht mehr Herr der Lage war. Die Regierung verkündete den Ausnahmezustand*, das sowjetische Militär griff ein und warf mit Panzern die Unruhen nieder.

Q2 Fritz Schenk, ein ehemaliger DDR-Funktionär, berichtete 1962, wie er den 17. Juni in Ost-Berlin erlebte:
Gegen Mittag erreichte der Aufstand seinen Höhepunkt. Die Kampfrufe hatten nur noch politischen Inhalt. Statt „Weg mit den Normen!" hörte man fast nur noch „Weg mit Ulbricht!" Auch der Ruf nach freien Wahlen verstummte nicht mehr, und bald sangen Tausende die dritte Strophe des Deutschlandliedes ... Dann peitschten Maschinengewehrsalven durch die Luft, Panzer kamen die Leipziger Straße herauf mit dröhnenden Motoren, rasselnden Ketten und quietschenden Rädern – doch alles wurde übertönt von den Panikschreien der vielen Tausend wehrlosen Menschen, die die stählernen Kolosse vor sich hertrieben ...

1 *Untersuchen Sie die Forderungen der Demonstranten in den Quellen 1 und 2. Welche Entwicklung lässt sich aus ihnen ablesen?*

Die Folgen des Aufstands

Genaue Zahlen über die Opfer des Volksaufstands liegen nicht vor, vermutlich kamen aber landesweit 300 Menschen ums Leben. Die SED-Führung bezeichnete den Aufstand als „faschistischen Putschversuch" und ging mit aller Härte gegen die „Rädelsführer" vor, u.a. auch gegen Angehörige der Volkspolizei und Soldaten der Roten Armee, die sich geweigert hatten, auf Demonstranten zu schießen.

Der 17. Juni aus DDR-Sicht ...

Q3 In einem DDR-Geschichtsbuch stand 1971:
Am 17. Juni 1953 gelang es Agenten verschiedener imperialistischer Geheimdienste, die von West-Berlin aus massenhaft in die Hauptstadt und einige Bezirke der DDR eingeschleust worden waren, ... einen kleinen Teil der Werktätigen zu zeitweiligen Arbeitsniederlegungen und Demonstrationen zu verleiten ... Durch das entschlossene Handeln der fortgeschrittensten Teile der Arbeiterklasse und ihrer Verbündeten, gemeinsam mit sowjetischen Streitkräften und bewaffneten Organen der DDR, brach der konterrevolutionäre Putsch innerhalb von 24 Stunden zusammen ...

... und aus westdeutscher Sicht

Q4 Aus der Erklärung von Bundeskanzler Adenauer vor dem Deutschen Bundestag:
Wie auch die Demonstrationen der Ost-Berliner Arbeiter in ihren Anfängen beurteilt werden mögen, sie sind zu einer großen Bekundung des Freiheitswillens des deutschen Volkes in der Sowjetzone und Berlin geworden. Die Bundesregierung empfindet mit den Männern und Frauen, die heute in Berlin Befreiung von Unterdrückung und Not verlangen. Wir versichern ihnen, dass wir in innerster Verbundenheit zu ihnen stehen.

2 *Nehmen Sie zu den unterschiedlichen Deutungen der Ereignisse Stellung, indem Sie aus den vorliegenden Materialien Belege sammeln.*

3 *Informieren Sie sich im Deutschunterricht über Bertolt Brecht und diskutieren Sie seine politischen Ansichten.*

4 *Lesen Sie anschließend das Gedicht (siehe Randspalte), das zu Lebzeiten Brechts nicht veröffentlicht worden war. Überlegen Sie, warum dies nicht geschehen ist.*

5 *Das Thema eignet sich zur Befragung von Zeitzeugen. Fragen Sie ältere Bekannte nach deren Erinnerungen an den 17. Juni 1953. Präsentieren Sie die Ergebnisse in Form einer Ausstellung.*

Ausnahmezustand*: *Situation, in der die individuellen Rechte eingeschränkt und die Polizeibefugnisse erweitert sind.*

Bertolt Brecht *(1898–1956)*

In Brechts Nachlass fand sich folgendes Gedicht:

Lösung
Nach dem Aufstand des 17. Juni
Ließ der Sekretär des Schriftstellerverbandes
In der Stalinallee Flugblätter verteilen
Auf denen zu lesen war, dass das Volk
Das Vertrauen der Regierung verscherzt habe
Und es nur durch verdoppelte Arbeit
Zurückerobern könne. Wäre es da
Nicht doch einfacher, die Regierung
Löste das Volk auf und
Wählte ein anderes?

Von der Abgrenzung zur Mauer

Die DDR schottet sich ab

Gleich nach ihrer Gründung 1949 hatte die DDR die meisten Verkehrswege zur Bundesrepublik gesperrt. Zahlreiche Autobahnen, Bundes- und Landstraßen sowie Eisenbahnstrecken wurden unterbrochen, ein Grenzübertritt war nur noch nachts auf Schleichwegen möglich.

Am 26. Mai 1952 erließ die DDR-Regierung eine „Verordnung über Maßnahmen an der Demarkationslinie [= Grenzlinie] zwischen der Deutschen Demokratischen Republik und den westlichen Besatzungszonen Deutschlands". Darin wurde verfügt, dass an der Zonengrenze ein 10 m breiter Kontrollstreifen anzulegen sei. Daran schloss sich ein 500 m breiter Schutzstreifen an, dahinter eine 5 km tiefe Sperrzone. Beide konnten nur noch mit Sondergenehmigung betreten werden. In Grenznähe wurden Tausende von Familien unter Anwendung von oft brutaler Gewalt aus ihren Häusern verjagt und zwangsweise ausgesiedelt.

Fluchtbewegung aus der DDR 1949–1961:

Jahr	Flüchtlinge (insgesamt)	davon über West-Berlin
1949	129 245	
1950	197 788	193 277
1951	165 648	
1952	182 393	118 300
1953	331 390	305 737
1954	184 194	104 399
1955	252 870	153 693
1956	279 189	156 377
1957	261 622	129 579
1958	204 092	119 552
1959	143 917	90 862
1960	199 188	152 291
1961	155 402	125 053

„Abstimmung mit den Füßen"

Hatten bisher bereits Hunderttausende die DDR verlassen, so stieg jetzt der Flüchtlingsstrom über Berlin an, dem noch einzigen offenen Fluchtweg. Die Ursachen der Flucht waren unterschiedlich: Viele wollten nicht weiter in Unfreiheit unter der SED-Diktatur leben, andere erhofften sich im „goldenen Westen" einen gut bezahlten Arbeitsplatz und Wohlstand. 53 000 Ost-Berliner fuhren jeden Tag zur Arbeit nach West-Berlin, da sie mit ihrem Lohn in Westmark praktisch dreimal so viel verdienten wie im Osten.

Die Berlin-Krise 1958–1961

Einen ersten Versuch, die aus DDR-Sicht unhaltbaren Verhältnisse zu ändern, unternahm der sowjetische Generalsekretär Chruschtschow 1958.

M1 Der westdeutsche Historiker Manfred Görtemaker schrieb 1994 über den Beginn der Berlin-Krise:

In einer Rede im Moskauer Sportpalast und in diplomatischen Noten an die drei Westmächte stellte Chruschtschow am 10. bzw. 27. November 1958 den Viermächtestatus der Stadt Berlin in Frage und forderte Verhandlungen mit dem Ziel, West-Berlin in eine „Freie Stadt" umzuwandeln und die westlichen Alliierten zum Abzug zu bewegen. Offenbar ging es ihm darum, der DDR die Kontrolle über die Zugangswege nach Berlin zu geben und damit der Fluchtbewegung aus der DDR über West-Berlin Einhalt zu gebieten. Die Gespräche hierüber sollten innerhalb von sechs Monaten beginnen. Andernfalls werde die Sowjetunion „einseitige Maßnahmen" ergreifen ... Die Westmächte weigerten sich zwei Jahre lang, über das „Chruschtschow-Ultimatum" zu verhandeln. Bei seinem Treffen mit dem neuen amerikanischen Präsidenten John F. Kennedy im Juni 1961 in Wien wiederholte Chruschtschow seine Drohung. Doch der junge Präsident änderte die westliche Haltung nicht, vielmehr bekräftigte er in einer Fernsehrede am 25. Juli 1961 die „drei Grundsätze" der amerikanischen Berlin-Politik ... (1) das Recht der Westmächte auf Anwesenheit in Berlin, (2) das Recht der Westmächte auf Zugang nach Berlin, (3) die Verpflichtung der Westmächte, die Selbstbestimmung der West-Berliner und die freie Wahl ihrer Lebensform zu gewährleisten ...

1 *Erarbeiten Sie anhand von M 1 die Entstehung der Berlin-Krise und erläutern Sie die Position der amerikanischen Politik.*

„Niemand hat die Absicht ..."

Im Sommer 1961 hatte sich die Lage aus Sicht der DDR-Führung dramatisch zugespitzt. Da 50 Prozent der Flüchtlinge Jugendliche unter 25 Jahren und 60 Prozent Erwerbstätige waren, hatte der Flüchtlingsstrom verheerende wirtschaftliche Auswirkungen angenommen. Teile der Ernte blieben auf den Feldern, auf dem Land war die medizinische Versorgung stark gefährdet.

Q1 Am 15. Juni 1961 antwortete Walter Ulbricht auf die Frage eines westdeutschen Journalisten:

Ich verstehe Ihre Frage so, dass es Menschen in Westdeutschland gibt, die wünschen, dass wir die Bauarbeiter der Hauptstadt der DDR mobilisieren, um eine Mauer aufzurichten,

Der 13. August 1961

ja? Mir ist nicht bekannt, dass solche Absicht besteht, da sich die Bauarbeiter in der Hauptstadt hauptsächlich mit Wohnungsbau beschäftigen und ihre Arbeitskraft voll eingesetzt wird. Niemand hat die Absicht, eine Mauer zu errichten.

Die Mauer – Symbol der Teilung

Doch bereits am 13. August 1961 begann die DDR entgegen allen Beteuerungen mit dem Bau einer Mauer mitten durch Berlin.

Die Mauer wurde weltweit zum Symbol für die Unfreiheit, zum sichtbaren Beweis für die Unrechtsherrschaft des DDR-Regimes. In der SED-Propaganda bildete sie einen „Schutzwall des Friedens", der das eigene Volk vor den Gefahren aus dem Westen schützen sollte. Der SED-Führung war klar, dass nur durch die radikale Absperrung des Staatsgebietes der DDR verhindert werden konnte, dass immer mehr Menschen die DDR verließen, um sich dem Zugriff der SED-Diktatur und den schlechten Lebensbedingungen zu entziehen.

2 *Im Text werden verschiedene Gründe für den Mauerbau angeführt. Tragen Sie diese in eine Tabelle ein und äußern Sie sich kritisch dazu.*

Reaktionen auf den Mauerbau

Bei den Menschen in Ost und West löste der Bau der Mauer einen Schock aus. Insbesondere das Verhalten der DDR-Grenzsoldaten, die mit Waffengewalt alle Fluchtversuche unterbanden und Flüchtlinge an der Mauer verbluten ließen, erregte die Menschen.

Die Westmächte reagierten auf den Bau der Mauer allerdings nur mit diplomatischen Protesten. Voller Empörung über die Untätigkeit der Westmächte gegenüber dem Vorgehen der DDR und der UdSSR wandte sich der damalige Regierende Bürgermeister West-Berlins, Willy Brandt, in einem geheimen Brief am 16. August 1961 an den amerikanischen Präsidenten John F. Kennedy.

Q2 Der amerikanische Präsident antwortete am 18. August 1961:

Geheim! ... So ernst die Sache auch ist, so stehen uns jedoch, wie Sie schreiben, keine Schritte zur Verfügung, die eine wesentliche materielle Änderung in der augenblicklichen

1 Am 13. August 1961 begann die DDR auf Ost-Berliner Gebiet mit der Errichtung der Mauer. Foto vom Mai 1962.

Situation erzwingen können. Da die brutale Abriegelung der Grenzen ein schallendes Bekenntnis des Scheiterns und der politischen Schwäche darstellt, handelt es sich offensichtlich um eine grundlegende sowjetische Entscheidung, die nur ein Krieg rückgängig machen könnte. Weder Sie, noch wir, noch irgendeiner unserer Verbündeten haben je angenommen, dass wir wegen dieses Streitpunkts einen Krieg beginnen sollten ...

Q3 Chruschtschow sagte 1961 dem Botschafter der Bundesrepublik in Moskau:

Was sollte ich denn tun? Mehr als 30 000 Menschen ... verließen im Monat Juli das Land. Man kann sich unschwer ausrechnen, wann die ostdeutsche Wirtschaft zusammengebrochen wäre, wenn wir nicht alsbald etwas gegen die Massenflucht unternommen hätten. Es gab nur zwei Arten von Gegenmaßnahmen: die Lufttransportsperre oder die Mauer. Die erstgenannte hätte uns in einen ernsten Konflikt mit den Vereinigten Staaten gebracht, der möglicherweise zum Krieg geführt hätte. Das konnte und wollte ich nicht riskieren. Also blieb nur die Mauer übrig ...

3 *Bewerten Sie mit Hilfe der Quellen 2 und 3, wie groß die Gefahr einer Ausweitung der Krise zu einem Krieg 1961 war.*

4 *Diskutieren Sie Standpunkte und Handlungsspielräume der beiden Seiten.*

Nikita Chruschtschow *(1894–1971), setzte sich nach Stalins Tod (1953) als dessen Nachfolger durch. Im Oktober 1964 wurde er seiner Staats- und Parteiämter enthoben (siehe S. 84).*

John F. Kennedy *(1917–1963, ermordet), 1961–1963 US-Präsident. In seine Amtszeit fielen Mauerbau und Kuba-Krise (siehe S. 70 f.).*

Die innerdeutsche Grenze

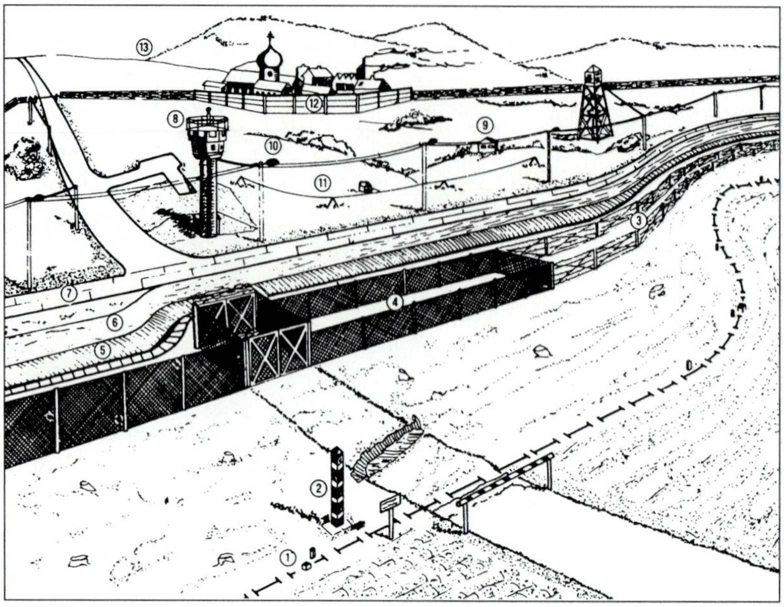

1 Die innerdeutsche Grenze schematisch dargestellt. ① Eigentlicher Grenzverlauf; ② DDR-Markierungssäule; ③ Stacheldraht, zweireihig; ④ Metallgitterzaun (mit Selbstschussanlage bis 1984); ⑤ Spurensicherungsstreifen (6 m breit); ⑥ Kolonnenweg; ⑦ Kfz-Sperrgraben; ⑧ betonierter Beobachtungsturm; ⑨ Betonbeobachtungsbunker; ⑩ Lautsprecher und Lichtanlagen; ⑪ Hundelaufanlage; ⑫ Betonsperrmauer/Sichtblende; ⑬ Sperrgebiet (15 km tief).

***Bürgerrechtsbewegung*:** Eine Gruppe von Menschen, die sich für die Wahrung der individuellen Freiheitsrechte einsetzt.*

Der Schießbefehl

Der Mauerbau löste bei vielen Menschen in der DDR einen Schock aus, jetzt fühlten sie sich endgültig eingeschlossen. Reisen waren für DDR-Bürger nur noch in sozialistische Länder nach umständlichen Anträgen möglich. Nach dem Bau der Mauer starben zahlreiche Menschen bei dem Versuch, die DDR zu verlassen, da die Grenzsoldaten die Anweisung hatten, sofort auf jeden Flüchtling zu schießen.

Q1 Albert Norden, Mitglied des Politbüros der SED, 1963 vor Soldaten der Grenztruppen:
… Ihr schießt nicht auf Bruder und Schwester, wenn ihr mit der Waffe den Grenzverletzer zum Halten bringt. Wie kann der euer Bruder sein, der die Republik verrät, der die Macht des Volkes antastet. Auch der ist nicht unser Bruder, der zum Feinde desertieren will. Mit Verrätern muss man sehr ernst sprechen. Verrätern gegenüber menschliche Gnade zu üben heißt, unmenschlich am ganzen Volk handeln.

Erst Mitte der 1980er Jahre wurde der Schießbefehl auf Drängen der Bundesregierung, auf deren Kredite die DDR mehr und mehr angewiesen war, eingeschränkt.

1 *Beschreiben Sie mit Hilfe der Abbildung 1 und der Quelle 1 die Grenzsicherung der DDR. Bewerten Sie den Schießbefehl.*

Q2 Joachim Gauck, bis 1989 Pfarrer in Rostock und Mitglied der Bürgerrechtsbewegung* der DDR, 1990–2000 Chef der Stasiunterlagen-Behörde, schrieb 1991:
… Mit dem Bau der Mauer wurde gleichsam die Leibeigenschaft zur Staatsdoktrin erhoben, denn von da an konnte nur derjenige diesem System noch entgehen, der bereit war, sein eigenes Leben aufs Spiel zu setzen … Die Vorstellung der SED, im Besitz der absoluten Wahrheit zu sein, ihr Anspruch auf die absolute Macht bestimmten von nun an das Leben der DDR-Bürger buchstäblich von der Wiege bis zur Bahre … In dieser Situation wirkte die Angst gleichsam als ein Signalsystem, das ein unauffälliges Alltagsleben durch Anpassung gewährleistete. Sie wurde für mehrere Generationen zum ständigen Ratgeber, ja geradezu zum Motor, der vieles in Gang setzte: Angst bewirkte Anpassung oder sogar Überanpassung … Sehr selten bewirkte die Angst auch Protest …

2 *Erläutern Sie mit Hilfe von Q 2 die Folgen des Mauerbaus für die Menschen in Deutschland.*

Geschichte vor Ort: Die deutsch-deutsche Grenze

Ein Besuch in „Little Berlin"

Etwa 15 km nördlich von Hof in Oberfranken liegt das kleine Dorf Mödlareuth (ca. 50 Einwohner), das oft als Beispiel für die unglückliche Teilung Deutschlands genannt wird. Vielleicht können Sie im Rahmen des Geschichtsunterrichts oder auf einem Ihrer nächsten Wandertage eine Exkursion nach „Little Berlin", wie die Amerikaner es nannten, unternehmen.

1 Die 3,20 m hohe Betonmauer verlief in Mödlareuth mitten durch das Dorf.

Eine Grenze mitten durch ein kleines Dorf – die Ursachen liegen in Mödlareuth schon Jahrhunderte zurück. Seit dem Ende des Ersten Weltkriegs gehörte der Ort je zur Hälfte zu den Freistaaten Bayern und Thüringen. Als am Ende des Zweiten Weltkriegs die Aufteilung Deutschlands in vier Besatzungszonen erfolgte, zog sich die amerikanisch-sowjetische Demarkationslinie mitten durch das Dorf. Mit Gründung der beiden deutschen Staaten 1949 gehörte der Ostteil Mödlareuths zur DDR, der Westteil lag auf dem Gebiet der Bundesrepublik. Ein Überschreiten der Grenze war nur noch mit Passierschein möglich. Mit der Errichtung eines übermannshohen Bretterzauns im Ort begann 1952 die totale Abriegelung. In der Folgezeit perfektionierte die DDR die Sperranlagen immer mehr und schnitt dadurch verwandtschaftliche und freundschaftliche Beziehungen ab. 1966 wurde eine 3,20 m hohe Betonmauer von den Grenztruppen errichtet, die das Dorf auf eine Länge von 700 m teilte: rund um die Uhr bewacht, des Nachts taghell beleuchtet. Nach einem gelungenen Grenzdurchbruch 1973 errichtete man zusätzlich einen parallel zur Mauer verlaufenden Metallgitterzaun. Dazwischen lag der „Kolonnenweg", der durch ein Tor in der Ortsmitte für die Grenzposten zugänglich war.

Mödlareuth befand sich im sog. „500-m-Schutzstreifen", der mit dem „Grenzsignal- und Sperrzaun II" gesichert war. Bei dem Versuch, ihn zu übersteigen, wurde Alarm in der ca. 2 km entfernten „Führungsstelle" ausgelöst.

Heute ist die Teilung Deutschlands und Mödlareuths Geschichte, an die das Deutsch-Deutsche Museum in Mödlareuth erinnern will. Es macht auf einem Geschichtslehrpfad in einem Freigelände die Brutalität und die räumliche Dimension der Sperranlagen an der ehemaligen innerdeutschen Grenze erfahrbar.

Deutsch-Deutsches Museum
Mödlareuth Nr. 13
95183 Töpen
Tel. (09295) 1334, Fax 1319
e-mail:
Museum.Moedlareuth@t-online.de.

2 1966 errichteten Grenzposten eine aus Betonteilen zusammengefügte Mauer.

Zusammenfassung

Die Potsdamer Konferenz

Schon während des Krieges hatten die drei großen Alliierten – USA, Großbritannien und UdSSR – auf mehreren Konferenzen über das weitere Schicksal eines besiegten Deutschlands beraten. Nach Kriegsende kamen sie vom 17. Juli bis zum 2. August 1945 in Potsdam erneut zusammen, um sich auf eine gemeinsame Besatzungspolitik zu einigen. Das Ergebnis war das Potsdamer Abkommen, das zwar unter anderem die gemeinsame Entscheidungsgewalt in gesamtdeutschen Fragen, die Reparationen und den Umgang mit den Nationalsozialisten regelte, das aber nicht bindend war.

Die Besatzungszonen und die neuen Länder

Deutschland wurde in eine amerikanische, eine britische, eine französische und eine sowjetische Besatzungszone aufgeteilt. Das Vorgehen der Besatzungsmächte bei der Bildung neuer politischer und wirtschaftlicher Strukturen in ihren Besatzungszonen war sehr unterschiedlich. Früher als im Westen wurden in der SBZ antifaschistische Parteien zugelassen und Länder gegründet. Am längsten zögerten die Franzosen die Beteiligung der Deutschen an Verwaltung und Politik in den Besatzungszonen hinaus.

Die Neugründung des Freistaates Bayern

Das einzige Land, das beinahe identisch in seiner alten Gestalt neu entstand, war Bayern. Es war Teil der amerikanischen Besatzungszone. Im Mai 1945 begann die Militärregierung mit dem Aufbau einer deutschen Verwaltung und ernannte den CSU-Politiker Fritz Schäffer zum Ministerpräsidenten. Im September wurde er durch Wilhelm Hoegner (SPD) ersetzt, der es nun übernahm, den Neuaufbau Bayerns in die Wege zu leiten. Eine von einer frei gewählten Landesversammlung ausgearbeitete Verfassung wurde am 1. Dezember 1946 durch eine Volksabstimmung angenommen. Aus den zugleich stattfindenden Landtagswahlen ging die CSU als stärkste politische Kraft hervor, Hans Ehard (CSU) wurde erster gewählter Ministerpräsident Bayerns.

Politische und wirtschaftliche Entwicklung

Nach den Potsdamer Beschlüssen sollte das besetzte Deutschland wirtschaftlich als Einheit behandelt werden. Die Länderbildung führte aber immer mehr zu einer politischen und wirtschaftlichen Neugliederung Deutschlands. Dabei verfolgten die Besatzungsmächte jeweils das Ziel, ihre Zonen nach ihren politischen Interessen umzugestalten.

17.7.–2.8.1945

Die „Großen Drei" verhandelten bei der Potsdamer Konferenz.

1945–1947

In den Besatzungszonen wurden Länder gegründet.

1946

Das Maximilianeum in München wurde Sitz des Bayerischen Landtags.

Ab 1947

Der Marshall-Plan sollte den vom Krieg gebeutelten Ländern beim Wirtschaftsaubau helfen.

„Kalter Krieg" und Blockbildung

Da die politischen Differenzen zwischen den drei westlichen Alliierten und der Sowjetunion immer mehr zunahmen, vertieften sich auch die Unterschiede zwischen ihren Besatzungszonen. Der Zusammenschluss der drei westlichen Besatzungszonen bereitete bereits die Bildung eines westlichen Teilstaates vor. Die Währungsreform in Westdeutschland und West-Berlin gab schließlich den Anlass zur Berlin-Blockade, den ersten Höhepunkt des „Kalten Krieges".
Die Zuspitzung des Gegensatzes zwischen den ehemaligen Weltkriegsalliierten USA und UdSSR führte zu einer weltpolitischen Blockbildung. Kapitalistischer Westen und kommunistischer Osten standen sich zunehmend unversöhnlich gegenüber.

Gründung zweier deutscher Staaten

Diese Entwicklung führte auch in Deutschland zur Verfestigung der Trennung zwischen den Besatzungszonen. Beide Seiten bereiteten die Bildung deutscher Teilstaaten vor: der Westen durch Zusammenschluss der drei Westzonen und politische und wirtschaftliche Maßnahmen wie die Währungsreform, der Osten durch die politische und wirtschaftliche Abschirmung der SBZ. Im Mai bzw. Oktober 1949 wurden schließlich die Bundesrepublik und die DDR gegründet.

Einbindung der deutschen Staaten in die Blöcke

Die Einbindung in die gegnerischen Blöcke wurde besonders in der Zugehörigkeit zu den konkurrierenden Wirtschafts- und Militärbündnissen deutlich. In der Bundesrepublik führte die Westbindung wirtschaftlich zum „Wirtschaftswunder", innenpolitisch aber boten Westorientierung und Wiederbewaffnung starken Konfliktstoff.

Krisen in der DDR

In der DDR führte die Planwirtschaft nach anfänglichen Erfolgen zunehmend zu wirtschaftlichen und sozialen Problemen. Am 17. Juni 1953 entstand aus zunächst nur gegen die Erhöhung von Arbeitsnormen gerichteten Demonstrationen ein Arbeiteraufstand gegen das SED-Regime. Sowjetische Truppen schlugen die Erhebung blutig nieder. In der Folge kam es nach einer relativen Festigung des Staates seit Ende der 1950er Jahre zu dramatischen Fluchtbewegungen aus der DDR, denen die Regierung mit Billigung durch die Sowjetunion 1961 schließlich mit der Errichtung der Mauer Einhalt gebot.

Juni 1948–Mai 1949

Mit der Blockade wurde Berlin zum Modellfall für den „Kalten Krieg" der Supermächte.

1949

Zwei deutsche Staaten wurden gegründet.

1955

Die Bundesrepublik und die DDR traten unterschiedlichen Militärbündnissen bei.

13. August 1961

Die DDR begann in Berlin mit dem Bau der Mauer.

Testen Sie Ihre Kompetenzen!

Begriffe – Namen – Daten

- ✓ Ost-West-Konflikt – 1945–1947
- ✓ Kalter Krieg – 1947–1962
- ✓ Konferenz von Potsdam – 1945
- ✓ Besatzungszonen
- ✓ Freistaat Bayern
- ✓ Marshall-Plan
- ✓ soziale Marktwirtschaft
- ✓ Gründung der BRD – 24.5.1949
- ✓ Grundgesetz
- ✓ parlamentarische Demokratie
- ✓ Westintegration, staatliche Souveränität – 1955
- ✓ NATO
- ✓ Konsumgesellschaft
- ✓ Gründung der DDR – 7.10.1949
- ✓ sozialistischer Staat sowjetischer Prägung
- ✓ zentrale Planwirtschaft
- ✓ Eingliederung in das östliche Bündnissystem
- ✓ Warschauer Pakt
- ✓ Berliner Mauer – 1961
- ✓ Konrad Adenauer
- ✓ Theodor Heuss
- ✓ Walter Ulbricht
- ✓ Aenne Burda
- ✓ Gustav Schickedanz

2 **Ländergründungen in den Besatzungszonen.**

1 *Kontrolle von Flüchtlingen durch die US-Army in Bayreuth, 1945.*

3 **Werbeplakat der US-Regierung für den Marshall-Plan, 1950.**

Testen Sie Ihre Kompetenzen!

Q1 Konrad Adenauer in einem Brief an den Duisburger Oberbürgermeister Heinrich Weitz vom 31. Oktober 1945 zur Lage Deutschlands und Europas:
Russland hat in Händen: die östliche Hälfte Deutschlands, Polen, den Balkan, anscheinend Ungarn, einen Teil Österreichs. Russland entzieht sich immer mehr der Zusammenarbeit mit den anderen Großmächten und schaltet in den von ihm beherrschten Gebieten völlig nach eigenem Gutdünken. In den von ihm beherrschten Ländern herrschen schon jetzt ganz andere wirtschaftliche und politische Grundsätze als in dem übrigen Teil Europas. Damit ist eine Trennung in Osteuropa, das russische Gebiet, und Westeuropa eine Tatsache. In Westeuropa sind die führenden Großmächte England und Frankreich. Der nicht von Russland besetzte Teil Deutschlands ist ein integraler [= dazugehöriger] Teil Westeuropas. Wenn er krank bleibt, wird das von schwersten Folgen für ganz Westeuropa, auch für England und Frankreich sein. Es liegt im eigensten Interesse nicht nur des nicht von Russland besetzten Teiles Deutschlands, sondern auch von England und Frankreich, Westeuropa unter ihrer Führung zusammenzuschießen, den nicht russisch besetzten Teil Deutschlands politisch und wirtschaftlich zu beruhigen und wieder gesund zu machen.

4 **„Alle Wege des Marxismus führen nach Moskau!“** Wahlplakat der CDU im Bundestagswahlkampf 1953.

Fachwissen

1 *Beschreiben Sie mit Hilfe der Abbildungen 1 und 3 sowie der Karte 2 den politischen Neubeginn nach 1945. Halten Sie die wichtigsten Stationen bis zur Teilung Deutschlands fest.*

2 *Nennen Sie in Stichworten die Interessen der beiden Großmächte USA und UdSSR nach 1945.*

3 *Erklären Sie die wesentlichen Unterschiede zwischen der sozialen Marktwirtschaft und der zentralistischen Planwirtschaft.*

Methoden

4 *Untersuchen Sie den Brief Adenauers. Arbeiten Sie heraus, wie er die Lage in Europa beurteilt und welche Konsequenzen er daraus zieht.*

5 *Stellen Sie mit Hilfe der Abbildungen 4 und 5 die Auseinandersetzung in der Bundesrepublik über den „richtigen“ politischen Weg dar.*

6 *Gestalten Sie für Ihr Klassenzimmer eine Zeitleiste. Nutzen Sie dazu die Begriffe S. 60. Recherchieren Sie zusätzliche Informationen und Abbildungen im Internet.*

Beurteilen und bewerten

7 *Bewerten Sie die Teilung Deutschlands aus der Sicht der um 1950 lebenden Menschen in beiden Teilen Deutschlands.*

8 *Formulieren Sie Forderungen, die diese Menschen an die Politiker in Ost und West hätten stellen können.*

9 *Prüfen Sie, ob das „Wirtschaftswunder“ im Westen ein Beleg dafür sein kann, dass die BRD das „bessere“ politische System hatte.*

5 **„Nie wieder!“** Wahlplakat der SPD im Bundestagswahlkampf 1953.

2 Weltpolitik im „Kalten Krieg"

Im Zeitalter des „Kalten Krieges" hatten nicht nur die beiden Supermächte USA und UdSSR ihre fest umrissenen Gebiete, in denen sie ihre Atomwaffentests durchführten. Sie gehörten zu einer „Politik der Stärke", bei der jederzeit die Gefahr bestand, dass aus Versuchen Ernst wird. Schließlich gab es mehr Atomwaffen auf der Welt, als man benötigte, um sie mehr als einmal zu vernichten. In der Logik der Abschreckung hatte diese Überrüstung Sinn. Dem Gegner sollte glaubhaft gemacht werden, dass man auch nach einem Überraschungsangriff zu einem Gegenschlag in der Lage wäre.
So wurden die vierzig Jahre nach Kriegsende zu einer Abfolge von Spannungen und Entspannungen, bis zu dem Tag, an dem es plötzlich keine Gegner mehr gab …

Die Vereinten Nationen

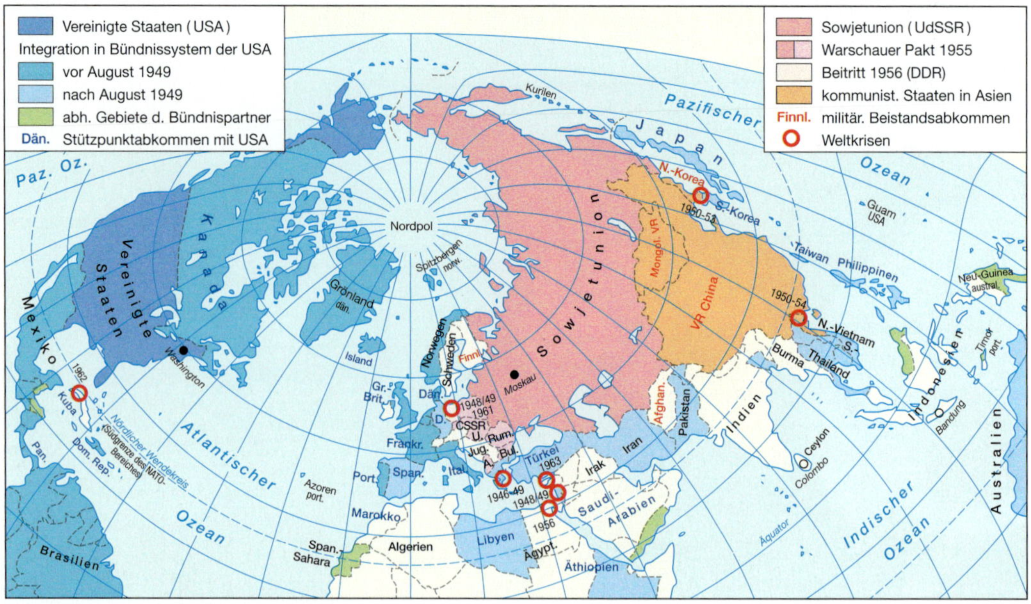

1 **Brennpunkte des Kalten Krieges.**

„Atlantik-Charta"*:
(Verfassungs-)Urkunde, auf dem britischen Schlachtschiff „Prince of Wales" im Atlantik unterzeichnet. Die wichtigsten Inhalte: Bekenntnis zum Prinzip der Selbstbestimmung der Völker, zu freiem Welthandel und wirtschaftlicher Zusammenarbeit, zur Errichtung eines allgemeinen Sicherheitssystems und Gewaltverzicht.

Vetorecht*:
Das Vetorecht (lat. veto = ich erhebe Einspruch) ist das festgelegte Recht eines einzelnen Angehörigen einer Institution, einen Beschluss zu verhindern, auch wenn alle anderen Mitglieder dafür sind.

Die Wurzeln der UNO

Die Vorgeschichte der Vereinten Nationen beginnt im Sommer 1941, als sich Churchill und Roosevelt über die Grundsätze einer künftigen Politik verständigten. Das Ergebnis der ersten Gespräche wurde in einer gemeinsamen Erklärung festgehalten, die alsbald als „Atlantik-Charta"* bezeichnet wurde.

Mit dem Eintritt der USA in den Zweiten Weltkrieg 1941 wurde die Atlantik-Charta schnell zur Grundlage einer gegen die Achsenmächte gerichteten Koalition. Von Januar bis März 1945 bekannten sich insgesamt 48 Staaten in einer „Erklärung der Vereinten Nationen" zu den Zielen der Charta.

Gleich nach Abschluss der Kriegskonferenz von Jalta luden die vier Großmächte alle die Staaten zur Gründungsversammlung nach San Francisco (25. April bis 26. Juni 1945) ein, die bis dahin die Erklärung unterschrieben hatten. In den Verhandlungen wurde sehr schnell deutlich, wie unterschiedlich die Vorstellungen über eine neue Weltfriedensordnung waren. Die Sowjetunion fürchtete angesichts der wirtschaftlichen Stärke der USA deren Übergewicht in der UNO. Deshalb bestand sie auf einem Widerspruchsrecht in allen wichtigen Fragen. So vereinbarten sie, dass sämtliche Entscheidungen im wichtigsten Gremium, dem Sicherheitsrat, einstimmig getroffen werden müssen. Die fünf ständigen Mitglieder dieses Organs, Frankreich, Großbritannien, UdSSR (heute Russland), USA und VR China, erhielten folglich ein sogenanntes „Vetorecht"*.

1 *Erläutern Sie die Hintergründe der UNO-Gründung.*

2 *Erarbeiten und notieren Sie die Problematik, die der Karikaturist (Abb. 2) darstellt.*

3 *Überlegen Sie, welche Folgen das Vetorecht für die Handlungsfähigkeit der UNO haben konnte.*

1945	1950–53	1956	1957
Gründung der Vereinten Nationen (UN)	Koreakrieg	Volksaufstand in Ungarn	„Sputnik"-Schock

Die Gründung der UNO

2 **Die Gründung der Vereinten Nationen.** Karikatur von David Low, Juni 1945.

Q1 Aus der Gründungserklärung der UNO:

Artikel 1 Die Vereinten Nationen setzen sich folgende Ziele:

1. den Weltfrieden und die internationale Sicherheit zu wahren und zu diesem Zweck wirksame Kollektivmaßnahmen* zu treffen, um ... Angriffshandlungen und andere Friedensbrüche zu unterdrücken und internationale Streitigkeiten ... durch friedliche Mittel ... zu bereinigen oder beizulegen;
2. freundschaftliche, auf der Achtung vor dem Grundsatz der Gleichberechtigung und Selbstbestimmung der Völker beruhende Beziehungen zwischen den Nationen zu entwickeln ...;
3. eine internationale Zusammenarbeit herbeizuführen, um internationale Probleme wirtschaftlicher, sozialer, kultureller und humanitärer Art zu lösen und die Achtung vor den Menschenrechten und Grundfreiheiten für alle ohne Unterschied der Rasse, des Geschlechts, der Sprache oder der Religion zu fördern und zu festigen ...

Artikel 41 Der Sicherheitsrat kann beschließen, welche Maßnahmen – unter Ausschluss von Waffengewalt – zu ergreifen sind, um seinen Beschlüssen Wirksamkeit zu verleihen ....

Artikel 42 Ist der Sicherheitsrat der Auffassung, dass die in Artikel 41 vorgesehenen Maßnahmen ... sich als unzulänglich erwiesen haben, so kann er mit Luft-, See- oder Landstreitkräften die zur Wahrung oder Wiederherstellung des Weltfriedens und der internationalen Sicherheit erforderlichen Maßnahmen durchführen ...

4 *Listen Sie die Ziele der 1945 gegründeten Weltorganisation auf (Artikel 1).*

5 *Welche Machtmittel hat die UNO, um in Konflikte einzugreifen (Artikel 41 und 42)?*

6 *Diskutieren Sie deren Wirksamkeit.*

18. April 1946: *Auflösung des Völkerbunds in Genf (erste Weltfriedensorganisation, gegründet nach dem Ersten Weltkrieg).*

Kollektivmaßnahmen*:
Maßnahmen, die von einer Gemeinschaft von Staaten oder Menschen gemeinsam vorgenommen werden. Dazu gehören: die vollständige oder teilweise Unterbrechung der Wirtschaftsbeziehungen, des Eisenbahn-, See- und Luftverkehrs, der Post-, Telegrafen- und Funkverbindungen sowie sonstiger Verkehrsmöglichkeiten und der Abbruch der diplomatischen Beziehungen.

1962 Kubakrise

1964–73 Vietnamkrieg

1969 Mondlandung der USA

1975 KSZE-Vertrag

Der Aufbau der UNO

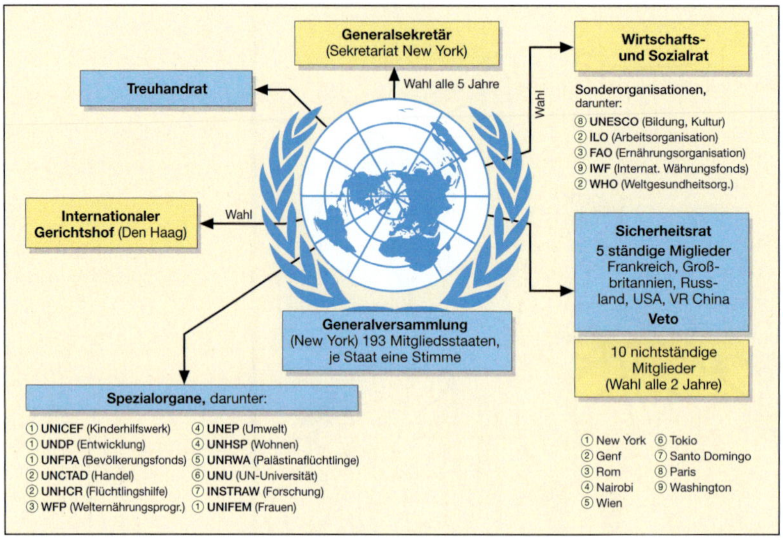

1 **Organe und Gliederung der UNO.**

Hauptsitz der UNO ist New York. Heute gehören der UNO 193 Staaten an. Das sind fast alle Staaten der Welt. Die Aufnahme der beiden deutschen Staaten erfolgte 1973.

Die Organe der UNO

Die Vollversammlung der UNO tritt einmal im Jahr in New York zur Beschlussfassung über die wichtigsten Fragen der Weltpolitik zusammen. Jedes Mitgliedsland hat dabei eine Stimme. Die Beschlüsse sind für die Mitglieder aber nicht bindend.

Der Sicherheitsrat kann für alle Mitgliedsstaaten verbindliche Beschlüsse fassen. Neben den ständigen Mitgliedern mit Vetorecht (siehe S. 64) gehören ihm zehn nichtständige Mitglieder an. Sie werden alle zwei Jahre mit Zweidrittelmehrheit der Vollversammlung gewählt: fünf aus Afrika und Asien, zwei aus Lateinamerika, zwei aus den westeuropäischen Industriestaaten und ein Mitglied aus einem osteuropäischen Land. Der Sicherheitsrat kann in einem Konfliktfall die streitenden Parteien auffordern, die Differenzen in Verhandlungen beizulegen. Wenn dies nicht ausreicht, kann er Zwangsmaßnahmen nach Artikel 41 und 42 der UNO-Charta verhängen.

1 *Erläutern Sie mit Hilfe der Grafik den Aufbau der UNO mit eigenen Worten.*

Problematik der UNO-Struktur

Mit dem Zusammenbruch der Kriegsallianz und dem Beginn des Ost-West-Konflikts stand jedoch eine der wichtigsten Voraussetzungen für das Funktionieren des UNO-Sicherheitssystems auf äußerst wackligen Beinen: die Übereinstimmung der Großmächte in sicherheitspolitischen Fragen.

M1 Peter J. Opitz stellt dazu Folgendes fest:

Schwere Beeinträchtigungen des UN-Systems waren die Folge. Diese zeigten sich in doppelter Weise: zum einen in Form einer weitgehenden Blockade des Sicherheitsrates durch eine extensive Ausübung des Vetorechtes durch die Sowjetunion. Die Handlungsfähigkeit des Sicherheitsrates beschränkte sich nun auf Konflikte, in denen entweder keine vitalen Sicherheitsinteressen der beiden neu entstandenen Militärblöcke auf dem Spiel standen oder deren Lösung im Rahmen der UN im beiderseitigen Interesse lag. Das galt insbesondere für eine Reihe von Konflikten, die im Verlauf des Entkolonialisierungsprozesses entstanden waren. Eine andere Auswirkung war die Verkümmerung des in der Charta vorgesehenen Instrumentariums. Das galt für die in Art. 43 vorgesehenen Sonderabkommen, die nicht realisiert wurden, ebenso wie für den in Art. 47 zur Beratung des Sicherheitsrates vorgesehenen Generalstabsausschuss, der sich zwar konstituierte, jedoch kaum zum Einsatz kam …

2 *Analysieren Sie die Quelle mit Hilfe der Arbeitsschritte auf S. 226 und erläutern Sie den Standpunkt des Autors.*

Die ersten Jahrzehnte

Unerfüllte Hoffnung auf Frieden

Die Hoffnungen, welche die Menschen 1945 in die UNO setzten, haben sich bisher nicht erfüllt. Lange Zeit wurden viele notwendige Friedensinitiativen der UNO durch die Uneinigkeit der USA und der UdSSR stark behindert. In den Jahrzehnten des Kalten Krieges war der Sicherheitsrat kaum handlungsfähig: Über 270-mal legte einer der fünf Staaten sein Veto ein, 82-mal nahmen die USA, 124-mal die Sowjetunion dieses Recht in Anspruch. Allerdings bot die UNO die Möglichkeit, dass die Großmächte untereinander Kontakt hielten. Zu Weltkriegen, wie in der ersten Hälfte des Jahrhunderts, ist es nach 1945 nicht mehr gekommen. Unterhalb der Gefahrenschwelle eines atomaren Konflikts zwischen den Großmächten gab es aber zahlreiche Kriegsschauplätze, vor allem außerhalb Europas.

3 **„Im Sudan angekommen".** Karikatur von Luis Murschetz.

Seltene Zwangsmaßnahmen der UNO

Die Blockierung von Entscheidungen der UNO führte dazu, dass (bis 1990) nur in zwei Konflikten Zwangsmaßnahmen nach Artikel 41 verhängt wurden. Dies geschah gegen Rhodesien (heute Simbabwe) und gegen Südafrika wegen der Apartheidpolitik*. Militärisch griff die UNO 1950 bei dem Angriff Nordkoreas auf Südkorea ein (siehe S. 68 f.).

In vielen kriegerischen Konflikten konnte die UNO nur Friedenstruppen, die „Blauhelm-Truppen" (benannt nach ihren blauen Helmen), zur Beobachtung der Kampfhandlungen oder zur Verhinderung neu aufflammender Kämpfe entsenden. Dies geschah z. B. nach dem Krieg zwischen Israel und Ägypten 1973 (siehe Randspalte S. 104).

2 **Französische Blauhelm-Soldaten auf Beobachtungsposten im Süden des Libanon, 2008.**

Die „Dritte Welt"

Eine der Lehren, welche die Siegermächte aus dem Zweiten Weltkrieg gezogen hatten, war die Einsicht, dass der Weltfriede nicht nur durch Kriege, sondern auch durch Armut und Elend bedroht wird. Es war daher nur konsequent, der Förderung der wirtschaftlichen Zusammenarbeit einen mit der Friedenssicherung eng verknüpften Stellenwert einzuräumen. Zahlreiche Sonderorganisationen widmen sich den wirtschaftlichen und sozialen Problemen der Entwicklungsländer, z. B. die WHO (Weltgesundheitsorganisation) oder die FAO (Ernährungsorganisation). Aber auch darüber kam es zum Streit zwischen den beiden Supermächten.

3 *Erläutern Sie die Kritik, die in der Karikatur (Abb. 3) zum Ausdruck kommt.*

Apartheidpolitik*: *Politik der Rassentrennung in Südafrika im 20. Jahrhundert.*

Skandalauftritt in der UNO? *Als im Oktober 1960 während der 15. Vollversammlung der Vereinten Nationen die Forderung laut wurde, die Kolonialherrschaft müsse nicht nur in Afrika und Asien, sondern auch in Osteuropa beseitigt werden, löste dies beim damaligen sowjetischen Ministerpräsidenten Chruschtschow einen Wutanfall aus. Mit einem ausgezogenen Schuh in der Hand soll er auf das Rednerpult eingetrommelt haben. Er verwahrte sich gegen die in seinen Augen imperialistische Forderung, hinter der seiner Ansicht nach die Amerikaner steckten.*

Krisen, Kriege und Konflikte

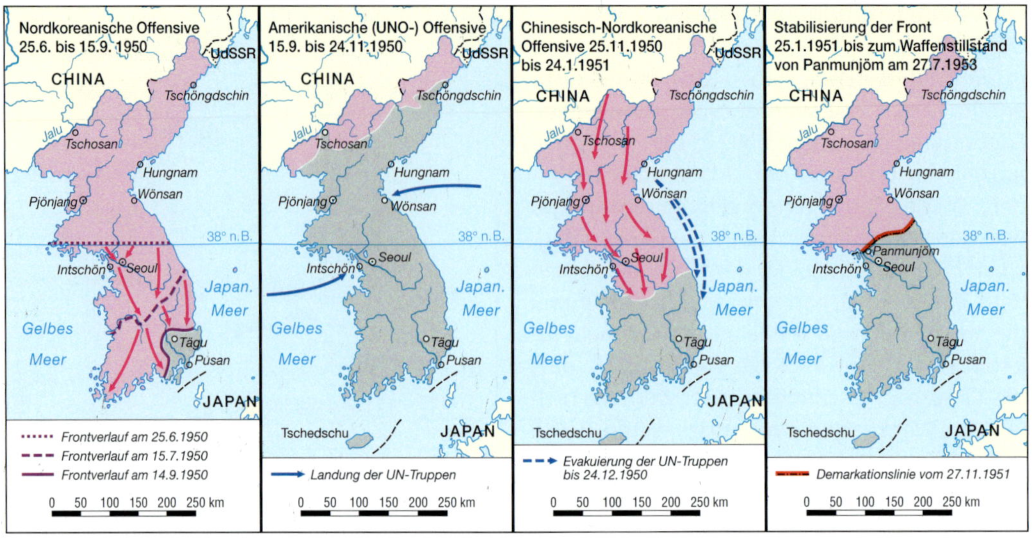

1 Der Verlauf des Koreakriegs 1950–1953.

Harry S. Truman *(1884–1972), amerikanischer Präsident 1945–1953.*

Douglas MacArthur *(1880–1964), General, Juni 1950–April 1951 Oberbefehlshaber der UN-Truppen in Korea. Er war der meistdekorierte Soldat in der Geschichte der US-Streitkräfte und setzte sich nach seiner Entlassung für eine weltweite Abschaffung des Militärs ein.*

Der Krieg in Korea

Nach der Kapitulation Japans 1945 sollte dessen ehemalige Kolonie Korea unabhängig werden. Der Norden Koreas wurde nach dem Abzug der Japaner von der Sowjetunion, der Süden von den Vereinigten Staaten besetzt. Die Verhandlungen zur Bildung einer gesamtkoreanischen Regierung scheiterten, so wurde das Land entlang dem 38. Breitengrad – ähnlich wie später Deutschland – geteilt. Im Süden entstand unter dem Schutz der USA die „Republik Korea", im Norden die „Demokratische Volksrepublik Korea" unter kommunistischer Führung. 1949 zogen beide Großmächte ihre Truppen ab.

Zwischen beiden Staaten kam es von Anfang an immer wieder zu Spannungen, da die Regierungen ihren jeweiligen Machtbereich auszudehnen versuchten. Am 25. Juni 1950 überschritten nordkoreanische Truppen – waffentechnisch und politisch gestützt durch die UdSSR – die Demarkationslinie. Dieser Schritt bedeutete einen eindeutigen Bruch internationaler Vereinbarungen und löste im Westen große Empörung und vor allem Angst wegen der offenkundigen kommunistischen Bedrohung für die freie Welt aus. Vergeblich forderte die UNO ein Ende der Kampfhandlungen. Da als Angreifer eindeutig das kommunistische Nordkorea feststand, beschloss der Sicherheitsrat den Einsatz von UN-Truppen zur Wiederherstellung des Friedens. Nach anfänglichen Erfolgen der UN-Truppen, die unter dem Oberbefehl des amerikanischen Generals Douglas MacArthur standen, verschoben sich mit dem Eintritt der mit der UdSSR verbündeten Volksrepublik China die Kräfteverhältnisse. MacArthur befürwortete schließlich sogar den Einsatz von Atombomben, um den erbitterten Stellungskrieg zu beenden. Präsident Truman lehnte entschieden ab. Im April 1951 entließ er MacArthur, als dieser öffentlich sogar die Ausweitung des Krieges auf China forderte.

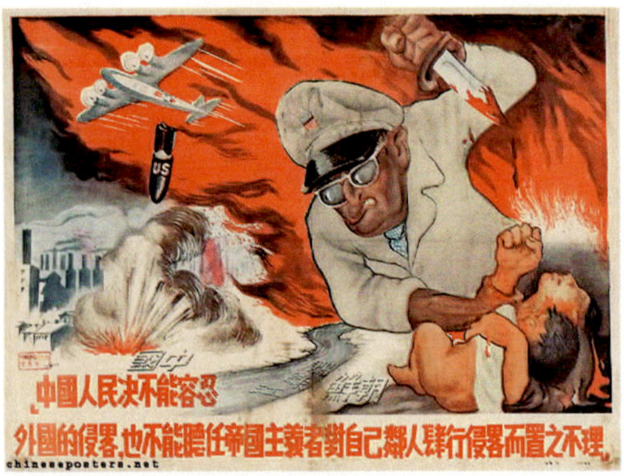

2 Chinesisches Propagandaplakat, ca. 1950. Dargestellt ist MacArthur, der in Nordkorea Kriegsverbrechen begeht, während seine Flugzeuge chinesische Fabriken bombardieren.

Der Koreakrieg

3 Das Schlachtschiff USS Missouri im Einsatz vor der nordkoreanischen Küste. Die schweren Geschütze feuern auf kommunistische Stellungen nahe der Stadt Chong Jin an der sowjetischen Grenze, Januar 1951.

4 Ein koreanisches Mädchen flüchtet mit seinem kleinen Bruder auf dem Rücken aus dem Kampfgebiet.

Bis zum Waffenstillstand im Sommer 1953 hatten mehr als drei Millionen Zivilisten und weit mehr als 700 000 Soldaten aller beteiligten Parteien ihr Leben verloren. Mit über drei Millionen Litern Napalm (geliertes, zähflüssiges Benzin) wurde ein Vielfaches der später in Vietnam eingesetzten Menge abgeworfen. Große Teile des Landes waren weitgehend verwüstet und die meisten der nordkoreanischen Großstädte mindestens zur Hälfte völlig zerstört. Ein Friedensvertrag blieb aus. Der 38. Breitengrad stellt bis heute die Grenze zwischen Nord- und Südkorea dar, an der es immer wieder zu Zwischenfällen kam und kommt.

1 *Fassen Sie den Verlauf des Konflikts mit Hilfe der Karte (Abb. 1) zusammen.*

2 *Überlegen Sie, warum Truman den Einsatz der Atombombe in Korea – anders als 1945 in Japan – ablehnte.*

3 *Arbeiten Sie mit Hilfe der Abb. 4 die Folgen des Krieges für die Zivilbevölkerung heraus.*

Die politischen Auswirkungen

Die Entwicklung in Nordkorea hatte gezeigt, dass Trumans Konzept der Eindämmung der sowjetischen Expansion (vgl. S. 23) nicht länger ausreichte, sondern eine entschiedenere Haltung notwendig war.

Q1 John Foster Dulles, amerikanischer Außenminister unter Eisenhower, erläuterte 1953 die Wende in der US-Außenpolitik:

Ich habe keine Einwände zu sagen, dass wir niemals einen sicheren Frieden oder eine glückliche Welt haben werden, solange der sowjetische Kommunismus ein Drittel aller Menschen … beherrscht und dabei ist, mindestens den Versuch zu machen, seine Herrschaft auf viele andere auszuweiten. Diese versklavten Menschen sind Menschen, die die Freiheit verdienen und die, vom Standpunkt unseres Eigeninteresses, die Freiheit haben sollten, weil sie irgendwann einmal zu einer Kraft zusammengeschweißt werden, die für uns selbst und die ganze freie Welt höchst gefährlich sein wird. Deswegen müssen wir immer die Befreiung dieser unterjochten Völker im Sinn behalten. Nun bedeutet Befreiung nicht einen Befreiungskrieg. Befreiung kann auch erreicht werden durch Vorgänge unterhalb der Kriegsschwelle …

4 *Legen Sie dar, warum die von Dulles umrissene politische Strategie als „Roll-back" (= Zurückdrängen) bezeichnet wurde.*

5 *Erläutern Sie den Unterschied zu Trumans Strategie des Containment (= Eindämmung).*

6 *Überlegen Sie, mit welchen Mitteln die USA die Politik des „Roll-Back" durchsetzen wollten (Q1).*

Dwight D. Eisenhower *(1890 bis 1969), amerikanischer Präsident 1953–1961.*

John Foster Dulles *(1888–1959), US-Außenminister 1953–1959.*

Die Kuba-Krise

Fidel Castro Ruz *(geb. 1927), kommunistischer Revolutionsführer, bekämpfte von 1953 bis 1959 den kubanischen Diktator Batista. Seit 1959 regiert Castro als Ministerpräsident, Parteivorsitzender der kubanischen Kommunisten und „Höchster Führer" in Kuba.*

Ernesto (Ché) Guevara Serna *(1928–1967), lateinamerikanischer Revolutionär, 1961–1965 kubanischer Industrieminister, 1967 in Bolivien erschossen.*

Guerilla*: *Untergrundkämpfer. Der Begriff „Guerilla" (span.= kleiner Krieg) stammt aus der Zeit des spanischen Widerstandes gegen Napoleon 1808.*

Eskalation*: *Stufenweise Ausweitung, Steigerung.*

1 **„Was für eine Unverschämtheit, mir Raketen vor die Haustür zu stellen!"** Karikatur, 1962.

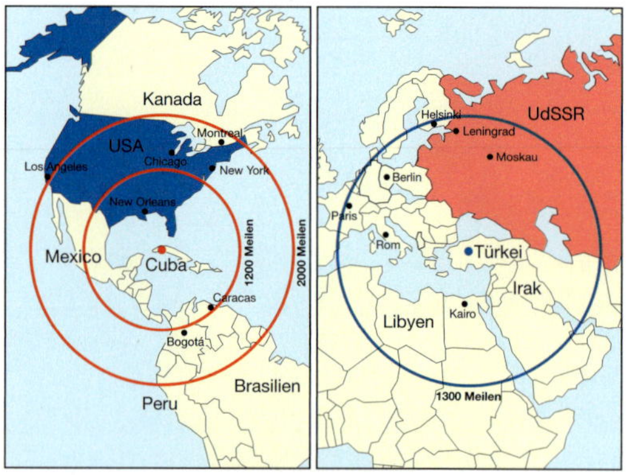

2 **Reichweite sowjetischer Raketen auf Kuba (l.), Reichweite der US-Raketen in der Türkei (r.).**

Die Regeln des Kalten Krieges

Zahlreiche Krisen, z.B. die Berlin-Blockade 1948/49 oder der 1953 beendete Koreakrieg, hatten eine unmittelbare Konfrontation der beiden Supermächte USA und UdSSR immer wahrscheinlicher gemacht. Die Tatsache jedoch, dass seit dem Jahr 1949 beide Länder über atomare Waffen und fortwährend über ständig verbesserte Raketensysteme verfügten, führte dazu, dass sie wechselseitig ihre jeweiligen Einflusssphären respektierten. Sehr wohl wurden aber regionale, sogenannte „Stellvertreterkriege" geführt, bei denen die Vereinigten Staaten sowie die Sowjetunion nicht offen eingriffen. Die feindselige Haltung dauerte folglich an, allerdings steuerte die Politik der gegenseitigen Abschreckung vor einem atomaren Krieg in ein verbissenes Wettrüsten, das über 30 Jahre anhielt.

1 *Erklären Sie den Begriff „Stellvertreterkrieg".*

Die Entstehung der Krise

Der westdeutsche Bundesnachrichtendienst informierte im Spätsommer 1962 den amerikanischen Geheimdienst CIA, dass sowjetische Schiffe, die Waffen an Bord hatten, im kubanischen Hafen Havanna eingelaufen waren. Luftaufnahmen, die während eines amerikanischen Aufklärungsflugs entstanden, bestätigten die Existenz von Raketenbasen.

Die Insel Kuba, die nur ca. 80 Kilometer vor der Küste Floridas liegt, war zwar seit Anfang des 20. Jahrhunderts selbstständig, wirtschaftlich jedoch nahezu abhängig von den USA. Im Jahr 1959 wurde der Diktator Batista von Kommunisten gestürzt. An der Spitze der revolutionären Befreiungsbewegung stand Fidel Castro. Einer seiner Mitkämpfer war der Berufsrevolutionär und Theoretiker des Guerillakampfes*, Ché Guevara. Castro verstaatlichte die Zuckerindustrie, die bis dahin zu 70 Prozent von amerikanischen Firmen kontrolliert wurde, beschlagnahmte das gesamte US-Vermögen und errichtete mit sowjetischer Unterstützung ein sozialistisches Regime. Der Versuch der US-Regierung, durch eine Invasion von Exilkubanern in der Schweinebucht Fidel Castro zu stürzen, war 1961 zwar gescheitert, führte allerdings dazu, dass sich die kommunistische Regierung um eine engere Zusammenarbeit, vor allem auf militärischem Sektor, mit der UdSSR bemühte.

Die Sowjetunion errichtete auf Kuba Raketen-Abschussrampen und ließ die Vereinigten Staaten wissen, dass jeder Angriff auf Kuba unweigerlich zu einem Atomkrieg führen würde.

2 *Erläutern Sie mit Hilfe der Abbildungen 1 und 2 den Anlass für die Kuba-Krise.*

Die Eskalation*

Der amerikanische Präsident John F. Kennedy informierte in einer Fernsehansprache am 22. Oktober 1962 die Weltöffentlichkeit über die besorgniserregende Lage und forderte die UdSSR und Kuba zum Abbau der Raketen auf. Ferner verhängte er eine Seeblockade gegen Kuba. In einem Briefwechsel suchten Kennedy

und der sowjetische Präsident Chruschtschow nach einer Lösung der Krise, die im schlimmsten Fall in einen atomaren Weltkrieg münden konnte.

Q1 Aus dem Brief Chruschtschows an Kennedy vom 26. Oktober 1962:
... Ich versichere Ihnen ..., dass Ihre Schlussfolgerungen in Bezug auf Offensivwaffen auf Kuba vollkommen unbegründet sind ... Ich versichere Ihnen, dass die Schiffe, die gegenwärtig nach Kuba unterwegs sind, die harmlosesten, friedlichsten Ladungen an Bord haben ... Lassen Sie uns deshalb vernünftig sein, Herr Präsident ... Die Waffen, die zur Verteidigung Kubas notwendig sind, sind bereits dort. Ich will nicht behaupten, dass es überhaupt keine Waffenlieferungen gegeben hat. Nein, es hat solche Lieferungen gegeben. Aber nun hat Kuba die notwendigen Verteidigungswaffen bereits erhalten ... Wenn der Präsident und die Regierung der Vereinigten Staaten zusichern würden, dass die Vereinigten Staaten sich selbst nicht an einem Angriff auf Kuba beteiligen werden und andere von einem solchen Vorgehen abhalten; wenn Sie ihre Kriegsmarine zurückrufen würden – das würde sofort alles ändern ... Ich schlage vor: Wir erklären unsererseits, dass unsere Schiffe mit Kurs auf Kuba keine Waffen an Bord haben. Sie erklären, dass die Vereinigten Staaten weder mit eigenen Truppen eine Invasion in Kuba durchführen werden noch andere Truppen unterstützen werden, die eine Invasion in Kuba planen könnten ...

Q2 Aus dem Brief Kennedys vom 27. Oktober 1962: ...
Ich habe Ihren Brief vom 26. Oktober mit großer Sorgfalt gelesen und begrüße Ihre Absichtserklärung, eine sofortige Lösung des Problems anzustreben. Was jedoch als Erstes getan werden muss, ist, die Arbeit an den offensiven Raketenstützpunkten in Kuba einzustellen und alle Waffensysteme in Kuba, die sich offensiv einsetzen lassen, zu entschärfen ... Wie ich Ihren Brief verstanden habe, enthalten Ihre Vorschläge ... folgende Schlüsselelemente:

3 **Chruschtschow und Kennedy während der Kuba-Krise: „Einverstanden, Herr Präsident, wir wollen verhandeln".** Englische Karikatur, 1962.

Oktober 1962 bis Januar 1963: *Kuba-Krise.*

(1) Sie würden sich bereit erklären, diese Waffensysteme ... abzuziehen, und sich verpflichten, ... die weitere Einfuhr solcher Waffensysteme nach Kuba zu unterbinden.
(2) Wir unsererseits würden uns bereit erklären ...
a) die Quarantäne-Anordnungen, die derzeit gelten, umgehend aufzuheben und
b) Garantien gegen eine Invasion Kubas zu geben ...
Wenn Sie Ihren Vertretern entsprechende Anweisungen erteilen, gibt es keinen Grund, weshalb wir nicht in der Lage sein sollten, diese Vereinbarungen innerhalb einiger Tage zustande zu bringen und sie der Welt bekannt zu geben. Die Wirkung, die eine solche Klärung für den Abbau der Spannungen in der Welt hätte, würde es uns ermöglichen, auf eine umfassendere Vereinbarung über „andere Rüstungen" hinzuarbeiten ...

3 *Beschreiben Sie anhand von Q 1 und 2 die Positionen beider Seiten und erläutern Sie mögliche Schritte zur Entschärfung des Konflikts.*

Die Entschärfung der Krise

Als Ergebnis der Kontakte, welche die Entschlossenheit des amerikanischen Präsidenten sichtbar machten, zog die Sowjetunion ihre Raketen von Kuba wieder ab. Gleichzeitig versicherten die Vereinigten Staaten, Kuba nicht anzugreifen und ihrerseits die amerikanischen Raketen aus der Türkei zu entfernen.

4 *Ziehen Sie mit Hilfe der Karikatur (Abb. 3) ein Fazit der Kuba-Krise.*

Der Vietnamkrieg

1 Der Krieg in Vietnam 1964–1973.

Die US-Armee im Vietnamkrieg war eine Wehrpflichtarmee. Ihr Einsatz war daher angesichts der politischen Kontroverse um die Rechtmäßigkeit dieses Krieges umso umstrittener. Viele junge Männer desertierten oder entzogen sich dem Wehrdienst. Das Durchschnittsalter der amerikanischen Soldaten im Vietnamkrieg lag bei 19 Jahren.

Vietcong*:
Eine in Südvietnam 1960 gegründete kommunistische Befreiungsfront, die von Nordvietnam finanzielle und militärische Unterstützung erhielt.

Der Hintergrund

1954 konnte sich das ehemalige Französisch-Indochina endgültig von seiner Kolonialmacht befreien. Auf der Genfer Indochina-Konferenz im selben Jahr wurde die Teilung des Landes beschlossen: In Nordvietnam konnte sich mit Hilfe der Sowjetunion und Chinas eine kommunistische Regierung behaupten, in Südvietnam dagegen eine westlich orientierte Republik. Die Regierungen in Hanoi und Saigon hatten sich verpflichtet, freie Wahlen im Jahr 1956 durchzuführen und letztlich eine Wiedervereinigung anzustreben. Aus Furcht vor einem kommunistischen Wahlsieg verhinderte die autoritäre südvietnamesische Regierung diese Wahl. Bis 1960 entwickelte sich daraus in Südvietnam ein Bürgerkrieg zwischen der westlich orientierten Regierung und dem kommunistischen Vietcong*.

Der Krieg

Die USA hatten die südvietnamesische Regierung des Präsidenten Diem zunächst nur mit Militärberatern unterstützt, schließlich aber doch mit regulären Truppen, als sich ein Zusammenbruch der südvietnamesischen Armee abzeichnete.
Bis 1968 stieg die Zahl der US-Soldaten in Vietnam auf 500000 an. Nordvietnam unterstützte seinerseits den Vietcong mit regulären Truppen. Zudem lieferten die UdSSR und China Waffen.

Q1 Der amerikanische Verteidigungsminister McNamara rechtfertigte in einer Rede vom 4. August 1965 das amerikanische Engagement in Vietnam:
... Die Vietnam-Frage stellt sich heute im Wesentlichen noch genau so dar wie im Jahr 1954 ... Heute gilt es, in Vietnam zu zeigen, dass die freie Welt der bewaffneten kommunistischen Aggression Einhalt zu gebieten und den Verlust ganz Südostasiens zu verhindern vermag, einen Verlust, der in seinen letzten Konsequenzen die strategische Situation und der unserer Verbündeten nachhaltig verändern könnte ... Das wahre Wesen dieser Aggression ... hat sich inzwischen fast gänzlich offenbart. Es tritt immer deutlicher zutage, dass das Vorgehen des Vietcong von Hanoi aus, mit Unterstützung und auf Anregung Rotchinas, gesteuert wird.
Die Auseinandersetzungen in diesem Gebiet haben erhebliche Rückwirkungen auf die Sicherheit der Vereinigten Staaten und der freien Welt ... Die Früchte dieser Politik sind überall in der Welt zu sehen, und in Vietnam wird uns darüber hinaus die militante Haltung der chinesischen Kommunisten und deren Hass auf die freie Welt demonstriert. Sie machen genauso wenig wie das Regime in Hanoi ein Hehl aus der Tatsache, dass Vietnam ein Testfall ist ... Es ist klar, dass ein kommunistischer Erfolg in Südvietnam als Beweis für die Richtigkeit des rotchinesischen Standpunktes gewertet werden und dass er die chinesischen Kommunisten der von ihnen angestrebten Kontrolle über den gesamten Weltkommunismus ein gewaltiges Stück näher bringen würde. Ein derartiger Erfolg würde ferner das Prestige der Rotchinesen bei den blockfreien Staaten erheblich vermehren und die Position ihrer Anhänger überall stärken. In diesem Fall müssten wir uns darauf gefasst machen, es mit der gleichen Form der

Sieger, Verlierer oder nur Opfer?

Aggression auch in anderen Teilen der Welt zu tun zu bekommen, und zwar überall dort, wo eine Regierung schwach und das Sozialgefüge nicht fest ist … Es geht in Vietnam um mehr als um die Frage, ob ein kleines Land dem Kommunismus anheim fällt.

1 *Nehmen Sie kritisch Stellung dazu, wie der Verteidigungsminister den militärischen Einsatz der USA zu rechtfertigen versucht.*

2 *Erklären Sie mit Hilfe der Quelle den Begriff „Domino-Theorie".*

Der Kriegsalltag

Der Krieg um die Vormacht in Vietnam wurde von beiden Seiten mit erbitterter Härte geführt. Ihre Unterlegenheit im Dschungel- und Guerillakrieg gegenüber dem Vietcong versuchten die USA mit systematischen Flächenbombardierungen, zunächst auf Nachschubwege des Vietcong („Ho-Tschi-Minh-Pfad"), ab 1965 auch auf den Norden Vietnams, wettzumachen. Als bekannt wurde, dass die USA vermehrt chemische Kampfstoffe, wie Napalmbomben* oder das stark dioxinhaltige Entlaubungsmittel „Agent Orange" einsetzten, wurde die Kritik gegen den Vietnamkrieg nicht nur innerhalb Amerikas, sondern auch von Seiten der UNO immer lauter.

Widerstand gegen den Vietnamkrieg

Tagtäglich brachte das Fernsehen den grausamen Krieg im fernen Vietnam zu den US-Bürgern nach Hause. Die Angst, Angehörige zu verlieren, war nur ein Motiv, das die Leute zum Protest gegen den Krieg auf die Straßen trieb. Berichte über Massaker, die amerikanische Soldaten in Dörfern angerichtet hatten, Bilder verbrannter Zivilisten, die Opfer von US-Luftangriffen mit Napalmbomben geworden waren, schockierten die Menschen, die den Sinn des Vietnamkriegs völlig in Frage stellten. In Saigon protestierten einige gar mit öffentlichen Selbstverbrennungen gegen die Politik der südvietnamesischen Regierung.
Die massiven Proteste trugen ebenso wie die militärisch aussichtslose Lage der US-Streitkräfte dazu bei, dass 1973 ein Waffenstillstand geschlossen wurde. 1975 wurde das Land schließlich unter kommunistischer Herrschaft wiedervereinigt.

2 **Eine Mutter mit ihrem schwer verwundeten Kind nach einem Napalm-Angriff der USA,** Foto 1972.

Vietnam – ein amerikanisches Trauma

Als am 29. März 1973 die letzten Soldaten Vietnam verließen, offenbarte sich für die USA die ganze Tragödie der Beteiligung am Vietnamkrieg: 56 241 Amerikaner hatten ihr Leben verloren, 1344 wurden vermisst, 303 616 waren verwundet worden. 150 Milliarden Dollar hatte der Krieg die USA gekostet. Nach ihrer Rückkehr von der Front fanden viele Vietnamveteranen keine Arbeitsstelle und wurden zu Außenseitern der Gesellschaft. Viele von ihnen waren von den Kriegserlebnissen so schockiert, dass sie aus der Gesellschaft „ausstiegen" und sich in Drogen flüchteten. Andere litten noch jahrelang nicht nur wegen körperlicher Verwundungen, sondern auch psychisch unter dem Eindruck der schrecklichen Erlebnisse. Unter der Niederlage hatte das Selbstbewusstsein der Amerikaner erheblich gelitten. Außenpolitisch verloren die USA durch die Niederlage an Prestige, sowohl im Rahmen des Ost-West-Konflikts als auch in ihrer Eigenschaft als Führungsmacht der westlichen Welt. Vietnam ist für die USA bis heute ein unverarbeitetes nationales Trauma.

3 *Stellen Sie die Folgen des Vietnamkriegs für die USA in Stichpunkten zusammen.*

Napalmbomben*: *Benzinbrandbomben mit dem Stoff Napalm, der nicht mit Wasser gelöscht werden kann.*

Kalter Krieg im Weltall: Der „Sputnik-Schock"

1 **Chruschtschow überreicht während eines Treffens dem amerikanischen Präsidenten Eisenhower ein Modell des „Sputniks", 1959.**

Vorstoß in eine andere Welt

„Signale aus dem Weltall", „Neuer Sowjetstern am Himmel", „Sowjets starten künstlichen Mond" – so lauteten einige Zeitungsschlagzeilen nach dem 4. Oktober 1957. Sowjetischen Wissenschaftlern war es als ersten gelungen, einen rund 83 kg schweren, 57 Zentimeter großen Satelliten in eine Erdumlaufbahn zu schießen. Seine Signale piepsend umrundete „Sputnik" die Erde in 96 Minuten. Waren Staatsmänner und Militärs des Westens bisher von der militärischen und technischen Überlegenheit des Westens ausgegangen, so mussten sie jetzt einsehen, dass die Sowjetunion in diesem Bereich einen Vorsprung von einigen Jahren hatte. Als am 3. November 1957 Meldungen über einen zweiten Sputnik mit der Hündin Laika an Bord um die Welt gingen, geriet die westliche Welt erneut in Aufregung. In der Folge kam eine öffentliche Diskussion über die Qualität der technischen und wissenschaftlichen Bildung in den westlichen Industriestaaten in Gang.

Die Hündin Laika in „Sputnik II". *Sie umflog als erstes Lebewesen im November 1957 die Erde. Nach sieben Tagen starb sie an Sauerstoffmangel. Die Raumkapsel verglühte in der Atmosphäre.*

Beginn der bemannten Weltraumfahrt

Am 12. April 1961 feierte die Sowjetunion den bis dahin größten Triumph ihrer Wissenschaft: Der Kosmonaut Juri Gagarin war als erster Mensch im Weltraum. Nach seiner Rückkehr wurde Gagarin als Nationalheld bejubelt, er war weltweit eine Berühmtheit.

Q1 Der britische Botschafter in Moskau, Sir Frank Roberts, schilderte folgende Begebenheit:

... Die Russen waren sehr stolz darauf, dass sie Gagarin ins All gebracht hatten. Ich erinnere mich an den großartigen Empfang im Kreml, als Gagarin wieder zurück war. Es müssen ungefähr 60 000 Menschen zu der Feier gekommen sein.

Am nächsten Tag mussten wir nach Leningrad fahren, das etwa 700 Kilometer von Moskau entfernt liegt. Zu der Zeit gab es auf der Strecke nur zwei Tankstellen. Sie waren ganz neu, mit wunderbarer Automatik und allem Drum und Dran. Die Leute fingen an, meinen Rolls aufzutanken, der eine ganze Menge Benzin braucht. Doch die Tankautomatik versagte den Dienst, und so mussten die beiden Tankstellenwärter das Benzin von Hand einfüllen. Ein Jeep von einem Bauernhof in der Nähe kam vorbei und wartete, und die beiden Burschen unterhielten sich. Einer sagte: „Nun, da haben wir es, das ist typisch für unser Russland. Gestern haben wir den ersten Menschen im Weltraum gefeiert, heute können wir nicht mal den Benzintank des britischen Botschafters füllen."

1 *Erklären Sie, welche Bedeutung die Erfolge im Weltraum für die sowjetische Bevölkerung hatten.*

2 *Beschreiben Sie das Minenspiel der Staatsmänner auf Abbildung 1.*

2 **Der sowjetische Kosmonaut Juri Gagarin.** Er startete am 12. April 1961 als erster Mensch in eine Erdumlaufbahn und kehrte planmäßig nach 108 Minuten zur Erde zurück.

Kalter Krieg im Weltall: Der Wettlauf zum Mond

Die Militärs beider Supermächte sahen in den Satelliten ein Mittel zur Beherrschung der Erde vom Weltraum aus. Die Politiker behaupteten, mit Hilfe von Satelliten seien Verträge über Rüstungsbegrenzung besser zu überwachen. Für die Wissenschaftler stand bald der „Wettlauf zum Mond" im Vordergrund.

Kennedys Vision

Angesichts der sowjetischen Erfolge im Weltraum wollte der amerikanische Präsident John F. Kennedy die Forschungsarbeit der USA intensivieren.

Q2 In einem Bericht zur Lage der Nation am 25. Mai 1961 sagte er:

… Es ist nun an der Zeit, größere Schritte zu unternehmen, an der Zeit für ein neues großes amerikanisches Abenteuer, an der Zeit für diese Nation, eine eindeutige Führungsposition in der Weltraumfahrt zu übernehmen, die der Schlüssel für unsere Zukunft auf der Erde sein können. Ich bin der Ansicht, dass diese Nation sich dazu verpflichten sollte, noch vor Ablauf dieses Jahrzehnts das Ziel zu verwirklichen, mit einer bemannten Raumkapsel auf dem Mond zu landen und die Raumfahrer wieder sicher zur Erde zurückzubringen. Kein anderes Weltraumprojekt in diesem Zeitraum wird aufregender oder eindrucksvoller für die Menschheit sein oder auf lange Sicht wichtiger für die Erforschung des Weltraums, keines wird aber auch so schwierig und kostspielig in der Durchführung sein …

3 **Die Mondlandefähre „Eagle".**

4 **Aldrin während eines Mondspaziergangs.**

3 *Erläutern Sie, was Kennedy mit „Schlüssel für unsere Zukunft" meint.*

Die erste bemannte Mondlandung

Am 16. Juli 1969 startete vom Weltraumbahnhof Cape Canaveral in Florida die Raumfähre Apollo 11 zu ihrer Mission: an Bord die Astronauten Armstrong, Aldrin und Collins, die das riskante Unternehmen der ersten Mondlandung erfolgreich beenden wollten. Nachdem sie vier Tage lang den Mond umkreist hatten, stiegen Armstrong und Aldrin in die Mondlandefähre „Eagle" um, während Collins in der Kommandokapsel „Columbia" blieb. Die „Eagle" setzte ohne größere Probleme weich auf dem Mond auf. Nach zahlreichen Checks und dem aufwändigen Anlegen der Weltraumausrüstung kletterte Armstrong rückwärts aus der Luke heraus. Seinen ersten Schritt auf dem Mond begleitete er mit jenem denkwürdigen Satz, den er sich zurechtgelegt hatte: „Das ist ein kleiner Schritt für einen Menschen, aber ein großer Sprung für die Menschheit." Der „Mondspaziergang" der beiden Astronauten wurde live in alle Welt übertragen. Mehr als 600 Millionen Fernsehzuschauer verfolgten gebannt dieses historische Ereignis.

20. Juli 1969: *Erste bemannte Mondlandung.*

Neil Armstrong

Edwin Aldrin

Michael Collins

Grenzen der Konfrontation

1 „Hilfe, ich werde verfolgt!" Karikatur von Horst Haitzinger, 1981.

Erklärungsversuche

Mit einer Entspannung in der kritischen Phase der Kuba-Krise war nicht unbedingt zu rechnen, deshalb stellt sich die Frage, weshalb die Sowjetunion diese Krise mit allen erdenkbaren Folgen überhaupt in Kauf genommen hatte.

M1 Der Historiker Gregor Schöllgen schrieb 1996 über die Motive Chruschtschows:
... Sicher ging es ihm auch um das Schicksal Kubas ... Wichtiger war aber wohl der Versuch, durch eine erfolgreiche Stationierung sowjetischer Systeme vor der amerikanischen Haustür das krasse Ungleichgewicht im nuklearen ... Bereich ... auszugleichen. Im Oktober 1962 verfügten die USA über etwa viermal so viele Raketen und 17-mal so viele Atomsprengköpfe wie die Sowjetunion ... [Außerdem] dürfte es den Sowjets auch um die Sicherung bzw. Wiederherstellung ihres Führungsanspruchs in der kommunistischen Welt gegangen sein.

1 *Fassen Sie die Motive zusammen, die der Wissenschaftler hinter der Handlungsweise Chruschtschows vermutet.*

Die Kuba-Krise und der Rüstungswettlauf

Der ideologische Gegensatz der ehemaligen Kriegsverbündeten und die daraus entstandene Blockbildung führten zu einer beschleunigten Aufrüstung, die immer gefährlichere und weit reichendere Waffensysteme hervorbrachte, wie die Wasserstoffbombe, mit Atomsprengköpfen ausgerüstete Interkontinentalraketen oder atomgetriebene U-Boote. Nachdem die UdSSR 1949 die erste Atombombe erfolgreich getestet hatte, bedeutete dies das Ende des Atomwaffenmonopols der USA. Dadurch war angesichts einer Konfrontation der beiden Supermächte die Gefahr eines atomaren Vernichtungskrieges jederzeit gegeben. Bis 1964 holte die Sowjetunion den anfänglichen Rückstand in ihrer Rüstung gegenüber den USA so weit auf, dass sich die beiden Supermächte in einem „Gleichgewicht des Schreckens" gegenüberstanden. Das atomare Patt blockierte beide Mächte gleichermaßen, es kam darauf an, einen atomar geführten Krieg zu verhindern.

2 *Erklären Sie den Begriff „atomares Patt". Ziehen Sie dazu auch die Karikatur (Abb. 1) heran. Vgl. auch die Arbeitsschritte auf S. 227.*

Konsequenzen

Die Welt hatte während der Kuba-Krise angesichts eines drohenden Atomkriegs den Atem angehalten.

Q1 Kennedy äußerte sich in einer Rede am 10. Juni 1963 dazu:
Nach welchem Frieden streben wir? Nicht nach einer Pax Americana*, die der Welt

Pax Americana*: *(lat. pax = Friede). Gemeint ist ein Friedensschluss nach den Bedingungen der Amerikaner.*

Sicherheit durch Waffen?

durch amerikanische Kriegswaffen aufgezwungen wird. Ich spreche hier von dem echten Frieden – jenem Frieden, der das Leben auf Erden lebenswert macht, … nicht nur ein Friede für Amerikaner, sondern ein Friede für alle Menschen. Nicht nur Frieden in unserer Generation, sondern Frieden für alle Zeiten.

Ich spreche vom Frieden, weil der Krieg ein neues Gesicht bekommen hat. Ein totaler Krieg ist sinnlos in einem Zeitalter, in dem eine einzige Atomwaffe fast das Zehnfache an Sprengkraft aller Bomben aufweist, die von den gesamten alliierten Luftstreitkräften während des Zweiten Weltkriegs abgeworfen wurden. Und er ist sinnlos in einem Zeitalter, in dem die bei einem Atomkrieg freigesetzten tödlichen Giftstoffe von Wind und Wasser, Boden und Saaten bis in die entferntesten Winkel des Erdballs getragen und sich selbst auf die noch ungeborenen Generationen auswirken würden …

3 *Formulieren Sie Kennedys Vision in eigenen Worten und beurteilen Sie, ob sie realistisch war.*

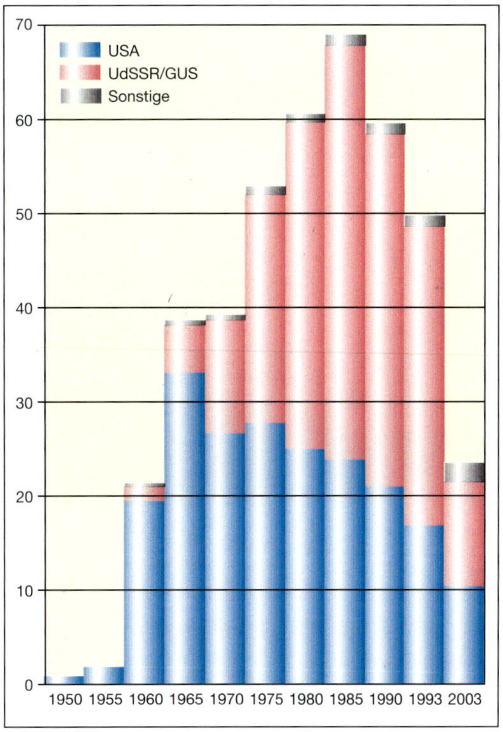

2 Zahl der weltweit vorhandenen nuklearen Sprengköpfe 1950–2003 (Anzahl in 100).

M2 Der Politikwissenschaftler Werner Link stellte 1980 folgende Entwicklung aufgrund der bewältigten Kuba-Krise fest:

… Auf diese Weise bildeten sich … „Verhaltensnormen" oder „Regeln", die von beiden Seiten beachtet wurden, nämlich

- … zunächst die geringsten Mittel einzusetzen,
- dem Gegner eine Rückzugslinie offenzuhalten und ihn nicht vor die Alternative „totaler Krieg oder totale Kapitulation" zu stellen und
- die Spannungen nicht über eine noch als zumutbar und kontrollierbar erachtete Höhe zu steigern und die vitalen Interessen des Gegners zu respektieren …

4 *Erläutern Sie mit eigenen Worten, welche Veränderung der politischen Haltung der Wissenschaftler feststellt.*

Politik der friedlichen Koexistenz

Die Beinahe-Eskalation der Kuba-Krise hatte die Notwendigkeit einer Entspannungspolitik vor Augen geführt. Chruschtschow prägte in diesem Zusammenhang bereits 1956 den Begriff der „friedlichen Koexistenz"*. Der Westen rückte von seiner Sicherheitsstrategie der massiven Vergeltung („massive retaliation") ab – sie hatte angesichts eines atomaren Gleichgewichts keinen Sinn mehr – und ersetzte sie durch das Konzept der angemessenen Reaktion („flexible response").

Um bei zukünftigen Konflikten schnellere Verhandlungen möglich zu machen, vereinbarten die Regierungen der USA und der UdSSR die Einrichtung einer direkten Fernschreibverbindung, den sogenannten „heißen Draht". Im August 1963 wurde in Moskau der Vertrag über die Einstellung aller oberirdischen Atomwaffenversuche abgeschlossen, unterirdische Tests blieben erlaubt. Gespräche über eine Rüstungsbegrenzung und -kontrolle fanden wieder statt, brachten aber zunächst keine greifbaren Ergebnisse.

5 *Fassen Sie zusammen, welche politischen Lehren die USA und die Sowjetunion aus der Kuba-Krise gezogen haben.*

Koexistenz*: *Gleichzeitiges Vorhandensein verschiedener Dinge.*

Sicherheit durch Abrüstung?

Abrüstungsverhandlungen und -verträge:

1972 SALT I-Vertrag: *Begrenzung der Raketenabwehrsysteme, der Raketen auf dem Land und unter Wasser.*

1973 MBFR: *Vertrag über beiderseitigen Truppenabbau in Europa.*

1976 Atomteststopp: *Begrenzung unterirdischer Atomversuche zu friedlichen Zwecken.*

1979 SALT II-Vertrag: *Begrenzung der Interkontinentalraketen und Einschränkung der Entwicklung neuer Raketensysteme.*
Der Vertrag trat wegen der Afghanistan-Krise nicht in Kraft, beide Seiten hielten sich aber stillschweigend an die getroffenen Vereinbarungen.

1 300 000 Menschen protestierten auf der seit Bestehen der Bundesrepublik größten Demonstration in Bonn gegen die Aufrüstung. Foto, 1981.

Wettrüsten und Verhandeln

Die Kuba-Krise hatte die Welt 1962/63 an den Rand eines Atomkriegs geführt. Nach der Beilegung des Konflikts begannen Abrüstungsgespräche, deren Ziel es war, durch eine bessere Verständigung und Schritte zur Abrüstung die Gefahr eines Atomkriegs zu vermeiden.

Q1 Anlässlich des Besuchs von Präsident Nixon 1972 in der UdSSR gaben die beiden Staaten eine Grundsatzerklärung über die amerikanisch-sowjetischen Beziehungen ab:
1. (Die USA und die UdSSR) werden von dem gemeinsamen Schluss ausgehen, dass es im Nuklearzeitalter keine Alternative gibt, als die gegenseitigen Beziehungen auf der Grundlage einer friedlichen Koexistenz zu gestalten. Unterschiede in der Ideologie und in den Gesellschaftssystemen der USA und der UdSSR sind keine Hindernisse für die bilaterale [= zwei Seiten betreffend] Entwicklung normaler Beziehungen, die auf den Grundsätzen der Souveränität, der Gleichberechtigung, der Nichteinmischung in innere Angelegenheiten und des beiderseitigen Vorteils beruhen.
2. Die USA und die UdSSR legen größten Wert darauf, das Entstehen von Situationen zu verhindern, die zu einer gefährlichen Verschlechterung ihrer Beziehungen führen könnten. Sie werden daher ihr Äußerstes tun, um militärische Konfrontationen zu vermeiden und den Ausbruch eines Nuklearkrieges zu verhindern. Sie werden in ihren gegenseitigen Beziehungen stets Zurückhaltung üben und sie werden bereit sein, zu verhandeln und Meinungsverschiedenheiten mit friedlichen Mitteln beizulegen ...

1 *Erläutern Sie, womit die beiden Supermächte ihren Beziehungswandel begründen.*

Abrüstungsverhandlungen bis 1985

Trotz der grundsätzlichen Entspannung zwischen den beiden Supermächten blieben Abrüstungsgespräche lange Zeit erfolglos oder wurden in aktuellen Konflikten unterbrochen. Dies geschah, als die UdSSR Ende 1979 in Afghanistan einmarschierte, um die dortigen kommunistischen Gruppen im Bürgerkrieg massiv zu unterstützen.
Angesichts dieser erneuten Konfrontation fasste der Westen den NATO-Doppelbeschluss, mit dem er die UdSSR einerseits aufforderte, ihre auf Westeuropa gerichteten Mittelstreckenraketen so weit abzubauen, dass sie der Zahl der westlichen Mittelstreckenraketen entsprechen würden. Sollte die UdSSR dieser Aufforderung nicht Folge leisten, wollte der Westen andererseits ab 1983 atomare Mittelstreckenraketen aufstellen, besonders in Westdeutschland.

2 *Bewerten Sie den NATO-Doppelbeschluss: Hat er eine fortschreitende Aufrüstung begünstigt oder zur Abrüstung beigetragen?*

KSZE – der Vertrag von Helsinki

Der KSZE-Prozess

Ein weiterer Versuch, zu einer Verständigung zwischen Ost und West zu gelangen, war die Konferenz über Sicherheit und Zusammenarbeit in Europa (KSZE). Im August 1975 legten in Helsinki 35 Staaten ein Abschlussdokument vor, das sie in zweijährigen Verhandlungen beraten hatten.

Q2 In diesem Dokument hieß es:

... Die Teilnehmerstaaten erklären, folgende Prinzipien ... zu achten und in die Praxis umzusetzen: 1. Souveräne Gleichheit ..., 2. Enthaltung von der Androhung oder Anwendung von Gewalt, 3. Unverletzlichkeit der Grenzen ..., 5. Friedliche Regelung von Streitfällen, 6. Nichteinmischung in innere Angelegenheiten, 7. Achtung der Menschenrechte und Grundfreiheiten, einschließlich der Gedanken-, Gewissens-, Religions- oder Überzeugungsfreiheit, 8. Gleichberechtigung und Selbstbestimmungsrecht der Völker, 9. Zusammenarbeit zwischen den Staaten, 10. Erfüllung völkerrechtlicher Verpflichtungen nach Treu und Glauben ...

Die Schlussakte unterschied drei „Körbe" mit Zielen und Vereinbarungen. „Korb 1" umfasste die „Sicherheit" und „zehn Prinzipien für das friedliche Zusammenleben der Staaten", „Korb 2" enthielt „Zusammenarbeit in Wirtschaft, Wissenschaft und Technik" sowie „Umweltfragen". In „Korb 3" ging es um „menschliche Kontakte", „kulturelle Zusammenarbeit"

2 Die KSZE-Konferenz und ihre Folgen. Karikatur von Ivan Steiger, 1975.

3 Erich Honecker und Helmut Schmidt, die Regierungschefs der beiden deutschen Staaten, während der KSZE-Abschlusssitzung, 1975.

und die „Lösung humanitärer Probleme". Hier verpflichteten sich alle Staaten, Verwandtenbesuche über die Blockgrenzen hinweg zuzulassen und jedem Bürger das Reisen zu erleichtern. Ziele waren „freiere Bewegung und Kontakte ..., sei es auf privater oder offizieller Grundlage zwischen Personen, Institutionen und Organisationen der Teilnehmerstaaten".

Die KSZE-Konferenz war 1973 auf Wunsch der UdSSR zusammengetreten, um über eine europäische Sicherheitsordnung zu beraten. Ihr Ziel war es, den „Status quo" (= den augenblicklichen Zustand), wie er nach dem Zweiten Weltkrieg in Europa entstanden war, festzuschreiben. Die Beschlüsse der KSZE hatte die UdSSR so nicht erwartet, sich aber nach langen Verhandlungen zu dem Vertrag bekannt.

Während der Konferenzbeschluss in den westlichen Staaten nur wenig Aufmerksamkeit erhielt, empfanden die meisten Menschen in den Staaten des Ostblocks, besonders in der DDR, die Beschlüsse und deren Veröffentlichung in ihren Staaten als Sensation.

Seit 1992 verfügt die KSZE über selbstständige Institutionen; sie nennt sich daher OSZE (Organisation für Sicherheit und Zusammenarbeit in Europa).

3 *Überlegen Sie, warum die KSZE-Beschlüsse den Menschen in den Ostblockstaaten so wichtig erschienen, im Westen dagegen von den Bürgern weniger beachtet wurden.*

4 *Erläutern Sie die Karikatur (Abb. 1; zu den Arbeitsschritten siehe S. 227).*

Die USA im Wandel

1 Massendemonstration in Washington D.C., 1963. Über 200 000 Bürgerrechtler beteiligten sich an diesem Marsch in die Hauptstadt am 28. August 1963, unter ihnen der Führer der Schwarzen, Dr. Martin Luther King.

Lyndon B. Johnson *(1908–1973), US-Präsident 1963–1969.*

Richard M. Nixon *(1913–1994), US-Präsident 1969–1974.*

Rosa Parks *(1913 bis 2005), amerikanische Bürgerrechtlerin, sie gilt als Vorkämpferin für den Widerstand gegen die Rassentrennung in den USA.*

„New frontier" und „great society"

Trotz des allgemeinen Wohlstands fühlten sich viele Amerikaner nach dem Zweiten Weltkrieg in ihrer Existenz bedroht. Ihre Angst vor dem Kommunismus schürte noch der republikanische Senator Joseph McCarthy. Der Koreakrieg oder der „Sputnik-Schock" hatten Amerika gezeigt, dass die Überlegenheit des eigenen gesellschaftlichen Systems verwundbar war. Mit dem Amtsantritt des Demokraten John F. Kennedy 1961 ging ein Ruck durch die Gesellschaft. Kennedys Pläne, neue Grenzen („new frontiers") zu setzen, beinhalteten neben den ehrgeizigen Weltraumplänen auch umfassende Reformen im Gesundheits-, Sozial- und Bildungswesen sowie auf dem Arbeitsmarkt. Den Großteil dieses Reformvorhabens jedoch konnte nach Kennedys Ermordung im November 1963 erst sein Nachfolger Lyndon B. Johnson umsetzen, der es zu einem Konzept der besseren Gesellschaft („great society") ausbaute.

Gleichberechtigt und doch diskriminiert

Die schwarze Bevölkerung in den USA war in den 1960er Jahren gegenüber der weißen Mehrheit immer noch stark benachteiligt. In den meisten Bundesstaaten galt der Grundsatz „separate, but equal" (getrennt, aber gleich). Diese Rassentrennung aufzuheben war ein wichtiger Pfeiler von Präsident Kennedys Innenpolitik.

Q1 In einer Rede vor dem amerikanischen Kongress am 11. Juni 1963 begründete Kennedy die Notwendigkeit einer solchen Politik:

... Das Negerkind, das heute in Amerika geboren wird – gleich, wo es zur Welt kommt –, hat nur halb so viel Chancen, die höhere Schule abzuschließen, wie ein weißes Kind, das am gleichen Ort und am gleichen Tag geboren wird; nur ein Drittel der Chancen, die Universität zu absolvieren, nur ein Drittel der Chancen, einen freien Beruf zu ergreifen, doch das zweifache Risiko, arbeitslos zu werden, eine um sieben Jahre geringere Lebenserwartung und die Aussicht, nur halb so viel zu verdienen. Kein Amerikaner kann das Bild voll entschuldigen, erklären oder verteidigen, das diese Statistiken ergeben ...

1 *Erläutern Sie, wie sich die Chancen für die schwarze Bevölkerung laut Kennedy darstellen. Bewerten Sie seine Begründung für eine Bürgerrechtspolitik.*

Der Busboykott als Anfang

Am 1. Dezember 1955 stieg in Montgomery/Alabama die Näherin Rosa Parks nach der Arbeit in einen Bus. Als sie sich weigerte, der Anordnung des Busfahrers zu folgen, ihren Platz für einen weißen Fahrgast zu räumen, wurde sie verhaftet. Eine Frauenorganisation rief daraufhin zum Busboykott auf – und tatsächlich solidarisierten sich Zehntausende mit Rosa

„I have a dream …"

Parks. Sie musste eine Strafe von zehn Dollar zahlen, der Boykott aber wurde unter der Führung des jungen Geistlichen Dr. Martin Luther King weitergeführt und dauerte 382 Tage, bis der Oberste Gerichtshof der USA im Dezember 1956 die Rassentrennung in den Bussen aufhob.

„I have a dream …"
Die Ungeduld der schwarzen Bevölkerung wuchs; immer weniger Schwarze waren bereit, tatenlos auf eine Verbesserung ihrer Lage zu warten. Mit gewaltlosem Widerstand in Form von Schweigemärschen, Mahnwachen oder Boykottmaßnahmen versuchten sie, ihre Gleichstellung zu erreichen. Höhepunkt dieser Bewegung war 1963 anlässlich des 100. Jahrestages der Aufhebung der Sklaverei ein Marsch von mehr als 200 000 Bürgerrechtlern nach Washington. Martin Luther King lehnte in seiner Rede einen Umsturz der amerikanischen Gesellschaftsordnung ab und forderte vielmehr die Verwirklichung des amerikanischen Traums von Freiheit und Brüderlichkeit aller Menschen: „Ich habe einen Traum, dass meine vier kleinen Kinder nicht nach der Hautfarbe, sondern nach ihrem Charakter beurteilt werden."
Am 4. April 1968 wurde Martin Luther King während einer Kundgebung in Memphis von einem Auftragskiller erschossen.

Bürgerrechtsgesetz 1964
Nicht immer blieben die Proteste friedlich; von 1964 bis 1968 kam es in den sogenannten „Schwarzenvierteln" vieler amerikanischer Großstädte zu schweren Rassenunruhen. Das Urteil des Obersten Gerichts von 1954, das die Rassentrennung in Bildungseinrichtungen als verfassungswidrig erklärt hatte, sowie das zehn Jahre später formulierte Bürgerrechtsgesetz sollten nicht nur auf dem Papier stehen, sondern endlich Wirklichkeit werden.

Q2 Auszüge aus dem Bürgerrechtsgesetz:
… (Die im Folgenden genannten Einrichtungen soll jeder Bürger gleichermaßen benützen dürfen, und zwar) ohne Diskriminierung oder Trennung (segregation) aufgrund von Rasse, Hautfarbe, Religion oder nationaler Abstammung: 1. Gasthäuser, Motels oder sonstige Beherbergungsbetriebe, die reisende Gäste aufnehmen … 2. Restaurants, Cafeterias, Imbissstuben, Kioske, Erfrischungsbars oder sonstige Einrichtungen, die vorwiegend dem Verkauf von Nahrungsmitteln zum Verzehr an Ort und Stelle dienen … 3. Kinos, Theater, Konzerthäuser, Sportplätze, Stadien oder sonstige Orte der Besichtigung oder Unterhaltung …

2 **Die USA in der Krise.** Karikatur von Horst Haitzinger, 1979.

2 *Entwerfen Sie ein sogenanntes „Extrablatt" einer Zeitung, mit dem Sie die schwarze Bevölkerung über die Neuerungen informieren.*
3 *Auf welches Problem macht die Karikatur (Abb. 2) aufmerksam?*

Der Watergate-Skandal
Hatte bereits der verlorene Krieg in Vietnam die amerikanische Gesellschaft in eine tiefe Krise gestürzt, so wurde das Vertrauen der amerikanischen Bevölkerung in ihre Regierung durch einen weiteren Skandal stark erschüttert: Die Zeitung „Washington Post" berichtete 1973, dass Berater von Präsident Nixon während des Wahlkampfes in das Hauptquartier der Demokratischen Partei im Watergate-Gebäude in Washington eingebrochen waren und dort Abhöranlagen installiert hatten. Der Präsident kam einer drohenden Amtsenthebung zuvor und trat im August 1974 zurück.

***Martin Luther King** (1929–1968, ermordet), Baptistenpfarrer, trat seit Mitte der 1950er Jahre als Vorkämpfer der amerikanischen Bürgerrechtsbewegung für die friedliche Überwindung der Rassendiskriminierung in der amerikanischen Gesellschaft ein, erhielt 1964 den Friedensnobelpreis.*

***Malcolm X** (1925 bis 1965, ermordet), Kritiker von Dr. Martin Luther Kings friedlicher Bürgerrechtsbewegung. Der als Malcolm Little geborene Bürgerrechtskämpfer predigte einen gewaltsamen Befreiungskampf aller Afrikaner und Afroamerikaner. Sein Programm lautete: „Unsere Religion ist der Islam, unsere Philosophie ist schwarzer Nationalismus."*

Unruhen im Ostblock

1 **Demonstranten verbrennen in Budapest sowjetische Fahnen.** Foto, Oktober 1956.

Imre Nagy *(1896 bis 1958, hingerichtet), ungarischer Kommunist, 1953–1955 Ministerpräsident, musste wegen seiner Reformpolitik zurücktreten. 1956 stand er an der Spitze des Ungarn-Aufstandes.*

Alexander Dubček *(1921–1992), 1963–1969 Mitglied des Politbüros der tschechoslowakischen KP, war der politische Kopf des tschechoslowakischen Reformversuchs 1968.*

Der Volksaufstand in Ungarn 1956

Seit 1948 gab es in einigen Staaten des Ostblocks immer wieder Bemühungen, Reformen durchzusetzen und den Einfluss der Sowjetunion zurückzudrängen oder sogar abzuschütteln.

Am 23. Oktober 1956 eskalierten Protestkundgebungen in Budapest. Viele Menschen schlossen sich einer Revolte an, in deren Folge die Kommunistische Partei Ungarns zerfiel. Die Armee und die Polizei wechselten zu den Aufständischen über. Der reformfreudige Kommunist Imre Nagy wurde neuer Ministerpräsident.

Q1 Am Dienstag, den 30. Oktober 1956, verkündete er über den Radiosender „Kossuth" die Ziele der Reformen:

... Im Interesse einer weiteren Demokratisierung des politischen Lebens ... hat das Kabinett das Einparteiensystem abgeschafft und beschlossen, zu einer Regierungsform zurückzukehren, die auf der demokratischen Zusammenarbeit der Koalitionsparteien beruht ...

Die vorläufige Regierung hat das sowjetische Oberkommando aufgefordert, mit dem Abzug der sowjetischen Truppen aus Budapest unverzüglich zu beginnen ...

1 *Fassen Sie die Ziele der ungarischen Revolution zusammen.*

Q2 Wenige Tage später, am 4. November 1956, ging folgender Hilferuf des Ministerpräsidenten über den freien Sender „Petöfi":

Völker der Welt! Hört uns – helft uns! Nicht mit Erklärungen, sondern mit Taten, mit Soldaten und Waffen! Vergesst nicht, dass es für die Sowjets bei ihrem brutalen Ansturm kein Halten gibt. Wenn wir untergegangen sind, werdet ihr das nächste Opfer sein. Rettet unsere Seelen! ...

Völker der Welt! Im Namen der Gerechtigkeit, der Freiheit und des verpflichtenden Prinzips der tatkräftigen Solidarität, helft uns! ... Reicht uns eure brüderliche Hand. SOS! SOS! Gott sei mit euch!

2 *Klären Sie, an wen sich der Aufruf richtete und welches Ziel er hatte.*

Am Abend desselben Tages meldete der Moskauer Rundfunk, der Aufstand sei niedergeschlagen und eine neue kommunistische Regierung eingesetzt worden. Der Sender behauptete, die Aufständischen seien von ehemaligen Offizieren der Hitler-Wehrmacht geführt worden. Der wieder kommunistische ungarische Sender „Kossuth" grüßte die Sowjetunion, die „zum zweiten Mal das ungarische Volk befreit" habe.

Trotz des Einsatzes von 200 000 Mann und mehr als 1000 Panzern auf sowjetischer Seite dauerten die Kämpfe noch eine Woche an. Etwa 25 000 Ungarn und 7000 Sowjetsoldaten waren getötet worden. Die Westmächte hatten in die Kämpfe nicht eingegriffen.

3 *Überlegen Sie, warum der Aufruf (Q 2) nicht erhört wurde.*

Der „Prager Frühling" 1968

1968 versprach die neu gewählte Führung der Kommunistischen Partei der Tschechoslowakei unter Alexander Dubček einen „Kommunismus mit menschlichem Antlitz". Das Reformprogramm enthielt u. a. Garantien für Rede-, Presse- und Versammlungsfreiheit und vor allem Reformen in der Wirtschaftspolitik.

Am 21. August 1968 marschierten Truppen des Warschauer Pakts unter Beteiligung der DDR in die Tschechoslowakei ein und beendeten die Reformversuche des „Prager Frühlings" gewaltsam.

Ist die Vorherrschaft der UdSSR in Gefahr?

Q3 Der Generalsekretär der KPdSU, Leonid Breschnew, rechtfertigte das militärische Vorgehen im November 1968 folgendermaßen: ... Und wenn die inneren und äußeren, dem Sozialismus feindlichen Kräfte die Entwicklung irgendeines sozialistischen Landes auf die Wiederherstellung der kapitalistischen Ordnung zu wenden versuchen, wenn eine Gefahr für den Sozialismus in diesem Land, eine Gefahr für die Sicherheit der gesamten sozialistischen Staatengemeinschaft entsteht, ist das ... ein allgemeines Problem, um das sich alle sozialistischen Staaten kümmern müssen ...

4 *Erklären Sie den Standpunkt Breschnews. Überlegen Sie die Auswirkungen für die Staaten des Ostblocks.*

5 *Erläutern Sie die Haltung des Karikaturisten zur Beendigung des „Prager Frühlings", die in der Karikatur (Abb. 2) zum Ausdruck kommt.*

2 **Das Ende des „Prager Frühlings".** Karikatur von Luis Murschetz, 1968.

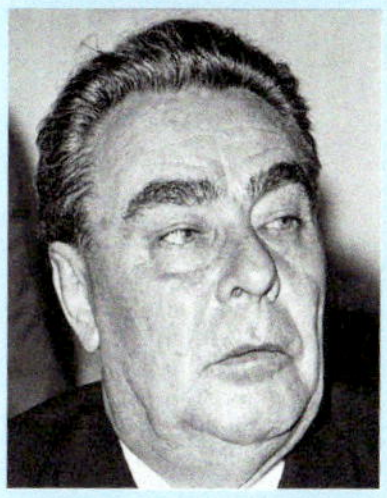

Leonid I. Breschnew *(1906–1982), seit 1964 Erster, ab 1966 Generalsekretär der KPdSU.*

Kriegsrecht in Polen 1980

Seit 1949 übte in Polen eine kommunistische Einheitspartei die alleinige Macht nach sowjetischem Vorbild aus. Im Unterschied zu anderen Ostblockstaaten gab es aber in Polen stets eine starke innenpolitische Gegenkraft: die katholische Kirche. Wiederholt führte die schlechte Wirtschaftslage zu großen Streikbewegungen der polnischen Arbeiter, die mit Waffengewalt beendet wurden. Dabei starben zahlreiche Streikende bzw. wurden zu hohen Haftstrafen verurteilt. In dieser Situation gründeten polnische Intellektuelle ein „Komitee zur Verteidigung der Arbeiter" (polnisch „Komitet Obrony Robotników" – KOR).

Q4 Nach großen politischen Erfolgen und mit breiter gesellschaftlicher Unterstützung formulierte das KOR im September 1977 eine Erweiterung seiner Aufgaben:
1. Kampf gegen Repressionen aus politischen, weltanschaulichen oder rassischen Gründen sowie Hilfestellung für diejenigen, die aus diesen Gründen verfolgt werden. 2. Kampf gegen Verletzung der Gesetze und Hilfe für die Benachteiligten. 3. Kampf um gesetzmäßige Gewährleistung der Freiheits- und Bürgerrechte. 4. Förderung und Schutz jeglicher Bürgerinitiativen, welche die Verwirklichung der Menschen- und Bürgerrechte anstreben.

6 *Überlegen Sie, welche Folgen die Durchsetzung der genannten Forderungen hätte haben können.*

Nach dem Beispiel von KOR entstanden in ganz Polen zahlreiche Selbstverteidigungskomitees, die von der katholischen Kirche unterstützt und geschützt wurden. Die Wahl eines Polen zum Papst (Johannes Paul II.) im Jahr 1978 stärkte die Position der Kirche in besonderer Weise.
1980 wurde die unabhängige Gewerkschaft „Solidarność" (Solidarität) unter der Führung von Lech Walesa gegründet. Ihr gelang es gemeinsam mit Intellektuellen und der katholischen Kirche Polens, wirtschaftliche Verbesserungen und eine freiere Informationspolitik durchzusetzen.
Am 13. Dezember 1981 beendete das Militär unter General Jaruzelski den „polnischen Sommer" durch einen Staatsstreich. „Solidarność" wurde verboten; zwei Jahre lang galt in Polen das Kriegsrecht. 1982 wurde Jaruzelski Staats- und Parteichef. Die wirtschaftlichen Schwierigkeiten des Landes konnten aber nicht behoben werden. Die Gewerkschaft „Solidarität" blieb auch nach Aufhebung des Kriegsrechts 1983 verboten, wirkte aber trotz aller Verfolgungen im Untergrund weiter.

7 *Erklären Sie , warum die Sowjets – anders als in Ungarn und der ČSSR – in Polen nicht direkt eingegriffen haben.*

Lech Walesa *(geb. 1943), 1980 zum Vorsitzenden von „Solidarność" gewählt, stand während des Kriegsrechts bis November 1982 unter Hausarrest. 1983 erhielt er den Friedensnobelpreis und erreichte 1989 mit einem „Gesellschaftsvertrag" die Öffnung Polens zur Demokratie. Von 1990 bis 1995 war Walesa polnischer Staatspräsident.*

Entstalinisierung und Wirtschaftskrise

Die **Verfolgung von Systemkritikern** wurde unter Breschnew verschärft. Prominente Opfer waren:

***Alexander Solschenizyn** (geb. 1918), Schriftsteller. 1945 bis 1953 in Straflagern interniert, bis 1956 verbannt, ab 1966 mit einem Publikationsverbot belegt, 1970 Nobelpreis für Literatur, 1974 Ausweisung aus der UdSSR. Er lebte von 1976 bis 1994 in den USA und kehrte dann nach Moskau zurück.*

***Andrej Sacharow** (1921–1989), Physiker und Bürgerrechtler. Er gründete 1970 ein Komitee zur Durchsetzung der Menschenrechte in der UdSSR. 1975 erhielt er den Friedensnobelpreis. Von 1980 bis 1986 lebte er in der Verbannung in Gorki.*

1 Nach Stalins Tod wurden im gesamten Ostblock seine Denkmäler abmontiert oder gestürzt.

Abrechnung mit der Vergangenheit

Stalins fast drei Jahrzehnte dauernde Schreckensherrschaft fand durch seinen Tod am 5. März 1953 ein Ende. Von vielen wurde sein Ableben als Schock empfunden – der Kult um seine Person hatte in der Öffentlichkeit ein Bild des Retters und Wohltäters entstehen lassen. Chruschtschow, Stalins Nachfolger, war sehr schnell klar, dass ein Neuanfang nicht ohne Auseinandersetzung mit der Vergangenheit möglich war.

Q1 Aus Chruschtschows Geheimrede auf dem XX. Parteitag der KPdSU am 25. Februar 1956:
Genossen! Wir müssen den Persönlichkeitskult entschlossen abschaffen, ein für alle Mal ... Dies ist aus folgenden Gründen nötig: Erstens müssen wir als echte Bolschewisten den Persönlichkeitskult verurteilen und mit der Wurzel ausrotten, weil er dem Marxismus-Leninismus fremd ist und im Widerspruch zu den Grundsätzen der Parteiführung und den Normen des Parteilebens steht ...
Zweitens müssen wir systematisch und konsequent die Arbeit fortführen, die das Zentralkomitee der Partei in den letzten Jahren geleistet hat, eine Arbeit, die sich durch die genaueste Beachtung der leninistischen Grundsätze der Parteiführung in sämtlichen Parteiorganisationen ... auszeichnete ...

1 *Fassen Sie Chruschtschows Leitlinien seiner Politik zusammen.*

Erfolgreiche Entstalinisierung?

Die von Chruschtschow geforderte „Entstalinisierung" wurde vielfach umgesetzt, angefangen bei der Entfernung von Stalins Sarg aus dem Mausoleum an der Kremlmauer über die Zerstörung zahlreicher Stalindenkmäler bis hin zur Umbenennung von Städten und Straßen. Von Bedeutung war die Auflösung vieler Straflager. Auch in Kunst und Wissenschaft setzte „Tauwetter" ein, so genannt nach dem 1954 veröffentlichten Roman von Ilja Ehrenburg.
Eine gründliche Aufarbeitung des Stalinismus, z. B. in der Literatur oder Schulbüchern, erfolgte jedoch nicht, sodass in weiten Teilen der russischen Bevölkerung die Gewalttaten Stalins weiterhin unbekannt blieben.

2 *Beurteilen Sie die Ergebnisse der Entstalinisierung.*

Die UdSSR in den 1970er und 1980er Jahren

Mit seinen innenpolitischen Reformen machte sich Chruschtschow ebenso wenig Freunde wie mit seinem außenpolitischen Kurs einer „friedlichen Koexistenz" mit dem Klassenfeind (siehe S. 77). Der Traum, die USA im Lebensstandard ein- bzw. sogar zu überholen, wie es das Parteiprogramm 1961 prognostizierte, blieb Utopie.
Von seinen Parteigegnern 1964 zum Rücktritt gezwungen, stoppte Chruschtschows Nachfolger Leonid Breschnew alsbald dessen Reformversuche und die Entstalinisierung. Die Modernisierung der Wirtschaft, das Rüstungsprogramm, das über 60 Prozent des Staatshaushalts verschlang, die negativen Auswirkungen der Planwirtschaft und wirtschaftliche Probleme in anderen Ostblockstaaten sorgten dafür, dass das Land immer tiefer in eine Wirtschaftskrise hineinsteuerte. Der Ruf nach Reformen und einer Verjüngung der vergreisten Staats- und Parteiführung wurde immer lauter.

Zusammenfassung

Die UNO
Die USA und die UdSSR hatten sich noch vor Ende des Zweiten Weltkriegs darauf geeinigt, die UNO als „Weltfriedensorganisation" nach dem Vorbild des Völkerbundes zu schaffen. Doch die unüberbrückbaren Differenzen zwischen den Großmächten und die gegenseitigen Vetos im Sicherheitsrat führten jahrzehntelang dazu, dass die UNO in den meisten Weltkrisen weitgehend tatenlos bleiben musste, mit Ausnahme des Koreakriegs.

Die großen Krisen
Seit 1948 kam es vor allem in den Ostblockstaaten immer wieder zu Versuchen, sich der sowjetischen Vormacht zu entziehen. Der Volksaufstand in Ungarn wurde aber 1956 ebenso von sowjetischen Truppen niedergeschlagen wie 1968 der sogenannte „Prager Frühling" in der Tschechoslowakei. In Polen wurde die Streik- und Gewerkschaftsbewegung „Solidarność" 1980 verboten. Ein Staatsstreich des polnischen Militärs kam einem direkten Eingreifen der UdSSR zuvor.
Aber auch zwischen den beiden Supermächten selbst kam es zu schweren Krisen. Während der Kuba-Krise 1962 stand die Welt sogar am Rand eines Atomkriegs. Die Einsicht, dass angesichts einer unvorstellbaren Zerstörungskraft der vorhandenen Waffensysteme ein nuklear geführter Krieg sinnlos geworden war, brachte die beiden Supermächte an den Verhandlungstisch und ließ sie erste Abrüstungsvereinbarungen treffen.

Der Vietnamkrieg
Stärker als in Korea engagierten sich die USA im Krieg gegen das kommunistische Nordvietnam. Doch der jahrelange, kostspielige und verlustreiche Militäreinsatz endete in einer blamablen Niederlage. Protestbewegungen in den USA schwächten die US-Regierung innenpolitisch und das militärische Desaster schädigte ihr außenpolitisches Ansehen nachhaltig. Die westliche Supermacht war angeschlagen, zumal auch Rassenunruhen die Gesellschaft erschütterten und die Watergate-Affäre die Demokratie vor eine Bewährungsprobe stellte.

Veränderungen in der UdSSR
Nach Stalins Tod 1953 rechnete dessen Nachfolger Chruschtschow mit dem stalinistischen System ab. Partei-, Staats- und Wirtschaftsreformen konnten den Traum, die USA im Lebensstandard zu überholen, nicht verwirklichen. Die ursprünglichen Erfolge in der Raumfahrt hatten zahlreiche Hoffnungen genährt.

Seit 1949

Die UNO besaß während des „Kalten Krieges" begrenzte Mittel zur Krisenbewältigung.

1962

Die Kubakrise führte der Welt die Gefahr eines Atomkriegs vor Augen.

1964–1973

Der Vietnamkrieg rief weltweit Proteste gegen die Kriegspolitik der USA hervor.

Ab 1953

Der Prozess der Entstalinisierung in der UdSSR blieb in Anfängen stecken.

Testen Sie Ihre Kompetenzen!

Begriffe – Namen – Daten

- ✓ UNO
- ✓ Politik der Koexistenz
- ✓ Weltraumfahrt
- ✓ Juri Gagarin

3 **Chruschtschow und Kennedy während der Kuba-Krise: „Einverstanden, Herr Präsident, wir wollen verhandeln".** Englische Karikatur, 1962.

1 **Die neunjährige Kim Phuc nach einem Napalmangriff der US-Armee 1972.**

4 **Aldrin während eines Mondspaziergangs.**

2 **Sowjetische Panzer in Budapest, 1956.**

Testen Sie Ihre Kompetenzen!

5 **„Wenn doch hier herauszukriechen auch so einfach wäre … wie hier heraufzufliegen!"** Karikatur von Horst Haitzinger im Schweizer Satiremagazin „Nebelspalter", Juli 1969.

Fachwissen

1 *Erklären Sie sich gegenseitig die wichtigen Begriffe (siehe Karteikarte) und schreiben Sie ihre Bedeutung in Ihr Geschichtsheft.*

2 *Beschreiben Sie die Funktionsweise der UNO und erläutern Sie, unter welchen Voraussetzungen es zur Entsendung von „Blauhelm"-Soldaten kommen kann.*

3 *Erläuten Sie den Begriff „Stellvertreterkrieg" an einem selbst gewählten Beispiel.*

4 *Beschreiben Sie die Folgen eines Krieges für die Zivilbevölkerung anhand des Vietnamkriegs (Abb. 1).*

5 *Verfassen Sie eine kurze Zeitungsmeldung, in der Sie aus der Perspektive von heute an den ersten bemannten Raumflug bzw. an die erste Mondlandung erinnern (Abb. 4).*

6 *Erklären Sie den Begriff „Gleichgewicht des Schreckens".*

Methode

7 *Fassen Sie in Stichworten die Entwicklung der Kuba-Krise zusammen und untersuchen Sie die Karikatur (Abb. 3).*

8 *Analysieren Sie die Karikatur (Abb. 5) und arbeiten Sie deren Aussage heraus.*

Beurteilen und bewerten

9 *Die UNO wird oft als schwerfälliger Apparat kritisiert. Beurteilen Sie, welchen Anteil das Vetorecht an dieser Einschätzung hat.*

10 *Befragen Sie ältere Menschen nach ihren Erinnerungen und Gefühlen, die sie mit der Kuba-Krise verbinden.*

11 *Führen Sie eine Pro-und-Kontra-Diskussion zu der Frage, inwieweit die aus Afrika stammende Bevölkerung Amerikas den Zielen der Bürgerrechtsbewegung näher gekommen ist oder nicht.*

12 *Beurteilen Sie das Vorgehen der Sowjetunion in den Volksaufständen 1953, 1956 und 1968 aus der Sicht eines Bürgers der betroffenen Länder und aus der Sicht eines russischen Regierungsmitglieds (Abb. 2).*

13 *Begründen Sie, warum ältere Menschen in Russland noch heute der „Entstalinisierung" ablehnend gegenüberstehen.*

3 Die Welt verändert sich

Menschen unterwegs – Mahatma Gandhi protestiert 1930 mit dem „Salzmarsch" gegen das Salzmonopol der englischen Kolonialmacht; Mao Zedong entzieht sich im „Langen Marsch" 1934/35 seinen Feinden; nach einem 15-jährigen Exil in Frankreich betritt Ayatollah Khomeini 1979 wieder iranischen Boden; jüdische Siedler kommen auf Eselskarren in den 1920er Jahren ins Gelobte Land.
Alle, die unterwegs sind, haben ein Ziel vor Augen. Die angestrebten Ziele sind sehr unterschiedlich. In diesem Kapitel können Sie erarbeiten, ob die Menschen ihre Ziele erreicht haben, ob und wie sie dabei die Welt verändert haben …

Die Entkolonialisierung

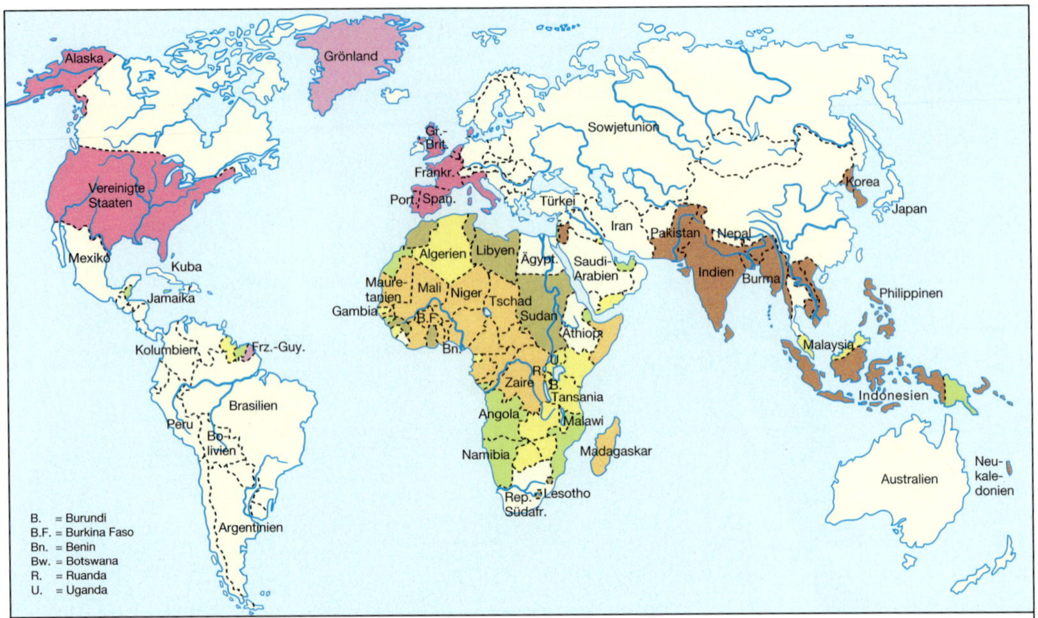

Unabhängige Staaten mit Kolonialbesitz 1945
Unabhängige Staaten ohne Kolonialbesitz 1945

Seit 1945 unabhängig gewordene Staaten: 1945–1949 | 1950–1959 | 1960 („Afrikanisches Jahr") | 1961–1969 | 1970–1990

Noch bestehende abhängige Kolonialgebiete

1 Die Entkolonialisierung 1945–1990.

Der Kolonialismus

Seit dem Beginn der Entdeckungsreisen im 15. Jahrhundert waren fast alle europäischen Staaten bestrebt, ihre Reiche auszudehnen. Die nichteuropäischen Gebiete der Erde galten als „weiße Flecken", die man dem eigenen Land als „Kolonie"* angliederte.

Die Konsequenz für die Kolonialländer bestand nun darin, dass sie von den Mutterländern* ausgebeutet und ihnen fremde Herrscher und Herrschaftsformen aufgezwängt wurden. Die Kultur der unterdrückten Völker wurde zerstört, die Völker verloren ihre Traditionen.

1 *Tragen Sie zusammen, was Sie über das Zeitalter des Kolonialismus bereits wissen.*

Die Auflösung der Kolonialreiche

Bereits nach dem Ersten Weltkrieg hofften viele Menschen in den Kolonien auf ein Ende der Fremdherrschaft. Aber die Hoffnungen wurden enttäuscht. Daraufhin bildeten sich in vielen Kolonien Unabhängigkeitsbewegungen, die aber zunächst von den Kolonialmächten unterdrückt wurden.

Erst die Folgen des Zweiten Weltkriegs brachten das Kolonialsystem zum Einsturz. Die japanische Armee hatte im Zweiten Weltkrieg die europäischen Kolonialmächte fast völlig aus Südostasien vertrieben, die Länder aber selbst als Kolonien behandelt. Nach der japanischen Niederlage 1945 kehrten die Kolonialmächte zunächst zurück, doch die Völker erkämpften sich nun schnell ihre Unabhängigkeit.

Kolonie*:
Besitz eines Staates außerhalb seiner eigenen Landesgrenzen, wobei die Kolonie vom Mutterland wirtschaftlich und politisch abhängig ist.

Mutterländer*:
Europäische Bezeichnung für jene europäischen Staaten, die ehemals Kolonien in Afrika oder Asien hatten.

1947
Unabhängigkeit Indiens

1948
Gründung des Staates Israel

1949
Ausrufung der „Volksrepublik China"

Die Entkolonialisierung

In den afrikanischen Ländern leiteten die Kolonialmächte demokratische Reformen ein, die rasch zur Bildung von Parteien führten. Diese organisierten den Unabhängigkeitskampf gegen die „Mutterländer".

2 *Legen Sie anhand der Karte einen Zeitstrahl an und tragen Sie darauf ein, welche Kolonien in welchem Zeitraum unabhängig wurden. Ermitteln Sie dazu im Lexikon die ehemalige Kolonialmacht.*

3 *Informieren Sie sich ausführlich über das „Afrikanische Jahr" und begründen Sie die Bezeichnung.*

4 *Kommentieren Sie den Begriff der „Mutterländer" vor dem Hintergrund der Kolonialherrschaft.*

Politische Unabhängigkeit ist nicht genug

1958 erhielt Guinea seine Selbstständigkeit, die ehemalige Kolonialmacht Frankreich stellte daraufhin sofort jede Wirtschaftshilfe ein.

Q1 In einer Rede vor der UNO-Vollversammlung 1960 führte der Präsident von Guinea, Sékou Touré, aus:

... Die politische Unabhängigkeit [bedeutet] keineswegs völlige nationale Befreiung. Sie ist gewiss eine entscheidende Etappe. Dennoch sind wir gezwungen zu erkennen, dass die nationale Unabhängigkeit nicht nur politische Befreiung, sondern auch und vor allem eine totale wirtschaftliche Befreiung voraussetzt. Ohne diese beiden Forderungen ist kein sozialer Fortschritt möglich ...

5 *Erläutern Sie, wie nach Sekou Touré eine völlige Unabhängigkeit ehemaliger Kolonien aussehen soll.*

Die wirtschaftliche Ausbeutung der Kolonien

Die Kolonialmächte bestimmten die Wirtschafts- und Handelspolitik der Kolonien. Aus den Kolonien wurden Rohstoffe in die Mutterländer geliefert, wo sie industriell zu Fertigwaren verarbeitet und zum Teil wieder ausgeführt wurden. Damit der Industrie der Kolonialmächte keine Konkurrenz entstand, war die industrielle Herstellung von Fertigwaren in den Kolonien verboten.

Je nach geografischen Verhältnissen entstanden in den Kolonien Monokulturen. In Mittelamerika z. B. bauten die Kolonialherren nur Zuckerrohr an, in Südamerika nur Kaffee; andere Länder lieferten nur Tabak, Baumwolle oder Mais. Viele Kolonialgebiete wurden vom Verkauf nur eines ganz bestimmten Produkts abhängig. Eine eigenständige landwirtschaftlichen Entwicklung oder gar Industrialisierung fand nicht statt.

6 *Fertigen Sie zum Wirtschaftskreislauf zwischen „Mutterländern" und „Kolonien" ein Schema an, in dem die wirtschaftlichen Verbindungen deutlich werden.*

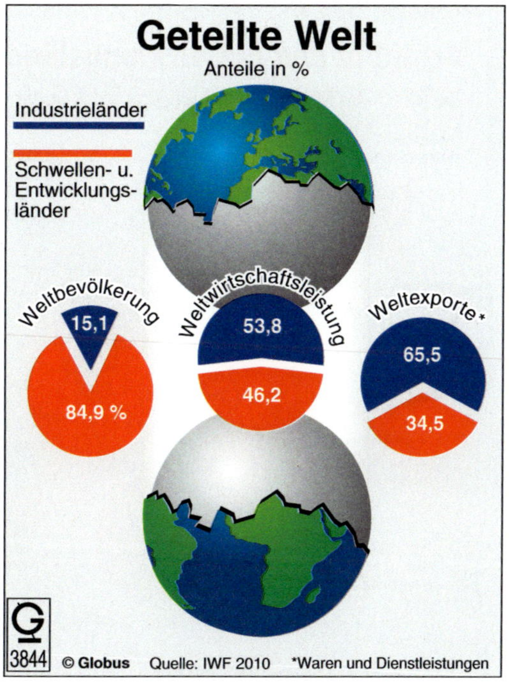

2 Weltbevölkerung und Weltwirtschaftsleistung 2010.

Ahmed Sékou Touré *(1922–1984), nach der Unabhängigkeit Guineas 1958 bis zu seinem Tod Präsident („Wir ziehen Armut in Freiheit einem Reichtum in der Sklaverei vor."), regierte mit Hilfe der Einheitspartei PDG diktatorisch, vertrat einen panafrikanischen Sozialismus und unterstützte die Befreiungsbewegungen im südlichen Afrika. Die Bevölkerung litt trotz ergiebiger Ernten und reicher Bodenschätze Not, etwa zwei Millionen Einwohner flüchteten.*

1960
„Afrikanisches Jahr"

1979
Islamische Revolution im Iran

Die Folgen der Entkolonialisierung

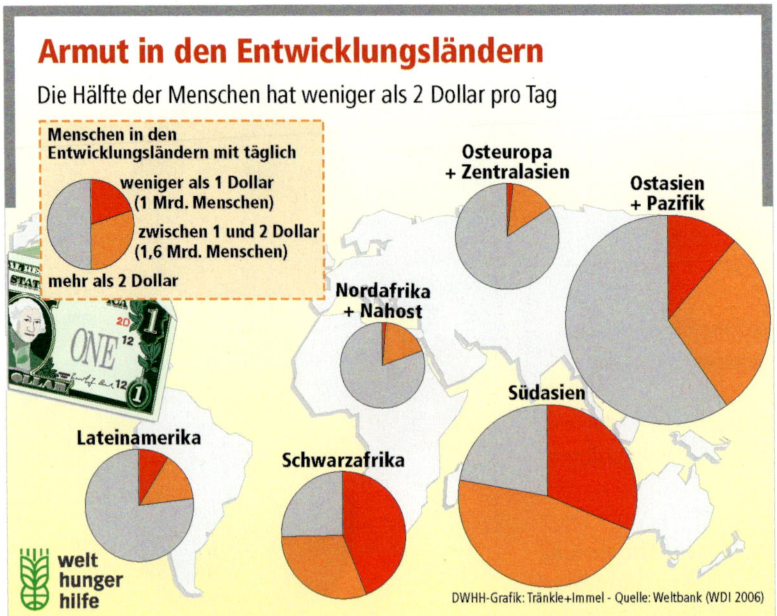

1 Armut in den Entwicklungsländern.

Kinderarbeit in den Entwicklungsländern
(Kinder im Alter von 5 bis 14 Jahren):

Kinder in Mio.	in Prozent der Altersgruppe
Lateinamerika	
18	15
Afrika (südlich der Sahara)	
48	29
Nahost/Nordafrika	
14	15
Asien/Pazifik	
127	19

Entwicklung der Kindersterblichkeit
Jährlich sterben nach Angaben von UNICEF in den Entwicklungsländern etwa 8,8 Millionen Kinder. Das sind ca. 10 000 Todesfälle pro Tag weniger als 1990. Auf Afrika und Asien entfallen 93 Prozent der Todesfälle, auf die bevölkerungsreichen Länder Indien, Nigeria und Demokratische Republik Kongo allein 40 Prozent. Als häufigste Todesursachen werden Mangelernährung, Lungenentzündung, Durchfall, Malaria und AIDS genannt. Zurückführen lässt sich der weltweite Rückgang der Kindersterblichkeit auf einen verbesserten Impfschutz, den Einsatz von Moskitonetzen und die Gabe von Vitamin A-Präparaten.

Der Nord-Süd-Gegensatz

Verglichen mit dem Entwicklungsstand der ehemaligen Kolonialmächte und heutigen Industrieländer liegen die meisten der früheren Kolonien in Afrika und Asien immer noch weit zurück. Dies gilt ebenfalls für die lateinamerikanischen Staaten, die schon im 19. Jahrhundert von Spanien und Portugal unabhängig wurden. So ist an die Stelle kolonialer Abhängigkeiten heute eine wirtschaftliche Abhängigkeit getreten.

Die Bezeichnung „Entwicklungsländer" hebt darauf ab, dass diese Länder sich, gemessen am Vorbild der Industriestaaten, in vielen Bereichen noch entwickeln müssen. Der Stand der Entwicklung wird nach verschiedenen Maßstäben beurteilt. Die wichtigsten sind das Bruttosozialprodukt (BSP) pro Einwohner, das Pro-Kopf-Einkommen, der tägliche Kalorienverbrauch pro Kopf, der Anteil der Beschäftigten in der Landwirtschaft, die Anzahl der Menschen pro Arzt, der Bildungsstand (Dauer und Art der Schulbildung) sowie der Grad der Industrialisierung und Weiterverarbeitung von Produkten. Alle diese Kennziffern sind aber sehr ungenau und verdecken z. B. große regionale Unterschiede in einem Land.

1 *Erklären Sie die Begriffe „Nord-Süd-Gegensatz" und „Entwicklungsland".*

2 *Überlegen Sie, was man unter der in letzter Zeit mehr und mehr gebräuchlichen Wendung „Eine Welt" versteht.*

3 *Fassen Sie die wesentlichen Informationen, die Sie aus dem Schaubild (Abb. 1) entnehmen können, zusammen.*

Welthandelsprobleme: Die ungleichen Partner

Viele Entwicklungsländer sind im Besitz großer Rohstoffvorkommen wie Zinn, Phosphat, Bauxit, Kupfer, Nickel, Erdöl und Erdgas. Sie erzeugen auch viele Nahrungsmittel, wie z. B. Kakao, Kaffeebohnen und Bananen oder agrarische Industrierohstoffe wie Baumwolle. Industrie, um diese Rohstoffe zu verarbeiten, haben sie aber kaum. Die meisten Güter werden in den Industrieländern zu Fertigwaren verarbeitet. Nur wenige Länder, wie etwa die USA, Kanada oder Südafrika, verfügen über genügend eigene Rohstoffreserven, um ohne Einfuhren auskommen zu können. Anders dagegen die Bundesrepublik, die auf die Einfuhr von Rohstoffen angewiesen ist, um Wohlstand sichern zu können.

Zwischen Armut und Schulden

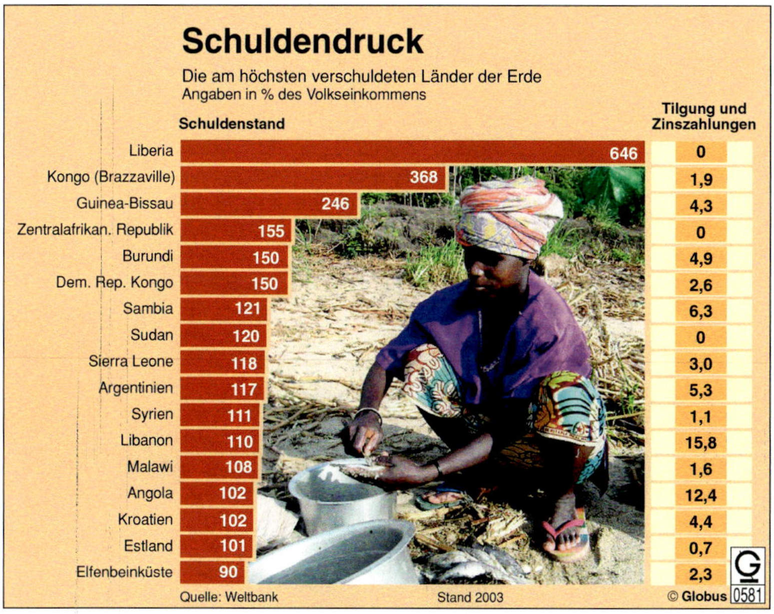

2 **Die am höchsten verschuldeten Länder der Welt.**

Seit 1973 sinken auf dem Weltmarkt die Preise für Rohstoffe. Dagegen verteuern sich für die Entwicklungsländer die Fertigwaren aus den Industrieländern ständig. Diese Entwicklung lässt die Außenhandelserlöse der Entwicklungsländer sinken und reißt große Löcher in ihre Staatskassen. Im Gegensatz zu den Industrieländern haben sie keine Möglichkeit, die geringeren Einnahmen aus dem Verkauf anderer Fertigwaren auszugleichen.

4 *Überlegen Sie, welche Länder in der Kolonialzeit und welche heute Vorteile aus dem Welthandel ziehen.*

Steigende Verschuldung der Entwicklungsländer

Damit die Entwicklungsländer die für ihre Entwicklung dringend nötigen Güter wie Industrieprodukte und Erdöl kaufen können, müssen sie bei den reichen Industrieländern Zuschüsse erbitten und Kredite aufnehmen. Die Schuldenlast der Länder der „Dritten Welt“ nimmt trotz aller spektakulären Schuldenerlasse für die ärmsten Länder und Umschuldungen weiter zu. Sie betrug nach Schätzungen der Weltbank im Jahr 2005 mehr als 2500 Milliarden Dollar.

5 *Erläutern Sie den Zusammenhang zwischen Armut und fortschreitender Verschuldung der Entwicklungsländer.*

6 *Begründen Sie, warum die Ungleichheit in der Welt eine Gefahr für den Weltfrieden darstellt.*

Entwicklungshilfe – eine Lösung des Problems?

In früheren Jahren wurde staatliche Entwicklungshilfe bevorzugt in Großprojekte investiert. Der Grundgedanke dabei war, dass man lediglich die moderne Technik der Industrieländer exportieren müsse, um das Wirtschaftswachstum in den Empfängerländern gleichsam automatisch zu steigern.
Großprojekte erwiesen sich bald als Irrtum. Seit Beginn der 1970er Jahre werden von der Entwicklungshilfe zunehmend Kleinprojekte unterstützt. Als besonders erfolgversprechend scheinen solche Projekte und Verfahren, die mit wenig Startkapital am Ort verfügbares oder zumindest leicht beschaffbares Material sowie vorhandenes Knowhow nutzen.

7 *Diskutieren Sie Chancen und Risiken staatlicher Entwicklungshilfe.*

8 *Arbeiten Sie in Gruppen und informieren Sie sich über Entwicklungshilfeprojekte der Bundesrepublik in verschiedenen Teilen der Erde.*

Ein Beispiel für *humanitäre Hilfe:*

Die aus Albanien stammende katholische Ordensfrau ***Mutter Teresa*** *(1910–1997) kam schon in ihrer Jugend als Missionarin nach Indien. Hier half sie in den Straßen Kalkuttas den Ärmsten der Armen. Sie gründete den Orden „Missionarinnen der Nächstenliebe“ und wurde zum „Engel der Sterbenden“. Für ihre praktizierte christliche Nächstenliebe erhielt Mutter Teresa 1979 den Friedensnobelpreis. Bereits sechs Jahre nach ihrem Tod wurde sie 2003 selig gesprochen.*

Indiens Weg in die Unabhängigkeit

Mahatma (= große Seele) Gandhi (1869–1948)

***Jawaharlal („Pandit") Nehru** (1889 bis 1964), Weggefährte Gandhis im Unabhängigkeitskampf, 1947–1964 Ministerpräsident.*

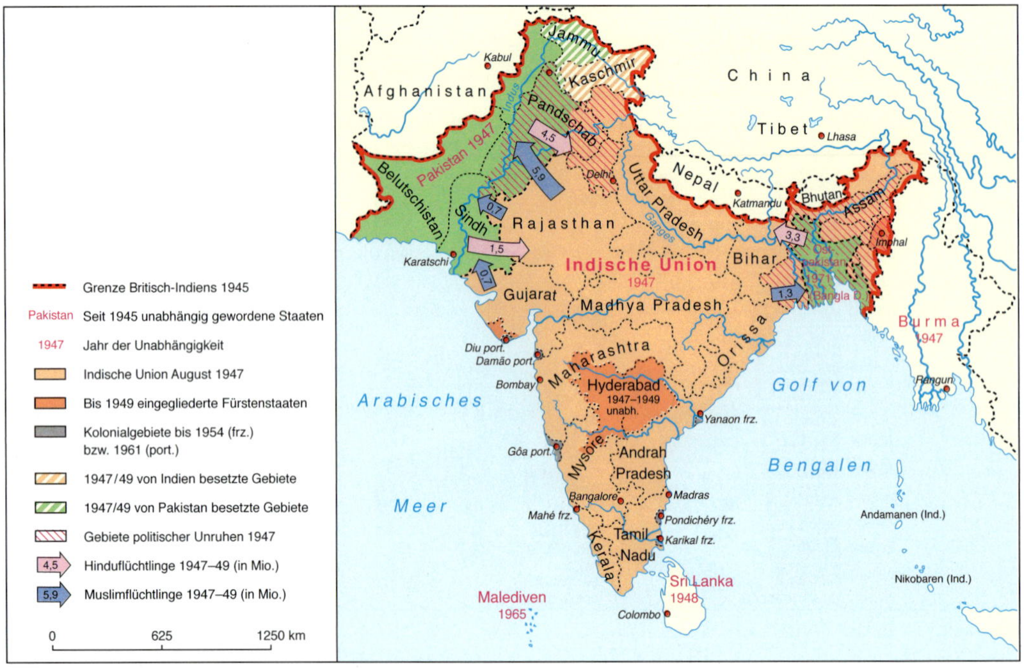

1 Indien und Pakistan seit der Unabhängigkeit.

Mahatma Gandhi und die indische Unabhängigkeitsbewegung

Indien spielte im Kampf gegen die Kolonialherrschaft eine Vorreiterrolle. Dabei ist die Geschichte Indiens untrennbar mit dem Namen Mahatma Gandhi verbunden. Der 1869 geborene Mohandas Karamchand Gandhi war Sohn des Regierungschefs eines indischen Fürstentums, hatte 1888 bis 1891 in England Jura studiert und gehörte der Kaste* der Waischjas (Kaufleute) an. Während seines Aufenthalts in Südafrika (1893–1914) leistete er Widerstand gegen die Unterdrückung indischer Einwanderer.

Q1 Gandhis Grundüberzeugung wird an folgender Aussage deutlich:

... Aber ich glaube eben, dass die Gewaltlosigkeit der Gewalt unendlich überlegen ist ... Für uns in Indien ist es ohne weiteres klar, dass 100 000 Engländer nicht imstande sind, 300 Millionen menschlicher Wesen in Schrecken zu halten ... [Die Gewaltlosigkeit] bedeutet nicht, sich dem Willen des Übeltäters zu unterwerfen, sondern sie bedeutet, dass man die ganze Kraft seiner Seele dem Tyrannen entgegensetzt. Wer sich durch dieses Gesetz unserer Art bestimmen lässt, ist fähig, ... seine Ehre, seine Religion und seine Seele zu verteidigen und so den Grund zu legen zum Sturz und zur Regeneration [= Erneuerung] dieses Empire.

1 *Klären Sie, welches politische Ziel Gandhi verfolgt.*

2 *Erläutern Sie, warum der gewaltlose Widerstand laut Gandhi der richtige Weg ist.*

3 *Überlegen Sie, unter welchen Voraussetzungen die Methode Gandhis Erfolg hat.*

Der Weg in die Unabhängigkeit

Bereits seit 1885 gab es in Indien einen Nationalkongress, der die Selbstverwaltung Indiens anstrebte. Nach dem Ersten Weltkrieg trieben Gandhi und der Führer der Kongresspartei, Jawaharlal Nehru, die Unabhängigkeitsbestrebungen voran. Den Prinzipien Gandhis entsprechend übten sie einen aktiven gewaltfreien Widerstand aus. Durch Nichtbeachtung von Gesetzen, durch den Boykott englischer Waren, durch die Unterlassung von Steuerzahlungen und durch Hungerstreiks machte Gandhi die Öffentlichkeit auf seine Ziele auf-

Kaste*:
Die Menschen Indiens sind in streng voneinander getrennte soziale Gruppen unterteilt. Die Zugehörigkeit zu einer Kaste kann nur durch Geburt erworben werden und ist unveränderbar. Die oberste Kaste bilden die Brahmanen (Priester), die unterste die Parias (Unberührbare).

merksam und versuchte, die Briten zum Abzug aus Indien zu zwingen.
Eine der spektakulärsten Aktionen war der sogenannte Salzmarsch von Ahmedabad über 385 Kilometer an die Küste des Arabischen Meers (siehe Abb. S. 98). Dort schöpften er und seine Anhänger eine Hand voll Wasser, ließen es in der Sonne verdunsten, bis nur das Salz übrig blieb. Gandhi protestierte damit gewaltlos gegen das von den Briten beanspruchte Monopol der Salzgewinnung.
Nach Ende des Krieges 1945 war Indien für England nicht mehr zu halten. Mit der Unabhängigkeit Indiens am 15. August 1947 verfügte die Kolonialmacht die Teilung der ehemaligen Kolonie in zwei Staaten: Indien und Pakistan. Dies ist zugleich der Beginn bürgerkriegsähnlicher Kämpfe zwischen Hindus, Muslimen und Sikhs. Die Kämpfe entbrannten vor allem um die Kaschmir-Region, auf die sowohl Indien als auch Pakistan Ansprüche erhoben. Gandhi bemühte sich vergeblich um eine Beilegung des Konflikts, er wurde am 30. Januar 1948 von einem fanatischen Hindu ermordet.
Bis heute erschüttern immer wieder Terroranschläge die Region, der Kampf um Kaschmir ist noch immer nicht zum Stillstand gekommen. Besondere Brisanz erhält der Konflikt dadurch, dass sowohl Indien als auch Pakistan über Atomwaffen verfügen. Diese Tatsache erregt weltweit Besorgnis.

4 *Überlegen Sie, warum sich die Briten wohl dafür entschieden, zwei Staaten zu gründen.*

5 *Sammeln Sie zur aktuellen politischen Lage in diesen Staaten Informationen aus Zeitungen und dem Internet.*

Indien heute

Indien ist das größte demokratische Land der Erde, verfügt über eine rasant wachsende Wirtschaftskraft und wird auch in Europa zunehmend im Hinblick auf seine Filmindustrie (Bollywood) wahrgenommen. Gleichzeitig kämpft Indien mit zahlreichen schwerwiegenden Problemen.
Seit 1950 hat sich die Bevölkerung verdoppelt, in Indien leben heute über 1,1 Milliarde Menschen, etwa die Hälfte in Armut, 200 Millionen davon am absoluten Existenzminimum. Die Bevölkerung ist ungleichmäßig verteilt, vor allem in den Ballungszentren kommt es deswegen zu großen Umweltproblemen. Der Anbau von Hochertragssorten führt zur Auslaugung der Böden, Indien kommt an seine ökologischen Grenzen.
In den Großstädten findet man neben modernen Hochhäusern und Technologiezentren Slums. Dort leben vor allem die Zuwanderer aus den ländlichen Regionen oder die Angehörigen der unteren Kasten. Es fehlen Strom und sauberes Trinkwasser.
Mehr als ein Viertel der Menschen sind Analphabeten. Das Kastenwesen ist inzwischen, besonders für die Mittelschicht, durchlässiger geworden – für die unteren Schichten verhindert es jedoch weiterhin den sozialen Aufstieg. Vor allem im ländlichen Raum bestimmt die Kastenzugehörigkeit bis heute die soziale Rolle eines Menschen.
Das anhaltende Bevölkerungswachstum stellt Indien vor große Probleme. Trotz allen Fortschritts und wirtschaftlichen Aufschwungs verschärfen sich die sozialen Unterschiede weiter.

6 *Vergleichen Sie die Zahlen in der Tabelle (Abb. 2) und begründen Sie die Unterschiede.*

7 *Stellen Sie in einer Tabelle die Chancen und die Probleme Indiens gegenüber.*

	Indien	Deutschland 2004
Wirtschaft nach Wirtschaftssektoren		
– Dienstleistungen	46%	64%
– Industrie	26%	35%
– Landwirtschaft	28%	1%
Urbanisierung	28%	88%
Bevölkerungswachstum pro Jahr	1,8%	0,3%
Kindersterblichkeit	9,8%	0,5%
Alphabetisierung	56,5%	99%
Einwohner pro Arzt	2439	298

2 **Indien und Deutschland im Vergleich.**

Die Flagge Indiens: *Das Spinnen und Weben der eigenen Kleidung war für Gandhi wie für viele andere Protest gegen den britischen Imperialismus – es war nämlich auch verboten, einheimische Stoffe herzustellen. So wurde das Spinnrad zum Symbol des Widerstands und findet sich heute in der Flagge Indiens wieder.*

Indien in der Statistik:
– Landessprachen:
Hindi und Englisch (Amtssprachen), dazu 17 regionale Sprachen mit offiziellem Status.
– Religionen:
Hindus 81%
Muslime 13%
Christen 2%
Sikhs 2%
– Die größten Städte *(Einwohner in Millionen):*
Mumbai (Bombay) 21
Delhi 18
Kolkata (Kalkutta) 15
– Schienennetz:
ca. 63000 km, davon 17000 km elektrifiziert
– Straßennetz:
3,3 Mio. km, davon 45,7 % befestigt
– Auf 1000 Einwohner kommen:
Rundfunk-/ Fernsehgeräte 227 680
Telefone 67
Mobiltelefone 350
PC 25
Internetzugänge 21

Patrice Lumumba (1925–1961), einer der Führer der Unabhängigkeitsbewegung des Kongo, 1960 Ministerpräsident des unabhängigen Kongo, 1961 auf Betreiben des belgischen und des amerikanischen Geheimdienstes ermordet, um das rohstoffreiche Land vor dem Kommunismus zu „bewahren".

Mobutu Sese Seko (1930–1997), 1965–1997 Präsident des Kongo. Er regierte diktatorisch und wirtschaftete die Devisen für die Bodenschätze seines Landes in die eigene Tasche.

Das Beispiel Kongo

1 **Der Kongo versank nach der Unabhängigkeit 1960 im Chaos des Bürgerkriegs.** Regierungstruppen erobern die Stadt Bukavu zurück, am Straßenrand liegen die Leichen von Rebellen.

Die belgische Kolonie Kongo

Im Lauf des 19. Jahrhunderts hatten die europäischen Mächte Afrika unter sich aufgeteilt. Auf das Gebiet der heutigen Demokratischen Republik Kongo erhoben Portugal, Belgien, Frankreich und Großbritannien Anspruch. Früher einer der wichtigsten Sklavenmärkte in Afrika, war das Land besonders reich an Rohstoffen, z.B. Kupfer, Diamanten und Kohle. Bei der Berliner Konferenz 1884/85 übernahm König Leopold II. von Belgien den „Unabhängigen Kongostaat" als Privatbesitz. In den folgenden acht Jahrzehnten wurde das Land erbarmungslos ausgebeutet.

Die Unabhängigkeit 1960

1960 entließen die Belgier ihre Kolonie nach bürgerkriegsähnlichen Unruhen überstürzt und völlig unvorbereitet in die Unabhängigkeit. Im nachfolgenden Machtvakuum führte der Streit rivalisierender Parteien sofort zum Ausbruch eines offenen Bürgerkriegs, in dem verschiedene ethnische und politische Konflikte blutig ausgetragen wurden. Die reiche Provinz Katanga (heute Shuba) versuchte sich vom Rest Kongos abzuspalten. Während der erste Ministerpräsident des Kongo, Patrice Lumumba, sein Land zu einem sozialistischen Staat umgestalten wollte, versuchte der Führer der Provinz Katanga, Moise Tschombé, das Land nach westlichem Vorbild zu organisieren. Lumumba wurde noch 1960 abgesetzt und ein Jahr später ermordet. Die UN verhinderten aber unter Einsatz – ausgerechnet – belgischer Truppen die Abspaltung Katangas. 1965 übernahm der Armeechef Mobutu nach einem von den USA unterstützten Militärputsch die Macht und richtete eine brutale Diktatur ein, die erst 1997 in einem erneuten Bürgerkrieg zu Ende ging.

Bürgerkrieg und humanitäre Katastrophe

Das vom Westen immer wieder gestützte Regime Mobutus beutete das Land ebenso skrupellos aus, wie es die belgische Kolonialmacht zuvor getan hatte. Korruption und persönliche Bereicherung einer kleinen Elite erreichten unter Mobutu ungeahnte Ausmaße. Der ethnische Gegensatz zwischen den Völkern der Hutu und der Tutsi in Randprovinzen des Kongo und im benachbarten Ruanda führte 1995 zu einem Massaker von Hutu-Milizen in Ruanda, dem binnen drei Monaten zirka 700 000 Tutsi zum Opfer fielen.

Bürgerkrieg und Chaos

2 **Vor dem Bürgerkrieg geflohene Hutus im Ostkongo.** Foto, 1997.

Unter der Herrschaft des 1997 an die Macht gekommenen Präsidenten Laurent Kabila kam es dann im Gegenzug zu Massenmorden der Tutsi an den Hutu. Etwa 200 000 Menschen kamen bei dem Gemetzel ums Leben. Nach der Ermordung Kabilas 2001 „erbte" sein Sohn Joseph Kabila die Macht. Mit einem jährlichen Pro-Kopf-Einkommen von 300 US-Dollar (2010) ist das eigentlich rohstoff- und wasserreiche Land eines der ärmsten Länder der Welt. Seine frühere ohnehin schon gering ausgebildete Infrastruktur (Straßen, Eisenbahnen, Schulen, Krankenhäuser) wurde durch die endlosen Kämpfe nahezu zerstört. Millionen von Bürgerkriegsflüchtlingen leben unter erbärmlichen Lebensverhältnissen.

M1 Die „Süddeutsche Zeitung" vom 17. Juni 2003 beurteilte die Lage wie folgt:

... Wäre die Demokratische Republik Kongo ein funktionierender, gut regierter Staat, dann wäre sie sicherlich das reichste Land Afrikas ... Doch das ehemalige Zaire [= Name des Staates zwischen 1991 und 1997] ist kein Staat mehr, und sein Reichtum ist sein Fluch. Schon 1997, als der korrupte Diktator Mobutu Sese Seko gestürzt wurde, war die einzige landesweite Institution, die noch funktionierte, die katholische Kirche. Mit Beginn des Eroberungsfeldzugs durch Ruanda und Uganda und dem Einmarsch Simbabwes, Angolas und Namibias im August 1998 zerbrach das Land ... Heute ist Kongo in weiten Teilen ein Flickenteppich, auf dem ungezählte Milizen zusammen mit ihren ausländischen Unterstützern versuchen, so viel Land und Bodenschätze wie möglich zu erobern. Die Massaker rund um Bunia werden auch dadurch angeheizt, dass es dort Coltan*, Gold, Edelhölzer und vermutlich auch jede Menge Erdöl gibt ...

1 *Fassen Sie mit eigenen Worten die geschichtliche Entwicklung des Kongo seit der Afrikakonferenz 1884/85 kurz zusammen.*

2 *Diskutieren Sie, welchen Anteil die ehemalige Kolonialherrschaft an dieser Entwicklung hat.*

3 *Listen Sie die Gründe für die Lage im Kongo auf, welche die „Süddeutsche Zeitung" anführt.*

4 *Sammeln Sie mit Hilfe der Medien aktuelle Informationen über die Lage im Kongo und präsentieren Sie diese in einer Wandzeitung.*

Coltan*:
Das Mineral Coltan hat in den letzten Jahren sehr an Bedeutung gewonnen, da es für die Herstellung von Handys benötigt wird.

Der chinesische Weg

Chiang Kaishek *(1887–1975), chinesischer Politiker und ab 1925 Führer der Guomindang, Generalissimus der chinesischen Armee, ab 1950 bis 1975 Präsident der Republik China (Taiwan). Er übte mit Unterstützung der USA eine autoritäre Herrschaft aus und vertrat bis zu seinem Tod den Alleinvertretungsanspruch für China.*

Mao Zedong *(1893–1976) wurde als Sohn eines reichen Bauern geboren. Er arbeitete später als Bibliotheksgehilfe und war Mitbegründer der Kommunistischen Partei Chinas. 1954 bis 1959 war er Präsident der Volksrepublik China und blieb bis zu seinem Tod als der „Große Vorsitzende" die unumschränkte politische Autorität in China.*

1 Der „Lange Marsch" der chinesischen Kommunisten 1934/35.

Vom letzten Kaiser zum „Großen Vorsitzenden"

Jahrtausende lang war China ein Kaiserreich, bevor die imperialistischen Mächte es unter sich aufzuteilen versuchten. 1911 wurde das Kaiserreich beseitigt und die Republik ausgerufen. Als im Versailler Vertrag 1919 die Abtretung der deutschen Kolonien in Ostasien an Japan festgelegt wurde, erwachte in China die politische Opposition. 1921 formierte sich die Kommunistische Partei Chinas, einer ihrer Mitbegründer war Mao Zedong. Nach sowjetischem Vorbild sollte aus dem rückständigen Agrarstaat ein moderner sozialistischer Staat geformt werden.

Konkurrent der KPCh war die Nationale Volkspartei (Guomindang). Sie strebte eine industrielle Entwicklung nach westlichem Vorbild an. Doch die breite Masse der Bevölkerung waren Bauern und ihre Lage war dramatisch. Sie grüßten nicht mit „Guten Tag", sondern sehr einfach: „Hast du heute schon gegessen?" Großgrundbesitzer auf dem Land und Steuereintreiber in den Städten pressten das Letzte aus den Menschen heraus. In Zusammenarbeit mit dem kommunistischen Russland wollte die Guomindang anfangs auch die notwendigen Reformen in Angriff nehmen.

Die Machtübernahme Maos

1925 übernahm Chiang Kaishek die Parteiführung und vollzog einen Kurswechsel: In seinem Kampf um die Einigung Chinas setzte er auf die Unterstützung der Großgrundbesitzer, Militärs und reichen Geschäftsleute. Ein erbitterter Bürgerkrieg mit den Kommunisten war die Folge. Die Leidtragenden waren wieder die Bauern. Mao Zedong, seit 1931 Führer der KPCh, erkannte: „Wer das Agrarproblem löst, wird die Bauern gewinnen, und wer die Bauern gewinnt, wird China gewinnen." Chiang Kaishek sah in Maos Überzeugung eine Gefahr für seine Machtansprüche. In mehreren Vernichtungsfeldzügen ging er gegen die Kommunisten vor.

Mit dem legendären „Langen Marsch" (1934/35), der sie unter großen Strapazen auf Umwegen in den Norden Chinas führte, flüchteten die Kommunisten Maos vor ihren Todfeinden. Auf ihrem Weg warben sie in der Bevölkerung für ihre Ideen. In den Augen Maos war der „Lange Marsch" aber mehr als eine Flucht: „Der Lange Marsch ist eine Sämaschine, die über elf Provinzen unzählige Samen ausgestreut hat, die aufgehen, grünen, blühen, Frucht ansetzen und in Zukunft die Ernte einbringen werden." Durch die japa-

Chinas „Großer Sprung"

nische Besetzung Chinas ab 1937 war ein Zweckbündnis zwischen Kommunisten und Guomindang notwendig: Man kämpfte bis zur Kapitulation Japans 1945 gemeinsam. Doch danach zerbrach die Allianz sofort wieder. Im sich anschließenden Bürgerkrieg unterlag Chiang Kaisheks Armee und wurde auf die Insel Formosa (Taiwan) vertrieben. Mao Zedong rief am 1. Oktober 1949 die kommunistische Volksrepublik China aus.

1 *Fassen Sie die politischen Veränderungen in China von 1911 bis 1949 in einer Zeitleiste zusammen.*

2 *Erklären Sie, warum der „Lange Marsch" zum Mythos wurde. Errechnen Sie mit Hilfe der Karte die Länge des Marsches.*

Der chinesische Weg zum Sozialismus

Das von Kriegen und Misswirtschaft zerstörte Land musste neu aufgebaut werden. Mit ehrgeizigen Reformen wurde es umgestaltet. Ein neues Ehegesetz sicherte die formale Gleichberechtigung der Frau. Im Rahmen einer allgemeinen Bodenreform wurden die meisten Großgrundbesitzer enteignet. Die Kommunisten verteilten etwa 50 Millionen Hektar Land an Landarbeiter und Kleinbauern. Zahlreiche Großgrundbesitzer stellte man vor Volksgerichte. Die meisten wurden verurteilt und hingerichtet. Ab 1954 wurde das Land allerdings in Gemeinbesitz überführt. Nur für den Anbau zum Eigenverbrauch durften Bauern kleine Landstücke behalten. Ab 1953 trat nach sowjetischem Vorbild der erste Fünfjahresplan in Kraft. Doch der erwünschte Erfolg blieb aus: Die Industrieproduktion nahm zwar um 18 Prozent zu, die landwirtschaftliche aber nur um 4,5 Prozent. Das reichte nicht für eine befriedigende Versorgung der wachsenden Bevölkerung.

3 *Beschreiben Sie die Abbildung 2.*

4 *Überlegen Sie, welche Gründe es für die geringe Produktivitätssteigerung in der Landwirtschaft gegeben haben könnte.*

5 *1956 erhielt die chinesische Bevölkerung die Gelegenheit, ihre Meinung frei auf Wandzeitungen zu äußern. Nach einem Jahr wurde die Kampagne „Lasst hundert Blumen blühen" eingestellt und die Wortführer wurden verfolgt. Finden Sie Gründe für diesen Sinneswandel.*

2 Großgrundbesitzer vor einem Volksgericht, 1953.

Der „Große Sprung nach vorn"

Mao zeigte sich von den Ergebnissen des ersten Fünfjahresplans enttäuscht und warf der Bevölkerung vor, nicht genug kommunistisches Bewusstsein gehabt zu haben. Daher forderte er, dass China zum „Großen Sprung" ansetzen muss und so der Kommunismus verwirklicht wird. Statt individuelles Gewinnstreben sollten die Menschen ein Gemeinschaftsgefühl entwickeln: gemeinsam in einer der 27 000 Volkskommunen leben, die gleichen blauen Mao-Anzüge bei der Arbeit auf dem Land tragen und die Kleinkinder in Säuglingsheime geben. Das Volk sollte wie eine Armee organisiert werden, alte Menschen wurden in „Heime des Glücks" eingewiesen. Spitzeleinheiten – sogenannte „Rote Funktionäre" – überwachten die Einhaltung der Regeln, Terroraktionen wurden gegen angebliche „Volksfeinde" verübt. Die Maßnahmen Maos widersprachen den Wünschen der Menschen und hatten Auswirkungen auf die wirtschaftliche Lage des Landes. Verstärkt durch Naturkatastrophen und Misswirtschaft kam es zu einer gewaltigen Wirtschaftskrise. Schätzungen gehen davon aus, dass in dieser Krisenzeit 30 Millionen Menschen starben. Mao wurde zum Rücktritt gezwungen, blieb aber Vorsitzender der Kommunistischen Partei.

6 *Überlegen Sie, warum die Politik des „Großen Sprungs" bei der chinesischen Bevölkerung auf Ablehnung stieß.*

7 *Diskutieren Sie, welche Entwicklungen in China typisch für Diktaturen sind.*

1. Oktober 1949: *Ausrufung der kommunistischen Volksrepublik China durch Mao Zedong auf dem Tiananmen Platz in Peking vor 300 000 Zuhörern.*

Die Flagge Chinas. *Der rote Untergrund steht für den Kommunismus und das mit ihm verbundene Glück. Der große Stern symbolisiert die Kommunistische Partei, die vier kleinen Sterne stehen laut Mao für die Klassen: Arbeiter, Bauern, Kleinbürger und Bourgeoisie.*

*Das **„Rote Buch"*** ist eine Zitatensammlung Maos, die die Ziele des chinesischen Sozialismus zusammenfasst. Während der Kulturrevolution wurde sie zu einer Art chinesischer „Bibel". Zwischen Sommer 1966 und November 1968 wurden verkauft: 740 Mio. Exemplare des „Roten Büchleins"; 150 Mio. Exemplare der „Ausgewählten Werke Maos" (je vier Bände); 140 Mio. Exemplare der „Ausgewählten Lesestücke"; 96 Mio. Exemplare der Gedichte Maos; 2000 Mio. Exemplare sonstiger politischer Schriften Maos.*

***Deng Xiaoping** (1904–1997), trat 1924 der Kommunistischen Partei bei und nahm am „Langen Marsch" teil. Ab 1956 Generalsekretär des Zentralkomitees der KPCh wurde er während der Kulturrevolution entmachtet. Er leitete nach seiner Rückkehr in die Politik den marktwirtschaftlichen Reformkurs ab 1978 ein und war maßgeblich an der Niederwerfung der Demokratiebewegung 1989 beteiligt.*

Von der Kulturrevolution zum „Neuen Kurs"

1 Soldaten der Volksbefreiungsarmee lesen im „Roten Buch"*.

Die Kulturrevolution

1966 versuchte Mao alles, was noch an alter Kultur vorhanden war, auszulöschen. Die „Große proletarische Kulturrevolution" sollte den radikalen Bruch mit Traditionen bringen.

Q1 Aus dem Programm der Pekinger „Roten Garden":

1. Jeder Arbeiter soll (Hand-)Arbeit verrichten ... 3. Überall müssen Zitate Mao Zedongs an Stelle der ... Neonreklamen angebracht werden. 4. Die alten Gewohnheiten müssen verschwinden. 5. Die Handelsunternehmungen müssen ... den Arbeitern, Bauern und Soldaten ... dienen. 6. ... Opposition muss rücksichtslos beseitigt werden ... 12. In allen Straßen sollen Lautsprecher aufgestellt werden, um der Bevölkerung Verhaltensmaßregeln zu vermitteln. 13. Die Lehre Mao Zedongs muss schon im Kindergarten verbreitet werden. 14. Die Intellektuellen sollen in Dörfern arbeiten ... 16. Die Mahlzeiten sollen gemeinsam eingenommen werden ... 17. Auf Parfüms, Schmuckstücke, Kosmetik und nichtproletarische Kleidungsstücke muss verzichtet werden ... 23. Bücher, die nicht das Denken Mao Zedongs wiedergeben, müssen verbrannt werden ...

1 *Welche der Forderungen haben Ihrer Meinung nach bei den Chinesen den größten Widerstand hervorgerufen? Begründen Sie.*

Doch statt der erhofften Modernisierung wurde das Land ökonomisch zurückgeworfen. 18 Millionen Menschen sollen verhungert sein und 10 Millionen kamen bei Unruhen ums Leben. Mao distanzierte sich von den „Roten Garden" und verkündete 1969 das Ende der Kulturrevolution.

2 *Überlegen Sie, warum sich Mao selbst von den Entwicklungen distanzierte.*

Der „Neue Kurs"

Nach dem Tod Maos 1976 setzte der Kampf um seine Nachfolge ein, der mit der Vertreibung aller Maoisten aus den Parteiämtern endete. Der neue Führer Deng Xiaoping war beauftragt, Chinas Anschluss an den industrialisierten Westen in die Wege zu leiten. Der „Neue Kurs" sollte Landwirtschaft, Industrie, Verteidigungswesen sowie Wissenschaft und Technik modernisieren und sah Privatisierungen, Förderung der Konsumgüterindustrie und die Entwicklung modernster technischer Geräte vor. Außenpolitisch sollten die Beziehungen zum Westen eine neue Qualität erhalten. Obwohl mehrere Reformen durchgesetzt wurden, die eine Öffnung nach außen auch im wirtschaftlichen Bereich und eine Liberalisierung im Inneren zum Ziel hatten, brachte dies nicht nur Verbesserungen mit sich. Eine bisher nicht gekannte Korruption griff um sich und der Ruf nach mehr Demokratie wurde immer lauter.

Die Zerschlagung der Demokratiebewegung

1989 keimten die Hoffnungen auf mehr Freiheit auch in China. Vor allem Studenten forderten bereits seit einigen Jahren eine Demokratisierung. Am 3./4. Juni 1989 walzten Panzer auf dem „Platz des Himmlischen Friedens" Demonstrationen blutig nieder.
Die brutalen Massaker schockierten die westliche Weltöffentlichkeit. Da sich China zu einem gigantischen Markt entwickelte, schauen die westlichen Industrienationen gerne weg, wenn es um die Verwirklichung der Menschenrechte geht.

3 *Recherchieren Sie die Ereignisse auf dem „Platz des Himmlischen Friedens" 1989 und erstellen Sie eine Wandzeitung.*

Chinas Weg ins 21. Jahrhundert

2 **Finanzzentrum Lujiazui im Stadtbezirk Pudong in Shanghai, 1998.**

3 **Straßenhändler in einer chinesischen Stadt, 1997.**

Der Drache hat Hunger

China wird heute meist in Verbindung mit Superlativen genannt: bevölkerungsreichstes Land der Welt – es wird bis 2025/2030 die größte Volkswirtschaft sein –, Exportweltmeister, zweitgrößter Ölkonsument, weltgrößter CO2-Produzent, Land mit der größten Stadt der Welt – geplant sind 42 Millionen Einwohner –, mit der längsten Werkbank der Welt, mit dem größten Staudamm. China entwickelt sich in einem rasanten Tempo zu einer Industrienation. Der Lebensstandard steigt, aber gleichzeitig wird ein extremer Raubbau an der Natur betrieben. Neben der schillernden Fassade in Megacities wie Shanghai und Beijing gibt es bittere Armut in Regionen im Landesinnern. Das Schicksal der Wanderarbeiter zeigt deutlich die Schattenseiten des Aufschwungs. Unter menschenunwürdigen Bedingungen verdienen sie in den Städten ihren Lebensunterhalt und decken den wachsenden Bedarf an Billigarbeitern.

China steht heute vor gewaltigen Herausforderungen: dem Drängen seiner Bevölkerung nach Wohlstand und Freiheit, der Sicherung des enormen wirtschaftlichen Aufschwungs in den letzten Jahren, der Beantwortung von Fragen nach Einhaltung der Menschenrechte und der neuen Rolle als Global Player.

M1 Unter der Überschrift „Peking erobert die Dritte Welt" kommentierte die „Süddeutsche Zeitung" den Kampf um kostbare Rohstoffe (2011):

In den vergangenen zwei Jahren hat die Volksrepublik die Weltbank als Kreditgeber für Entwicklungsländer überholt. Damit sichert sich das Land Rohöl und andere Rohstoffe zu Lasten des Westens. Entwicklungshilfe steht im Hintergrund ... Die Finanzkrise bot China eine günstige Gelegenheit, seine Handelsbeziehungen zu rohstoffreichen Staaten zu verstärken. ... Die Volksrepublik strotzt vor Kraft, sie kam mit prall gefüllten Devisenreserven, soliden Staatsfinanzen und hohen Wachstumsraten durch die Krise. ... Weltweit investierten chinesische Unternehmen im vergangenen Jahr immerhin 50 Milliarden Dollar. ...

4 *Fassen Sie zusammen, welche Entwicklungen für Chinas Rolle in der internationalen Staatengemeinschaft künftig bestimmend sein könnten.*

China in der Statistik *(2010)*
- *Fläche: 9 572 900 km²*
- *Bevölkerung: 1 341 335 Mio. Einwohner*
- *Bevölkerungsdichte: 140 Einwohner/km²*
- *Bevölkerungswachstum: 0,6 %*
- *Fruchtbarkeitsrate: 1,8 Geburten/Frau*
- *Bruttoinlandsprodukt: 4 908 982 Mio. US-Dollar (Zum Vergleich: Deutschland: 3 352 742 Mio. US-Dollar)*
- *Städtische Ballungszentren (Einwohner in Mio.):*
  Beijing: 14,56
  Hainan: 8,03
  Hongkong: 6,94
  Shanghai: 18,25
  (Zum Vergleich:
  Bayern: 12,52
  Deutschland: 81,87)

Der Nahost-Konflikt

Vorgeschichte Palästinas:
- *15.–13. Jh. v. Chr.: Semitische Volksstämme siedeln in Palästina.*
- *11. Jh. v. Chr.: Vereinigung der Stämme durch König Saul in einem Königsstaat.*
- *Anschließender Zerfall dieses Reiches unter David und Salomo in die sich bekämpfenden Reiche Juda und Israel.*
- *586 v. Chr.: Eroberung Jerusalems durch die Babylonier, Beginn der 50 Jahre dauernden „Babylonischen Gefangenschaft".*
- *70 n. Chr.: Eroberung Jerusalems durch die Römer, Vernichtung des Staates, Zerstörung des Tempels.*

Theodor Herzl *(1860–1904), Sohn eines jüdischen Kaufmanns, studierte in Wien Jura; glaubte zunächst, den Antisemitismus mit Anpassung der Juden bekämpfen zu können; entwickelte dann aber die Idee einer organisierten Emigration (= Auswanderung) der Juden in einen eigenständigen Staat.*

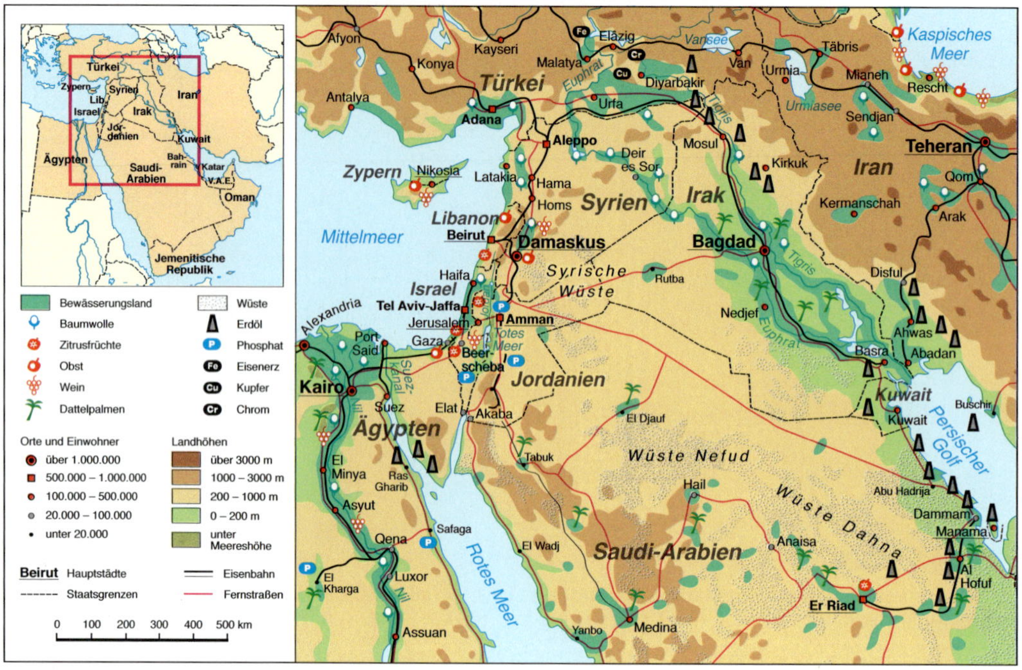

1 **Der Nahe und Mittlere Osten.**

1 *Arbeiten Sie mit Hilfe der Karte heraus, welche Länder zum Nahen und Mittleren Osten gehören. Notieren Sie, welche Rohstoffe in den Regionen von Bedeutung sind. Welche Rolle spielt der Rohstoff Wasser?*

„Eretz Israel" – das Land der Väter

Nach der Zerstörung des Tempels von Jerusalem durch die Römer im Jahr 70 n. Chr. zerstreute sich das jüdische Volk über die ganze Welt. Juden lebten von jetzt an in der Diaspora (= Zerstreuung). Dennoch fühlten sich viele unter ihnen weiter als Juden. Überall in der Welt bildeten sie Gemeinden und folgten ihrem alten Glauben. Sie bewahrten die Erinnerung an „Eretz Israel", die verlorene Heimat.

Die Entstehung des Zionismus

Die Juden, die aus ihrer Heimat vertrieben worden waren, wurden in den folgenden Jahrhunderten in Europa verfolgt und unterdrückt. Sie mussten in Ghettos leben, hatten keine Rechte und waren der Willkür schutzlos ausgeliefert. Als am Ende des 19. Jahrhunderts der Judenhass in Europa zunahm, entstand die Idee des Zionismus. Darunter versteht man die jüdische Bewegung, die es sich zum Ziel gesetzt hat, einen jüdischen Staat zu errichten. Deren wichtigster Vertreter war Theodor Herzl.

Die Einwanderung nach Palästina

Um einen Staat zu gründen, brauchte man Land. Seit 1917 wanderten Juden in immer größerer Zahl nach Palästina ein. Sie beriefen sich auf den britischen Außenminister Balfour, der in einer Erklärung am 2. November 1917 versicherte, dass die Regierung Großbritanniens „die Schaffung einer nationalen Heimstätte in Palästina für das jüdische Volk mit Wohlwollen" betrachte und „die größten Anstrengungen" unternehmen werde, „um die Erreichung dieses Ziels zu erleichtern". Besonders viele Juden flüchteten während der nationalsozialistischen Diktatur – die Einwanderung nach Palästina war für sie ein historisch begründetes Recht. Dass die seit Jahrhunderten dort ansässigen Araber ebenfalls historische Rechte besaßen, nahmen sie kaum zur Kenntnis.

2 *Überlegen Sie, welche Konflikte sich aus der Einwanderungswelle ergeben können.*

Die Gründung des Staates Israel

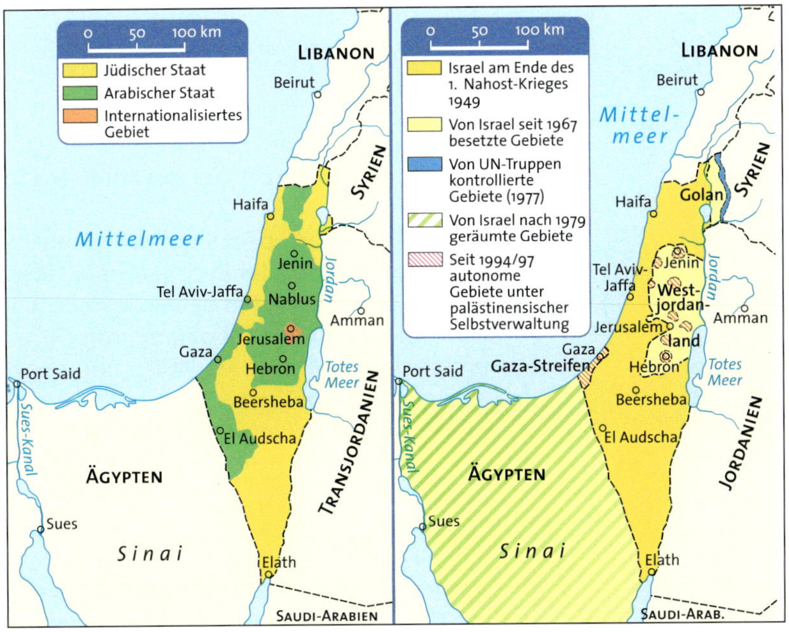

2 **UN-Teilungsplan für Palästina von 1947 (links) – Israel 1948 bis 1997 (rechts).**

Der UNO-Beschluss von 1947

Nach dem Ende des Ersten Weltkriegs hatte der Völkerbund Palästina als Mandatsgebiet* an Großbritannien übertragen. Weil es nach 1945 keine Möglichkeit mehr sah, Palästina zu befrieden, gab Großbritannien das Mandat zurück und zog seine Truppen ab. Die UN-Vollversammlung beschloss daraufhin 1947, das Land zwischen Juden und Arabern zu teilen. Die Araber lehnten diesen UN-Beschluss ab, die Juden stimmten ihm zu.

Die Gründung des Staates Israel 1948

Am 14. Mai 1948 rief der Politiker David Ben Gurion den Staat „Israel" aus. In der Gründungsurkunde hieß es, dass in Palästina die „Wiege des jüdischen Volkes" gestanden und dass dieses jüdische Volk der Welt das „Buch der Bücher" geschenkt habe.

3 *Erläutern Sie, von welchen Faktoren die Bevölkerungsentwicklung in Palästina bis 1948 abhängig war.*

4 *Erarbeiten Sie, wie die Israelis ihr Recht auf einen Staat in Palästina begründen.*

5 *Fassen Sie mit Hilfe der Karte die Entwicklung des Staates Israel zusammen.*

6 *Beschreiben Sie die Bevölkerungsentwicklung in Palästina zwischen 1948 und 2000 (Abb. 3).*

Der Unabhängigkeitskrieg

Wenige Stunden nach der Unabhängigkeitserklärung fielen die Armeen arabischer Staaten in Israel ein. Ägypten, Transjordanien, Syrien, Libanon und Irak konnten sich gegen die Israelis jedoch militärisch nicht durchsetzen. Die Araber erkannten den Staat nicht an. Bereits 1945 war die Arabische Liga gegründet worden, die es sich zum Ziel gesetzt hatte, den jüdischen Staat Israel zu vernichten.

7 *Überlegen Sie, welche Gründe es für die Araber gegeben hat, erbitterten Widerstand zu leisten. Ziehen Sie auch die Karte heran.*

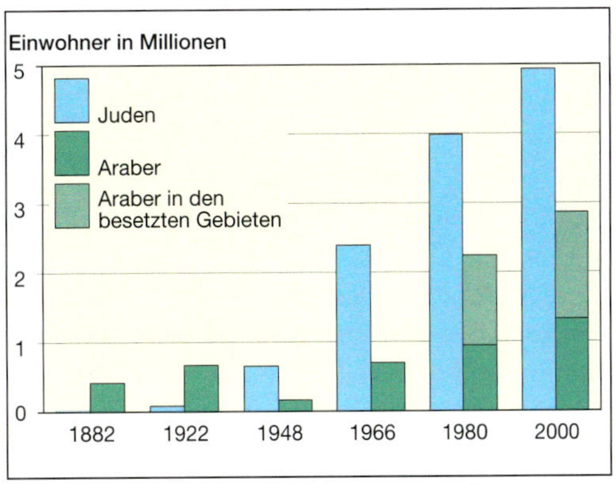

3 **Entwicklung der arabischen und jüdischen Bevölkerungsanteile in Palästina 1882–2000.**

Mandatsgebiet*: *Gebiete, die nach dem Ersten Weltkrieg von der Türkei oder vom Deutschen Reich abgetrennt und einer besonderen Verwaltung unterstellt wurden; diese wurde von einigen Siegermächten unter Aufsicht des Völkerbundes ausgeübt.*

David Ben Gurion *(1886–1973), 1948 bis 1953 und erneut von 1955 bis 1963 Ministerpräsident und Verteidigungsminister Israels.*

Das Flüchtlingsproblem

Yassir Arafat *(1929–2004), gründete 1959 die Kampforganisation „Al Fatah", die einen Guerillakrieg gegen Israel führte; wurde 1969 Vorsitzender der PLO. Arafats Einstellung blieb unklar: Er verhandelte zwar für Frieden, machte sich aber immer wieder terroristischer Aktivitäten verdächtig.*

Kriege von 1956 bis 1982:
1956: Suezkrieg
1967: Sechs-Tage-Krieg
1973: Yom-Kippur-Krieg
1982: Libanonkrieg

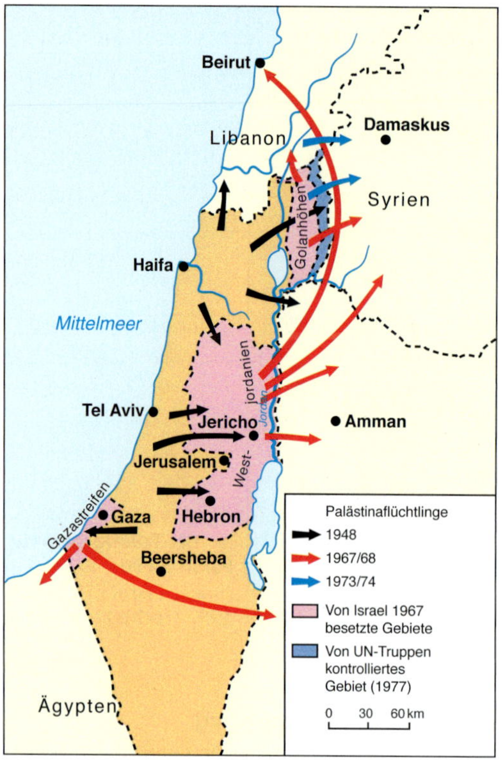

1 **Palästinaflüchtlinge seit 1948.**

Die Palästinenserfrage

Viele arabische Familien versuchten den Kämpfen zu entkommen und flohen, Hunderttausende Palästinenser wurden nach dem Unabhängigkeitskrieg von den Israelis aus ihrer Heimat vertrieben. Man schätzt, dass etwa 800 000 Palästinenser ihre Heimat verloren. Sie lebten fortan in Flüchtlingslagern oder in den arabischen Nachbarstaaten. Viele mussten von der UNO versorgt werden.

Die Palästinenser drohten zu einem vergessenen Volk zu werden, das auch bei den arabischen Staaten meist nur verbale Unterstützung fand. Immer größere Bedeutung gewann deshalb die 1964 gegründete „Palästinensische Befreiungsorganisation" (PLO), die sich in einem längeren Prozess als einzige anerkannte Vertreterin des palästinensischen Volkes durchsetzen konnte.

1 *Informieren Sie sich im Internet über das Leben in den palästinensischen Flüchtlingslagern. Versetzen Sie sich dann in die Situation eines aus Palästina vertriebenen Jugendlichen und berichten Sie in einem Brief an das Flüchtlingswerk der Vereinten Nationen über die Zustände im Lager.*

Q1 Aus der Charta des palästinensischen Nationalrats, angenommen auf der Konferenz in Kairo 1968:

… Artikel 3 Das palästinensisch-arabische Volk besitzt ein legales Recht auf sein Vaterland, und sobald dessen Befreiung vollendet ist, wird es das Selbstbestimmungsrecht allein nach seinem eigenen Willen und seiner eigenen Wahl ausüben …

Artikel 19 Die Teilung Palästinas 1947 und die Gründung Israels ist von Grund auf null und nichtig, … weil dies im Gegensatz zum Willen des palästinensischen Volks und seines natürlichen Rechtes auf sein Vaterland geschah und im Widerspruch zu den Prinzipien der UN-Charta steht, deren vornehmstes das Recht auf Selbstbestimmung ist.

2 *Geben Sie den Standpunkt der Palästinenser mit eigenen Worten wieder.*

Innerhalb der PLO entstanden mit zunehmender Radikalisierung mehrere terroristische Gruppen, die die Welt mit Flugzeugentführungen und Bombenattentaten in Angst und Schrecken versetzten. 1972 verloren bei einem palästinensischen Anschlag während der Olympiade in München elf israelische Sportler ihr Leben. Die Welle der Gewalt zog eine Blutspur durch Europa.

Das Engagement der Großmächte im Nahen Osten

Die arabischen Staaten verstärkten nach der Niederlage im Krieg 1948/49 ihre Rüstung. Zudem engagierten sich die Großmächte immer stärker in dem Konflikt. Während die UdSSR der Gründung des Staates Israel zustimmte, aber gleichzeitig modernes Kriegsgerät nach Ägypten lieferte, wurden die USA Schutzmacht Israels. So war der Nahostkonflikt immer gefährlich mit dem Ost-West-Konflikt des Kalten Krieges verknüpft.

3 *Recherchieren Sie im Internet die in der Randspalte genannten Kriege und berichten Sie in Kurzvorträgen der Klasse über Anlass, Verlauf und Ergebnis der Auseinandersetzungen.*

Friede in Nahost – ein steiniger Weg

2 **„Verschwinde!!"** Karikatur von Gerhard Mester.

Der Friede Israels mit Ägypten

Die Kriege zwischen Israel und seinen arabischen Nachbarn brachten Israel zwar Landgewinn, aber keinen Frieden. Ägypten war der erste arabische Staat, der Frieden mit Israel schloss. Unter der Vermittlung der USA unterzeichneten Ägyptens Staatspräsident Sadat und Israels Ministerpräsident Begin 1978 in Camp David ein Friedensabkommen. Israel räumte Teile der seit 1967 besetzten Sinai-Halbinsel, Ägypten erkannte die Existenz des Staates Israel an. Bei den anderen arabischen Staaten stieß der Vertrag auf strikte Ablehnung.

Der Friede zwischen Israel und den Palästinensern

Q2 Yassir Arafat schrieb 1992 an den israelischen Ministerpräsidenten Rabin:

... Die PLO erkennt das Recht des Staates Israel auf eine friedliche und sichere Existenz an ... Die PLO verpflichtet sich dem Friedensprozess im Nahen Osten und der friedlichen Lösung des Konflikts zwischen beiden Seiten ... Dementsprechend verzichtet die PLO auf Terrorismus und andere Formen der Gewalt, und sie wird die Verantwortung für alle PLO-Gruppen und Personen übernehmen, um deren Gehorsam zu sichern, Verletzungen der Vereinbarungen zu verhindern und jene zurechtzuweisen, die solche Verletzungen begehen ...

4 *Analysieren Sie die Karikatur (Abb. 2).*

5 *Vergleichen Sie Q2 mit Q1.*

Der 1993 mit Vermittlung der USA in Camp David geschlossene Vertrag sieht die gegenseitige Anerkennung von Israel und der PLO sowie die Rückgabe des Gazastreifens und der Stadt Jericho an die Palästinenser vor. Binnen fünf Jahren sollten in Verhandlungen schwierige Fragen, wie z.B. die Rückkehr der palästinensischen Flüchtlinge, der Abzug der israelischen Truppen oder der Status Jerusalems gelöst werden.

Die Intifada

In den 1980er Jahren spalteten sich aus der PLO mehrere radikale Gruppen ab, die während der ersten Intifada (arab.: Abschüttelung, Aufstand) großen Zulauf erhielten. Die Intifada beschreibt den Widerstand der arabischen Palästinenser gegen die israelische Besatzung. Sie begann im Dezember 1987 im Gazastreifen. Junge Palästinenser errichteten Barrikaden und warfen Steine gegen israelische Soldaten, die – schwer bewaffnet – mit Härte zurückschlugen. Eine zweite Welle der Intifada begann Ende der 1990er Jahre und endete 2005.

Während der Intifada entstand im Gazastreifen die islamische Widerstandsbewegung Hamas*, deren kompromissloser Haltung viele Palästinenser mehr trauten als dem Versöhnungskurs der PLO. Die Hamas verübte zahlreiche Anschläge auf israelische Einrichtungen und ihre Selbstmordattentate kosteten vielen Menschen das Leben.

6 *Formulieren Sie den wesentlichen Unterschied zwischen der Hamas und der PLO.*

Die israelische Siedlungspolitik

2008 rief die Hamas zur dritten Intifada auf – ausgelöst wurde sie durch die israelische Siedlungspolitik in palästinensischen Autonomiegebieten. Die Israelis gaben zwar besetzte Gebiete an die Palästinenser zurück und unterstützten den Aufbau einer autonomen Verwaltung. Viele israelische Siedler aber, die seit 1996 mit Zustimmung der Regierung in die Autonomiegebiete vordrangen, setzten dort den Bau israelischer Siedlungen fort.

7 *Tragen Sie aktuelle Informationen zum Stand des Friedensprozesses im Nahen Osten zusammen.*

Anwar as-Sadat *(1918–1981, ermordet), 1970–1981 Staatspräsident Ägyptens.*

Menachem Begin *(1913–1992), 1977 bis 1983 Ministerpräsident Israels. Sadat und Begin erhielten 1978 den Friedensnobelpreis.*

Yitzhak Rabin *(1922–1995, ermordet), 1974–1977 und 1992–1995 Ministerpräsident Israels; 1995 während einer Friedensdemonstration von einem israelischen Extremisten erschossen.*

Hamas*: *(arab.) Begeisterung; zugleich die Abkürzung für „Bewegung des islamischen Widerstandes".*

Der Islam

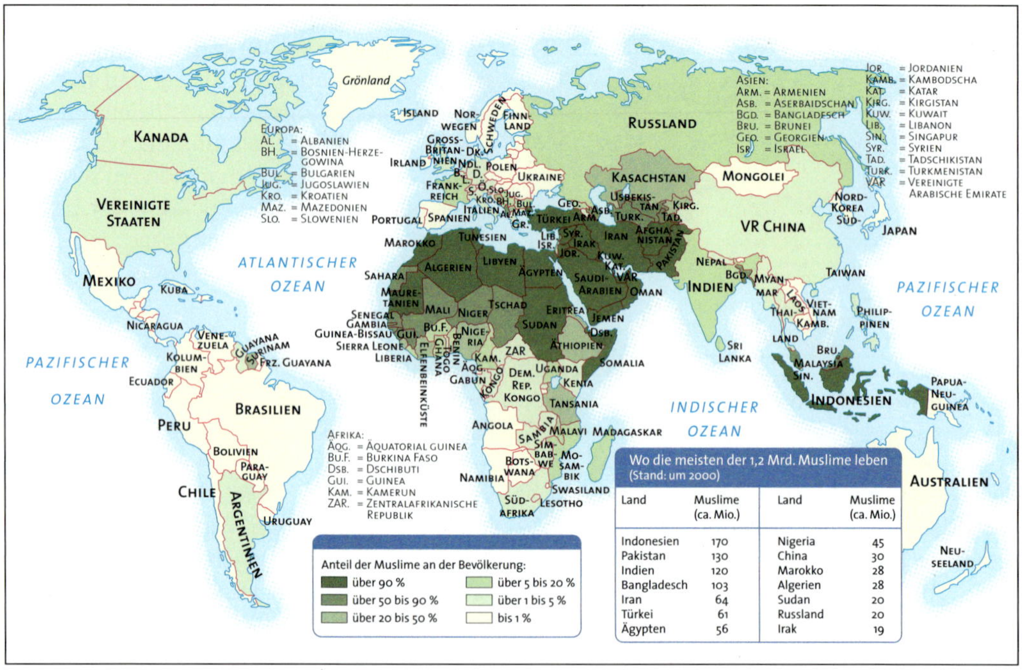

Wo die meisten der 1,2 Mrd. Muslime leben (Stand: um 2000)

Land	Muslime (ca. Mio.)	Land	Muslime (ca. Mio.)
Indonesien	170	Nigeria	45
Pakistan	130	China	30
Indien	120	Marokko	28
Bangladesch	103	Algerien	28
Iran	64	Sudan	20
Türkei	61	Russland	20
Ägypten	56	Irak	19

1 **Die Welt des Islam 2000.**

*Die **fünf Pflichten des Islam**, die jeder Gläubige erfüllen muss:*
- *Aufsagen der Shahada (Bekenntnis zum Glauben): „Ich bezeuge, es gibt keinen Gott außer Allah und Muhammad ist Gottes Gesandter."*
- *Gebet zu festgesetzten Tageszeiten in Richtung Mekka*
- *Fasten im Monat Ramadan*
- *Geben von Almosen*
- *Pilgerfahrt nach Mekka (Hadsch).*

Die religiösen Grundlagen des Islam

Die Bezeichnung „Islam" bedeutet im Arabischen so viel wie „sich Gott hingeben". Der Islam ist die vollkommene Hingabe an die Offenbarung Gottes, er ist damit zugleich ein Bekenntnis und ein Verhalten. Die Anhänger des Islam werden im Arabischen Muslime und im Persischen Moslems genannt. Europäer haben die Anhänger des Islam oft als „Mohammedaner" bezeichnet. Das wird von Muslimen jedoch als herabsetzend empfunden, weil für die Muslime Gott und Mohammed nicht identisch sind. Im Glauben der Muslime ist Mohammed der letzte in einer langen Reihe von Propheten, die Juden und Christen aus dem Alten Testament bekannt sind. Sie alle seien auf die Erde gesandt worden, um Gottes Wort zu verwirklichen. Im Glauben der Muslime war Mohammed Empfänger der endgültigen göttlichen Offenbarung, er war das menschliche Werkzeug für den Willen Gottes.

Der Koran

Die Offenbarungen, die Mohammed mündlich überlieferte, wurden nach seinem Tod im Koran festgehalten, den eine Kommission im Jahr 653 verfasste. Der Koran ist das heilige Buch der Muslime und zugleich Glaubenslehre und Gesetzestext. Der Koran gilt den gläubigen Muslimen als Regelwerk in wichtigen Fragen des Alltagslebens. Darin werden bindende Aussagen über rechtliche Fragen gemacht wie beispielsweise über Ehe und Scheidung, Erbangelegenheiten oder die Bestrafung von kriminellen Delikten.

Der Koran ist in 114 Kapitel unterteilt, die Suren genannt werden. Jede Sure ist in Reimen verfasst und in mehrere Verse unterteilt. Der Koran gilt als bedeutendstes Werk der Dichtung in arabischer Sprache; aus ihm entwickelte sich das heutige Hocharabisch.

In der islamischen Welt hat sich eine eigene Wissenschaft herausgebildet, die sich dem korrekten Verständnis des Korans widmet. Die Wissenschaftler werden „ulema" genannt. Im Gegensatz zum Christentum kennt der Islam keinen Priesterstand.

1 *Vergleichen Sie die Bedeutung des Korans für das Alltagsleben der Muslime mit derjenigen, welche die heiligen Schriften für Juden und Christen haben.*

Die Revolution im Iran

2 **Demonstranten verbrennen 1978 in Teheran Bilder von Schah Reza Pahlewi und seiner Frau Farah Diba.**

Der Sturz des Schahs

Einen tiefen Einschnitt in der Geschichte der islamischen Welt bedeutete die islamische Revolution im Iran. Hier formierte sich seit Beginn der 1970er Jahre ein breiter Widerstand gegen das Regime des Schahs Reza Pahlewi. Dieser leitete seine Herrschaft von den persischen Großkönigen der vorchristlichen Zeit ab, seine Regierung zeigte diktatorische Züge. So wurde das Volk durch einen übermächtigen Geheimdienst unterdrückt. Die Bevölkerung litt unter der Kluft zwischen reichen und völlig verarmten Menschen. Der Schah ignorierte diese Probleme, er orientierte seine Politik stark am Westen. Das stieß jedoch bei zahlreichen gläubigen Anhängern des Islam auf zunehmenden Widerstand. Hunderttausende demonstrierten gegen den verhassten Schah, bis schließlich auch das Militär den Monarchen nicht mehr unterstützte. Reza Pahlewi musste im Januar 1979 das Land verlassen, er floh in die USA.

2 *Politik und Privatleben des Schahs Reza Pahlewi waren bis zu seiner Flucht ein bestimmendes Thema in den Medien. Recherchieren Sie, was Sie über seine Person und über seine Regierungszeit in Erfahrung bringen können.*

Die Macht des Ayatollah

Die Symbolfigur der Massenbewegung war der im Pariser Exil lebende geistliche Führer Ayatollah Khomeini. Nach dem Sieg der Opposition, in der sich islamisch-fundamentalistische Gruppen durchgesetzt hatten, und der Flucht des Schahs kehrte er in den Iran zurück und prägte die neu entstehende staatliche Ordnung. Durch eine Volksabstimmung wurde der Iran eine „Islamische Republik".

Q1 Khomeini sagte über die Gesetzgebung innerhalb des neuen Staats:

… Der Unterschied zwischen der islamischen Regierung und der konstitutionellen Monarchie oder der Republik liegt eben hierin, dass in den Regierungsformen die Vertreter des Volkes oder der König Gesetze erlassen, während die gesetzgebende Gewalt und die Befugnis, … (Gesetze zu erlassen), im Islam auf Gott beschränkt ist … Die Gesamtheit der Gesetze des Islam, die in Koran und Sunna (= Überlieferungen von Mohammed) niedergelegt sind, wird von den Muslimen anerkannt und befolgt. Diese Übereinstimmung, dieses Einverständnis macht die Aufgabe der Regierung leicht und lässt sie mit den Menschen selbst verbunden sein …

3 *Erklären Sie den Unterschied mit eigenen Worten, der laut Khomeini zwischen der demokratischen und der islamischen Regierungsform besteht.*

4 *Überlegen Sie, welche Folgen eine enge Verknüpfung von Staat und Religion haben kann.*

Die Folgen der Revolution im Iran

Im Iran bestimmten nach der islamischen Revolution von 1979 islamische Lehren das öffentliche Leben. Eine neu gegründete paramilitärische Organisation, die iranische Revolutionsgarde, überwachte die Einhaltung der Lehren. Andersdenkende wurden politisch ausgeschaltet, schließlich verfolgt und ebenso brutal unterdrückt wie zur Zeit des Schahs. Die neue Diktatur verstand sich als Führung der islamischen Welt und grenzte sich scharf ab gegen die westliche Welt, vor allem gegen die USA und deren Verbündete im Nahen Osten.

Reza Pahlewi *(1919–1980, Schah von Persien 1941 bis 1979) mit seiner dritten Frau Farah Diba.*

*Ayatollah (= Ehrentitel: „Geschenk Gottes") **Khomeini** (1900–1989)*
- *Ablehnung der Landreform und der Gleichberechtigung der Frauen, deshalb Verhaftung 1963*
- *Exil in der Türkei, im Irak und in Frankreich*
- *1979 Rückkehr aus dem Exil und Ausrufung der „Islamischen Republik Iran"*
- *ab 1979 Staats- und Regierungschef und höchster religiöser Führer auf Lebenszeit*
- *Befürworter von Terrorismus im Dienst der Verbreitung von radikalfundamentalistischen Überzeugungen*

Das Erstarken des Islam

Der Heilige Krieg

Die erfolgreiche Revolution im Iran löste in der ganzen islamischen Welt ein wachsendes Selbstbewusstsein aus. Es entstanden fundamentalistische Strömungen, deren Anhänger den Koran in allen Lebensbereichen möglichst wörtlich anwenden wollen. Zu seiner Durchsetzung, vor allem in den als gottlos und materialistisch empfundenen Staaten des Westens, sei nach dem Koran Gewaltanwendung erlaubt. Diese schließe Attentate, Terroranschläge und den „Heiligen Krieg" (Dschihad) mit ein.

M1 Der Islamwissenschaftler Katajun Amirpur schreibt über den Dschihad:

... Der Dschihad bezeichnet – laut Koran – das „Bemühen auf dem Wege Gottes" oder „um Gottes Willen" ... Mit diesem Bemühen ist im Koran vor allem der Kampf im Sinne einer kriegerischen Auseinandersetzung gemeint ... Allerdings diente in der islamischen Geschichte der Dschihad nicht der gewaltsamen Bekehrung zum Islam, sondern in erster Linie der Ausweitung des islamischen Herrschaftsgebietes ... Niemals allerdings wurde dieser Krieg ... als etwas Heiliges gedacht. Nur in der Übersetzung von „Dschihad" als „Heiliger Krieg" kommt das Adjektiv „heilig" vor. Im Arabischen wird der Begriff nicht in Kombination mit diesem Adjektiv verwendet ...

Ohnehin sollte sich die Definition von Dschihad im Lauf der Jahrhunderte wandeln. Das spätere islamische Recht verstand unter Dschihad nicht mehr die Pflicht zum Krieg, sondern das individuelle Bemühen darum, ein gottgefälliges Leben zu führen ...

Zur Unterscheidung zwischen dem friedlichen und dem kriegerischen Dschihad wird heute vom großen und dem kleinen Dschihad gesprochen. Nach gängiger Definition ist der große Dschihad ein ... Mühen, das mit Krieg nichts zu tun hat. Kriegerisch ist nur der kleine. Allerdings bezeichnet er nur einen Krieg zur Verteidigung ...

1 *Arbeiten Sie anhand von Q 1 die Entstehung, den Wandel und das heutige Verständnis des Begriffs „Dschihad" heraus.*

Krieg gegen den islamischen Nachbarn

Der irakische Diktator Saddam Hussein versuchte, die Schwäche des Iran nach der Revolution auszunutzen, um alte Grenzstreitigkeiten mit dem Nachbarstaat für sich zu entscheiden. Er begann 1980 mit der Eroberung einer iranischen Erdölprovinz. Da Ost und West die Kriegsparteien mit Waffen versorgten, dauerten die Auseinandersetzungen bis 1988 an. Beide Staaten litten in der Folgezeit schwer unter den wirtschaftlichen und sozialen Folgen des Krieges. Der „Heilige Krieg" unter Glaubensbrüdern bedeutete etwas Neues in der islamischen Welt.

Das Beispiel Afghanistan

Während des Kalten Krieges wurde Afghanistan zum Zankapfel der Weltmächte. Das Land, das eine bescheidene wirtschaftliche Entwicklung erlebt hatte und gerade auf dem Weg war, sich näher am Westen zu orientieren, wurde 1979 von der Sowjetunion besetzt. Die Mudschaheddin* widersetzten sich fanatisch den kommunistischen Besatzern. Als die Sowjets erkannten, dass sie den Guerillakrieg nicht gewinnen konnten, zogen sie 1989 ihre Truppen aus Afghanistan wieder ab.

Danach versank das Land im Chaos des Bürgerkriegs. Im April 1992 eroberten die Mudschaheddin die Hauptstadt Kabul. Unter den Gruppen des ehemaligen afghanischen Widerstands brachen jedoch heftige Auseinandersetzungen aus. Im Herbst 1994 trat eine zweite Kämpfer-Generation auf den Plan: die Taliban*. Von der Bevölkerung zunächst als Retter begrüßt, zeigte es sich schnell, dass die Taliban radikalislamische Traditionen* wiederaufleben lassen wollten. Um den Vormarsch der Taliban zu stoppen, schlossen sich die ehemals rivalisierenden Gruppierungen der Mudschaheddin zu einem Zweckbündnis, der sogenannten „Nordallianz", zusammen. Nach den Terroranschlägen des 11. September 2001 (siehe S. 196) gelang es den Mudschaheddin mit Unterstützung durch amerikanische Luftangriffe, die Taliban zu vertreiben.

2 *Ziehen Sie mit Hilfe der Medien und des Internets Informationen über die aktuelle Lage in Afghanistan ein und gestalten Sie eine Wandzeitung.*

Mudschaheddin*: *Ursprünglich Bezeichnung für den islamischen Glaubenskämpfer im „Heiligen Krieg".*

Taliban* *(Plural von „Talib"): Koranschüler, ein nach Wissen Strebender. Viele Taliban-Kämpfer wurden in pakistanischen Flüchtlingslagern geboren und in Koranschulen erzogen. Hier erhielten sie auch ihre militärische Ausbildung. Nach Afghanistan zurückgekehrt, versuchten sie die in den Religionsschulen gelernten Ideale einer islamischen Gesellschaft durchzusetzen.*

Zu den ***radikalislamischen Traditionen**** *gehören drakonische Strafen, z. B. Handabhacken bei Diebstahl und Steinigung der Frauen bei Ehebruch. Zur diskriminierenden Behandlung von Frauen zählt auch der Zwang zur vollständigen Verschleierung durch eine Burka.*

Zusammenfassung

Die Entkolonialisierung
Als die ehemaligen Kolonien nach dem Ende des Zweiten Weltkriegs in der Mehrzahl unvorbereitet in die Selbstständigkeit entlassen wurden, lasteten auf ihnen die alten Probleme der Kolonialzeit: ungelöste ethnische Konflikte durch willkürliche Grenzziehungen, mangelnde Binnenwirtschaft durch ausschließliche Ausrichtung auf die Exportbedürfnisse der Kolonialherren, keine gewachsenen politischen Strukturen und anderes mehr. Nach der Unabhängigkeit brachen in vielen dieser Staaten Bürgerkriege aus (vgl. etwa das Beispiel Kongo). Ursachen waren neben bloßen Verteilungskämpfen auch ideologischer Richtungsstreit oder traditionelle Feindschaften verschiedener Bevölkerungsgruppen. Selten gelang es einer Partei, sich nachhaltig durchzusetzen. Die Abschüttelung der Kolonialherrschaft in Indien ist unlösbar mit dem Namen Mahatma Gandhi verbunden. Er versuchte, die Unabhängigkeit Indiens auf friedlichem Weg zu erreichen. Gandhi konnte seine Ziele nicht erreichen, doch ist er bis heute eine Symbolfigur für sein Land und für das friedliche internationale Miteinander geblieben.

Der chinesische Weg
Das ostasiatische Land warf die Fesseln der Kolonialherrschaft durch revolutionäre Umbrüche ab. Mao Zedong verhalf der Idee des Kommunismus zum Durchbruch. Landreform und Kulturrevolution führten das Land jedoch in die größte wirtschaftliche Misere, die es jemals erlebt hatte. Nach Maos Tod setzten seine Nachfolger auf einen wirtschaftlichen Reformkurs, der Ruf nach Demokratie wurde 1989 aber blutig niedergeschlagen.

Der Nahostkonflikt
Der Nahe Osten ist seit über 60 Jahren Schauplatz zäher politischer und militärischer Auseinandersetzungen. Zahlreiche Kriege und blutige Terroranschläge prägen seither den Streit zwischen Israel und seinen arabischen Nachbarn um Palästina.

Der Wandel in der islamischen Welt
Mit dem Sieg der islamischen Revolution im Iran 1979 trat eine neue Macht auf, welche die Welt vor neue Probleme stellte. In zahlreichen islamischen Ländern wurden die Gesetze des Korans zum obersten Maßstab erhoben. Das internationale Zusammenleben wird zunehmend von Spannungen zwischen der westlichen und der islamischen Welt bestimmt.

Seit 1945

Die ehemaligen Kolonialländer erkämpften sich zum Teil blutig die Unabhängigkeit.

1934–1949

Maos erfolgreiche Revolution brachte in China die Kommunisten an die Macht.

Seit 1948

Die Proklamation des Staates Israel führte zu einer Dauerspannung im Nahen Osten.

Seit 1979

Die Revolution im Iran emanzipierte das Selbstbewusstsein der islamischen Welt.

Testen Sie Ihre Kompetenzen!

Begriffe – Namen – Daten

- ✓ Entkolonialisierung
- ✓ Mahatma Gandhi
- ✓ Gründung des Staates Israel 1948
- ✓ David Ben Gurion
- ✓ Palästinenserfrage
- ✓ Nahost-Konflikt
- ✓ Yitzak Rabin
- ✓ Kommunistische Volksrepublik in China 1949
- ✓ Mao Zedong
- ✓ humanitäre Hilfe
- ✓ Mutter Teresa

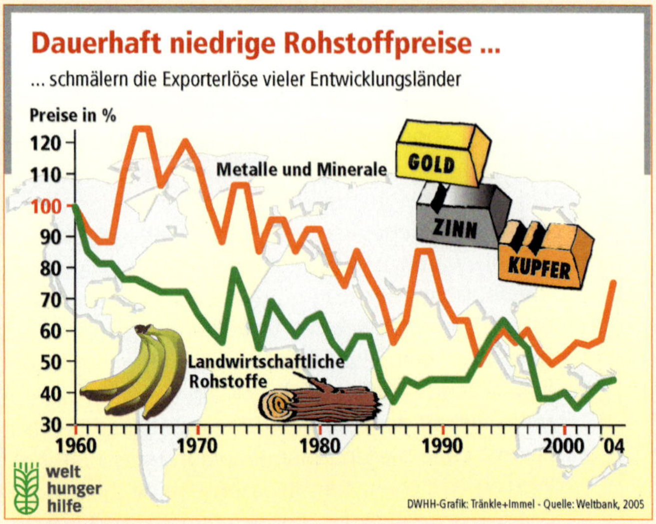

1 **Niedrige Rohstoffpreise schmälern das Einkommen der Entwicklungsländer.**

2 **Vor dem Bürgerkrieg geflohene Hutus im Ostkongo.** Foto, 1997.

3 **Finanzzentrum Lujiazui im Stadtbezirk Pudong in Shanghai, 1998.**

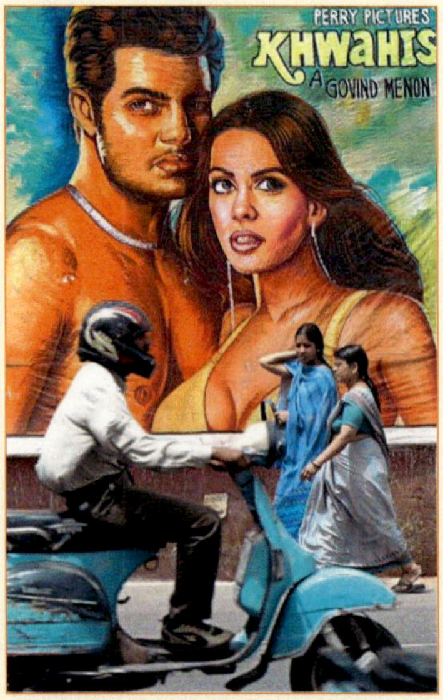

4 **Die indische Filmindustrie boomt, Foto 2003.**

Testen Sie Ihre Kompetenzen!

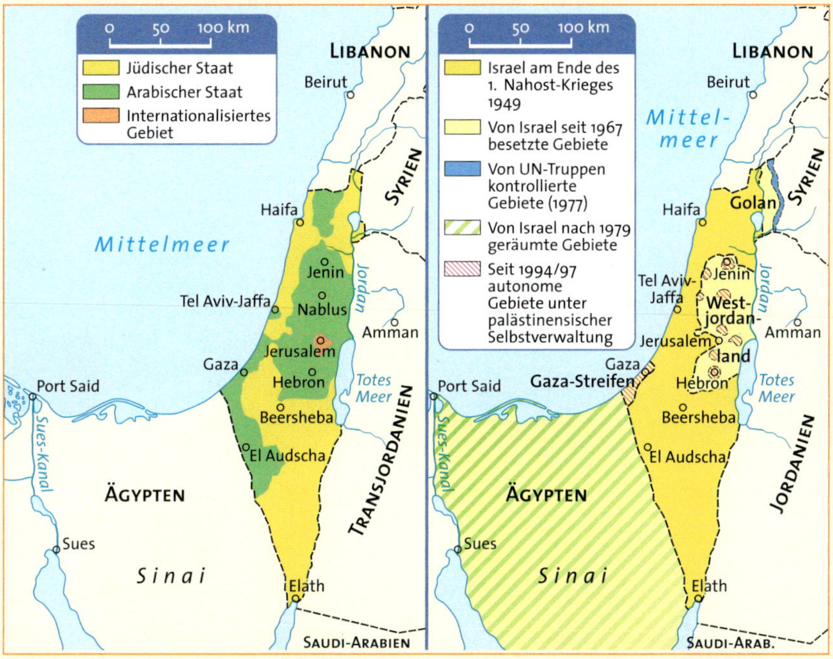

5 UN-Teilungsplan für Palästina von 1947 (links) – Israel 1948 bis1997 (rechts).

6 Moschee mit Minarett.

Fachwissen

1 *Klären Sie die wichtigsten Begriffe (siehe Karteikarte) und schreiben Sie die Bedeutung in Ihr Geschichtsheft.*

2 *Erläutern Sie anhand eines Beispiels eine der vielen Auswirkungen, welche die Entkolonialisierung bis heute hat (Abb. 1 und 2).*

3 *Indien und China zählen zu den Ländern mit den größten Entwicklungschancen (Abb. 3 und 4). Fassen Sie die Geschichte beider Länder zusammen.*

4 *Fassen Sie die Wurzeln des Nahost-Konflikts zusammen (Abb. 5).*

5 *Formulieren Sie in Partnerarbeit Überschriften von Zeitungsartikeln, die sich mit den verschiedenen Phasen der iranischen Geschichte befassen.*

Methoden

6 *Gestalten Sie zum Nahost-Konflikt eine Präsentation. Sie können eine Wandzeitung erstellen oder eine multimediale Form der Darstellung wählen. Bedenken Sie, dass es bei einer Präsentation auf Inhalt und Gestaltung ankommt.*

Beurteilen und bewerten

7 *Bewerten Sie die Möglichkeiten, den Menschen in der Dritten Welt mit direkten finanziellen Zuwendungen zu helfen.*

8 *Nehmen Sie Stellung zu Zweck und Ergebnis der zahlreichen Reformen Mao Zedongs.*

9 *Erörtern Sie mögliche Risiken und Gefahren, die mit der rasanten wirtschaftlichen Entwicklung in Indien und China verbunden sind.*

10 *Diskutieren Sie die Chancen für eine friedliche Lösung des Nahost-Konflikts.*

11 *Setzen Sie sich mit dem Konzept des Dschihad auseinander.*

4 Leben im geteilten Deutschland

Mehr als 40 Jahre war Deutschland in zwei Staaten geteilt. – Zwei verschiedene politische Systeme, West- und Ostblock, stießen unmittelbar an der innerdeutschen Grenze aufeinander. Die Entwicklung der beiden deutschen Staaten wurde von diesem Gegensatz geprägt.
Die Tragik dieser Entwicklung fand ihren deutlichsten Ausdruck in der Mauer mitten durch Berlin.

Das geteilte Deutschland

1 Das geteilte Deutschland 1949 bis 1990.

*Am 15. August 1961 nutzte Conrad Schumann als Soldat der Nationalen Volksarmee die Chance zum **Sprung „in den Westen"**. Foto.*

Tod an der Mauer
Am 17. August 1962 wurde der 18-jährige Ostberliner Bauarbeiter Peter Fechter bei seinem Fluchtversuch etwa 100 m vom „Checkpoint Charlie" entfernt getötet. Er verblutete im Niemandsland des Mauerstreifens, bevor er von DDR-Grenzsoldaten abtransportiert wurde. Foto.

Die Mauer als Symbol der deutschen Teilung

Die vier Siegermächte des Zweiten Weltkriegs konnten sich nicht auf den Zusammenschluss der vier Besatzungszonen verständigen. So entschieden sich die Westalliierten für die Gründung eines Weststaats, während sich in der DDR die Bürger mit den Machtansprüchen der SED arrangieren mussten. Seit Sommer 1961 war Deutschland auch sichtbar geteilt. Die Mauer hatte dabei eine ambivalente Bedeutung:

- Von Westen aus betrachtet, kennzeichnete sie das Scheitern des DDR-Regimes.
- Die Ostansicht stilisierte aus dem Blickwinkel der SED-Propaganda die Mauer zum „Schutzwall des Friedens".

Die deutsch-deutsche Grenze wirkte über ihre innerdeutsche Bedeutung hinaus und machte die unvereinbaren Gegensätze zwischen westlicher Welt und den sozialistischen Ländern deutlich.

Politische Unbeweglichkeit

1963 endete mit dem Rücktritt des Bundeskanzlers Konrad Adenauer eine längere Phase politischer Stabilität. Innenpolitische Probleme traten unter seinen Nachfolgern Ludwig

1968
Höhepunkt der Protestbewegung

1969
Erste sozialliberale Regierung

Die Bundesrepublik im Umbruch

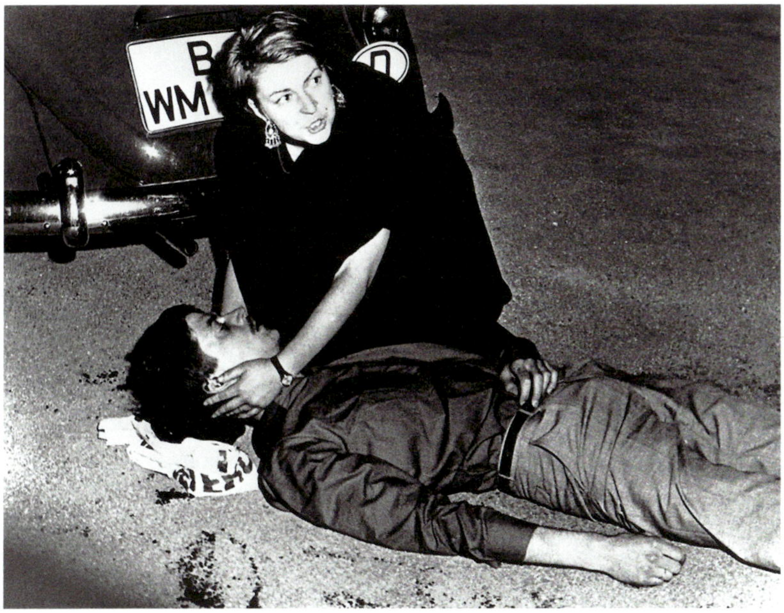

2 Der Tod des Studenten Benno Ohnesorg. Bei einer Demonstration gegen den Besuch des Schahs von Persien am 2. Juni 1967 in West-Berlin wurde Benno Ohnesorg von einem Polizisten erschossen. Der Todesschuss auf den 26-jährigen Philosophiestudenten setzte eine jahrelange Spirale gewalttätiger Auseinandersetzungen zwischen Protestierenden und der Staatsmacht in Gang.

Erhard (CDU, 1963–1966) und Kurt Georg Kiesinger (CDU, 1966–1969) in den Vordergrund. Auch eine wirtschaftliche Krise belastete die Entwicklung der Bundesrepublik. Eine neue Hoffnung lag in der Bildung der „Großen Koalition" aus CDU/CSU und SPD. Dabei hatte Willy Brandt den Vorsitz der SPD und das Amt des Vizekanzlers inne. Die Wirtschaftskrise mit etwa 600 000 Arbeitslosen konnte überwunden werden. Andere Ziele, wie innere Reformen und ein neues Verhältnis zur DDR, waren nicht zu realisieren.

Die „APO"

Die „Außerparlamentarische Opposition" verstärkte sich ab Mitte der 1960er Jahre. Die Empörung über das Kriegsgeschehen in Vietnam führte dazu, dass sich in Deutschland eine studentische Protestbewegung an den Universitäten bildete. Der Sozialistische Deutsche Studentenbund (SDS) wurde dabei zu einem wesentlichen Träger der „APO". Die durch die „Große Koalition" nahezu fehlende Opposition im Deutschen Bundestag erweckte bei vielen den Eindruck, durch keine der im Bundestag vertretenen Parteien angemessen repräsentiert zu werden.

Die 1968 verabschiedeten Notstandsgesetze, die der Regierung ermöglichten, im Krisen- und Verteidigungsfall einzelne Grundrechte einzuschränken, machten die erdrückende parlamentarische Mehrheit von CDU/CSU und SPD deutlich und verstärkten die „Außerparlamentarische Opposition".

Die politische Unzufriedenheit machte sich aber auch auf dem rechten politischen Spektrum bemerkbar. Bei den Landtagswahlen 1968 in Baden-Württemberg erreichte die rechtsradikale Nationaldemokratische Partei (NPD) 9,8 Prozent der Stimmen.

1 *Informieren Sie sich mit Hilfe des Internets über die Entwicklung in der Bundesrepublik in den 1960er Jahren. Gestalten Sie anschließend eine Wandzeitung über die „unruhigen 60er".*

Kurt Georg Kiesinger *(1904–1988), 1933–1945 Mitglied der NSDAP, ab 1946 Mitglied der CDU, 1958–1966 Ministerpräsident von Baden-Württemberg, 1966–1969 Bundeskanzler der Großen Koalition aus CDU/CSU und SPD.*

Rudi Dutschke *(1940–1979), der führende Kopf der „APO"-Bewegung. Er stammte aus der Mark Brandenburg; 1958 verließ er die DDR, weil ihm nach seiner Verweigerung des Wehrdienstes in der Nationalen Volksarmee in der DDR das Studium untersagt worden war. – Am 11. April 1968 schoss ein junger Hilfsarbeiter dreimal auf Dutschke und verletzte ihn lebensgefährlich. 1979 verstarb Dutschke an den Spätfolgen dieser Schussverletzungen.*

1970 Ostverträge

1972 Grundlagenvertrag

1977 Höhepunkt des RAF-Terrors

Wer sind die „68er"?

Emblem der ***„Rote Armee Fraktion"****, das in den verschiedenen Generationen der Terrorgruppe bis in die 1990er Jahre die Bekennerschreiben kennzeichnete.*

1 Demonstration gegen den Vietnamkrieg in Berlin 1968.

1968 – Eine Jahreszahl schreibt Geschichte

Das Jahr 1968 wird gleichgesetzt mit Protesten und Revolten. Junge Erwachsene rüttelten an den Grundfesten der politischen Ordnung der westlichen Welt. Ihre Anti-Haltung zeigte sich in politischen Aktionen, Kleidung, Musik und Drogenkonsum.

Die „68er" suchten nach ideologischen und gesellschaftlichen Alternativen, wandten sich gegen die Erstarrung und Verkrustung der Gesellschaft, gegen den „Muff" in Universitäten und Schulen. Sie mahnten an, dass die Bundesrepublik ihre NS-Vergangenheit verdrängen würde: Personen, die im „Dritten Reich" wichtige Funktionen innegehabt hatten, säßen in der Bundesrepublik wieder in Schlüsselpositionen. Sie protestierten gegen die Politik der Bundesregierung, die trotz internationaler Kritik an der US-Kriegsführung in Vietnam auf der Seite der USA stand und diktatorische Unrechtssysteme wie das Schah-Regime in Persien unterstützte. Der Protest hatte eine neue Dimension: Gewalt – gegen Sachen und Menschen.

Die „APO" spaltete sich auf der Suche nach neuen Strategien: Eine kleine gewaltbereite Gruppe fand sich in der „Roten Armee Fraktion" zusammen. Der Großteil der „68er" passte sich an und begann einen „Marsch durch die Institutionen", ein Versuch, Reformen auf parlamentarischem Weg durchzusetzen.

1 *Betrachten Sie die Abbildung 1. Was sagen die mitgeführten Porträts über die Ziele der Demonstranten aus?*

Die RAF

Seit Beginn der 1970er Jahre radikalisierte sich ein Teil der politischen Linken. Als „Rote Armee Fraktion" stürzte sie die Demokratie der Bundesrepublik in eine harte Bewährungsprobe.

Q1 Die Mitbegründerin der RAF, Ulrike Meinhof, schrieb 1975 über die Entstehung:

... Die Bildung der RAF 1970 hatte in der Tat spontaneistischen Charakter. Die Genossen, die sich ihr anschlossen, sahen darin die einzige wirkliche Möglichkeit, ihre revolutionäre Pflicht zu erfüllen. Angeekelt von ... der totalen Vermarktung und absoluten Verlogenheit in allen Bereichen des Überbaus, zutiefst entmutigt von den Aktionen der Studentenbewegung und der APO hielten sie es für nötig, die Idee des bewaffneten Kampfes zu propagieren. Nicht weil sie so blind waren zu glauben, sie könnten diese Initiative bis zum Sieg der Revolution in Deutschland durchhalten. Nicht weil sie sich einbildeten, sie könnten nicht erschossen und nicht verhaftet werden. Nicht weil sie die Situation so falsch einschätzten, die Massen würden sich auf ein solches Signal hin einfach erheben. Es ging darum, den ganzen Erkenntnisstand der Bewegung von 1967/68 historisch zu retten; es ging darum, den Kampf nicht mehr abreißen zu lassen ...

2 *Erläutern Sie die Gründe, die laut Ulrike Meinhof zur Gründung der RAF führten.*

Mit der Entführung und Ermordung prominenter Persönlichkeiten oder mit Bombenanschlägen, z. B. auf das US-Hauptquartier in Europa bei Heidelberg, versuchte die RAF, ihre Politik gewaltsam durchzusetzen. Die erhoffte politische Resonanz und Solidarisierung in der breiten Bevölkerung blieb aber aus.

Die „68er" und die Folgen

Auswirkungen des Protests
Die Auswirkungen der Protestwelle lassen sich vor allem in völlig veränderten Wertvorstellungen feststellen. Frauen begannen, die praktische Gleichstellung im Beruf einzuklagen, was eine gleiche Bezahlung und auch gleiche Aufstiegschancen bedeutete; sie machten die private Unterdrückung durch ihre Männer zu einem öffentlich diskutierten gesellschaftlichen Problem und strebten gleichberechtigte Partnerschaften an.

Frauenbewegung und Emanzipation
Die Frauenbewegung entfachte auch die Debatte um den Paragrafen 218, der jeden Schwangerschaftsabbruch unter Strafe stellte. Bereits Ende der 1960er Jahre wurde mit der Parole „Mein Bauch gehört mir" dessen völlige Abschaffung gefordert.
Entscheidenden Einfluss auf die Veränderung im Rollenverhalten hatte die 1961 eingeführte Anti-Baby-Pille. Sie löste eine wahre Sex- und Aufklärungswelle aus: Sexualität wurde enttabuisiert, eine Flut von Artikeln, Vorträgen und Diskussionsveranstaltungen setzte ein, dessen Wellen bis in die Schulen schlugen. Der 1969 vom Bundesgesundheitsministerium vorgelegte Sexualkunde-Atlas wurde jedoch von katholischer und konservativer Seite heftig angegriffen. Die Sexwelle hatte aber auch ihre Kehrseite: Der weibliche Körper wurde mehr denn je als Ware eingesetzt, mit der Werbung betrieben wurde oder Zeitschriften ihre Auflagen zu steigern versuchten.

Rock- und Popmusik
Die 1960er Jahre waren auch die Wiege der heutigen Popmusik. Rocksänger und -gruppen wie Joan Baez, Bob Dylan oder „The Doors" wurden mit ihren Protestliedern zu Idolen. Die Musik dieser Gruppen, wie der Beatles oder Rolling Stones, hatte ihre Wurzeln im Rock '+n' Roll der 1950er Jahre. Zur Musik der verschiedenen englischen und amerikanischen Interpreten, die das Radio und das Fernsehen eroberten und mehr und mehr den deutschen Schlager und die klassische Musik verdrängten, gehörten die langen Haare, der Minirock und der Jeans- und Gammellook.

2 **Der schnell als „Fernaufklärer der Nation" bespöttelte Oswalt Kolle drehte zahlreiche Aufklärungsfilme.** Filmplakat, 1968.

Neue Lebensformen
Unter dem Motto „Make Love not War!" protestierten die „68er" gegen gesellschaftliche Normen und „Spießertum" und propagierten ungezwungene Lebensformen und freie Selbstverwirklichung. Als neue Form des Zusammenlebens entstand die Wohngemeinschaft. 1967 wurde in West-Berlin die sogenannte „Kommune 1" gegründet. Gegen bestehende familiäre Normen wandte sich auch das Konzept der antiautoritären Erziehung. Vor allem in Berlin entstanden sogenannte „Kinderläden", die sich bewusst von Kindergärten abgrenzten.

3 *Überlegen Sie, welche Auswirkungen die Veränderungen der späten 1960er Jahre bis heute haben.*

4 *Dieses Thema eignet sich zur Befragung von Zeitzeugen (zur Methode siehe S. 229 f.): Fragen Sie Ihre Großeltern und Bekannten, welche Erinnerungen sie an die späten 1960er Jahre haben. Welche Gefühle und Erwartungen verbanden sie mit den Vorgängen?*

*„**Vorurteil: Frauen gehören am besten ins Haus.**" Plakat des Komitees „Internationales Jahr der Frau", 1975.*

*Mitglieder der West-Berliner „**Kommune 1**" beim gemeinsamen Essen, 1968.*

Die sozialliberale Koalition unter Brandt

1 **Aufgebrachte Demonstranten vor einer Polizeikette in Berlin am 12. April 1968.** Bei einer Demonstration am Vortag erlitt Rudi Dutschke durch ein Attentat schwere Schussverletzungen.

„Mehr Demokratie wagen"

Nachdem im März 1969 der SPD-Kandidat Gustav Heinemann mit den Stimmen der FDP zum neuen Bundespräsidenten gewählt worden war, zeichnete sich ein Machtwechsel ab. Die FDP orientierte sich neu und legte sich bereits vor der Bundestagswahl im September auf eine Koalition mit der SPD fest. Aufgrund des Wahlergebnisses konnten SPD und FDP eine Koalition bilden und mit einer knappen Mehrheit von zwölf Abgeordneten regieren. Zum Bundeskanzler wurde der SPD-Politiker Willy Brandt gewählt.

Q1 In seiner Regierungserklärung am 28. Oktober 1969 umriss er die Grundsätze des gemeinsamen politischen Programms:

... Die Politik dieser Regierung wird im Zeichen der Kontinuität und im Zeichen der Erneuerung stehen ... Wir wollen mehr Demokratie wagen ...

Mitbestimmung, Mitverantwortung in den verschiedenen Bereichen unserer Gesellschaft wird eine bewegende Kraft der kommenden Jahre sein ... Wir wollen eine Gesellschaft, die mehr Freiheit bietet und mehr Mitverantwortung fordert. Diese Regierung sucht das Gespräch, sie sucht kritische Partnerschaft mit allen, die Verantwortung tragen, sei es in den Kirchen, der Kunst, der Wissenschaft und der Wirtschaft oder in anderen Bereichen der Gesellschaft ...

Aufgabe der praktischen Politik ... ist es, die Einheit der Nation dadurch zu wahren, dass das Verhältnis zwischen den Teilen Deutschlands aus der gegenwärtigen Verkrampfung gelöst wird ...

Die Regierung kann in der Demokratie nur erfolgreich wirken, wenn sie getragen wird vom demokratischen Engagement der Bürger ... Wir suchen keine Bewunderer; wir brauchen Menschen, die kritisch mitdenken, mitentscheiden und mitverantworten.

Das Selbstbewusstsein dieser Regierung wird sich als Toleranz zu erkennen geben ... Wir sind keine Erwählten; wir sind Gewählte ... Wir stehen nicht am Ende unserer Demokratie, wir fangen erst richtig an. Wir wollen ein Volk der guten Nachbarn werden im Innern und nach außen.

1 *Arbeiten Sie die von Bundeskanzler Brandt in seiner Regierungserklärung angekündigten innenpolitischen Ziele heraus.*

Reform und Überprüfung

Zahlreiche Reformen in der Bildungs- und Sozialpolitik sowie die Erweiterung der Mitbestimmungsmöglichkeiten im politischen und betrieblichen Bereich kennzeichneten die Politik der 1970er Jahre.

Auf der anderen Seite gab es aber auch seit 1972 den sogenannten „Radikalenerlass". Dieser sah vor, dass Bewerber für den öffentlichen Dienst abgewiesen werden konnten, wenn sie nicht jederzeit die Gewähr boten, für die freiheitlich-demokratische Grundordnung im Sinne des Grundgesetzes einzutreten. In Einzelprüfungen sollte die Verfassungstreue der in Frage kommenden Personen festgestellt werden. Anlass für Zweifel an der Verfassungstreue gab z.B. die Mitgliedschaft in einer extremistischen Organisation. Der allgemein als „Berufsverbot" kritisierte Erlass wurde fast ausschließlich gegen Kommunisten angewandt.

2 *Überlegen Sie, wie sich Radikalenerlass und Demokratiekonzept in Einklang bringen ließen.*

3 *Betrachten Sie die Abbildungen auf dieser Doppelseite. Welchen Eindruck gewinnen Sie von der politischen Stimmung in der Bundesrepublik Ende der 1960er, Anfang der 1970er Jahre?*

Willy Brandt

(1913–1992) hatte bereits als Jugendlicher Widerstand gegen die Nationalsozialisten geleistet und war auf der Flucht vor ihnen 1933 bis 1945 in der Emigration für die norwegische Widerstandsbewegung tätig, bevor er 1947 nach Deutschland zurückkehrte. Als Mitglied der SPD stieg er politisch auf und war 1957–1966 Regierender Bürgermeister von Berlin sowie seit 1964 Parteivorsitzender, 1961 und 1964 Kanzlerkandidat der SPD, 1966 bis 1969 Außenminister in der Großen Koalition, 1969 bis 1974 Bundeskanzler. 1971 erhielt er den Friedensnobelpreis für seine europäische Versöhnungspolitik. 1974 trat er wegen einer Spionage-Affäre im Bundeskanzleramt zurück, blieb aber bis zu seinem Tod einer der führenden Politiker seiner Partei.

Die „wehrhafte Demokratie"

Die „erste Generation" der RAF

Die sogenannte „erste Generation" der RAF um die Führungsgruppe Andreas Baader, Ulrike Meinhof, Gudrun Ensslin und Jan Carl Raspe konnte bereits 1972 zerschlagen und inhaftiert werden. Der kurzfristige Fahndungserfolg wurde aber von dem Terroranschlag auf die Olympischen Spiele am 5. September 1972 in München überschattet. Die Geiselnahme im Olympischen Dorf endete in einem Debakel für die völlig überforderten deutschen Sicherheitsbehörden. Elf israelische Geiseln, fünf Terroristen und ein Polizist fanden den Tod.
Das deutsche Sicherheitssystem, die Ausbildung und Ausrüstung der Polizeiorgane sowie die rechtlichen Grundlagen der Terrorbekämpfung gerieten in massive Kritik. Es folgten mehrere Anti-Terror-Gesetze und allgemeine Verschärfungen des Strafrechts.

Der „heiße Herbst"

Die Radikalisierung und Gewaltbereitschaft der RAF nahm dadurch noch weiter zu. 1977 erlebte die Bundesrepublik in einer schnellen Folge von RAF-Terrorakten der sogenannten „zweiten Generation" eine dramatische Zuspitzung dieser Entwicklung.
Am 7. April 1977 ermordete die RAF in Karlsruhe den Generalbundesanwalt Buback und zwei seiner Begleiter auf offener Straße. Im September des gleichen Jahres folgten die Entführung und spätere Ermordung des Arbeitgeberpräsidenten Hanns Martin Schleyer. Und auch die am 18. Oktober durch eine Spezialeinheit des Bundesgrenzschutzes in Mogadischu gewaltsam beendete Entführung der Lufthansa- Maschine „Landshut" stand im Zusammenhang mit der deutschen Terrorwelle. Die Entführung durch arabische Terroristen hatte die Freipressung von in Stuttgart-Stammheim inhaftierten deutschen Terroristen zum Ziel. Nach dem Scheitern dieses Unternehmens begingen die führenden RAF-Mitglieder Baader, Raspe und Ensslin in der Justizvollzugsanstalt Stammheim gemeinschaftlich Selbstmord.

4 *Untersuchen Sie die Ziele des Terrorismus der 1970er Jahre und die Antwort des Staates.*

Anarchistische Gewalttäter
– Baader/Meinhof-Bande –

Wegen Beteiligung an Morden, Sprengstoffverbrechen, Banküberfällen und anderen Straftaten werden steckbrieflich gesucht:

Für Hinweise, die zur Ergreifung der Gesuchten führen, sind insgesamt 100 000 DM Belohnung ausgesetzt, die nicht für Beamte bestimmt sind, zu deren Berufspflichten die Verfolgung strafbarer Handlungen gehört. Die Zuerkennung und die Verteilung erfolgen unter Ausschluß des Rechtsweges.

Mitteilungen, die auf Wunsch vertraulich behandelt werden, nehmen entgegen:

Bundeskriminalamt – Abteilung Sicherungsgruppe –
53 Bonn-Bad Godesberg, Friedrich-Ebert-Straße 1 – Telefon: 02229 / 53001
oder jede Polizeidienststelle

Vorsicht! Diese Gewalttäter machen von der Schußwaffe rücksichtslos Gebrauch!

2 Fahndungsplakat des Bundeskriminalamtes Wiesbaden, 1972.

Q2 Der Nachfolger Willy Brandts, Bundeskanzler Helmut Schmidt (SPD), in einer Regierungserklärung 1977:
... Jedermann hat Anspruch auf ein ordnungsgemäßes Gerichtsverfahren. Ein Sonderprozessrecht für Terroristen darf es nicht geben ... Wir haben in Wahrheit zwei Aufgaben zu leisten: zum Ersten den Terroristen ohne Wenn und Aber und ohne jede sentimentale Verklärung der Tätermotive zu verfolgen, bis er aufgehört haben wird, ein Problem zu sein. Aber die andere Aufgabe muss es sein, die Meinungsfreiheit kämpferisch und entschlossen zu verteidigen und über jeden Zweifel klarzumachen, dass Kritik an den vielen Obrigkeiten nicht nur statthaft ist, sondern, dass sie für jeden demokratischen Staat prinzipiell erwünscht ist ...

5 *Erläutern Sie Schmidts Haltung zum Terrorismus der RAF.*

6 *Eine politische Forderung der späten 1970er Jahre war der Ruf nach der „wehrhaften Demokratie". Was war damit gemeint?*

Otto Schily
(geb. 1932), Anwalt der Baader-Meinhof-Gruppe, während einer Pressekonferenz im Verlauf des Prozesses gegen die Terroristen, 1974. Schily machte später politisch Karriere, zunächst als Abgeordneter der „Grünen". Nach seinem Wechsel zur SPD (1989) übernahm er 1998 bis 2005 das Amt des Bundesinnenministers.

Helmut Schmidt
(geb. 1918), SPD-Politiker, 1969–1972 Bundesverteidigungsminister, 1972–1974 Bundesfinanzminister unter Willy Brandt, 1974–1982 dessen Nachfolger als Bundeskanzler.

Methode: Recherche im Internet – ...

Mit dem Internet haben Sie in den vergangenen Schuljahren immer wieder gearbeitet. Die Arbeitsschritte auf dieser Seite sollen Ihnen helfen, möglichst systematisch an eine umfassende Suchaufgabe heranzugehen und schnell zu brauchbaren Ergebnissen zu kommen. Der Weg über allgemeine Suchmaschinen ist dann sinnvoll, wenn genauere Adressen fehlen. Für diese Recherche wird das Thema „Terrorismus von seinen Anfängen in den 1970er Jahren bis heute" vorgeschlagen.
Fragen könnten z. B. sein:

- Was ist „Terrorismus"?
- Welche Wurzeln hat er?
- Welche Ziele strebt er an?
- Wie macht er sich bemerkbar?
- Welche Entwicklung nahm der Terrorismus in der Bundesrepublik Deutschland in den 1970er Jahren?
- Über welche internationalen Kontakte verfügten die Terroristen?
- Gab es terroristische Aktivitäten auch im europäischen und außereuropäischen Ausland?
- Welche terroristische Vereinigungen gibt es?
- Welche Ziele haben sie?

Arbeitsschritte

1. Schritt: Suchziel festlegen und Adressen bereitstellen

Formulieren Sie das Suchziel nicht zu breit. Ein Suchbegriff wie „Terrorismus" oder „Europa" führt zu einer Fülle von Adressen, deren Auswahl und Sichtung viel Zeit erfordert. Eine Kombination der Begriffe grenzt die Möglichkeiten bereits ein. Eine weitere Beschränkung wäre die Suche nach einzelnen europäischen Ländern.
Sie können auch nach Personen, Orten oder Ereignissen suchen, die Ihnen im Unterricht bereits begegnet sind, oder die Sie im Buch finden.

2. Schritt: Suche durchführen und Informationen auswählen

Wählen Sie vor der Online-Recherche eine Suchmaschine aus. Sie durchforsten in kurzer Zeit ihre Inhaltsverzeichnisse daraufhin, ob sie Informationen zu Ihrem eingegebenen Stichwort beinhalten. Grenzen Sie die Suchbegriffe ein und bilden Sie Wortfelder zum Thema. Oft hilft auch die fremdsprachige Schreibweise eines Suchbegriffs weiter (Europa – europe). Notieren Sie die „abgehakten" Adressen, um eine unnötige Mehrfachsuche zu vermeiden. Verwenden Sie dazu ein Formular, wie im Muster vorgeschlagen.
Wenn Sie konkrete Internetadressen zur Verfügung haben, sammeln Sie diese in einem Ordner, damit Sie sie bei Bedarf schnell wieder zur Hand haben. Sie können die Adressen auch als Lesezeichen (Bookmark) in Ihren Browser eintragen.
Klären Sie, wie Sie die Informationen sichern wollen, z. B. sofort ausdrucken, speichern, handschriftliche Notizen anfertigen. Sie können die gefundenen Informationen herunterladen und in einer normalen Textdatei speichern. Beachten Sie, dass beim Herunterladen die Bilder einer Internetseite verloren gehen können.
Achten Sie bei der Arbeit im Netz auch auf Querverweise (Links und Hyperlinks). Notieren Sie sich diese nützlichen Adressen.

3. Schritt: Internetadressen prüfen

Prüfen Sie kritisch die Glaubwürdigkeit der ausgewählten Internet-

Thema	Suchbegriff	Recherche bei (Adresse)	Ergebnis	Ausdruck/ Gespeichert unter

1 Vorschlag für ein Formular zur Internet-Recherche.

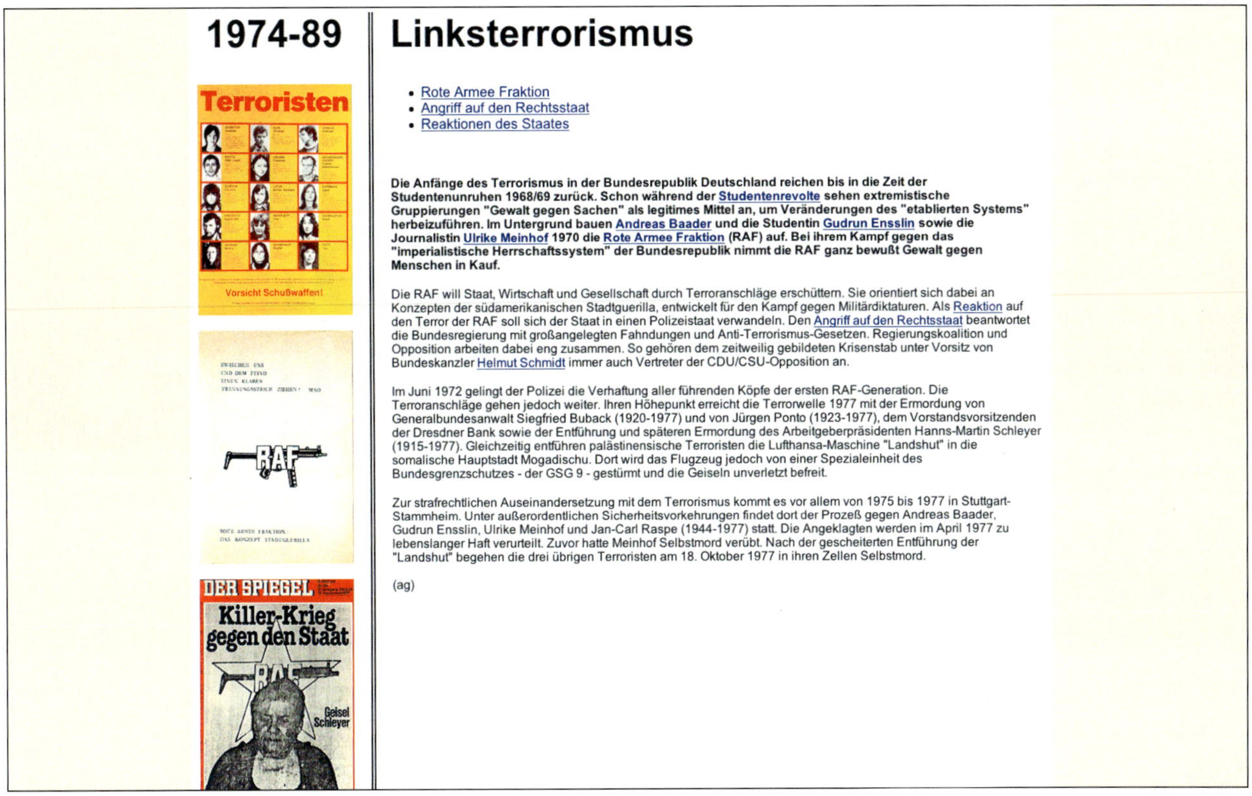

1974-89

Linksterrorismus

- Rote Armee Fraktion
- Angriff auf den Rechtsstaat
- Reaktionen des Staates

Die Anfänge des Terrorismus in der Bundesrepublik Deutschland reichen bis in die Zeit der Studentenunruhen 1968/69 zurück. Schon während der Studentenrevolte sehen extremistische Gruppierungen "Gewalt gegen Sachen" als legitimes Mittel an, um Veränderungen des "etablierten Systems" herbeizuführen. Im Untergrund bauen Andreas Baader und die Studentin Gudrun Ensslin sowie die Journalistin Ulrike Meinhof 1970 die Rote Armee Fraktion (RAF) auf. Bei ihrem Kampf gegen das "imperialistische Herrschaftssystem" der Bundesrepublik nimmt die RAF ganz bewußt Gewalt gegen Menschen in Kauf.

Die RAF will Staat, Wirtschaft und Gesellschaft durch Terroranschläge erschüttern. Sie orientiert sich dabei an Konzepten der südamerikanischen Stadtguerilla, entwickelt für den Kampf gegen Militärdiktaturen. Als Reaktion auf den Terror der RAF soll sich der Staat in einen Polizeistaat verwandeln. Den Angriff auf den Rechtsstaat beantwortet die Bundesregierung mit großangelegten Fahndungen und Anti-Terrorismus-Gesetzen. Regierungskoalition und Opposition arbeiten dabei eng zusammen. So gehören dem zeitweilig gebildeten Krisenstab unter Vorsitz von Bundeskanzler Helmut Schmidt immer auch Vertreter der CDU/CSU-Opposition an.

Im Juni 1972 gelingt der Polizei die Verhaftung aller führenden Köpfe der ersten RAF-Generation. Die Terroranschläge gehen jedoch weiter. Ihren Höhepunkt erreicht die Terrorwelle 1977 mit der Ermordung von Generalbundesanwalt Siegfried Buback (1920-1977) und von Jürgen Ponto (1923-1977), dem Vorstandsvorsitzenden der Dresdner Bank sowie der Entführung und späteren Ermordung des Arbeitgeberpräsidenten Hanns-Martin Schleyer (1915-1977). Gleichzeitig entführen palästinensische Terroristen die Lufthansa-Maschine "Landshut" in die somalische Hauptstadt Mogadischu. Dort wird das Flugzeug jedoch von einer Spezialeinheit des Bundesgrenzschutzes - der GSG 9 - gestürmt und die Geiseln unverletzt befreit.

Zur strafrechtlichen Auseinandersetzung mit dem Terrorismus kommt es vor allem von 1975 bis 1977 in Stuttgart-Stammheim. Unter außerordentlichen Sicherheitsvorkehrungen findet dort der Prozeß gegen Andreas Baader, Gudrun Ensslin, Ulrike Meinhof und Jan-Carl Raspe (1944-1977) statt. Die Angeklagten werden im April 1977 zu lebenslanger Haft verurteilt. Zuvor hatte Meinhof Selbstmord verübt. Nach der gescheiterten Entführung der "Landshut" begehen die drei übrigen Terroristen am 18. Oktober 1977 in ihren Zellen Selbstmord.

(ag)

2 Eine Internetseite mit wertvollen Informationen zum Linksterrorismus in Deutschland.

adressen. Internetseiten von Forschungseinrichtungen oder Museen sind seriös. Vorsicht ist bei Seiten geboten, deren Herkunft nicht verifizierbar ist.

4. Schritt: Ergebnisse ordnen und auswerten

Wenn Sie mit Hilfe einer Suchmaschine oder über eine direkte Internetadresse Erfolg gehabt und die gewünschten Informationen gefunden haben, beginnt Ihre eigentliche Arbeit.
Um wichtige von unwichtigen Informationen zu trennen, lesen Sie am besten noch einmal gründlich Ihren Arbeitsauftrag durch.
Nicht alle Informationen, die Sie erhalten, sind auf dem neuesten Stand. Achten Sie deshalb auf das Datum der letzten Aktualisierung der Webseiten („Infomüll" daher aussortieren!). Überprüfen Sie die Informationen. Als Faustregel kann gelten, dass die gleiche Information auf drei verschiedenen Internetseiten zu finden sein sollte. Benutzen Sie zur Kontrolle ein Lexikon.

5. Schritt: Ergebnisse bewerten und präsentieren

Die Ergebnisse der Recherche sollten Sie mit Ihren Mitschülerinnen und -schülern bewerten: Welche Schritte und welche Adressen waren ergiebig? Wo lagen die Probleme (Zeitaufwand/Ergebnis)?
Überlegen Sie kritisch, ob die Benutzung anderer Medien (Lexika, Fachbücher, Zeitschriften usw.) günstiger gewesen wäre. Falls Ihre Schule eine Homepage hat, können Sie hier über Ihre Erfahrungen einen Bericht veröffentlichen.
Für die Präsentation Ihrer Internetrecherche können Sie wählen zwischen den Alternativen Dokumentation erstellen (Broschüre, Intranet, CD), Wandzeitung gestalten, Referat halten.

1 *Bilden Sie Kleingruppen. Führen Sie mit Hilfe der Arbeitsschritte auf dieser Methodenseite eine Internetrecherche zum Thema „Terrorismus der 1970er Jahre in der Bundesrepublik Deutschland" durch.*

2 *Beurteilen Sie die Ergebnisse Ihrer Recherche und überlegen Sie Verbesserungen und Alternativen.*

3 *Diskutieren Sie die Vor- und Nachteile weiterer möglicher Präsentationsformen für das Endergebnis.*

Die Bundesrepublik in den 1980ern

Regierungswechsel

Im Oktober 1982 sprach der Bundestag dem amtierenden Bundeskanzler Helmut Schmidt (SPD) das Misstrauen aus und wählte gleichzeitig den CDU-Vorsitzenden und Chef der CDU/CSU-Fraktion, Helmut Kohl, zum neuen Bundeskanzler (konstruktives Misstrauensvotum). Der Sturz der sozialliberalen Regierung Schmidt gelang nur deshalb, weil die FDP mitten in der Wahlperiode der SPD die Koalition aufkündigte und mit der CDU/CSU die Bildung einer neuen Regierung vereinbarte. Der Regierungswechsel sorgte für erhebliche innenpolitische Unruhe, die Neuwahlen des Bundestages im Frühjahr 1983 bestätigten aber die Regierung Kohl im Amt. Das Grundgesetz und die demokratische Ordnung der Bundesrepublik hatten eine wichtige Bewährungsprobe bestanden.

***Helmut Kohl** (geb. 1930), 1969–1976 Ministerpräsident von Rheinland-Pfalz, 1973–1998 Parteivorsitzender der CDU, 1982–1998 Bundeskanzler der Bundesrepublik Deutschland.*

1 *Erläutern Sie mit Hilfe des Grundgesetzes (siehe Randspalte) das Verfahren, mit dem Helmut Kohl Bundeskanzler wurde.*

Grundgesetz
Artikel 67
(1) Der Bundestag kann dem Bundeskanzler das Misstrauen nur dadurch aussprechen, dass er mit der Mehrheit seiner Mitglieder einen Nachfolger wählt und den Bundespräsidenten ersucht, den Bundeskanzler zu entlassen. Der Bundespräsident muss dem Ersuchen entsprechen und den Gewählten ernennen.

Die Grünen im Bundestag

Die Neuwahlen 1983 zeigten aber auch einen tief greifenden Wandel in der Bundesrepublik an. Mit einer neuen Partei, den Grünen, zogen erstmals die bis dahin nur wenig ernst genommenen Umweltschutz- und Bürgerrechtsgruppen in den Bundestag ein. In dieser Partei sammelten sich alle diejenigen, die sich kritisch zur bisherigen Rüstungs- und Umweltpolitik verhielten.

Q1 Aus dem Bundesprogramm der Grünen von 1980:

… Die Zerstörung der Lebens- und Arbeitsgrundlagen und der Abbau demokratischer Rechte haben ein so bedrohliches Ausmaß erreicht, dass es einer grundlegenden Alternative für Wirtschaft, Politik und Gesellschaft bedarf. Deshalb erhob sich spontan eine demokratische Bürgerbewegung. Es bildeten sich Tausende von Bürgerinitiativen, die in machtvollen Demonstrationen gegen den Bau von Atomkraftwerken antreten, weil deren Risiken nicht zu bewältigen sind und weil deren strahlende Abfälle nirgends deponiert werden können; sie stehen auf gegen die Verwüstung der Natur, gegen die Betonierung unserer Landschaft, gegen die Folgen und Ursachen einer Wegwerfgesellschaft, die lebensfeindlich geworden ist.
Ein völliger Umbruch unseres kurzfristig orientierten wirtschaftlichen Zweckdenkens ist notwendig … Erst in dem Maße, wie wir uns von der Überschätzung des materiellen Lebensstandards freimachen, wir wieder die Selbstverwirklichung ermöglichen und uns wieder auf die Grenzen unserer Natur besinnen, werden auch die schöpferischen Kräfte frei werden für die Neugestaltung eines Lebens auf ökologischer Basis …

1 **Plakat der Grünen zur Bundestagswahl 1983.**

2 *Erarbeiten Sie die wesentlichen Punkte, welche „Die Grünen" im Gegensatz zur bisherigen Politik verändern wollten.*

Friedensbewegung

Im Kampf gegen die Neutronenbombe und den NATO-Doppelbeschluss erreichte die Friedensbewegung in den frühen 1980er Jahren einen Höhepunkt. Millionen Menschen protestierten gegen die Stationierung amerikanischer Mittelstreckenwaffen in Europa.
Die Angst vor einem auf Europa begrenzten Atomkrieg zwischen den Supermächten USA und Sowjetunion machte sich breit. An den gewaltfreien Demonstrationen in Form von Friedensmärschen, Sitzblockaden und Menschenketten beteiligten sich hunderttausende Menschen.

*Die Friedenstaube wurde zum Zeichen vieler **Friedensdemonstrationen** in den 1980er Jahren.*

Die DDR etabliert sich

2 **Der erreichbare Wohlstand: Auto und Datsche.** Foto, 1985.

Die DDR festigt sich im Innern

Nach dem Mauerbau 1961 versuchte die DDR-Regierung, die wirtschaftliche Lage im Land zu verbessern. Die eingeleiteten Reformen zeigten auch bald Erfolge, sodass sich seit Mitte der 1960er Jahre ein bescheidener Wohlstand einstellte. Viele Haushalte wurden z.B. mit Fernsehern, Kühlschränken oder Waschmaschinen ausgestattet. Obwohl nur von kurzer Dauer, ließ der Aufschwung den Eindruck entstehen, die DDR sei ein stabiler Staat. Die SED ließ allerdings keinen Zweifel daran aufkommen, dass sie die allein bestimmende politische Kraft im Land ist. Dies zeigte sich auch in der neuen Verfassung, die 1968 in Kraft trat.

Die DDR grenzt sich nach außen ab

Die neue Ostpolitik der Bundesregierung unter Kanzler Brandt (siehe S. 136f.) wurde von der DDR-Regierung mit großer Skepsis aufgenommen. Man fürchtete eine Annäherung und betonte umso mehr die staatliche Eigenständigkeit.

Q2 Aus der Verfassung vom 7. Oktober 1949:

Artikel 1 Deutschland ist eine unteilbare demokratische Republik. Es gibt nur eine deutsche Staatsangehörigkeit.

Q3 Aus der Verfassung vom 6. April 1968:

Artikel 1 Die Deutsche Demokratische Republik ist ein sozialistischer Staat deutscher Nation. Sie ist die politische Organisation der Werktätigen in Stadt und Land, die gemeinsam unter Führung der Arbeiterklasse und ihrer marxistisch-leninistischen Partei den Sozialismus verwirklichen …

Artikel 8 (2) Die Deutsche Demokratische Republik und ihre Bürger erstreben darüber hinaus die Überwindung der vom Imperialismus der deutschen Nation aufgezwungenen Spaltung Deutschlands, die schrittweise Annäherung der beiden deutschen Staaten bis zu ihrer Vereinigung auf der Grundlage der Demokratie und des Sozialismus.

Am 20. Februar 1967 hatte die Volkskammer der DDR das „Gesetz über die Staatsbürgerschaft der Deutschen Demokratischen Republik“ beschlossen. Damit hob sie das bis dahin gültige gesamtdeutsche Reichs- und Staatsangehörigkeitsgesetz von 1913 auf und begründete eine eigene (DDR-)Staatsbürgerschaft.

Q4 Aus der Verfassung vom 7. Oktober 1974:

Artikel 1 Die Deutsche Demokratische Republik ist ein sozialistischer Staat der Arbeiter und Bauern. Sie ist die politische Organisation der Werktätigen in Stadt und Land unter Führung der Arbeiterklasse und ihrer marxistisch-leninistischen Partei …

(Der Artikel 8, Absatz 2 von 1968 wurde gestrichen.)

3 *Arbeiten Sie heraus, wie sich die DDR in den einzelnen Verfassungen definiert und wie sich die Position der DDR zur Wiedervereinigung verändert.*

4 *Seit Beginn der 1970er Jahre wurde die DDR-Hymne (siehe Randspalte) nicht mehr gesungen, sondern nur noch die Melodie gespielt. Nennen Sie die Gründe dafür.*

Staatssymbole der DDR.

Nationalhymne der DDR *(Text: Johannes R. Becher), 1949:*

Auferstanden aus Ruinen
Und der Zukunft zugewandt,
Lass uns dir zum Guten dienen,
Deutschland, einig Vaterland.
Alte Not gilt es zu zwingen
Und wir zwingen sie vereint,
Und es wird uns doch gelingen,
Dass die Sonne schön wie nie
Über Deutschland scheint.

Alltag in der DDR: Die Schule

1 **Fahnenappell vor der Lehrerin anlässlich der Einweihung einer Polytechnischen Oberschule in Ost-Berlin, 1987.**

Sozialistische Erziehung in der Schule

Die Schulen der DDR standen ganz im Zeichen der Erziehung zur sozialistischen Persönlichkeit. Aus jungen Menschen sollten „hervorragend ausgebildete Facharbeiter (...) und kluge Sozialisten mit den Eigenschaften revolutionärer Kämpfer" werden. So formulierte es Margot Honecker, seit 1963 Ministerin für Volksbildung.

Die Kinder wurden schon früh in staatliche Obhut genommen. Sozialistische Erziehung fand bereits in Kinderkrippen und -gärten statt. Bis zur zehnten Klasse gab es ein Einheitsschulsystem, das alle Schüler zu absolvieren hatten. Anschließend bestand die Möglichkeit, auf die „Erweiterte Oberschule" (EOS) zu wechseln und dort die Hochschulreife zu erlangen. Diese Möglichkeit stand allerdings nicht jedem Schüler mit guten Leistungen offen. Eine weiterführende Schule durfte nur derjenige besuchen, der treu hinter den sozialistischen Ideen des DDR-Staates stand. Neben der Vorbereitung auf das Abitur wurde in drei Jahren eine Lehre absolviert, die mit dem Facharbeiterbrief abschloss. Die Schulen waren in der Regel Betrieben angeschlossen, zumeist mit Internat.

Im Jahr 1978 wurde der sogenannte „Wehrkundeunterricht" für die 9. und 10. Klassen der Polytechnischen Oberschulen eingeführt. Mädchen und Jungen gleichermaßen lernten z. B. den Umgang mit Schusswaffen.

Filmtipp:
Sonnenallee, Regie: Leander Haußmann, Deutschland 1999 (Laufzeit: 87 Minuten).

M1 Die pädagogische Wirklichkeit in der DDR beschreibt eine moderne Darstellung:

... Die Kluft zwischen den Erfolgsmeldungen und der Realität wuchs auch im Bereich der Bildung. Ausbildung wurde immer mehr ideologisiert, Phrasen und Erfolgsmeldungen waren an der Tagesordnung. Die Zensuren in den Abschlussprüfungen der Klasse 10 wie im Abitur hätten die Prognose gerechtfertigt, dass die Nobelpreise der 80er und 90er Jahre der DDR gehören. Fachliche Qualifikation ... ließ immer mehr zu wünschen übrig ...

Jeder merkte doch ..., dass andere Werte zählten als Allgemeinbildung ... Allgemeinbildung und sozialistische Persönlichkeit, das verkam zur Phrase wie die Redensarten über wirtschaftliche Effektivität. Seit den 70er Jahren ... bestanden immer mehr Abiturienten das Abi mit Auszeichnung oder „Sehr gut". Eine Drei im Abitur verriet fast schon Aufsässigkeit und Kühnheit der Lehrer. Wie sollen Studenten hohe Anforderungen an sich selbst stellen, wenn ihnen zwölf Jahre hindurch Mittelmaß in vorzügliche Leistungen umgemünzt wurde? ...

1 *Fassen Sie das Schulsystem der DDR kurz zusammen.*

2 *Nennen Sie die Erziehungsziele, welche die Schule der DDR im Unterschied zum westlichen Schulmodell anstrebte.*

3 *Erläutern Sie die Auswirkungen des sozialistischen Schulsystems, die M 1 beklagt.*

Die FDJ – Freie Deutsche Jugend

Jugend in einer geschlossenen Gesellschaft
Die SED sah seit Beginn ihrer Herrschaft in der Jugend einen wesentlichen Baustein zum Aufbau des Sozialismus. Die Jugendlichen waren, wie es z. B. im Jugendgesetz von 1974 hieß, „zu Staatsbürgern zu erziehen, die den Ideen des Sozialismus treu ergeben sind, den Sozialismus stärken und gegen alle Feinde zuverlässig schützen".
1946 war die Freie Deutsche Jugend (FDJ) gegründet worden. Als einziger zugelassener Jugendverband der DDR spielte sie an Schulen, Hochschulen, in Betrieben und in der Armee eine wichtige Rolle. Neben Ferien- und Freizeitangeboten organisierte die FDJ Treffen mit Jugendlichen aus anderen Städten und Ländern. Aufmärsche und Kampfdemonstrationen dienten der Mobilisierung und Motivierung der Jugendlichen für die Ziele des Staates.

Die Jugendweihe
Mit der Jugendweihe, die am Ende der 8. Klasse stattfand, nahm die DDR die Jugendlichen feierlich in die Gemeinschaft der Erwachsenen auf. Mit dieser Feier wollte man der Konfirmation und der Kommunion der beiden christlichen Kirchen eine sozialistische Feier entgegenstellen. Die FDJ organisierte diese Weihen und bereitete die Jugendlichen in einem Lehrjahr darauf vor. In den 1980er Jahren nahmen fast alle Jugendlichen an ihr teil, sie wurde zu einem großen Familienfest in der DDR. Nur wenige christliche Jugendliche entzogen sich dem allgemeinen Druck – vor allem dem ihrer Lehrerinnen und Lehrer – zur Teilnahme an der Jugendweihe. Viele Jugendliche sahen in ihr einen „Geschenkanlass" und ließen die politischen Parolen an sich abgleiten.

Q1 Aus dem Gelöbnis der Jugendweihe:
Seid ihr bereit, als junge Bürger unserer Deutschen Demokratischen Republik mit uns gemeinsam, getreu der Verfassung für die große und edle Sache des Sozialismus zu arbeiten und zu kämpfen und das revolutionäre Erbe des Volkes in Ehren zu halten, so antwortet: Ja, das geloben wir!
Seid ihr bereit, als treue Söhne und Töchter unseres Arbeiter- und Bauernstaates nach hoher Bildung und Kultur zu streben, Meister eures Fachs zu werden, unentwegt zu lernen und all euer Wissen und Können für die Verwirklichung unserer großen humanistischen Ideale einzusetzen, …
Seid ihr bereit, als würdige Mitglieder der sozialistischen Gemeinschaft stets in kameradschaftlicher Zusammenarbeit, gegenseitiger Achtung und Hilfe zu handeln und euren Weg zum persönlichen Glück immer mit dem Kampf für das Glück des Volkes zu vereinen, …
Seid ihr bereit, als wahre Patrioten die feste Freundschaft mit der Sowjetunion weiter zu vertiefen, den Bruderbund mit den sozialistischen Ländern zu stärken, im Geiste des proletarischen Internationalismus zu kämpfen, den Frieden zu schützen und den Sozialismus gegen jeden imperialistischen Angriff zu verteidigen, …

2 Feierliche Jugendweihe in Britz bei Eberswalde, 1957.

4 *Versuchen Sie sich in die Lage eines Jugendlichen in der DDR zu versetzen und beschreiben Sie die Gefühle, die Sie hätten, wenn Sie ein solches Gelöbnis sprechen müssten.*

5 *Bewerten Sie die Vor- und Nachteile, die mit dem „organisierten" Jugendleben in der DDR verbunden waren.*

6 *Befragen Sie ehemalige DDR-Bürgerinnen und -Bürger, wie Sie ihren Alltag als Jugendliche und den Tag Ihrer Jugendweihe erlebt haben.*

Freie Deutsche Jugend
Die FDJ begleitete Kinder und Jugendliche während ihrer Schulzeit und Lehre. Zugleich verstand sie sich als Nachwuchsorganisation für die SED.
1987 waren etwa 87 Prozent der DDR-Jugendlichen Mitglied in der FDJ.

Aus einer Umfrage unter ostdeutschen Jugendlichen aus dem Jahr 1992 über die Gründe, warum sie Mitglied der FDJ waren:
1. Weil es für die schulische und berufliche Entwicklung nötig war 76,0%
2. Weil fast alle Mitglieder waren 62,5%
3. Weil ich keinen Ärger wollte 59,9%
4. Weil ich gern unter Gleichaltrigen war 44,9%
5. Weil hier eine interessante Freizeitgestaltung möglich war 30,4%
6. Weil die FDJ meine Interessen vertrat 29,5%
7. Weil interessante politische Diskussionen möglich waren 20,6%

Die Rolle der Frau

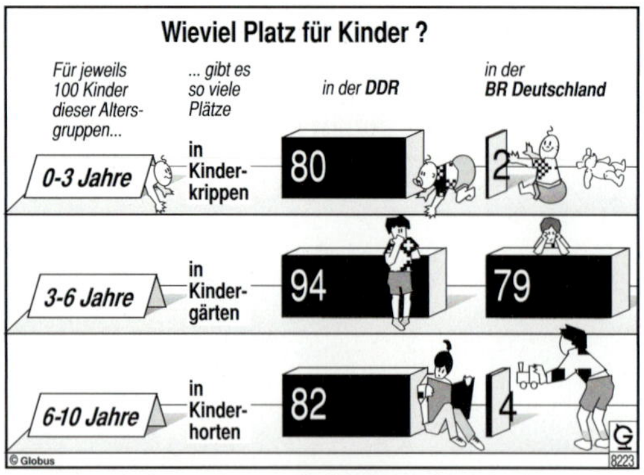

1 **Unterbringungsmöglichkeiten für Kinder.**

„Gleiche Leistung – Gleicher Lohn". SED-Wahlplakat, 1954.

Gleichberechtigung als offizielles Ziel

Ein erklärtes Ziel des Sozialismus war die Gleichberechtigung der Frau. Dieser Anspruch fand sich in der Verfassung, und zahlreiche Gesetze zur Frauenförderung sollten die Vorgabe in die Praxis umsetzen. So galten beispielsweise für Mütter mit mehreren Kindern kürzere Arbeitszeiten. Ebenso konnten Mütter ihre Kinder bereits ganz früh in Kinderkrippen geben und so wieder berufstätig sein.

M1 Das Buch „Die Frau in der DDR" beschrieb 1979, wie die neue gesellschaftliche Rolle der Frau in den Schulbüchern der DDR berücksichtigt wurde:
... Hier wird ... in den Texten und Bildern sehr eindeutig die gesellschaftliche Stellung der Frau sowie die neuen Beziehungen von Mann und Frau in der Familie einschließlich der Arbeitsteilung bei der Lösung der familiären Aufgaben widergespiegelt. Der Prototyp [= Muster, Inbegriff] der Frau in den Lesebüchern unserer Schulen ist die berufstätige Frau ... (Der Mann) nimmt gemeinsam mit der Frau die Pflichten wahr, die sich aus dem Zusammenleben in Ehe und Familie, bei der Haushaltsführung und Kindererziehung ergeben ...

Der Alltag der Frau

M2 Ergebnis einer Befragung von 1109 verheirateten Frauen und Männern im Alter von 18 bis 28 Jahren in der DDR 1979:
... Die Hauptlast der Hausarbeit wird auch in den meisten jungen Ehen von der Frau, die überwiegend voll berufstätig ist, bewältigt. Nur etwa ein Drittel der jungen Frauen bestätigte z. B. die regelmäßige Hilfe des Ehemannes im Haushalt ... Weiterhin qualifizieren sich nach der Eheschließung weniger Frauen als Männer und bekunden auch in geringerem Maße die Absicht, sich zu qualifizieren ...

1 *Vergleichen Sie die Aussagen von M 1 und M 2 und bewerten Sie Anspruch und Wirklichkeit.*

2 *Erarbeiten Sie aus Abb. 1 die Unterschiede zwischen Ost und West.*

M3 Weibliche Berufstätigkeit in Ost und West (in Prozent):

	BRD	DDR
1960	54	67
1965	54	75
1970	53	81
1975	51	85
1980	51	85

3 *Vergleichen Sie die Entwicklung weiblicher Berufstätigkeit in Ost und West.*

M4 Eine moderne Darstellung berichtet über den „typischen" Arbeitstag einer berufstätigen Mutter:
... Um fünf Uhr morgens weckte sie die Kinder, machte sie für den Kindergarten oder die Schule fertig und brachte sie dorthin. Die Einrichtungen der Volksbildung hatten einen speziellen Frühhort eingerichtet, wo man die Kinder schon ab sechs Uhr abgeben konnte. Dann ging es mit einer ungeheizten und überfüllten Straßen- oder S-Bahn zur Arbeit. Nach Feierabend, also gegen 17 Uhr, holten die Mütter die übermüdeten und nervösen Kinder aus den „Einrichtungen" ab, erledigten auf dem Nachhauseweg die oft mit „Rennereien" und langem Anstehen verbundenen Einkäufe und hatten dann gerade noch Zeit für das Abendbrot. Nach dem „Sandmännchen" steckten sie die Kinder ins Bett und erledigten die wichtigsten Arbeiten im Haushalt ...

4 *Beurteilen Sie, inwieweit die Emanzipation der Frau in der DDR gelungen ist.*

Die Welt der Arbeit

Der Arbeitsalltag

Der Arbeitsalltag in der DDR gestaltete sich aufgrund der Planwirtschaft anders als im Westen. Die Volkseigenen Betriebe (VEB) konnten nicht selbst entscheiden, was und wie viel sie produzieren wollten. Sie arbeiteten vielmehr nach den Vorgaben der Zentralen Wirtschaftskommission beim Zentralkomitee der SED. In diesen Plänen waren für die ganze DDR und für alle Betriebe Produktionsziele vorgegeben. Aufgrund organisatorischer Mängel, unehrlicher Berichterstattung oder Materialmangels konnten diese Pläne aber nur selten eingehalten werden.

In der Verfassung der DDR war den Arbeitnehmern ein Arbeitsplatz garantiert. Von den Betrieben waren sie nur schwer zu kündigen. Die hohe Personalbelegung der Betriebe, der mangelnde Lohnanreiz und der meist veraltete Maschinenpark führten zu einer niedrigen Produktivität der DDR-Betriebe.

M5 Ein Historiker schreibt über die Zeit um 1960:

… Faktisch wurde nach der 5-Tage-Woche gearbeitet, die sich als „Gewohnheitsrecht" durchgesetzt hatte. In einigen Baubetrieben galt in der Praxis sogar die 4-Tage-Woche. Zum anderen hielten die Brigaden* die vorgeschriebene siebeneinhalbstündige Tagesarbeitszeit nicht ein: Einkäufe während der Arbeit, ein unpünktlicher Arbeitsbeginn und ein verfrühtes Arbeitsende gehörten zum Alltag, auf der Baustelle wie in den Produktionsbetrieben … Die Brigaden versuchten, ihren eigenen Arbeitsrhythmus, ihr Arbeitstempo und die individuelle Gestaltung der Arbeitszeit durchzusetzen – das vorherrschende Handlungsmuster war dabei eine Mischung aus Meckern, Mitmachen und vor allem Verweigern. Die Arbeiter wollten nicht hetzen, sondern weiter bummeln – sie wollten sich nur ein Maß an Arbeit zumuten, das den Bedingungen und der Bezahlung entsprach. Deshalb legten es Arbeiter nicht darauf an, ihre ganze Arbeitskraft einzusetzen …

Mangel als Dauererscheinung

In der DDR kam es immer wieder zu Versorgungsengpässen, weil die Schwerindustrie

2 So wie hier in einem Chemiewerk bei Bitterfeld rosteten in der DDR viele Produktionsanlagen vor sich hin.

Vorrang hatte vor der Konsumgüterindustrie. Die Folge waren leere Regale in den Geschäften oder lange Wartezeiten auf bestimmte Waren.

M6 Ein Historiker schreibt dazu:

… Natürlich konnte es niemand der Kollegin vom Wohnungsamt verdenken, dass sie sich während der Arbeitszeit auf die Jagd nach Kinderschuhen begab oder zum hundertsten Mal ins Möbelkaufhaus schaute, um direkt bei Anlieferung eines der seltenen Stücke zu erwischen. Auch bei bereits laufenden Bestellungen war es durchaus sinnvoll, sich gelegentlich durch einen Besuch in Erinnerung zu bringen, zumal die dort für Vormerkungen zuständigen Kolleginnen wiederum nur sporadisch ihren Platz einnahmen. So konnte es leicht geschehen, dass die Mitarbeiterin des Wohnungsamtes erfolglos durchs Möbelkaufhaus irrte, während die des Möbelkaufhauses ärgerlich vor der verschlossenen Tür des Wohnungsamtes stand …

5 *Fassen Sie die Folgen für die DDR-Wirtschaft zusammen, welche die Planwirtschaft laut M 5 und M 6 mit sich brachte.*

Produktion des „Trabant P 60" im VEB Sachsenring Automobilwerke Zwickau, um 1974.
Die Wartezeit für den Kleinwagen „Trabant" betrug in der DDR-Mangelwirtschaft etwa 15 Jahre, genauso lang wie für den Mittelklassewagen „Wartburg".

Brigade*:
Form, in der die Menschen in den Betrieben organisiert waren.

Die Stasi

Filmtipp:
Das Leben der Anderen, Deutschland 2006.

1 **Stasi-Spitzel in den 1970er Jahren.** Heimlich geschossenes Foto.

M1 Über die Anwerbung neuer Mitarbeiter berichtete „Der Spiegel" 1990:

... Schon vor jeder Anwerbung musste über den potenziellen [= möglichen] IM eine umfangreiche Akte angelegt werden. Erst nach umständlichen Nachforschungen durfte überhaupt eine erste Annäherung an den zukünftigen Mitarbeiter stattfinden. Stets fanden sich kleinere Vergehen, etwa die Abzweigung irgendwelcher Güter „zum Schaden sozialistischen Eigentums", für die dann „Wiedergutmachung" eingefordert werden konnte. „Auf dieser Basis", erinnert sich ein ehemaliger Spitzelführer, „reichte fast immer schon ein Gespräch, um die Leute krumm zu machen." ...

1 *Schildern Sie die Spitzelanwerbung mit eigenen Worten und erläutern Sie, was mit dem Ausdruck „krumm machen" gemeint ist.*

totalitär*: *diktatorisch, sich alles unterwerfend.*

Erich Mielke *(1907–2000), seit 1925 Mitglied der KPD, baute ab 1948 die Stasi-Strukturen in der SBZ auf und leitete das MfS von 1957 bis 1990. Mielke wurde mehrfach inhaftiert und 1993 zu sechs Jahren Gefängnis verurteilt. 1998 wurden alle gegen ihn laufenden Verfahren aus gesundheitlichen Gründen eingestellt.*

Stasi*: *Abkürzung für Staatssicherheitsdienst. Dies bezeichnete den Apparat der Geheimpolizei (MfS= Ministerium für Staatssicherheit).*

Das Ministerium für Staatssicherheit

40 Jahre lang hat die SED das gesamte politische, wirtschaftliche und gesellschaftliche Leben in der DDR kontrolliert. Um ihren totalitären* Machtanspruch durchzusetzen, schuf sie 1950 das Ministerium für Staatssicherheit (MfS). Die Geheimdienstorganisation galt als „Schwert und Schild" der Partei (im Volksmund „VEB Horch und Guck" genannt). Sie bereitete Terrorkampagnen und Schauprozesse mit fingierten Vorwürfen gegen Regimegegner und Andersdenkende vor. Wer sich – vor allem vor dem Mauerbau 1961 – ihrem Zugriff nicht durch Flucht entziehen konnte, hatte langjährige Haft, gesundheitsschädigende Zwangsarbeit oder den Tod zu fürchten.

Zuständiger Minister war seit 1957 Erich Mielke. Er ließ das Bespitzelungssystem in der gesamten DDR immer weiter ausbauen. Zuletzt arbeiteten 80 000 fest angestellte und weit über 100 000 inoffizielle Mitarbeiter (IM) als Spitzel für die Staatssicherheit. Stasi*-Spitzel unterwanderten Kirchen und Sportvereine, waren in Jugendverbänden, Krankenhäusern, Schulen und Betrieben tätig. In der Zentralen Personen-Datenbank wurden Angaben über etwa sechs Millionen DDR-Bürger gespeichert.

Zu den Aufgaben der Abteilungen des MfS gehörten:

- frühzeitiges Erkennen von „Republikflucht"
- Einschleusung von Spionen in den Westen
- Überwachung westlicher Besucher, vor allem westlicher Journalisten
- Überwachung des Post- und Telefonverkehrs und
- Überwachung von DDR-Bürgern im In- und Ausland.

Der Aufstieg im Beruf, die Zulassung zum Studium, die Ausstellung eines Gewerbescheins oder die Genehmigung von Auslandsreisen waren in der Regel nur mit Zustimmung des MfS möglich.

2 *Erklären Sie, was sich die DDR-Führung unter „Staatssicherheit" vorgestellt hat.*

3 *Diskutieren Sie mögliche Folgen, die das Spitzelsystem für das Verhalten der DDR-Bürger haben musste.*

Regimegegner

Gerade in den frühen Jahren der DDR gab es auch aktiven Widerstand gegen das SED-Regime. 1950 wurde z. B. der katholische Oberschüler Hermann Joseph Flade aus Olbernhau (Sachsen) für das Verteilen regimekritischer Flugblätter zum Tod verurteilt. Auf heftigen internationalen Protest wurde das Urteil in eine langjährige Zuchthausstrafe umgewandelt.

SED-kontrollierte Kultur

2 **Die erste Langspielplatte der Rockgruppe „Puhdys", 1974.**

Verfolgung von Intellektuellen und Künstlern

Die SED beanspruchte auch in der Kulturpolitik, die Maßstäbe im sozialistischen Sinn zu setzen. Schriftstellerinnen und Schriftsteller mussten ihre Werke vor der Veröffentlichung genehmigen lassen. Die Publizierung abgelehnter Manuskripte im Westen führte zu harten Strafen, Veröffentlichungsverboten oder sogar zur Ausbürgerung aus der DDR.

Ein Beispiel für Zwangsmaßnahmen ist die Geschichte des Physikers Robert Havemann. Er war seit 1932 Mitglied der KPD und leistete bereits gegen das NS-Regime Widerstand. Deshalb genoss er in der DDR zunächst großes Ansehen. Nachdem er ein regimekritisches Buch veröffentlicht hatte, wurde er 1964 aus der SED ausgeschlossen und verlor seine Professur an der Humboldt-Universität in Ost-Berlin. In den 1970er Jahren stellte man ihn sogar zeitweise unter Hausarrest.

Am bekanntesten wurde wohl der Fall des Liedermachers Wolf Biermann. Der enge Freund Robert Havemanns siedelte 1953 als überzeugter Sozialist von Hamburg nach Ost-Berlin über. Mit kritischen Liedern, in denen er die Schwächen des DDR-Systems anprangerte, zog er den Unwillen der SED auf sich. Als sich Biermann im November 1976 zu einer Konzerttournee in Westdeutschland aufhielt, wurde er aus der DDR ausgebürgert. Die Bevölkerung in Ost und West reagierte gleichermaßen empört, die Proteste vieler Künstler blieben wirkungslos.

Musik und Tanz

Die angloamerikanische Tanzmusik galt in der DDR als „westliche Unkultur". Dieser sollte die sozialistische Tanzmusikerfindung „Lipsi" entgegenwirken. Auch eine DDR-eigene Liedermacher- und Chansonszene etablierte sich. Um den politisch-ideologischen Zielen zu entsprechen, bemühte sich die FDJ, die stark nachgefragte Beatmusik und die Liedermacher in ihre 1966 gegründete „Singebewegung" zu integrieren. Sie gründete mehrere tausend Singeklubs, in denen hauptsächlich Folkmusik gespielt wurde. Dennoch gelang es der Bewegung nicht, die Beatbegeisterung der Jugendlichen zu verdrängen. So waren seit den 1970er Jahren im Hörfunk und Fernsehen ausgewählte Bands vertreten, wie die „Puhdys", deren Schallplatten auch in Westdeutschland bekannt waren.

Film und Fernsehen

Filmproduktionen erforderten einen parteilichen Standpunkt des Künstlers. Die SED verhängte sonst Aufführungs- und Veröffentlichungsverbote.

Auch das Fernsehen stand zunächst ganz im Zeichen der Propaganda. So überwogen in den 1960er Jahren politische Sendungen, seit den 1970ern wurden die Programmwünsche der Zuschauer stärker berücksichtigt. Es waren zunehmend Unterhaltungssendungen, Spiel- und Kriminalfilme, sogar westliche Serien zu sehen, nicht zuletzt, um die Bevölkerung vom überall zu empfangenden Westfernsehen fernzuhalten. Großer Beliebtheit erfreute sich das von Gerhard Behrendt entworfene Sandmännchen. Es begleitete seit 1959 die kleinsten Fernsehzuschauer jeden Abend zu Bett.

4 *Erkunden Sie Lebens- und Arbeitsbedingungen von Schriftstellerinnen und Schriftstellern wie Sarah Kirsch, Christa Wolf, Reiner Kunze, Erwin Strittmatter u. a. und berichten Sie vor der Klasse.*

Robert Havemann *(1910–1982), Physiochemiker, seit 1932 KPD-Mitglied. 1947–64 Professor an der Humboldt-Universität in Ost-Berlin. 1964 aus der SED ausgeschlossen.*

Wolf Biermann *(geb. 1936). Seine Zwangsausbürgerung aus der DDR 1976 löste heftige Proteste aus. Biermann blieb auch in der Bundesrepublik ein engagierter Kritiker der politischen Realitäten.*

Das Sandmännchen im Hubschrauber. *Die Trickfigur des Deutschen Fernsehfunks (DFF) war in Ost und West gleichermaßen sehr beliebt.*

Die DDR in den 1980ern

1 Gedenkgottesdienst in der Zionskirche für die Inhaftierten der Umweltbibliothek, 1988.

„Schwerter zu Pflugscharen". Unter diesem Motto versammelte sich zu Beginn der 1980er Jahre die DDR-Friedensbewegung. Der Bibelspruch stammt aus dem Alten Testament, Micha 4. Dort heißt es: „Sie werden ihre Schwerter zu Pflugscharen und ihre Spieße zu Sicheln machen. Es wird kein Volk wider das andere ein Schwert aufheben und sie werden nicht mehr kriegen lernen." Das Symbol wurde von der DDR-Regierung 1982 als „staatsfeindlich" erklärt. Die zentrale Figur ist einer Skulptur nachgebildet, die als Geschenk der Sowjetunion vor dem UN-Gebäude in New York steht.

Wachsende Unruhe in der DDR

Mit Abschiebungen in den Westen oder Ausbürgerung kritischer Köpfe konnte die DDR-Regierung die Opposition gegen das Regime im Land nicht mundtot machen. Viele Menschen, die enttäuscht von der Politik ihres Staates waren, suchten nach neuen Wegen, ihre Kritik zu äußern.

Die Zahl der offiziell erteilten Ausreisegenehmigungen stieg von 7729 im Jahr 1983 auf 31 000 im Jahr 1984 deutlich an. Im Juli 1984 besetzten 50 DDR-Bürger die Vertretung der Bundesrepublik in Ost-Berlin; damit wollten sie ihre Ausreise aus der DDR erzwingen. Es war offenkundig geworden, dass sich besonders junge Bürgerinnen und Bürger der DDR nicht mehr durch die SED bevormunden lassen wollten.

Die Rolle der Kirchen

Die Kirche in der DDR stellte einen Raum dar, in den der Staat nicht so ohne weiteres eingreifen konnte. Vor allem die evangelischen Kirchen konnten sich eine gewisse Unabhängigkeit gegenüber Staat und Partei bewahren. Sie hatten sogar die Möglichkeit, eigene Zeitungen und andere Publikationen herauszugeben, sodass sich innerhalb des SED-Staates eine zweite Öffentlichkeit bildete. Unter dem Schutz der Kirche formierten sich Anfang der 1980er Jahre Umwelt- und Friedensgruppen, die das Motto „Schwerter zu Pflugscharen" aufgriffen und sich für Menschenrechte sowie Meinungs- und Reisefreiheit einsetzten.

Im März 1986 entstand die erste dauerhaft arbeitende Bürgerrechtsgruppe in der DDR, die sich „Initiative Frieden und Menschenrechte" (IFM) nannte. Sie wurde schon bald zu einer der wichtigsten Oppositionsgruppen in der DDR. Seit Juni 1986 gab die IFM eine eigene, nicht genehmigte Zeitschrift heraus, den „grenzfall".

Am 2. September 1986 wurde im Keller des Gemeindehauses der Ost-Berliner Zionskirchengemeinde die Umweltbibliothek eröffnet. In ihr wurden auch Seminare veranstaltet, sodass sie sehr rasch zu einer Begegnungsstätte der politisch-alternativen Szene in Ost-Berlin und später der gesamten DDR wurde.

Auch die Umweltbibliothek ging seit 1986 mit der Herausgabe einer eigenen, nicht genehmigten Zeitung, den „Umweltblättern", an die Öffentlichkeit. Die gut funktionierende und unabhängige Druckerei der Bibliothek übernahm schließlich Druckaufträge für oppositionelle Gruppen in der gesamten DDR. Von Anfang an wurden IFM und Umweltbibliothek von der Staatssicherheit genauestens beobachtet. Die aktivsten Mitglieder der IFM wurden 1988 verhaftet, nach einer Woche aber wieder freigelassen und in den Westen abgeschoben. Im November 1987 drang die Stasi in die Räume der Umweltbibliothek ein und beschlagnahmte die Druckmaschinen.

Wachsender Widerstand und Wirtschaftskrise

2 **Der wirtschaftliche Niedergang der DDR in den 1980er Jahren wurde auch an einer schnell fortschreitenden Luftverschmutzung offenkundig.** Im Chemie-Kombinat Bitterfeld sorgte der Abbau von Braunkohle im Tagebau für eine Belastung der Umwelt.

In der ganzen DDR kam es zu Protestaktionen und Mahnwachen; auch die Medien der Bundesrepublik berichteten über das brutale Vorgehen der Stasi. Der SED blieb nichts anderes übrig als einzulenken und die verhafteten Mitarbeiter der Bibliothek freizulassen.

Im Januar 1988 gründeten Mitglieder der Umweltbibliothek die „Arche – grün-ökologisches Netzwerk in der Evangelischen Kirche". Der Umweltbund knüpfte Kontakte weit über die DDR hinaus bis nach Osteuropa. Die Zeitschrift „Arche Nova" berichtete auf hohem fachlichen Niveau über Umweltschäden in der DDR und über die Umweltbewegung.

1 *Erklären Sie, in welchen Formen sich der Widerstand in der DDR in den 1980er Jahren äußerte.*

2 *Finden Sie Erklärungen dafür, dass die Stasi gegen Regimegegner nicht mehr so rigoros vorging wie noch in den 1970er Jahren.*

Stagnation* und Krise

Nach Jahren der wirtschaftlichen Verbesserung und der Entspannung in der Wohnungsversorgung stagnierten Anfang der 1980er Jahre die wirtschaftliche Entwicklung und der Lebensstandard in der DDR. Zugleich stiegen die Auslandsschulden des Staates stark an. Die Folgen der ersten großen weltweiten Ölkrise* 1973/74 mit der enormen Steigerung der Ölpreise traf die DDR-Wirtschaft nachhaltig, da die Sowjetunion ihre Energielieferungen an die DDR zu Weltmarktpreisen in Dollar abrechnete. Die zweite Ölkrise 1979/80 führte 1982 zur drohenden internationalen Zahlungsunfähigkeit der DDR, die nur durch einen Milliardenkredit westlicher Banken abgewendet werden konnte. Diesen Kredit hatte der bayerische Ministerpräsident Franz Josef Strauß vermittelt. Trotz zahlreicher Zahlungen der Bundesrepublik an die DDR war die DDR-Wirtschaft unfähig zu Investitionen und zur Modernisierung ihrer Fabriken. Der Anschluss an den Weltmarkt gelang immer weniger; besonders im Bereich der Computertechnologie vergrößerte sich der Abstand zum Westen. Die Umweltverschmutzung durch die veraltete und zerfallende Industrie erreichte dramatische Ausmaße. An ihr und der im Vergleich zum Westen schlechten Versorgung entzündete sich immer häufiger der Unmut der Bevölkerung. Über das Westfernsehen war den meisten DDR-Bürgerinnen und -Bürgern der direkte Vergleich mit der Lage der Menschen in der Bundesrepublik möglich.

3 *Erklären Sie, warum sich die wirtschaftliche Lage der DDR in den 1980er Jahren so schnell verschlechterte.*

4 *Überlegen Sie, warum die Bundesrepublik zu Krediten an die DDR bereit war.*

Stagnation*: *Stillstand einer Entwicklung.*

Ölkrise*: *Infolge des israelisch-arabischen „Yom-Kippur-Krieges" 1973 (siehe S. 104) verfügten die arabischen Ölförderländer drastische Preiserhöhungen und einen Lieferstopp. Damit sollten die westlichen Länder, die Israel unterstützten, unter Druck gesetzt werden.*

Franz Josef Strauß *(1915–1988), CSU-Vorsitzender und 1978–1988 bayerischer Ministerpräsident. Als erklärter Gegner der DDR und der SED-Politik geriet er angesichts des von ihm eingefädelten Kredits an die DDR in Erklärungsnot.*

Bayern – ein moderner Industriestaat

1 **Flughafen München II, Terminal 2.** Foto, 2003.

Wertschöpfungsanteile der Wirtschaftssektoren 2010
(Angaben in Prozent)
Dienstleistungen 69,6
Produzierendes Gewerbe 29,5
Land- und Forstwirtschaft 0,9

Strukturwandel in Bayern

Seit dem Ende des Zweiten Weltkriegs hat sich die Wirtschaftsstruktur in Bayern entscheidend verändert. Aus einem stark agrarisch geprägten Land wurde in den letzten Jahrzehnten ein moderner Industrie- und Dienstleistungsstandort. Inzwischen erwirtschaftet der tertiäre Sektor fast 70 Prozent der Bruttowertschöpfung in Bayern.

1 *Erkunden Sie, welche Berufe dem „tertiären Sektor" zugerechnet werden.*

Wie in der gesamten Bundesrepublik, so prägte die Beseitigung der Kriegsfolgen (Zerstörung der Infrastruktur, Schaffung ziviler Arbeitsplätze, Eingliederung der Flüchtlinge) zunächst das wirtschaftliche Leben. Während die Länder im Norden und Westen der Bundesrepublik zum Teil erst Mitte der 1980er Jahre einen Strukturwandel in ihren Industrien einleiteten, vollzog sich dieser Wandel in Bayern in der wirtschaftlichen Hochphase zwischen 1955 und 1966. Bis 1967 wechselten ca. 30 Prozent der Beschäftigten in Bayern ihren Beruf.

Industriestandort und Infrastruktur

Der Süden Deutschlands wurde ein bevorzugter Standort der Automobil-, Elektro-, Luft- und Raumfahrtindustrie. Weltbekannte Firmen wie BMW, Siemens oder EADS haben ihren Sitz in Bayern. Der Freistaat sorgte mit günstigen Krediten und Förderprogrammen sowie durch den Ausbau der Infrastruktur für eine verstärkte Ansiedlung von Firmen. Universitäten und Fachhochschulen wurden ausgebaut bzw. neu gegründet. Die Trans-Alpine-Leitung von Triest nach Ingolstadt verbesserte die Energie- und Rohstoffversorgung. Sie trug wesentlich zum Aufblühen der chemischen Industrie im südöstlichen Bayern bei.
Ein ständig ausgebautes modernes Fernstraßen-, Wasserstraßen- und Schienennetz sorgt für den schnellen Transport von Waren. Der Ausbau des Rhein-Main-Donau-Kanals, der Neubau des Flughafens München II, die Wiederherstellung der Verkehrsverbindungen in die ehemalige DDR und nach Tschechien sowie die Neutrassierung von ICE-Strecken waren zukunftsweisend.

2 *Wandeln Sie die Statistik in ein Kurvendiagramm um und verdeutlichen Sie dadurch die Entwicklung.*

	Bayern	Alte Länder	Deutschland
1980	11882	12230	–
1991	22178	21386	18781
2000	28933	26426	24700
2001	29379	26864	25154
2002	29858	27248	25562
2010	35337	30846	30566

2 **Nominales Pro-Kopf-Einkommen je Einwohner** (Angaben in €).

Bayern – ein moderner Industriestaat

3 **Montage des Hubschraubers Eurocopter in Donauwörth.**

4 **Fertigung eines Computertomografen bei Siemens in Forchheim.**

Regionalisierung Bayerns

Gerade im Umfeld der größeren Städte bildeten sich wichtige Industrie- und Technologiezentren. Das trug wesentlich zur Entstehung großer Ballungszentren bei. So verteilt sich die Wirtschaftskraft vor allem auf die Regionen um München und Oberbayern, auf Unterfranken zwischen Würzburg und Aschaffenburg sowie auf die Region Nürnberg–Fürth. Verstärkt durch den Wegfall der sogenannten „Zonenrandförderung" nach der Wiedervereinigung gibt es sehr strukturschwache Regionen. Traditionsreiche Industriezweige, wie etwa die Spielzeug- und Puppen- oder die Porzellanindustrie, können sich gegen die weltweite Konkurrenz nur behaupten, indem sie ihre Produktion ins Ausland verlagern. Einstmals erfolgreiche Unterhaltungselektronikfirmen wie z. B. Grundig durchlebten jahrelange Krisen und mussten große Teile der bayerischen Produktionsstätten schließen. In jüngster Zeit kommt als Problem die Billiglohn-Konkurrenz aus dem Osten hinzu.

3 *Finden Sie Gründe, warum die Arbeitslosenquote in Bayern trotz wirtschaftlich schwacher Regionen im Vergleich zum Bundesdurchschnitt relativ niedrig ist (Schaubild).*

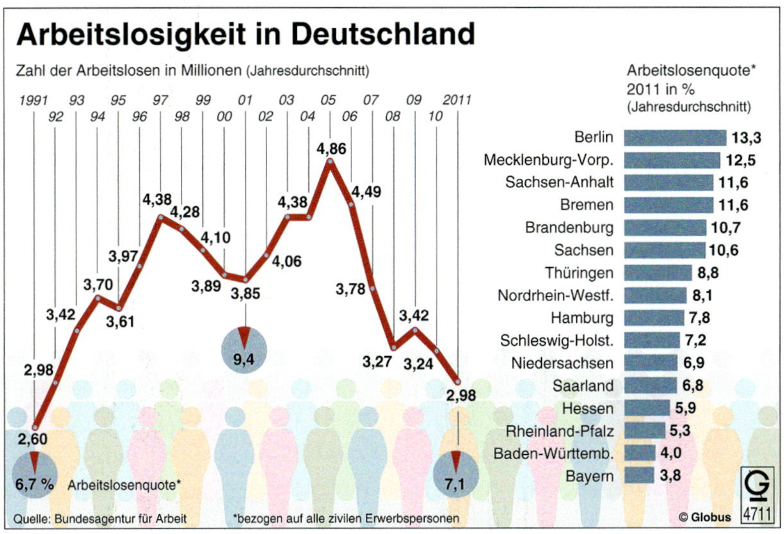

5 **Die Entwicklung der Arbeitslosigkeit in Deutschland 1991 bis 2011.**

Hauptexportländer Bayerns 2010
(Anteile in Prozent)

USA	*9,5*
Österreich	*8,8*
China	*8,0*
Italien	*7,7*
Frankreich	*7,3*
Großbritannien	*6,6*
Niederlande	*4,0*
Spanien	*3,5*
Schweiz	*3,4*
Tschechische Republik	*3,2*
Belgien	*3,2*
Polen	*2,7*
Russland	*2,0*
Japan	*1,9*
Schweden	*1,8*

Hauptexportprodukte Bayerns 2010
(Anteile in Prozent)

Ernährungswirtschaft	*5,2*
Rohstoffe	*11,1*
Halbwaren	*4,1*
Fertigwaren	*71,8*
Elektrotechn. Erzeugnisse	*20,3*
Fahrzeuge	*13,8*
Maschinen	*10,4*
Chemische Erzeugnisse	*8,3*
Eisen- und Metallwaren	*4,7*
Textilien, Bekleidung	*3,7*
Holzwaren, Möbel	*1,9*
Spielwaren	*1,8*
Felle, Pelze, Leder, Schuhe	*1,5*
Papier, Pappe, Druckerzeugnisse	*1,3*

Automobilbau in Bayern: Das Beispiel Audi

***August Horch** (1868 bis 1951), Ingenieur für Maschinen- und Motorenbau, Unternehmer.*

Wegen der Weltwirtschaftskrise fusionierten 1932 die Audi-Werke AG, die Horch-Werke AG, die Zschopauer Motorenwerke und die Automobilabteilung der Wanderer-Werke zur „Auto-Union Sächsischer Motorfahrzeugfabriken". Als Logo wählte der Vorstand daher vier nebeneinander angeordnete Ringe, die sich überschneiden.

Infotipp:
Das Rad der Zeit – die Geschichte der Audi AG. Ingolstadt 2000.

1 Werbeplakat der A. Horch & Cie. für Horchs Motorwagen mit stoßfreiem Motor, 1901.

Ein „Motor" für die wirtschaftliche Entwicklung Bayerns ist der Automobilbau – und dafür stehen stellvertretend zwei Marken mit Tradition: Audi und BMW.

Anfänge in Sachsen

August Horch gründete 1899 in Köln-Ehrenfeld die Firma A. Horch & Cie. Hier entwickelte er sein erstes Automobil, das Anfang 1901 vorgestellt wurde. Es besaß einen Motor mit einer Leistung von etwa vier bis fünf PS. Die Höchstgeschwindigkeit von 32 km/h wurde bei der Versuchsfahrt aber nicht erreicht. Die ersten Erfolge der Horch-Automobile machten schnell eine Erweiterung der Fabrik notwendig. Ein neues Gelände fand sich in Zwickau, wo 1904 die A. Horch & Cie. Motorwagen-Werke AG gegründet wurden.
1909 kam es zum Streit zwischen August Horch und dem Aufsichtsrat. Horch verließ das Unternehmen. Weil er den Rechtsstreit um die Namensrechte verlor, nannte Horch die von ihm in derselben Stadt neu gegründete Firma der lateinischen Übersetzung seines Namens entsprechend „Audi".

Während des Ersten Weltkriegs belieferte Horch die Heeresverwaltung mit Automobilen und beteiligte sich an der Konstruktion schwerer Panzerwagen. Mit der Entwicklung und Produktion von Spezialfahrzeugen wurde die Auto Union bereits Mitte der 1930er Jahre zu einem bedeutenden Lieferanten der Wehrmacht. Ab Mai 1940 wurde ausschließlich für Rüstungszwecke produziert.
Auf Befehl der Sowjetischen Militäradministration mussten die sächsischen Werke der Auto Union als Reparationsgut noch 1945 demontiert werden. Das Gesamtvermögen des Unternehmens wurde entschädigungslos enteignet.

Neubeginn in Bayern

Mit Krediten der bayerischen Staatsregierung und Marschallplan-Hilfen gelang nach 1945 ein sofortiger Neuanfang. Ein günstiges Fabrikgelände fand sich in Ingolstadt, wo am 3. September 1949 die Auto Union GmbH gegründet wurde. Im gleichen Jahr begann die Produktion eines kleinen, 125 ccm starken Motorrades und eines DKW-Lieferwagens. Im August 1950 konnte der erste Nachkriegs-Personenwagen, der DKW Meisterklasse F89P, der Öffentlichkeit vorgestellt werden. Da für die Fertigung in Ingolstadt noch keine ausreichenden Produktionsstätten vorhanden waren, wurden DKWs bis 1961 in Düsseldorf gebaut.
Von 1958 bis Ende 1965 war die Auto Union Tochterunternehmen der Daimler-Benz AG in Stuttgart. Im Dezember 1964 übernahm die Volkswagenwerk AG die Mehrheit der Gesellschafteranteile der Auto Union GmbH. Seit Ende 1966 ist das Ingolstädter Unternehmen eine 100-prozentige VW-Tochter. Mit Wirkung vom 1. Januar 1985 wurde das Unternehmen in eine Aktiengesellschaft umgewandelt und nennt sich seitdem Audi AG.
Die Audi AG ist heute der größte Arbeitgeber in der Region Ingolstadt. 33000 Mitarbeiter sind allein am Hauptsitz beschäftigt. Hier befinden sich auf einem etwa 267 Hektar großen Firmengelände die Konzernleitung, die technische Entwicklung und die Hauptverwaltung. Täglich rollen in drei Schichten rund um die Uhr etwa 2500 Fahrzeuge vom Band.

Automobilbau in Bayern: Das Beispiel BMW

Die Bayerischen Motorenwerke (BMW)
Am 21. Juli 1917 wurden die Rapp-Motorenwerke in Bayerische Motoren Werke GmbH umbenannt. Neben dem Münchner Flugplatz Oberwiesenfeld baute das Unternehmen Motoren für Militärflugzeuge. 1918 erfolgte die Umwandlung der GmbH in eine Aktiengesellschaft.
Nach dem Ersten Weltkrieg und dem Versailler Vertrag 1919 wurden aufgrund des Produktionsverbots für Flugmotoren Eisenbahnbremsen und Einbaumotoren gefertigt. 1922 verkaufte die Firma ihren Motorenbau samt dem Namen BMW an die Bayerischen Flugzeugwerke (BFW) und zog in deren Werkshallen um. Das BFW-Gründungsdatum, der 7. März 1916, gilt seitdem als Geburtstag der erneuerten Bayerischen Motoren Werke AG.
Ab 1933 förderte der NS-Staat im Rahmen seiner Aufrüstungspolitik massiv den Flugzeugbau. Bis 1941 wurde das BMW-Werk Allach bei München für die Großserienproduktion von Flugmotoren stark ausgebaut. Mit drei Flugmotoren BMW 132 schrieb die Junkers Ju 52 („Tante Ju") Luftfahrtgeschichte. Im Oktober 1945 befahl die US-Militärregierung, die BMW-Werke München und Allach zu demontieren. Damit verlor BMW bis 1949, in Allach sogar bis 1955, die Verfügungsgewalt über sein Vermögen. Fast alle intakten Maschinen wurden abgebaut und als Reparationsgut in alle Welt verschifft.
Im Sommer 1947 lagen die Konstruktionspläne für das erste BMW-Nachkriegsmotorrad vor. Das erste Serienmodell fand auf einem durch Kriegs- und Nachkriegszeit unterversorgten Markt reißenden Absatz.
Zwei Fahrzeuge aus dem Haus BMW prägten das Straßenbild der Aufbaujahre nach dem Zweiten Weltkrieg: Der BMW 501, wegen seines rundlichen Designs „Barockengel" genannt, und die BMW-Isetta mit ihrem 12 oder 13 PS starken Motorradmotor. Sie wurde mit über 160 000 verkauften Exemplaren zum meistverkauften BMW der 1950er Jahre.
Mitte der 1960er Jahre stieß das BMW-Werk München an seine Kapazitätsgrenze. BMW plante zunächst Neubauten, kaufte 1967 aber die krisengeschüttelte Hans Glas GmbH mit ihren Standorten in Dingolfing und Landshut.

2 Die BMW-Isetta, auch „Knutschkugel" genannt. Foto, 1955.

In Dingolfing entstand in den folgenden Jahrzehnten das größte BMW-Werk weltweit.
Anfang der 1980er Jahre erwarb BMW ein Kasernengelände im Münchner Norden und baute dort das Forschungs- und Ingenieurzentrum (FIZ) mit Design, Konstruktion, Versuchswerkstätten, Prototypenbau und komplettem Pilotwerk auf. 1990 wurde das FIZ offiziell eröffnet und bis heute ständig erweitert.
Als Entlastung für das Münchner BMW-Werk, das mittlerweile nur den 3er-BMW baut, wurde wegen der wachsenden Nachfrage nach diesem Modell der Bau eines neuen Werks beschlossen. Nach der Grundsteinlegung 1984 konnte das Werk Regensburg 1987 den Betrieb aufnehmen und in den folgenden Jahren weiter ausgebaut werden.
Mit dem Bau eines Automobilwerks in den USA wurde BMW endgültig zum Global Player. Das Werk in Spartanburg (South Carolina) ist speziell für die Produktion des Roadsters BMW Z3 ausgelegt und wurde 1995 eröffnet.
Rund 60 000 Mitarbeiter beschäftigt BMW allein in Bayern, mit etwa 27 000 Arbeitnehmern ist BMW einer der wichtigsten Arbeitgeber in der strukturschwachen Region Ostbayern.

1 *Informieren Sie sich im Internet über die Firmengeschichte von Audi bzw. BMW und stellen Sie diese jeweils mit Hilfe eines Zeitstrahls dar.*

2 *Überlegen Sie, welche Bedeutung Audi und BMW für die Entwicklung wirtschaftlich schwacher bayerischer Regionen haben.*

Der BMW-Firmensitz in München. *Die Architektur des 1972 fertig gestellten Gebäudes erinnert an einen Zylinderkolben.*

Wandel durch Annäherung

Die „neue Ostpolitik"
Unter dem Schlagwort „Wandel durch Annäherung" verfolgte die 1969 aus SPD und FDP gebildete sozialliberale Bundesregierung unter Bundeskanzler Willy Brandt eine „neue Ostpolitik", die das bisher gespannte Verhältnis zwischen der Sowjetunion und der Bundesrepublik und zwischen den beiden deutschen Staaten verändern sollte.

Q1 Aus einer Rede Egon Bahrs, einem späteren engen Mitarbeiter Brandts, über die Chancen der deutschen Wiedervereinigung am 15. Juli 1963:
... Die Voraussetzungen zur Wiedervereinigung sind nur mit der Sowjetunion zu schaffen. Sie sind nicht in Ost-Berlin zu bekommen, nicht gegen die Sowjetunion, nicht ohne sie ... Die Wiedervereinigung ist ein außenpolitisches Problem ... Die amerikanische Strategie des Friedens lässt sich auch durch die Formel definieren, dass die kommunistische Herrschaft nicht beseitigt, sondern verändert werden soll ...

1 *Erläutern Sie, inwiefern die Regierung Brandt eine „neue Ostpolitik" betrieb.*

Die Ostverträge
Die Sowjetunion begegnete der neuen deutschen Ostpolitik ebenso mit Skepsis wie die DDR. Der Generalsekretär der KPdSU, Leonid Breschnew, erklärte gegenüber dem späteren Generalsekretär der SED, Erich Honecker, dass es zu keinem Prozess der Annäherung zwischen der Bundesrepublik und der DDR kommen dürfe.

__12. August 1970:__ Moskauer Vertrag; beiderseitige Verpflichtung, die europäischen Grenzen anzuerkennen, insbesondere die Oder-Neiße-Linie und die deutsch-deutsche Grenze.

Q2 Aus dem Moskauer Vertrag:
Artikel 3 Die Bundesrepublik Deutschland und die Union der Sozialistischen Sowjetrepubliken (stimmen) in der Erkenntnis überein, dass der Friede in Europa nur erhalten werden kann, wenn niemand die gegenwärtigen Grenzen antastet ... Sie betrachten heute und künftig die Grenzen aller Staaten in Europa als unverletzlich, wie sie am Tage der Unterzeichnung dieses Vertrages verlaufen, einschließlich der Oder-Neiße-Linie, die die Westgrenze der Volksrepublik Polen bildet, und der Grenze zwischen der Bundesrepublik Deutschland und der Deutschen Demokratischen Republik.

2 *Erläutern Sie die Zielsetzung des Vertrages.*

__7. Dezember 1970:__ Warschauer Vertrag; die Bundesrepublik akzeptierte die Oder-Neiße-Linie als polnische Westgrenze.

1 **Bundeskanzler Brandt kniete 1970 am Mahnmal für die Opfer des Warschauer Ghettoaufstandes von 1943 nieder – eine international viel beachtete politische Geste.**

Noch im Dezember desselben Jahres war der Vertrag mit der Volksrepublik Polen unterschriftsreif.

Q3 Aus dem Warschauer Vertrag:
Artikel I
1. Die Bundesrepublik Deutschland und die Volksrepublik Polen stellen übereinstimmend fest, dass die bestehende Grenzlinie, deren Verlauf im Kapitel IX der Beschlüsse der Potsdamer Konferenz vom 2. August 1945 ... festgelegt worden ist, die westliche Staatsgrenze der Volksrepublik Polen bildet.
2. Sie bekräftigen die Unverletzlichkeit ihrer bestehenden Grenzen jetzt und in der Zukunft und verpflichten sich gegenseitig zur uneingeschränkten Achtung ihrer territorialen Integrität.
3. Sie erklären, dass sie gegeneinander keinerlei Gebietsansprüche haben und solche auch in Zukunft nicht erheben werden.

3 *Arbeiten Sie heraus, worin sich sich dieser Vertrag vom Moskauer Vertrag (Q2) unterscheidet.*

4 *Überlegen Sie, warum Willy Brandt vor dem Ehrenmal in Warschau niederkniete (Abb. 1).*

Der Grundlagenvertrag

Deutsch-deutsche Treffen in Erfurt und Kassel 1970

Auch im innerdeutschen Verhältnis versuchte die Regierung Brandt eine Politik der Annäherung und der kleinen Schritte. Bei seinem Besuch in Erfurt im März 1970 bereiteten Tausende von DDR-Bürgerinnen und -Bürgern Willy Brandt einen begeisterten Empfang, der deutlich machte, dass die Menschen in der DDR die Einheit Deutschlands nicht aufgegeben hatten und große Hoffnungen in die neue westdeutsche Politik setzten.

2 „Menschliche Erleichterungen". Karikatur von Josef Blaumeister zu den Ostverträgen, 1973.

Viermächteabkommen und Grundlagenvertrag

Parallel zu den Ostverträgen verhandelten die ehemaligen Besatzungsmächte über ein Berlin-Abkommen, das 1971 unterzeichnet wurde. Darin garantierte die UdSSR den ungehinderten Verkehr zwischen West-Berlin und der Bundesrepublik Deutschland. Schließlich regelte die sozialliberale Koalition auch die Beziehungen zur DDR vertraglich.

Q4 Im Grundlagenvertrag mit der DDR von 1972 heißt es:

Artikel 1 Die Bundesrepublik Deutschland und die Deutsche Demokratische Republik entwickeln normale gutnachbarliche Beziehungen zueinander auf der Grundlage der Gleichberechtigung …

Artikel 6 … Sie respektieren die Unabhängigkeit und Selbstständigkeit jedes der beiden Staaten in seinen inneren und äußeren Angelegenheiten …

5 *Erläutern Sie, welches Ziel die DDR mit dem Grundlagenvertrag erreichte und was sie dafür zugestehen musste.*

6 *Welche Haltung zu den Ostverträgen nimmt der Karikaturist (Abb. 2) ein?*

Die Ostpolitik im innenpolitischen Streit

Q5 Außenminister Walter Scheel im November 1972 über den Grundlagenvertrag:

… Der Grundvertrag ist kein Schlussstein im Verhältnis zwischen den beiden Teilen Deutschlands … Beide Staaten sind Teil einer Nation mit gemeinsamer Sprache, gemeinsamer Geschichte und einem engen Geflecht von Bindungen … Unsere Politik bleibt, auf einen Zustand hinzuwirken, in dem das deutsche Volk in freier Selbstbestimmung seine Einheit wiedererlangt.

Die CDU/CSU-Opposition bekämpfte die Ostpolitik der sozialliberalen Koalition heftig.

Q6 Der CDU-Abgeordnete Gerhard Schröder sagte 1972:

… Unsere Kritik an den Verträgen beruht daher auf der Befürchtung, dass die Teilung Deutschlands vertieft … wird … Wir befürchten, dass die Ostpolitik langfristig den Zusammenhalt des Westens … und damit unsere Sicherheit gefährdet …, dass es auf die Dauer gesehen zu einer Machtverschiebung in Europa zugunsten der Sowjetunion kommt …

7 *Vergleichen Sie die Stellungnahmen in Q 2 und 3, besonders im Hinblick auf die Frage nach der „Einheit der Nation".*

8 *Stellen Sie die Zielsetzung, die in Q 5 deutlich wird, der DDR-Verfassung von 1974 (S. 123, Q 4) gegenüber.*

9 *Beurteilen Sie die Befürchtungen aus heutiger Sicht.*

Die CDU/CSU-Opposition lehnte den Vertrag ab. Auf Antrag Bayerns prüfte das Bundesverfassungsgericht den Vertrag. Die Richter stellten zwar eine Vereinbarkeit mit dem Grundgesetz fest, verpflichteten die Regierung aber, den Verfassungsgrundsatz der Wiedervereinigung weiterzuverfolgen.

21. Dezember 1972: *Vertrag über die Grundlagen der Beziehungen zwischen der Bundesrepublik Deutschland und der Deutschen Demokratischen Republik.*

„Ein Volk? Ein Reich? Eine Nation?" *In Anlehnung an die NS-Parole „Ein Volk, ein Reich, ein Führer" fragt „Der Spiegel" in seiner Ausgabe vom 18. Dezember 1972, ob der Grundlagenvertrag die Einheit der Nation wahrt.*

Das Verhältnis zwischen beiden deutschen Staaten

Erich Honecker
(1912–1994), gelernter Dachdecker und seit 1930 Mitglied der KPD, saß unter den Nationalsozialisten von 1937 bis 1945 in Haft. Er baute seit 1946 die FDJ (siehe S. 125) auf und stieg in der politischen Hierarchie der DDR kontinuierlich auf: seit 1971 Nachfolger Ulbrichts als Erster Sekretär des ZK der SED (ab 1976 Generalsekretär) und seit 1976 Vorsitzender des DDR-Staatsrates. 1989 aller Ämter enthoben, ging er 1990 ins Exil nach Chile, wo er 1994 einem Krebsleiden erlag.

Fortsetzung der Ostpolitik
Obwohl CDU und CSU die Ostpolitik der sozialliberalen Regierung Brandt heftig kritisiert und die Ostverträge abgelehnt hatten, änderte sich der außenpolitische Kurs der neuen CDU/CSU-FDP-Regierung unter Bundeskanzler Kohl nicht. Sie setzte die Ostpolitik und die Politik gegenüber der DDR ihrer Vorgängerregierungen nahtlos fort. Der Nachrüstungsdoppelbeschluss der NATO (siehe S. 78) wurde mit der Stationierung von Pershing-II-Raketen ebenso umgesetzt wie die „Politik der kleinen Schritte" gegenüber der DDR. Diese sollte zwischen beiden deutschen Staaten zu menschlichen Erleichterungen für die Bürger führen.

1 **Bundeskanzler Kohl empfing Erich Honecker mit militärischen Ehren in Bonn, 1987.**

Q1 Im „Bericht zur Lage der Nation" von 1984 heißt es:
... Wir wollen das Erreichte bewahren und ausbauen, wir wollen die Chancen des Grundlagenvertrages und der anderen innerdeutschen Verträge und Vereinbarungen nutzen. Wir sind bereit, die Beziehungen zur DDR auf der Basis von Ausgewogenheit, Vertragstreue und Berechenbarkeit und mit dem Ziel praktischer, für die Menschen unmittelbar nützlicher Ergebnisse weiterzuentwickeln. Die Bundesrepublik Deutschland und die DDR stehen in einer Verantwortungsgemeinschaft für den Frieden und die Sicherheit in Europa, beide müssen sich um eine Entschärfung der internationalen Lage bemühen.

Der Besuch Erich Honeckers im Jahr 1987 mit allen militärischen Ehren in Bonn war Ausdruck des geregelten Nebeneinanders beider Staaten. Stillschweigend war die Frage der deutschen Einheit auf die lange Bank geschoben worden; das Gleichgewicht in Europa sollte nicht gestört werden.

1 *Erläutern Sie die „Politik der kleinen Schritte".*

2 *Arbeiten Sie heraus, wie der Karikaturist (Abb. 2) diese Politik bewertet.*

2 **Menschlicher Erleichterer.** Karikatur von Horst Haitzinger, 1980.

Zusammenfassung

Die Entwicklung in der Bundesrepublik
In der Bundesrepublik führten die freiheitlich-demokratische Grundordnung, verbunden mit der sozialen Marktwirtschaft, und die Einbindung in die westlichen Bündnisse NATO und EG zu raschem Wirtschaftsaufschwung und großer Zufriedenheit der Bevölkerung. Erst gegen Ende der 1960er Jahre gab es im Innern die ersten größeren Belastungsproben.
Einer wirtschaftlichen Rezession mit rasch ansteigender Arbeitslosigkeit folgte der studentische Protest gegen verkrustete Strukturen in der Gesellschaft. Als Gegengewicht zur Großen Koalition formierte sich die „APO", die unter anderem gegen die Notstandsgesetzgebung rebellierte. Ein Teil der „APO" radikalisierte sich und versuchte, mit Terroranschlägen gegen Personen und Sachen das politisch-gesellschaftliche System der Bundesrepublik aus den Angeln zu heben.
Die neue Ostpolitik unter Bundeskanzler Brandt führte im Rahmen der internationalen Entspannungspolitik zu einer Verständigung zwischen beiden deutschen Staaten. Eine „Politik der kleinen Schritte" brachte unter dem Motto „Wandel durch Annäherung" den Menschen im geteilten Deutschland bescheidene Erleichterungen.

Die DDR
Nach dem Mauerbau 1961 grenzte sich die DDR nach außen von der Bundesrepublik ab. Das Ziel einer Wiedervereinigung wurde aus der Verfassung gestrichen. International bemühte sich die DDR um eine Anerkennung als selbstständiger Staat. Im Innern versuchte die SED ihren Machtanspruch zu sichern. Das Ministerium für Staatssicherheit sollte alle Bereiche des täglichen Lebens kontrollieren und jede Opposition im Keim ersticken. Die Unzufriedenheit der DDR-Bürger mit den politischen und wirtschaftlichen Verhältnissen wurde aber besonders gegen Ende der 1970er Jahre immer deutlicher, weil es der SED-Führung nicht gelang, die Versorgung der Bevölkerung mit Konsumgütern dauerhaft zu gewährleisten. Reformwillige Oppositionelle wurden schikaniert, verfolgt und ausgebürgert.

Die Entwicklung Bayerns zu einem modernen Industriestaat
Bayern entwickelte sich nach dem Krieg in wenigen Jahrzehnten von einem rückständigen Agrarland zu einem hoch entwickelten Industriestaat. Moderne Hochtechnologie, ein gewachsener Dienstleistungssektor und ein breites Angebot an Bildung und Ausbildung waren Garanten eines schnellen Wirtschaftsaufschwungs.

1970er Jahre

Zahlreiche Mordanschläge der RAF erschütterten die Bundesrepublik.

Seit 1969

„Wandel durch Annäherung" hieß die Devise einer neuen Ostpolitik.

Nach 1961

Ein ausgeklügeltes Spitzelsystem versuchte jede Opposition in der DDR zu unterdrücken.

Nach 1960

Bayerns „Sprung nach vorn" führte ins Hightech-Zeitalter.

Testen Sie Ihre Kompetenzen!

Begriffe – Namen – Daten

- ✓ Außerparlamentarische Opposition
- ✓ Ostverträge
- ✓ Willy Brandt
- ✓ Helmut Kohl
- ✓ Ausprägung eines totalitären Systems
- ✓ Stasi

1 Stasi-Spitzel in den 1970er Jahren. Heimlich aufgenommenes Foto.

2 Staatssymbole der DDR: Flagge und Nationalitätskennzeichen für Autos.

3 Die BMW-Isetta, auch „Knutschkugel" genannt. Foto, 1955.

4 Bundeskanzler Brandt kniete 1970 am Mahnmal für die Opfer des Warschauer Ghettoaufstandes von 1943 nieder – eine international viel beachtete politische Geste.

Testen Sie Ihre Kompetenzen!

Q1 In seiner Regierungserklärung im Herbst 1969 hatte Bundeskanzler Willy Brandt angekündigt:

... 20 Jahre nach Gründung der Bundesrepublik Deutschland und der DDR müssen wir ein weiteres Auseinanderleben der deutschen Nation verhindern, also versuchen, über ein geregeltes Nebeneinander zu einem Miteinander zu kommen ...

Dies ist nicht nur ein deutsches Interesse, denn es hat seine Bedeutung auch für den Frieden in Europa und für das Ost-West-Verhältnis. Unsere und unserer Freunde Einstellung zu den internationalen Beziehungen der DDR hängt nicht zuletzt von der Haltung Ost-Berlins selbst ab ...

Die Bundesregierung setzt die im Dezember 1966 durch Bundeskanzler Kiesinger und seine Regierung eingeleitete Politik fort und bietet dem Ministerrat der DDR erneut Verhandlungen beiderseits ohne Diskriminierung auf der Ebene der Regierungen an, die zu vertraglich vereinbarter Zusammenarbeit führen sollen. Eine völkerrechtliche Anerkennung der DDR durch die Bundesregierung kann nicht in Betracht kommen. Auch wenn zwei Staaten in Deutschland existieren, sind sie doch füreinander nicht Ausland; ihre Beziehungen zueinander können nur von besonderer Art sein.

Anknüpfend an die Politik ihrer Vorgängerin erklärt die Bundesregierung, dass die Bereitschaft zu verbindlichen Abkommen über den gegenseitigen Verzicht auf Anwendung oder Androhung von Gewalt auch gegenüber der DDR gilt ...

Der Status der unter der besonderen Verantwortung der vier Mächte stehenden Stadt Berlin muss unangetastet bleiben. Dies darf nicht daran hindern, Erleichterungen für den Verkehr in und nach Berlin zu suchen.

Die Lebensfähigkeit Berlins werden wir weiterhin sichern. West-Berlin muss die Möglichkeit bekommen, zur Verbesserung der politischen, wirtschaftlichen und kulturellen Beziehungen der beiden Teile Deutschlands beizutragen ...

5 **Plakat der Grünen zur Bundestagswahl 1983.**

Fachwissen

1 *Erklären Sie sich gegenseitig wichtige Begriffe (Kasten) und schreiben Sie die Bedeutung der Begriffe in Ihr Geschichtsheft.*

2 *Vergleichen Sie Kennzeichen für die politischen Systeme der Bundesrepublik und der DDR.*

3 *Erklären Sie die Staatssymbole der DDR (Abb. 2).*

4 *Erläutern Sie die Motive, die 1983 die Gründung der neuen Partei „Die Grünen" (Abb. 5) auslösten.*

Methoden

5 *Recherchieren Sie im Internet über die „Jugendweihe".*

6 *Informieren Sie sich mithilfe des Internets über den Liedermacher Wolf Biermann und wählen Sie Liedtexte aus, die seine Situation in der DDR beleuchten.*

7 *Arbeiten Sie anhand von Q1 die Position von Bundeskanzler Willy Brandt zum deutsch-deutschen Verhältnis heraus.*

8 *Wählen Sie Ereignisse aus, welche die Annäherung zwischen der Bundesrepublik und der DDR verdeutlichen, und stellen Sie diese in einem Schaubild dar.*

Beurteilen und bewerten

9 *Bewerten Sie die Möglichkeit einer Wiedervereinigung aus der Sicht der in den 1980er Jahren lebenden Menschen in beiden Teilen Deutschlands.*

10 *Beurteilen Sie die Bedeutung des Automobilbaus für die Entwicklung der wirtschaftlich schwachen bayerischen Regionen in den 1950er Jahren (Abb. 3).*

11 *Diskutieren Sie, welche Bedeutung das Niederknien des Bundeskanzlers Willy Brandt am Mahnmal für die Opfer des Warschauer Ghettoaufstandes (Abb. 4) 1970 hatte.*

5 Neuorientierung in Europa

Die Geste der beiden Staatsmänner Michail Gorbatschow und Ronald Reagan während ihres Treffens in Genf im November 1985 ist bezeichnend: Die Konfrontation zwischen den beiden Supermächten wich allmählich der Kooperationsbereitschaft. Der „Kalte Krieg" war beendet. Für Europa hatte die Verständigungspolitik der Supermächte nicht nur in Fragen der Abrüstung weit reichende Folgen. Das Gesicht Europas und auch Deutschlands veränderte sich entscheidend …

Die Sowjetunion im Wandel

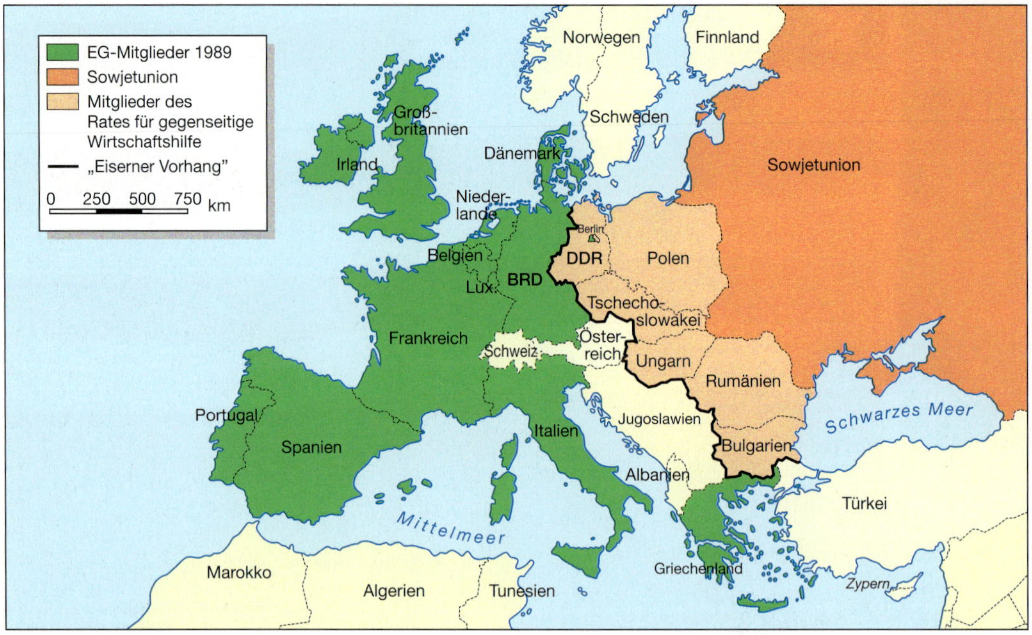

1 **Europa 1989.**

***Michail Gorbatschow** (geb. 1931), seit 1952 Mitglied der KPdSU, Jura- und Landwirtschaftsstudium, 1985–1991 Generalsekretär des Zentralkomitees der Kommunistischen Partei der Sowjetunion, 1990 Friedensnobelpreisträger, März 1990 Wahl zum Staatspräsidenten der UdSSR, 1991 Rücktritt.*

Die Herrschaft der alten Männer ist vorüber

Leonid Breschnew (siehe S. 84) starb 1982. Ihm folgte der ehemalige Geheimdienstchef Jurij Andropow (geb. 1914). Obwohl schwer krank, setzte er einige Veränderungen in der angeschlagenen Wirtschaft des Landes durch, bekämpfte die Korruption in Politik und Verwaltung und plante weitere Reformen. Nach nur 15 Monaten starb er 1984. Sein Nachfolger im Amt des Staats- und Parteichefs, Viktor Tschernenko (geb. 1911), regierte nur wenige Monate.

1 *Erklären Sie die Überschrift „Die Herrschaft der alten Männer ist vorüber".*

Der neue Mann im Kreml

1985 wählte das Zentralkomitee der KPdSU einen relativ jungen Politiker, den 54-jährigen Michail Gorbatschow, zum mächtigsten Mann der Sowjetunion. Er fand eine angespannte Lage vor: Die Rüstungsausgaben verschlangen einen Großteil der Staatseinnahmen. Der blutige Bürgerkrieg im Nachbarland Afghanistan, in das die Rote Armee 1979 einmarschiert war, wurde für die Sowjetunion zunehmend ein Klotz am Bein. Das Verhältnis zu den USA war wegen der sowjetischen Afghanistan-Politik zerrüttet: 1980 boykottierten die USA die Olympischen Spiele in Moskau, die UdSSR revanchierte sich mit einer Nichtteilnahme an den Spielen in Los Angeles vier Jahre später.

Q1 In seiner Antrittsrede am 11. März 1985 erklärte Gorbatschow:

Wir müssen eine entscheidende Wende bei der Umstellung der Volkswirtschaft auf das Gleis der intensiven Entwicklung durchsetzen. Wir müssen in kurzer Frist die vordersten Positionen in der Wissenschaft und Technik

1957
Gründung der Europäischen Wirtschaftsgemeinschaft (EWG)

seit 1985
Reformpolitik in der UdSSR durch Gorbatschow

1989
Montagsdemonstrationen und Fall der Berliner Mauer (9.11)

3.10.1990
Wiedervereinigung der beiden deutschen Staaten

Die Sowjetunion im Wandel

und den Welthöchststand bei der Produktivität der gesellschaftlichen Arbeit erreichen, ja wir sind verpflichtet dazu …

2 *Gorbatschow wurde national wie international für viele Menschen zum Hoffnungsträger. Nennen Sie Gründe dafür.*

Perestroika* und Glasnost*

Diese beiden Schlagworte prägten die Ära Gorbatschow und wurden zum Inbegriff der Hoffnungen auf Reformen, die viele Menschen im gesamten Ostblock hegten.

Q2 Gorbatschow beschrieb seine Reformvorstellungen so:

Glasnost verlangt bei allen Fragen der Innen- und Außenpolitik Meinungsvielfalt, offene Diskussionen und die freie Gegenüberstellung unterschiedlicher Ansichten. Nur unter einer solchen Voraussetzung kann sie ihre gesellschaftliche Pflicht erfüllen und dem Volk sowie dem Sozialismus von Nutzen sein.
Perestroika bedeutet, die stagnierenden Prozesse zu überwinden, alles zu beseitigen, was bremst, einen zuverlässigen und wirksamen Mechanismus zur Beschleunigung der sozialökonomischen Entwicklung zu schaffen und diesem eine größere Dynamik zu verleihen.
Perestroika bedeutet Initiative der Massen, Entwicklung der Demokratie auf breiter Basis, sozialistische Selbstverwaltung, Förderung von Initiative und schöpferischer Arbeit, Stärkung von Ordnung und Disziplin, mehr Offenheit, Kritik und Selbstkritik in allen Bereichen unserer Gesellschaft, ein Höchstmaß an Achtung des Individuums und Wahrung seiner persönlichen Würde.

Glasnost und Perestroika zeigten bald ihre Wirkung:
- Herausgabe neuer Zeitungen
- Lockerung der Zensurbestimmungen
- Freilassung des Regimekritikers Andrej Sacharow
- Rehabilitierung der Opfer stalinistischen Terrors (ca. 850 000)
- Durchführung einer Anti-Alkohol-Kampagne

2 **„Genossen! Unsere Abteilung braucht eine Perestroika und muss anfangen, auf eine neue Art zu arbeiten!"** Karikatur aus der russischen Satirezeitschrift „Krokodil", 1986.

3 *Erläutern Sie das „Neue" an Gorbatschows Politik.*

4 *Kritiker in der eigenen Partei und im Ostblock warfen Gorbatschow den Ausverkauf der UdSSR und der kommunistischen Idee vor.*
- *Listen Sie mögliche Argumente der Kritiker Gorbatschows auf. Beziehen Sie dazu die Karikatur (Abb. 2) mit ein.*
- *Finden Sie Gegenargumente.*
- *Veranstalten Sie in der Klasse eine Podiumsdiskussion.*

Perestroika* (russ.): *Umbau, Umbildung des politischen und wirtschaftlichen Systems*

Glasnost* (russ.): *politische Offenheit*

1991 Zerfall der Sowjetunion

1991–1999 Kriege in Ex-Jugoslawien

1993 Europäische Union (Vertrag von Maastricht)

2009 Reformvertrag von Lissabon

Neue Wege in der Innen- und Außenpolitik

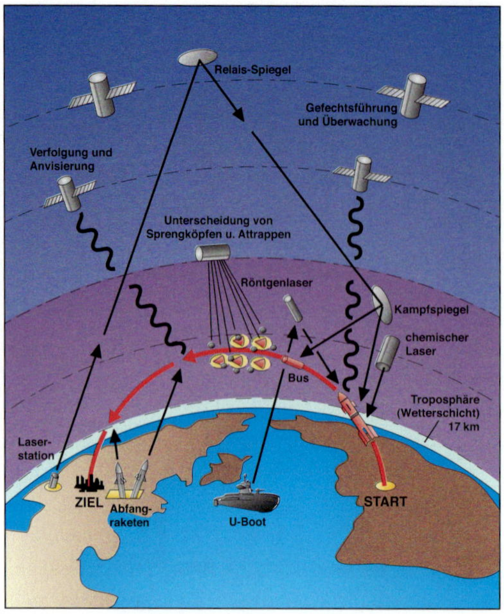

1 Schematische Darstellung des nicht verwirklichten amerikanischen Verteidigungssystems SDI*.

SDI (Strategic Defense Initiative)*: *Ein System aus Spiegeln, Laser und Satelliten im Weltall sollte feindliche Raketen aufspüren, ablenken und durch Laserstrahlen zerstören.*

Čto delať? – Was tun?

Achtzig Jahre nach Lenins programmatischer Schrift aus dem Jahr 1902 stand Gorbatschow Ende der 1980er Jahre erneut vor dieser Frage. Die sowjetische Wirtschaft steckte in einer tiefen Krise. Die Arbeitsproduktivität sank, die landwirtschaftlichen Erträge gingen zurück, die Industrie erreichte die gesteckten Ziele nicht, es mangelte an vielen Grundprodukten. Die Bevölkerung antwortete auf die schlechte Versorgungslage mit Protesten. Die Politik griff zu unpopulären Maßnahmen und läutete einen Kampf gegen Korruption, Diebstahl, Unpünktlichkeit am Arbeitsplatz und Alkoholmissbrauch ein. Konkurrenz und Erfüllung der Anforderungen des Marktes wurden die neuen Normgrößen der Wirtschaft. Allerdings blieben viele Reformen nur Schönheitsoperationen an der Planwirtschaft, der radikale Schritt zur Marktwirtschaft wurde noch vermieden. Gorbatschow versuchte einen dritten Weg dazwischen und setzte auf moralische Appelle.

Das Land belieferte den Ostblock und andere Länder der Welt mit begehrten Rohstoffen wie Öl und Kohle, konnte aber aus diesem natürlichen Reichtum nicht den notwendigen Nutzen ziehen. Einerseits war Russland auf den Gebieten Raumfahrt und Kernforschung führend, andererseits waren viele Produktionsanlagen und die Infrastruktur veraltet, die Verwaltung ineffizient.

Leere Kassen und ihre Folgen

Die Ausgaben für die Vier-Millionen-Armee und die Rüstung verschlangen mehr als ein Viertel des sowjetischen Bruttosozialprodukts. Gorbatschow brauchte diese Mittel aber für die wirtschaftliche, technische und soziale Entwicklung der Sowjetunion. Er hielt die Auffassung, dass der Atomkrieg einer Seite Vorteile bringe, für überholt. Deshalb trafen Gorbatschow und der amerikanische Präsident Reagan zahlreiche Vereinbarungen:

- 1986 Unterzeichnung der Schlussakte über vertrauens- und sicherheitsbildende Maßnahmen und Abrüstung in Europa
- 1987 Vertrag über einen vollständigen Abbau der Mittelstreckenraketen in Europa und die Reduzierung der strategischen Atomwaffen
- Verzicht der USA auf ihr Hochtechnologieprojekt SDI
- 1990 Vertrag über die Begrenzung der konventionellen Streitkräfte in Europa

Q1 Aus dem Ausland erreichten Gorbatschow Briefe besorgter Bürger, die sich mit der Abrüstung beschäftigten:

Sehr geehrter Herr Gorbatschow!

Dass die Sowjetunion in den letzten Jahren ein einseitiges Atomtest-Moratorium [= Aufschub] verkündet, den Abbau konventioneller Streitkräfte in Europa gefordert, eine fünfzigprozentige Reduzierung der strategischen Nuklearwaffen herbeigeführt hat usw., hat uns Wege gezeigt, die aus dem Wahnsinn und der Geldverschwendung des Wettrüsten herausführen.

1 *Fassen Sie zusammen, vor welchen innen- und außenpolitischen Problemen die Sowjetunion stand und wie diese gelöst werden sollten.*

2 *SDI wurde auch als Krieg der Sterne bezeichnet. Erklären Sie mit Hilfe der Abbildung, was damit gemeint ist.*

gebracht: „Wir wollen nicht mehr zum Kommunismus zurück, aber wir haben eure Demokratie, eure Freiheit, eure Menschenrechte satt. Wir wollen Ordnung."

2 *Charakterisieren Sie den Regierungsstil Jelzins und überlegen Sie mögliche Folgen.*

In den 1990er Jahren erlebten die Russen drei Geldreformen: Das bedeutete für viele Kleinsparer den herben Verlust der Ersparnisse und führte in der Bevölkerung zu einem tiefen Misstrauen gegenüber Banken und der Finanzpolitik des Staates. Hinzu kamen die Schließung vieler unrentabler Staatsbetriebe, Arbeitsplatz- und Sozialabbau, Arbeitslosigkeit, niedrige Löhne und Renten bei steigenden Preisen.

Der neue, starke Mann im Kreml

Die schlechte Wirtschafts- und Finanzlage, der umstrittene und opferreiche Krieg gegen Tschetschenien und die ausufernde Korruption erzwangen 1999 den Rücktritt des körperlich verfallenen Jelzin.

Wladimir Putin leitete eine wirtschaftliche Stärkung Russlands ein, zahlte Auslandsschulden zurück und führte das Land in den Kreis der wichtigsten Industriestaaten („G 8*"). Mit den USA konnte ein umfangreiches Abrüstungsprogramm ausgehandelt werden. Putin wechselte 2008 auf den Posten des Ministerpräsidenten, sein Nachfolger als Präsident wurde Dimitrij Medwedjew.

Aktuelle Probleme des Landes sind nach wie vor Korruption, Machtmissbrauch, Einschränkung der demokratischen Grundrechte politischer Gegner und der Terrorismus.

Der unruhige Kaukasus

Im Kaukasus brachen nach dem Zerfall der Sowjetunion ethnische Konflikte aus. Regionen und autonome Republiken strebten nach Unabhängigkeit, der Weg dahin führte zu blutigen Bürgerkriegen.

Zu einem Brennpunkt wurde das islamische Tschetschenien, das seit Anfang der 1990er Jahre seine Unabhängigkeit von Russland erstrebt. Die Wirtschaft des Landes liegt am Boden, die Hauptstadt Grosny wurde durch Kriegshandlungen zerstört, und viele Tschetschenen leben in Armut.

Tschetschenien stellt einen wichtigen Verkehrsknotenpunkt dar. Eine Erdölleitung führt vom zweitwichtigsten Ölgebiet der Welt, von Baku (Aserbaidschan), durch die Teilrepublik zum russischen Schwarzmeerhafen Noworossisk. Deshalb ist Tschetschenien für Russland von großer strategischer Bedeutung. Internationale Ölkonzerne sind ebenso am Öl und seinem sicheren Transport interessiert. Blutige Kämpfe zwischen tschetschenischen Rebellen und der russischen Armee flammen immer wieder auf. Muslimische Terroristen und Selbstmordattentäterinnen (sogenannte „Schwarze Witwen") versuchen immer wieder, mit Anschlägen und Geiselnahmen auf den Krisenherd Kaukasus aufmerksam zu machen, und tragen so den Krieg in die russischen Metropolen.

3 *Arbeiten Sie heraus, worum es beim Tschetschenienkonflikt geht.*

2 **Ein russischer Soldat trägt nach Beendigung des Geiseldramas in der nordossetischen Stadt Beslan einen Jungen aus der Schule.** Foto, 4. September 2004. Tschetschenische Terroristen nahmen in einer Schule etwa 1200 Geiseln, um Gesinnungsgenossen freizupressen. Bei der Erstürmung der Schule durch russisches Militär kamen über 300 Menschen ums Leben.

G 8*: *Weltwirtschaftsgipfel (seit 1975) der führenden Staats- bzw. Regierungschefs westlicher Industrienationen (Deutschland, Frankreich, Großbritannien, Italien, Japan, Kanada, USA) und Russlands (seit 1997) zur Diskussion von globalen Wirtschafts- und Politikproblemen.*

Wladimir Putin *(geb. 1952 in Leningrad/St. Petersburg), Jurist, Arbeit für den sowjetischen Geheimdienst in der DDR, ab 1999 Ministerpräsident. 2000 bis 2008 und seit 2012 Staatspräsident Russlands.*

Dmitrij A. Medwedjew *(geb. 1965 in Leningrad/St. Petersburg), Jurist, Dozent für Zivilrecht, 2002 bis 2008 Aufsichtsratsvorsitzender des russischen Erdgaskonzerns Gazprom, Weggefährte Putins, 2008–2012 Staatspräsident Russlands.*

Ein Imperium kommt abhanden

Vor zehn Jahren gab Michail Gorbatschow seinen Widerstand gegen die Auflösung der Sowjetunion auf

von Josef Riedmiller

Der Totenschein trägt das Datum 31. Dezember 1991. Doch die Beerdigung des Leichnams hätte schon früher stattfinden müssen. Im Jahre 1990 hatten den Riesen die ersten Herzinfarkte heimgesucht: Litauen erklärte sich im März für unabhängig, im Juni und Juli ließen die Russische Sozialistische Föderale Sowjetrepublik und die Ukraine wissen, sie betrachteten sich nunmehr als souveräne Staaten.

Die Rede ist vom langen Siechtum der Sowjetunion, eines stolzen und mächtigen Staates, der in seiner Glanzzeit die Welt von Sachalin bis zur Mauer in Berlin beherrschte und darüber hinaus auch etwas zu sagen hatte – wie sein treuer Diener Andrej Gromyko nicht müde wurde zu verkünden: „Ohne die Sowjetunion kann heute keine einzige Frage der Weltpolitik entschieden werden.“ Dieses in seiner Ausdehnung und Machtentfaltung gewaltige Land, das 20 000 Atomwaffen und 60 000 Panzer angehäuft hatte, dessen Herrscher über Dutzende von Völkern geboten, auch in Friedenszeiten ein stehendes Heer mit drei Millionen Mann unterhielten und die ganze Welt erschreckten, wenn sie sich ungnädig räusperten – dieses Imperium fiel nicht mit einem Riesenkrach in sich zusammen. Nein, es lief einfach auseinander, machte kurz Mitteilung von der Beendigung der Geschäftstätigkeit und verwies Trauernde und Gläubiger an die Erben.

Festhalten an der Union

Einer wollte es nicht glauben; es war derselbe, der den Untergang herbeigeführt hatte: Michail Gorbatschow. Nicht mutwillig, nicht einmal leichtsinnig hatte er die Grundfesten der Weltmacht erschüttert. Nachdem er damit begonnen hatte, die kommunistische Diktatur aufzuweichen, wofür die Schlagworte Perestroika und Glasnost standen, geriet die gesamte Statik des Zwangssystems ins Wanken. Dass es in den Satellitenstaaten des Imperiums nicht mehr durchzusetzen war, musste aber nicht unausweichlich zur Folge haben, dass auch das Zentrum in Unordnung geriet. Gorbatschow selbst sorgte dafür, indem er, mit Zustimmung der Parteigremien, im Frühjahr 1990 den Artikel 6 der Breschnew'schen Verfassung von 1977, der das Macht- und Entscheidungsmonopol der Kommunistischen Partei (KPdSU) zementierte, dahingehend abänderte, dass auch „andere politische Parteien“ und gesellschaftliche Organisationen sich an der Leitung der öffentlichen Angelegenheiten beteiligen durften. Ein umformulierter Satz genügte, und die Diktatur war nicht mehr, was sie vorher war.

Nun gab es kein Halten mehr. Der politische Wettbewerb war eröffnet, und die KPdSU selbst blieb davon nicht verschont; sie zerrupfte sich alsbald in Fraktionskämpfen, von denen Lenin schon immer wusste, dass sie der Tod einer Partei dieses Typs sein würden ... Selbst als von den 15 Sowjetrepubliken, welche die Sowjetunion bildeten, immer mehr die Unabhängigkeit begehrten, war der Gedanke an ein Scheitern der seit mehr als 70 Jahren bestehenden Institution noch fern. Am fernsten war er Gorbatschow, der sich von einem am 17. März 1991 in neun Republiken abgehaltenen Referendum über das Fortbestehen der UdSSR „in einer erneuerten Föderation“ (76 Prozent Zustimmung) derart blenden ließ, dass er das Beben im Untergrund nicht mehr wahrnahm. Unermüdlich bastelte er ... an einer neuen Union, aus der bald eine Föderation, bald eine Konföderation mit gemeinsamer Währung und Außenpolitik werden sollte.

Selbst der August-Putsch, nach dessen Niederschlagung nicht er, der Gefangene der Putschisten, sondern der erst im Juni zum Präsidenten Russlands gewählte Boris Jelzin triumphierte, ließ seine Hoffnungen auf ein Weiterbestehen der UdSSR nicht welken. Auch nachdem noch im August mehr als die Hälfte der Republiken

Methode: Komplexere Texte erfassen und bewerten

den Sowjetstaat verlassen hatten, werkelte Gorbatschow weiter an einem Sowjetgehäuse für alle … Doch Gorbatschows Berater Anatolij Tschernajew wusste: „Wenn man mit Boris Jelzin spricht, scheint alles klar zu sein. Dann geht er nach Hause, und am nächsten Tag ist alles ganz anders." So war es auch vor dem 8. Dezember 1991, dem Tag, an dem Boris Jelzin, Leonid Krawtschuk (Ukraine) und Stanislaw Schuschkewitsch (Weißrussland) im Bjelowjescher Forsthaus zusammensaßen und mit der „Minsker Erklärung" die GUS, die Gemeinschaft Unabhängiger Staaten, gründeten. Nun führte auch für Gorbatschow kein Weg mehr an der Einsicht vorbei, dass sein Projekt einer reformierten Sowjetunion nicht mehr zu retten war. Zum ersten Mal in all den Wochen voller Demütigungen stieg in ihm der Verdacht hoch, er sei hinters Licht geführt worden – eine Erkenntnis, die nach der Ausweitung der GUS auf elf Mitglieder … schon am 21. Dezember nicht mehr zu umgehen war. Am 25. Dezember 1991 trat Michail Gorbatschow vom Amt des Staatspräsidenten der Sowjetunion zurück. Der Rest war Kleinkram: Pension, Wohnsitz, Dienstwagen.

SZ AM WOCHENENDE
Samstag, 22. Dezember 2001

Die folgende Zusammenstellung einzelner Arbeitsschritte soll Ihnen bei der systematischen Bearbeitung von komplexeren Texten helfen, deren Sinn zu erfassen.
Grundsätzlich unterscheidet man die Beschreibung (= Analyse) und die daran anschließende Deutung (= Interpretation) solcher Quellen.

I. Analyse
1. Schritt: Klären aller unbekannten Begriffe und Sachverhalte
- Schreiben Sie alle Begriffe, die Sie beim ersten Lesen des Textes nicht verstehen, heraus. Schauen Sie in einem Lexikon oder im Internet deren Bedeutung nach.
- Bevor Sie den Text ein zweites Mal lesen, arbeiten Sie am besten noch einmal die Seiten 150 bis 152 durch. Markieren Sie anschließend auf einer Kopie die wichtigsten Aussagen des Textes mit einem Leuchtstift.

2. Schritt: Beschreibung der Quelle
- Handelt es sich um einen öffentlichen Text (Urkunde, Dokument, Presseartikel, öffentliche Ansprache, Gesetz) oder um einen privaten Text (Tagebuch, Brief, Notiz)?
- Wann ist der Text erschienen? In welchem zeitlichen Abstand zum Ereignis? Was ist der unmittelbare Schreibanlass?
- Welcher Sprachstil wurde verwendet? Welche Folgen hat dies für den Text?
- Gliedern Sie den Text in einzelne Abschnitte und finden Sie passende Zwischenüberschriften.
- Geben Sie den Inhalt des Textes mit eigenen Worten wieder.

3. Schritt: Fragen zum Autor
- Ist der Autor Reporter, Politiker, Wissenschaftler, Privatmann usw.?
- In welchem Verhältnis steht der Autor zum Geschehen? Kennt er die Verhältnisse aus eigener Anschauung?
- Sind Einstellungen/Perspektiven erkennbar? Hegt er Sympathien für eine bestimmte Partei?

4. Schritt: Feststellen der Zielgruppe
- An wen richtet sich der Text? An die allgemeine Öffentlichkeit oder nur an einen Teil der Öffentlichkeit (bestimmte Personenkreise, Privatpersonen)?

II. Interpretation
1. Schritt: Zeitliche Einordnung
- Unter welchen historischen Umständen ist der Text entstanden?
- Gibt es Vergleichsquellen? Ist die Aussage gleich oder unterschiedlich? Warum?

2. Schritt: Klärung der Aussageabsicht
- Handelt es sich bei den Aussagen um eine Meinung oder um objektive Tatsachen? Gibt es inzwischen in der Rückschau neue Erkenntnisse?
- Verfolgt der Autor eine bestimmte Absicht (Überredung, Überzeugung, Täuschung, Entschuldigung, Rechtfertigung, Aufklärung, Information, Verspottung)?

3. Schritt: Zusammenfassung
- Welche Informationen kann man der Quelle entnehmen?
- Welche Schlüsse kann man aus heutiger Sicht aus der Quelle ziehen?

Jugoslawien – ...

Sozialökonomische Daten für Jugoslawien 1971 bzw. 1976 *(Angaben in Prozent)*

Sozialprodukt	
Bosnien	12,4
Kroatien	26,3
Makedonien	5,5
Montenegro	1,9
Serbien	37,5
Slowenien	16,4

Arbeitslose	
Bosnien	12,9
Kroatien	6,5
Makedonien	21,7
Montenegro	13,2
Serbien	14,6
Slowenien	1,7

Analphabeten	
Bosnien	26,4
Kroatien	13,3
Makedonien	9,1
Montenegro	2,7
Serbien	7,0
Slowenien	0,7

1 Nationalitäten, Teilrepubliken und autonome Regionen in Jugoslawien 1991.

Josip Broz Tito *(1892–1980), Partisanenführer im Zweiten Weltkrieg, Mitglied der Kommunistischen Partei, 1945 Ausrufung der föderativen Republik Jugoslawien, 1953 bis 1980 Staatspräsident Jugoslawiens (seit 1963 auf Lebenszeit).*

Geeint mit eiserner Hand

Der Name Jugoslawien entstand erst in den 1920er Jahren und bedeutet „Südslawen". Er bezeichnet einen Vielvölkerstaat, der im Verlauf der Geschichte kein einheitliches Staatswesen entwickelte. Bis ins 19. Jahrhundert war der Balkan aufgeteilt unter den Habsburgern und dem Osmanischen Reich. Die Grenze bildete der Fluss Drina. Er teilte nicht nur Machtbereiche und Volksgruppen, sondern auch Religionen: Die Bosnier sind Muslime, die Kroaten und Slowenen Katholiken und die Serben gehören zur orthodoxen Kirche.

Nach dem Ersten Weltkrieg entstand das Königreich Serbien, Kroatien, Slowenien – auch SHS-Staat genannt. 1941 besetzten Deutschland und Italien das Land, der König wurde abgesetzt. Es entbrannte ein überaus blutiger und brutaler Bürgerkrieg zwischen Partisaneneinheiten, der deutschfreundlichen kroatischen faschistischen Partei (Ustascha) und den Handschar, einer muslimischen SS-Einheit. Tito kämpfte in diesem Krieg auf der Seite der Partisanen. Nach dem Krieg übernahm er die Macht und verfolgte das Ziel einer Einigung des multiethnischen, multikulturellen und multireligiösen Landes. 1945 wurde die Föderative Volksrepublik Jugoslawien ausgerufen. Es war ein Bundesstaat mit einer starken Ausprägung der föderativen Struktur – anders als in anderen Ostblockstaaten. Die Klammer zwischen den sechs Republiken bildeten die allmächtige Kommunistische Partei und die Bundesarmee. Unter dem Motto „Brüderlichkeit und Einheit" schob die Regierung alles Trennende beiseite.

1 *Fassen Sie die Entwicklung auf dem Balkan bis 1945 zusammen.*

Gegensätze bleiben bestehen

Konflikte zwischen den Volksgruppen wegen begangener Verbrechen während des Zweiten Weltkriegs, sozialer und wirtschaftlicher Gegensätze und serbischer Großmachtsansprüche schwelten weiter. Innenpolitisch baute Tito ein eigenes sozialistisches System auf. Jugoslawien verfolgte einen dritten Weg zwischen Ost und West. Das führte zum Bruch

... ein Sonderfall in Europa

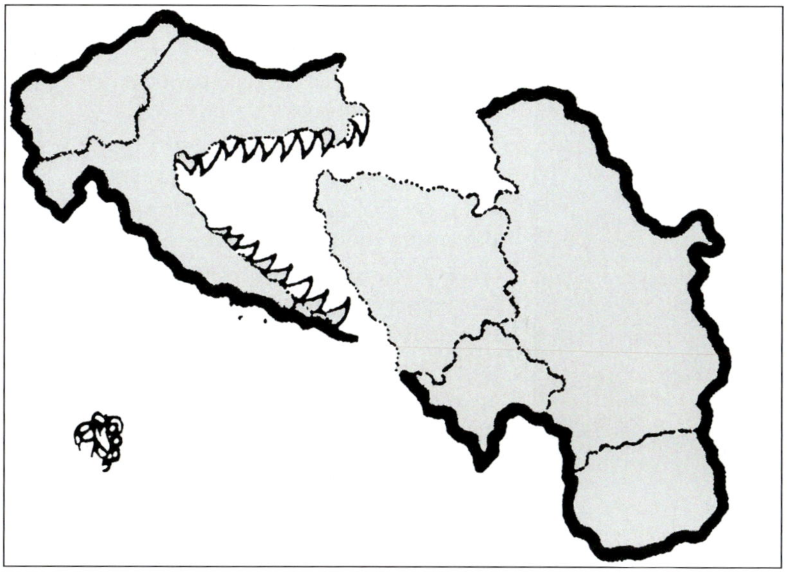

2 Die „slowenisch-kroatische Gefahr" aus dem Norden. Karikatur aus der serbischen Zeitschrift „Politica" , 1990.

mit Stalin. Außenpolitisch machte Tito das Land zu einem starken Mitglied in der Gruppe der blockfreien Staaten.
Jugoslawien war für die NATO und den Warschauer Pakt strategisch wichtig. Es erhielt zwischen 1948 und 1960 mehr als 1,5 Mrd. US-Dollar, die beim Wiederaufbau des Landes halfen und zu einem Wirtschaftsaufschwung beitrugen. Allerdings bildete sich ein starkes soziales und wirtschaftliches Gefälle von Nordwest nach Südost heraus. Der Süden war agrarisch geprägt und somit für die Versorgung des Landes mit landwirtschaftlichen Produkten zuständig. Durch Transferleistungen der wirtschaftlich starken Republiken an die schwachen sollten Defizite ausgeglichen werden, hatten aber nicht den erhofften Erfolg. Nachdem Tito 1980 gestorben war, fehlte die einigende Klammer um den Vielvölkerstaat.

2 *Erklären Sie die Begriffe „Vielvölkerstaat" und „blockfreie Staaten".*

3 *Tito soll einmal gesagt haben: „Ich regiere ein Land mit zwei Alphabeten, drei Sprachen, vier Religionen und fünf Nationalitäten, die in sechs Republiken leben, von sieben Nachbarn umgeben sind und mit acht Minderheiten auskommen müssen." Erklären Sie, was er damit meinte.* Ziehen Sie die Karte S. 154 und den Text heran.*

Das Leopardenfell zeigt Risse

Nach dem Tod Titos und dem Zusammenbruch des Ostblocks geriet auch Jugoslawien in den Sog der Auflösung.

- Die Wirtschaftskrise in den 1980er Jahren führte zu Inflation, Arbeitslosigkeit, Rückgang der Löhne und sinkendem Lebensstandard. Mehr als 50 Prozent der arbeitenden Bevölkerung lebten am Rande der offiziellen Armutsgrenze. Der Zusammenhalt des Vielvölkerstaats war den Menschen weniger wichtig als ihr eigenes gesichertes Auskommen.
- Die Auslandsverschuldung stieg auf 21 Mrd. US-Dollar. Mit dem Zusammenbruch des Ostblocks war Jugoslawiens neutrale Rolle im Kalten Krieg ausgespielt. Finanzielle Unterstützungen aus dem Ausland blieben jetzt aus.
- Vetternwirtschaft, Korruption, Missmanagement, Bürokratie und die Einmischung der Kommunistischen Partei in Streitigkeiten zwischen den Teilrepubliken beschleunigten den Zerfall des Landes.
- Nationalistische Kräfte gewannen die Oberhand, Hassgefühle und Ressentiments zwischen den Völkern nahmen zu.

4 *Erläutern Sie die Aussage der Karikatur (Abb. 2).*

Hilfestellung zum Zitat Titos*:
Wie die Russen und Bulgaren benutzen die Serben das kyrillische Alphabet. Auch Juden leben auf dem Balkan. Die Sprache der Serben und Kroaten wird meist als eine Sprache (Serbokroatisch) zusammengefasst. Muslimisch gilt als Religion und Nationalität.

Kriege auf dem Balkan 1991–1999

1 **15 Jahre nach dem Völkermord von Srebrenica trauert eine Muslimin um ihre getöteten Angehörigen.** Foto, Juli 2010.

Bosnien-Herzegowina* *ist ein Vielvölkerstaat im Kleinen. 1990 lebten hier 43 % Muslime, 31 % Serben und 17 % Kroaten.*

1992–1995: *Krieg in Bosnien-Herzegowina.*

Vom Pulverfass zum Minenfeld

Vor dem Ersten Weltkrieg wurde der Balkan mit einem Pulverfass verglichen, am Ende des 20. Jahrhunderts bezeichnete man ihn als Minenfeld.

1989 jährte sich die Schlacht auf dem Amselfeld (serb. Kosovo Polje) zum 600. Mal. Mit dem Sieg über die Serben hatte 1389 die türkische Fremdherrschaft auf dem Balkan begonnen. Der neue serbische Präsident Slobodan Milosĕvić erinnerte in einer Rede an diese Schlacht und heizte dadurch die aufgebrachte Stimmung unter den im Kosovo lebenden Serben an. Die Mehrheit der Bewohner des Kosovo waren Albaner, welche die Rede als Kampfansage empfanden und als Beweis für das serbische Großmachtstreben verstanden. Serbien hob die seit 1963 geltende weit reichende Autonomie des Kosovo auf.

1991 erklärten sich die wirtschaftlich starken Republiken Slowenien und Kroatien für unabhängig. Der Westen erkannte die neuen Staaten an, nicht aber Serbien. Die Bundesarmee marschierte in Slowenien und Kroatien ein. Da es in Slowenien keine serbische Minderheit gab, endete der Krieg schnell. In Kroatien jedoch lebte eine große serbische Bevölkerungsgruppe. Sie vertrieb die kroatische Minderheit, trennte etwa 30 Prozent vom kroatischen Staatsgebiet ab und gründete die „Serbische Republik Krajina".

Slobodan Milošević *(1941–2006), studierte Jura, 1989 bis 1997 Präsident Serbiens, 1997–2000 Präsident Jugoslawiens, seit 2002 wegen Völkermordes angeklagt vor dem Kriegsverbrechertribunal in Den Haag.*

1 *Beschreiben Sie die Lage auf dem Balkan in den Jahren 1989–1991.*

Der Krieg in Bosnien-Herzegowina

Anfang 1992 sprachen sich bei einer Volksabstimmung mehr als 60 Prozent der Stimmberechtigten für die staatliche Unabhängigkeit Bosnien-Herzegowinas* aus. Nach der Unabhängigkeitserklärung wurde Bosnien-Herzegowina als souveräner Staat international anerkannt. Gleichzeitig begann die serbische Militäroffensive. Den Serben gelang es in den ersten Monaten, fast 70 Prozent des Staatsgebiets zu erobern. Anfangs kämpften Muslime und Kroaten noch gemeinsam gegen die Serben, dann riefen die Kroaten ihre eigene Republik aus und führten selbst zeitweise Krieg gegen die Muslime.

Große Schlachten waren im Krieg in Bosnien-Herzegowina eher selten. Systematisch wurde Krieg gegen die Zivilbevölkerung geführt. Die bosnische Hauptstadt Sarajevo lag immer wieder unter Artilleriebeschuss. Die Angst vor den Granaten, vor Tod und Verletzungen bestimmte den Alltag der Menschen.

Q1 Die 12-jährige Zlata Filipović hielt in ihrem Tagebuch die Kriegserlebnisse fest:

… Mama geht wieder arbeiten. Sie geht immer dann, wenn gerade keine Granaten und Schüsse fallen, aber man kann nie sagen, wann es wieder anfängt. Es ist gefährlich, in der Stadt herumzulaufen – vor allem die Brücke in der Nähe zu überqueren, wegen der Heckenschützen. Man muss immer rennen. Jedes Mal, wenn Mama das Haus verlässt, schauen Papa und ich ihr vom Fenster aus nach. „Ich hätte nie gedacht, dass die Miljacka [= Fluss durch Sarajevo] so breit ist", sagt Mama oft. „Man läuft und läuft und läuft und hat doch das Gefühl, man wird nie das andere Ende der Brücke erreichen." Das sagt sie, weil sie Angst hat, es könnte ein Unglück geschehen … Wenn die Sirenen zu heulen anfangen, machen wir uns Sorgen um sie …

2 *Beschreiben Sie mit Hilfe von Q 1 den Alltag der Menschen in Sarajevo während des Krieges in Bosnien-Herzegowina.*

Kriege auf dem Balkan 1991–1999

Kriegsverbrechen

Während des Krieges wurden von allen an den Kämpfen beteiligten Völkern Kriegsverbrechen begangen. Sie standen in engem Zusammenhang mit den Vertreibungsaktionen, den sogenannten „ethnischen Säuberungen". Fast immer ging es darum, „fremde" Nationalitäten zu vertreiben, um mit größerer Berechtigung ein Gebiet für die jeweils eigene Volksgruppe zu beanspruchen. Großes Elend, gewaltige Flüchtlingsströme (bis 1995 etwa zwei Millionen Menschen) und ungeheure Zerstörungen im Land waren die Folgen. Vor dem UN-Kriegsverbrechertribunal in Den Haag wurden inzwischen mehrere Kriegsverbrecher angeklagt.

Q2 Die Autorin Slavenka Drakulić schildert in ihrem Buch „Keiner war dabei" die ethnischen Säuberungen:
Eine erzählte, dass schon am ersten Tag – dem Tag, an dem ihre Mutter getötet wurde – 20 Soldaten über sie herfielen ... Es gab weitere Männer, die dasselbe taten ... Die meisten wird man vermutlich nie festnehmen. Die bosnische Regierung schätzt, dass etwa 60 000 Frauen vergewaltigt wurden. Dieser Terror war ein Mittel der „ethnischen Säuberung", wie das Tribunal während des Prozesses feststellte ...

3 *Diskutieren Sie den Begriff „ethnische Säuberung".*

Die UNO schaltete sich ein und errichtete eine Luftbrücke sowie UN-Schutzzonen. Sie verhängte ein Handelsembargo gegen Serbien und ein Waffenembargo gegen alle Krieg führenden Parteien. Die NATO setzte Kampfflugzeuge gegen serbische Stellungen ein. Ab 1994 handelte eine sogenannte Kontaktgruppe einen Frieden für Bosnien-Herzegowina aus. Nach zähen Verhandlungen wurde 1995 das Abkommen von Dayton geschlossen. Bosniaken und bosnische Kroaten bildeten eine Föderation, die bosnischen Serben die Republik Srpska.

Der Krieg im Kosovo

Ab 1998 kam es wiederholt zu Zusammenstößen zwischen der serbischen Sonderpolizei im

2 **Die Brücke von Mostar.** Die aus dem 16. Jahrhundert stammende Brücke über die Neretva wurde im Bürgerkrieg 1993 zerstört und originalgetreu wieder aufgebaut. Seit 2005 zählt sie zum Weltkulturerbe der UNESCO und ist ein Symbol für das friedliche Zusammenleben verschiedener Völker und Religionen.

Kosovo und der Befreiungsarmee für Kosovo (UÇK), die bald ein Drittel des Kosovo kontrollierte. Serbien reagierte mit der Vertreibung von Kosovaren aus ihrer Heimat (etwa eine Million Menschen). Die internationale Öffentlichkeit war empört, die NATO schaltete sich ein. Trotz Verhandlungen wurde letztendlich doch mit Waffengewalt das Einlenken der Serben erzwungen.

__1998/99:__ Krieg im Kosovo, Luftkrieg der NATO gegen Serbien.

Die Brutalität des Krieges und die zivilen Opfer, die auch durch die NATO-Luftangriffe zu beklagen waren, schockierten die Weltöffentlichkeit. Im Sommer 1999 endete der Krieg im Kosovo. Eine UN-Schutztruppe (KFOR) wurde stationiert, und der mühsame Wiederaufbau begann. Trotz Rohstoffreichtum (Steinkohle, Bauxit) ist die wirtschaftliche Lage des Kosovo schwierig und die Arbeitslosigkeit sehr hoch.

4 *Begründen Sie, warum eine friedliche Lösung des Konflikts im ehemaligen Jugoslawien so außerordentlich schwierig ist.*

Der Zerfall des Vielvölkerstaats

Ein bunter Flickenteppich von kleinen Staaten und Gebieten, in denen auf engstem Raum mehrere Völker und Kulturen leben, zwischen denen zum Teil ein tiefer Hass und Rachegelüste bestehen – so präsentiert sich der Balkan heute.

Die friedliche „Revolution"

1 „Abstimmung mit den Füßen". Karikatur von Joachim Kohlbrenner, August 1989.

Hans-Dietrich Genscher *(geb. 1927), FDP-Politiker, 1952 aus der DDR in die Bundesrepublik übergesiedelt, amtierte von 1974 bis 1992 als Außenminister der Bundesrepublik.*

Zunehmende Proteste

Über lange Jahre war die Unzufriedenheit der DDR-Bürger stetig gestiegen. Zuletzt schienen sich auch die Hoffnungen auf Reformen nach dem Vorbild der Sowjetunion unter Gorbatschow zu zerschlagen. Nach den Kommunalwahlen am 7. Mai 1989 ließ die DDR-Führung 98,85 Prozent Zustimmung zur Einheitsliste als angebliches Ergebnis bekannt geben. Doch diesmal nahmen die Oppositionellen die Wahlfälschung nicht hin, sondern forderten Untersuchungen und die Bestrafung der Verantwortlichen. Von nun an rissen die Proteste nicht mehr ab.

Massenflucht aus der DDR

Ungarn hatte im Mai 1989 die Zäune an der Grenze zu Österreich abgebaut. Viele DDR-Bürger hielten sich im Sommer als Touristen in Ungarn auf. Am 10. September ließ die ungarische Regierung etwa 10000 von ihnen ungehindert durch Österreich in die Bundesrepublik ausreisen. Andere DDR-Bürger besetzten die bundesdeutschen Botschaften in Prag, Warschau und Budapest. In der Prager Botschaft lebten zeitweise über 6000 Menschen unter katastrophalen Bedingungen. Ende September durften die Flüchtlinge in Prag und Warschau die Botschaften in Richtung Bundesrepublik verlassen.

Im nordbayerischen Hof, wo die Züge endeten, betraten die Flüchtlinge zum ersten Mal bundesdeutschen Boden. Bundesaußenminister Genscher hatte mit der DDR-Regierung die Ausreisemodalitäten ausgehandelt. Sie sahen vor, dass die Flüchtlinge in Sonderzügen über das Gebiet der DDR gefahren werden sollten, um die Erteilung der Ausreiseerlaubnis als freiwilligen Akt der DDR-Führung erscheinen zu lassen. Als die Züge durch Dresden fuhren, bildeten sich dort jedoch spontane Kundgebungen von DDR-Bürgern, die ebenfalls die Ausreise forderten. Andernorts versuchten Hunderte, auf die Züge aufzuspringen, was die Volkspolizei zu verhindern suchte. Es wurde deutlich, dass diese Bewegung den Staatsorganen der DDR allmählich über den Kopf wuchs.

Q1 Aus einem Bericht des Ministeriums für Staatssicherheit über Gründe für die Flucht aus der DDR, 1989:
Unzufriedenheit über die Versorgungslage; Verärgerung über unzureichende Dienstleistungen; Unverständnis für Mängel in der medizinischen Betreuung und Versorgung; eingeschränkte Reisemöglichkeiten innerhalb der DDR und nach dem Ausland; unbefriedigende Arbeitsbedingungen und Diskontinuität [= Mangel an Zusammenhang] im Produktionsablauf …; Verärgerung über bürokratisches Verhalten von Leitern und Mitarbeitern staatlicher Organe, Betriebe und Einrichtungen sowie über Herzlosigkeit im Umgang mit den Bürgern; Unverständnis über die Medienpolitik der DDR.

1 *Analysieren Sie die Karikatur (Abb. 1). Vergleichen Sie diese „Abstimmung mit den Füßen" mit der aus den Anfangsjahren der DDR (siehe S. 54).*

Der 40. Jahrestag

2 **Die Militärparade zum 40. Jahrestag der DDR am 7. Oktober 1989.**

40 Jahre DDR

Die DDR-Führung und der gesamte offizielle Propagandaapparat waren unterdessen mit ganz anderen Dingen beschäftigt: Der 7. Oktober 1989 sollte als 40. Jahrestag der Gründung der DDR in feierlicher Weise begangen werden. Zufriedenheit, Zustimmung und Zukunftsbegeisterung der Bevölkerung wurden in allmählicher Steigerung in den offiziellen Medien vorgeführt, bis das Jubiläum in einem mehrtägigen Festprogramm in Berlin seinen Höhepunkt finden sollte. Die offizielle Berichterstattung ignorierte alle oppositionellen oder kritischen Stimmen und wirkte schließlich angesichts der Fluchtbewegung vollkommen unreal. Einziger offizieller Kommentar: Man könne im Grunde froh sein, die Flüchtlinge loszuwerden. Diese Einstellung steigerte die Verbitterung der Opposition noch mehr.

Ost-Berlin, 7. Oktober 1989

In Ost-Berlin nahmen die Feierlichkeiten zunächst ungestört ihren Verlauf. Mit Fahnenschmuck und Marschmusik huldigte die Armee der Staatsführung. Auch die FDJ demonstrierte zu abendlicher Stunde die geplante Begeisterung. Wirklich begeistert empfangen wurde aber der sowjetische Reformer und Ehrengast Michail Gorbatschow. Von Journalisten auf die Entwicklung in der DDR befragt, sagte er: „Wer zu spät kommt, den bestraft das Leben."*

In den vorangegangenen Jahrzehnten hatte die Sowjetunion alle echten Reformversuche im Ostblock direkt oder indirekt unterdrückt. Jetzt kritisierte Gorbatschow die Politik der DDR-Führung, die zu demokratischen Reformen nicht bereit war. Die Durchsetzung der Reformforderungen war mit Gorbatschows Worten aber zu einer inneren Angelegenheit der DDR geworden, in die sich die Sowjetunion jedenfalls nicht einmischen werde. Bereits am Abend des 7. Oktober und am folgenden Tag kam es in Ost-Berlin zu größeren Demonstrationen, die von der Polizei brutal auseinandergetrieben wurden.

2 *Stellen Sie mit einem Zeitstrahl die Entwicklung in der DDR bis zum 7. Oktober dar.*

3 *Erläutern Sie die Karikatur (Abb. 3; zu den Arbeitsschritten siehe S. 227).*

4 *Vergleichen Sie die Haltung Gorbatschows im Jahr 1989 mit den Reaktionen der Sowjetunion in den Jahren 1953, 1956 und 1968.*

3 **Erich Honecker und die Feiern zum 40. Jahrestag der DDR.** Karikatur von Horst Haitzinger, 1989.

„Wer zu spät kommt, den bestraft das Leben."*: *Michael Gorbatschow signalisierte mit seiner vielzitierten Äußerung, dass eine Regierung, die nicht reformbereit ist, den „Anschluss" verpasst.*

Der ***7. Oktober 1989*** *war Erich Honeckers letzter offizieller Auftritt als Partei- und Regierungschef. Wenige Wochen zuvor hatte er noch erklärt: „Den Sozialismus in seinem Lauf hält weder Ochs noch Esel auf."*

Montagsdemonstrationen

Ein Zeitzeuge erinnert sich:
„Die Demonstranten liefen über den Stadtring und lösten sich erst, als sie wieder am Karl-Marx-Platz angekommen waren, langsam auf … Am Schwanenteich … diskutierten noch lange Einwohner Leipzigs mit dort in Stellung gegangenen Mitgliedern der Kampftruppen. Viele von denen hatten sich jedoch aus Scham über den ihnen befohlenen Einsatz im Dunkel der Anlage versteckt, nachdem sich andere geweigert hatten, überhaupt zum Einsatz zu kommen. Die meisten Sicherheitskräfte hatten sich gegen 18.30 Uhr plötzlich zurückgezogen."

„Keine Gewalt"*. Schärpe der Leipziger Montagsdemonstrationen, 1989.*

„Leipzig – Heldenstadt der DDR"*. Pappschild der Leipziger Montagsdemonstrationen, 1989.*

1 Montagsdemonstration in Leipzig am 9. Oktober 1989.

Eine Revolution?

Am 4. September 1989 versammelten sich in Leipzig nach dem traditionellen Montagsgebet in der Nikolaikirche auf dem Kirchenvorplatz etwa 1000 Menschen. Sie forderten „Stasi raus" und „Reisefreiheit statt Massenflucht". Die Stasi beobachtete die Szene, vermied aber unter den Augen der internationalen Messebesucher ein härteres Durchgreifen. Seitdem versammelten sich Montag für Montag immer mehr Menschen. Obwohl es zu zahlreichen Verhaftungen kam, waren es am 25. September bereits 8000, eine Woche später schon 20000 Demonstranten. Die Polizei ging mit Schlagstöcken brutal gegen sie vor. Doch jeder wusste: Am 9. Oktober würde in Leipzig die nächste Montagsdemonstration stattfinden. Die Staatsführung hatte die Stadt mit Panzerfahrzeugen umstellen lassen. In den Krankenhäusern der Stadt wurden Zusatzpersonal und Blutkonserven bereitgestellt.

Aufruf zur Gewaltlosigkeit

Gewandhauskapellmeister Kurt Masur, der Kabarettist Bernd-Lutz Lange und Pfarrer Dr. Zimmermann genossen in Leipzig hohes Ansehen. Sie verhandelten fieberhaft mit drei SED-Bezirkssekretären, um das Schlimmste abzuwenden. Schließlich formulierten sie einen gemeinsamen Aufruf zur Gewaltlosigkeit, der in kurzen Abständen über die Lautsprecher des Stadtfunks verbreitet wurde.
Um 18 Uhr endete das Friedensgebet in der Nikolaikirche. Die Teilnehmer verließen die Kirche mit brennenden Kerzen in den Händen. Draußen wurden sie von beklemmender Stille empfangen, nur der Glockenschlag hallte durch den trüben Abend. Auf dem Augustusplatz – damals Karl-Marx-Platz – wuchs der Zug auf mindestens 70000 Menschen an. Beim Zug über den Ring um die Innenstadt ertönten Sprechchöre: „Wir sind das Volk!", „Keine Gewalt!" Das befürchtete Blutbad blieb schließlich aus. Von nun an „gehörte" Leipzig den Demonstranten. Und auch in anderen Städten der DDR fanden sich nun regelmäßig Demonstranten zusammen, um gewaltlos ihre Forderungen vorzutragen.

1 *Tragen Sie die Forderungen der Demonstranten zusammen (siehe auch Abb. 2).*

2 *Überlegen Sie, ob die Ereignisse des Herbstes 1989 der Definition einer „Revolution" entsprechen. Begründen Sie Ihren Standpunkt.*

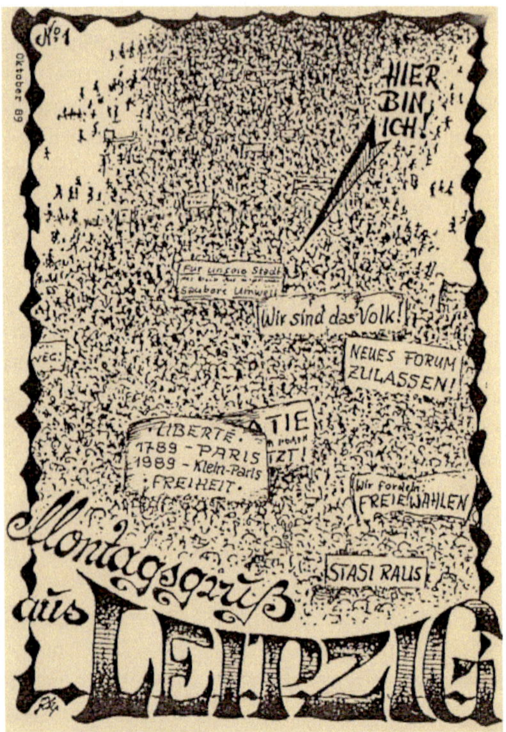

2 Postkarte mit „Montagsgruß aus Leipzig" von den Demonstrationen im Oktober 1989.

Der Fall der Mauer

3 **Warten auf den Fall.** In der Nacht des 9. November 1989 haben die Menschen die Mauer vor dem Brandenburger Tor in Berlin besetzt und warten darauf, dass die Mauer endlich geöffnet wird.

Die Opposition gewinnt an Bedeutung

Seit September entstanden die ersten Organisationen der Opposition: „Neues Forum", „Demokratischer Aufbruch", „Demokratie jetzt". Auch die Neugründung der SPD fand in diesen Tagen statt. Am 18. Oktober trat Erich Honecker von allen seinen Ämtern zurück – aus gesundheitlichen Gründen, wie es hieß. Egon Krenz wurde zu seinem Nachfolger bestimmt. Die SED konnte jedoch in den nächsten Wochen nicht mit den Forderungen der Oppositionsbewegung Schritt halten. Die Kontrolle glitt ihr vollkommen aus den Händen und die Ereignisse verselbstständigten sich. Am 9. November 1989 erfüllte sich im allgemeinen Durcheinander die bisher wichtigste Forderung der Demonstranten: Die Ausreise in die Bundesrepublik und nach West-Berlin wurde gestattet.

Q1 Ein Journalist hat die Ereignisse in der Nacht des 9. November 1989 am Berliner Grenzübergang Friedrichstraße, dem Checkpoint Charlie, miterlebt:

... Knapp 5000 mögen es sein, die jetzt am Checkpoint versammelt sind. Sektkorken knallen. Bald, heißt es, wird die Grenze geöffnet.
Das passiert kurz nach Mitternacht. Die ersten DDRler kommen zu Fuß, viele sind verwirrt, sagen: „Hoffentlich kann ich auch wieder zurück." Die große Metalltür ist immer noch zu ... Rechts neben dem großen Tor befindet sich ein Gatter ... Hier hindurch drängen sie in den Westen, bejubelt von der wartenden Menge. Sie werden umarmt und mit Sekt übergossen ... Wir versuchen zum Brandenburger Tor zu kommen ... Es ist etwa 3 Uhr. Das Brandenburger Tor ist grell erleuchtet – von den Scheinwerfern der TV-Teams ... Auf der Mauerbrüstung stehen die Leute bereits dicht an dicht ... „Das Geilste von allem war", schreit jemand im roten Ski-Anorak neben uns, „wie wir vorhin durchs Brandenburger Tor jeloofen sind – ick hab det Ding sogar anjefasst." ... Inzwischen sind unbewaffnete Grenzsoldaten aufmarschiert ... Verunsichert, aber mit guten Worten, versuchen sie, die Heruntergekletterten zurückzuhalten ...

3 *Versuchen Sie die Stimmung zu beschreiben, die am 9. November 1989 in Berlin herrschte.*

9. November 1989: *Öffnung der Berliner Mauer.*

Egon Krenz *(geb. 1937), amtierte vom 18. Oktober bis 3. Dezember 1989 als Honeckers Nachfolger im Amt des SED-Generalsekretärs.*

Ohne eine Ermächtigung von offizieller Seite zu haben, erklärte das Politbüromitglied ***Günter Schabowski*** *am 9. November 1989 vor laufenden Kameras: „Privatreisen nach dem Ausland können ohne Vorliegen von Voraussetzungen (Reiseanlässe und Verwandtschaftsverhältnisse) beantragt werden. Die Genehmigungen werden kurzfristig erteilt ... Ständige Ausreisen können über alle Grenzübergangsstellen der DDR zur BRD beziehungsweise zu Berlin (West) erfolgen." Seiner Kenntnis nach solle diese Änderung sofort in Kraft treten, bestätigte er auf Nachfragen.*

Wege zur Einheit: die Währungsunion

1 Der Staatsvertrag zwischen der Bundesrepublik und der DDR über die Schaffung einer Wirtschafts-, Währungs- und Sozialunion.

Runder Tisch*: *Vom 7. Dezember 1989 bis zum 12. März 1990 tagte der „Runde Tisch" als Mitentscheidungsinstanz neben Regierung und Volkskammer (Parlament der DDR). Teilnehmer waren jeweils zwei bis drei Vertreter aller Blockparteien, der neuen Oppositionsparteien und -gruppen sowie der Regierung und der beiden großen Kirchen.*

DSU*: *Deutsche Soziale Union, sächsische Schwesterpartei der bayerischen CSU.*

DA*: *Demokratischer Aufbruch.*

Bündnis 90*: *Zusammenschluss von Bürgerbewegungen, u. a. „Neues Forum", „Demokratie jetzt".*

Lothar de Maizière *(geb. 1940), CDU, von April bis Oktober 1990 der letzte Ministerpräsident der DDR.*

1. Juli 1990: *Inkrafttreten des deutsch-deutschen Staatsvertrages über eine Währungs-, Wirtschafts- und Sozialunion.*

Die ersten freien Wahlen

Die am 13. November gebildete DDR-Regierung unter Ministerpräsident Modrow (SED) einigte sich mit den Oppositionsvertretern am „Runden Tisch"* auf Volkskammerwahlen am 18. März 1990. Im Wahlkampf versprach die Allianz für Deutschland (CDU, DSU* und DA*) einen schnellen wirtschaftlichen Aufschwung durch Einführung der Marktwirtschaft und der DM als neuer Währung sowie einen möglichst schnellen Zusammenschluss mit der Bundesrepublik. SPD und vor allem Bündnis 90* suchten dagegen einen eigenen Weg zu Freiheit und Demokratie, eine soziale Demokratie, keine Kopie der Wirtschafts- und Gesellschaftsordnung der Bundesrepublik.

Eine neue Regierung

Nach den Wahlen bildete sich eine Regierung der Großen Koalition aus CDU, DSU, DA, Liberalen und der SPD unter der Führung von Ministerpräsident Lothar de Maizière. Ziel der Regierung war die baldige Schaffung einer Wirtschafts- und Währungsunion mit der Bundesrepublik als Vorstufe zur deutschen Einheit.

1 *Beschreiben Sie die unterschiedlichen Zielsetzungen der beiden großen Gruppierungen vor den Volkskammerwahlen.*

Wirtschafts-, Währungs- und Sozialunion

Mit der Öffnung der Grenzen trat den DDR-Bürgern der Kontrast in der Lebensqualität zwischen West und Ost in aller Deutlichkeit vor Augen. Hilfe erhofften sie sich von einer schnellen Einführung der freien Marktwirtschaft. In Leipzig riefen sie auf ihren Demonstrationen: „Kommt die D-Mark, bleiben wir, kommt sie nicht, geh'n wir zu ihr!"
Es entstand die politische Sorge, eine fortgesetzte Abwanderung aus der DDR werde das soziale und ökonomische Netz der Bundesrepublik überspannen. Zur Abhilfe schlug die Bundesregierung vor, eine Wirtschafts-, Währungs- und Sozialunion zu schaffen, die auch in der DDR die DM einführen und in vielen Bereichen das soziale System der Bundesrepublik auf die DDR übertragen sollte. Der am 18. Mai 1990 unterzeichnete Vertrag trat am 1. Juli 1990 in Kraft. Am selben Tag wurden alle Grenzkontrollen zwischen der DDR und der Bundesrepublik Deutschland aufgehoben.

2 *Was meinten die Menschen, wenn sie riefen: „Wir kommen zur DM".*

3 *Erläutern Sie mit Hilfe der Abb. 1, welche Auswirkungen die Wirtschafts-, Währungs- und Sozialunion für die DDR hatte.*

4 *Informieren Sie sich mit Hilfe des Internets über die Bürgerbewegungen in der DDR.*

Wege zur Einheit: der Einigungsvertrag

„Wir sind *ein* Volk!"
Seit Dezember 1989 verdrängten Transparente mit dem Slogan „Wir sind ein Volk!" den Wahlspruch „Wir sind das Volk!", der bei den Montagsdemonstrationen eine zentrale Rolle gespielt hatte. Bereits im November hatte Bundeskanzler Kohl ein „Zehn-Punkte-Programm" vorgelegt, das die Eckpunkte einer Wiedervereinigung zusammenfasste. Sehr schnell war klar geworden, dass der Auftrag des Grundgesetzes, „die Einheit und Freiheit Deutschlands zu vollenden", verwirklicht werden würde. Das „Wie" aber bestimmte die politische Auseinandersetzung der kommenden Wochen und Monate.

5 *Lesen Sie die Bestimmungen des Grundgesetzes (siehe Randspalte) und erarbeiten Sie die verschiedenen Möglichkeiten, die es für den Prozess der Wiedervereinigung ließ.*

2 **Bundeskanzler Helmut Kohl bei einem zweitägigen Besuch in Dresden, wo er begeistert empfangen wurde.** Dezember 1989.

Der Einigungsvertrag
Seit dem Frühjahr 1990 hatte das Parlament der DDR, die Volkskammer, mit einigen Reformgesetzen den Übergang zu einer rechtsstaatlichen Ordnung in der DDR vorbereitet und eine Anpassung an die Verhältnisse der Bundesrepublik eingeleitet.
Am 22. Juli 1990 beschloss die Volkskammer ein Ländereinführungsgesetz, das die Neugründung fünf neuer Bundesländer auf dem Gebiet der DDR vorsah. Die neuen Länder sind Brandenburg, Mecklenburg-Vorpommern, Sachsen, Sachsen-Anhalt und Thüringen. Vorbild für die Errichtung der neuen Bundesländer waren weitgehend die 1945 von der sowjetischen Besatzungsmacht eingerichteten alten Länder (siehe S. 15), die 1952 aufgelöst und in 14 Bezirke eingeteilt worden waren.
Am 6. Juli begannen in Ost-Berlin die Verhandlungen über einen Einigungsvertrag. In einer Sondersitzung in der Nacht vom 23. auf den 24. August 1990 fasste die Volkskammer der DDR mit 294 von 400 Stimmen einen historischen Beschluss.

Q1 Aus dem Beschluss der Volkskammer vom 23. August 1990:
Die Volkskammer erklärt den Beitritt der Deutschen Demokratischen Republik zum Geltungsbereich des Grundgesetzes der Bundesrepublik Deutschland gemäß Artikel 23 des Grundgesetzes mit Wirkung vom 3. Oktober 1990.
Sie geht davon aus,
– dass die Beratungen zum Einigungsvertrag zu diesem Termin abgeschlossen sind
– die Zwei-plus-vier-Verhandlungen (siehe S. 164) einen Stand erreicht haben, der die außen- und sicherheitspolitischen Bedingungen der deutschen Einheit regelt …

Ein einzigartiger Vorgang: Ein Staat löste sich friedlich und demokratisch selbst auf.

Tag der deutschen Einheit
Am 20. September stimmten beide Parlamente dem rund 900 Seiten starken Einigungsvertrag zu. Mit dem Beitritt der DDR zum Geltungsbereich des Grundgesetzes am 3. Oktober trat das Grundgesetz mit diesem Datum in den fünf neuen Ländern sowie in Ost-Berlin in Kraft.

6 *Überlegen Sie, warum sich letztlich die Vereinigung nach Artikel 23 Grundgesetz durchgesetzt hat.*

7 *Listen Sie in einer Zeitleiste die wichtigsten Daten auf dem Weg zur deutschen Einheit auf.*

Grundgesetz
Artikel 23:
Dieses Grundgesetz gilt zunächst im Gebiet der Länder Baden, Bayern, Bremen, Groß-Berlin, Hamburg, Hessen, Niedersachsen, Nordrhein-Westfalen, Rheinland-Pfalz, Schleswig-Holstein, Württemberg-Baden und Württemberg-Hohenzollern. In anderen Teilen Deutschlands ist es nach deren Beitritt in Kraft zu setzen.
Artikel 146:
Dieses Grundgesetz verliert seine Gültigkeit an dem Tage, an dem eine Verfassung in Kraft tritt, die von dem deutschen Volke in freier Entscheidung beschlossen worden ist.

20. September 1990:
Einigungsvertrag zwischen der Bundesrepublik und der DDR.

„Zwei plus vier"

1 Gorbatschow und Kohl in Schelesnowodsk im Kaukasus. In einer Verhandlungspause sitzen Außenminister Genscher, Gorbatschow und Kohl (von links) im Garten des Gästehauses in entspannter Atmosphäre zusammen, Juli 1990.

Die Verantwortung der Siegermächte

Die Vereinigung Deutschlands war völkerrechtlich gesehen keine rein innerdeutsche Angelegenheit. Nach 1945 übten die vier Siegermächte des Zweiten Weltkriegs die Oberhoheit über Deutschland als Ganzes aus. Nur Teile ihrer Rechte hatten sie auf die beiden deutschen Staaten übertragen.

Seit Mai 1990 berieten die Außenminister der vier Siegermächte des Zweiten Weltkriegs mit ihren beiden deutschen Kollegen über die außen- und sicherheitspolitischen Folgen einer Wiedervereinigung. Diese Gespräche wurden deshalb „Zwei plus vier" genannt. Im Wesentlichen ging es um die Ablösung der alliierten Rechte, wie sie die Potsdamer Konferenz (siehe S. 12) festgeschrieben hatte.

Das vereinte Deutschland und die NATO

Ein besonders für die Sowjetunion heikles Problem war, ob ein wieder vereintes Deutschland der NATO angehören dürfe. Bei einem Treffen des Bundeskanzlers mit Michail Gorbatschow stimmte dieser der Zugehörigkeit eines vereinigten Deutschlands zur NATO zu. Die sowjetischen Truppen sollten innerhalb von vier Jahren aus der DDR abgezogen, als Gegenleistung die dann gesamtdeutsche Bundeswehr von 500 000 auf 370 000 Mann verkleinert werden.

1 *Erläutern Sie, warum die NATO-Mitgliedschaft eines vereinten Deutschland für die Sowjetunion ein Problem darstellte.*

Der Vertrag

Nach diesem Erfolg war der Weg für den Abschluss der „Zwei-plus-vier"-Verhandlungen frei. Am 12. September wurde in Moskau der „Vertrag über die abschließende Regelung in Bezug auf Deutschland" von den Außenministern Großbritanniens, Frankreichs, der USA, der UdSSR und beider deutscher Staaten unterschrieben.

Q1 Die wichtigsten Vereinbarungen lauteten:

Artikel 1

(1) Das vereinte Deutschland wird die Gebiete der Bundesrepublik Deutschland, der Deutschen Demokratischen Republik und ganz Berlins umfassen …

(2) Das vereinte Deutschland und die Republik Polen bestätigen die zwischen ihnen bestehende Grenze in einem völkerrechtlich verbindlichen Vertrag.

(3) Das vereinte Deutschland hat keinerlei Gebietsansprüche gegen andere Staaten und wird solche auch nicht in Zukunft erheben.

Artikel 2

Die Regierungen der Bundesrepublik Deutschland und der Deutschen Demokratischen Republik bekräftigen ihre Erklärungen, dass von deutschem Boden nur Frieden ausgehen wird …

Artikel 7

(1) Die Französische Republik, das Vereinigte Königreich Großbritannien und Nordirland, die Union der Sozialistischen Sowjetrepubliken und die Vereinigten Staaten von Amerika beenden hiermit ihre Rechte und Verantwortlichkeiten in Bezug auf Berlin und Deutschland als Ganzes …

2 *Beschreiben Sie die außenpolitischen Rahmenbedingungen für die Vereinigung beider deutscher Staaten.*

Am 14. November 1990 unterzeichnete Bundesaußenminister Genscher in Warschau einen Vertrag mit der Republik Polen, in dem der Grenzverlauf zwischen Deutschland und Polen entlang der Grenze der ehemaligen DDR bestätigt wurde.

Damit waren auch außenpolitisch alle Voraussetzungen gegeben für ein rauschendes Fest am Tag der deutschen Einheit.

Große Verdienste um die deutsche Wiedervereinigung erwarb sich ***George Bush*** *(geb. 1924), 41. Präsident der USA (1989–1993): „Wir hatten unsere Differenzen mit Lady Thatcher …, vielleicht weil Amerika weit entfernt ist und für sich liegt. Aber ich hatte das Gefühl, die deutsche Wiedervereinigung wäre im fundamentalen Interesse des Westens … Ich war auch überzeugt, dass Helmut Kohl ein vereintes Deutschland nicht aus der NATO herausführen würde …"*

Margaret Thatcher *(geb. 1925), 1979 bis 1990 erste weibliche Premierministerin von Großbritannien: „Im Unterschied zu George Bush war ich von Anfang an gegen die deutsche Wiedervereinigung … Deutschland zu vereinigen hieß, es zur beherrschenden Nation in der Europäischen Gemeinschaft zu machen".*

Die Vereinigung der beiden deutschen Staaten

Die deutsche Einheit

Die Vereinigung der beiden deutschen Staaten trat am 3. Oktober 1990 in Kraft. Während eines feierlichen Festakts vor dem Berliner Reichstagsgebäude wurde die Bundesfahne gehisst, Kurt Masur (siehe S. 160) dirigierte Beethovens „Hymne an die Freude". Bundespräsident Richard von Weizsäcker erinnerte bereits an die ersten Schwierigkeiten: „Sich zu vereinen heißt teilen lernen."

In ganz Deutschland läuteten die Glocken, Böllerschüsse krachten und Raketen stiegen in den Himmel. Den Menschen galt die wieder gewonnene Einheit als die Erfüllung einer lang gehegten Hoffnung. Der 3. Oktober löste als neuer „Tag der deutschen Einheit" den bisherigen am 17. Juni ab, der an den Volksaufstand in der DDR 1953 erinnert hatte.

Wahlen in den neuen Bundesländern

Am 14. Oktober 1990 fanden die ersten Wahlen in den neuen Bundesländern statt. Mit der Wahl und der Bildung einer neuen Landesregierung begann in jedem der neuen Bundesländer der Aufbau einer demokratischen Staatsordnung. Der neue Landtag des vereinigten Berlin wurde am 2. Dezember zusammen mit dem ersten gesamtdeutschen Bundestag gewählt.

Nach dem Ländereinführungsgesetz erarbeiteten die neu gewählten Landtage Verfassungsentwürfe für ihre Länder, die zwischen Mai 1992 (Sachsen) und Oktober 1993 (Thüringen) von den Landtagen verabschiedet wurden. In Brandenburg, Mecklenburg-Vorpommern und Thüringen fanden zudem Volksabstimmungen statt.

Gesamtdeutsche Bundestagswahlen

Im Vorfeld der Wahlen hatte es einen heftigen Streit um die sogenannte 5-Prozent-Klausel* gegeben, in den auch das Bundesverfassungsgericht eingeschaltet wurde. Damit die neuen Parteien auf dem Gebiet der ehemaligen DDR nicht benachteiligt wurden, galt schließlich folgende Regelung: Eine Partei konnte dann in den Bundestag einziehen, wenn sie entweder in dem Gebiet der alten Bundesrepublik oder in der ehemaligen DDR mindestens fünf Prozent der Stimmen gewonnen hatte.

2 **„Ich werd verrückt, die Wiedervereinigung steht vor der Tür!"** Karikatur von Horst Haitzinger, 1989.

Im Wahlkampf betonten die Parteien der bisherigen Regierungskoalition die Freude über die erreichte Einheit, während die Opposition die Frage nach den entstehenden Kosten in den Vordergrund rückte und deren sozial gerechte Verteilung forderte.

Die Wahlen am 2. Dezember 1990 brachten einen eindeutigen Sieg für die Koalition aus CDU/CSU und FDP (siehe S. 37). Dieses Ergebnis wurde auch als unmissverständliche Zustimmung der Deutschen zum Vereinigungsprozess gewertet. Zum ersten Bundeskanzler für das vereinte Deutschland wurde der bisherige Kanzler, Helmut Kohl (CDU), gewählt.

3 *Erläutern Sie, welche Erwartungen die Wählerinnen und Wähler in der ehemaligen DDR an die neue Bundesregierung geknüpft hatten.*

4 *Erläutern Sie mit Hilfe der Arbeitsschritte auf S. 227 die Karikatur (Abb. 2).*

5 *Führen Sie zur deutschen Vereinigung eine Zeitzeugenbefragung durch (zur Methode siehe S. 229 f.) und setzen Sie dabei thematische Schwerpunkte, z. B. Massenflucht aus der DDR, Montagsdemonstrationen, Öffnung der Mauer.*

3. Oktober 1990: *Tag der deutschen Einheit.*

2. Dezember 1990: *Wahl zum ersten gesamtdeutschen Bundestag.*

5-Prozent-Klausel*: *Nur Parteien, die mindestens fünf Prozent der abgegebenen gültigen Zweitstimmen haben, können in das Parlament einziehen. Parteien mit weniger Stimmen erhalten keinen Sitz in der Volksvertretung.*

Staatliche Einheit – gespaltene Gesellschaft?

1 **„Daran müssen wir noch arbeiten".** Karikatur von Reiner Schwalme, 1992.

Arbeit und Wirtschaft

In den neuen Bundesländern waren nach der Wende zahlreiche neue Unternehmen entstanden. Doch nur wenige konnten sich halten. Schwerwiegender noch: Die ehemaligen DDR-Staatsbetriebe, die im Wesentlichen von der 1990 gegründeten Treuhandanstalt* verwaltet wurden, waren unter den Bedingungen der Marktwirtschaft nur selten konkurrenzfähig. Das führte zu Unternehmensschließungen und sprunghaft steigender Arbeitslosigkeit.

Treuhandanstalt*: *Die Anstalt zur treuhänderischen Verwaltung des Volkseigentums sollte die volkseigenen Betriebe (VEB), die bisher Abgaben an den Staat abzuführen hatten, sanieren, privatisieren oder stilllegen.*

Soziale Probleme der deutschen Einheit

In der DDR war Arbeitslosigkeit nahezu unbekannt. Es war für die Menschen ein Schock, als nach der Wende mit der Privatisierung der Wirtschaft plötzlich viele Menschen arbeitslos wurden. Vor allem Ältere und Frauen waren davon betroffen. Gemessen an westlichen Maßstäben, gab es in den Verwaltungen und Betrieben der DDR viel zu viele Arbeitsplätze. Deswegen fielen nach der Wende etwa vier Millionen Arbeitsplätze als „überflüssig" weg.

Finanzierung des „Aufbaus Ost"

Unter dem Motto „Aufbau Ost" startete die Bundesregierung eine Finanz- und Wirtschaftsinitiative, die das Ziel hatte, die neuen Bundesländer möglichst schnell wirtschaftlich und sozial an den Standard der alten Bundesländer heranzuführen.
Schwerpunkt der Investitionen dieses Programms waren Infrastrukturmaßnahmen. Vor allem Straßen und Schienenwege sowie Telekommunikationsverbindungen waren wichtige Voraussetzungen für eine funktionierende Anbindung an das bundesdeutsche Wirtschaftsnetz.
1993 stand fest, dass die Kosten für die Finanzierung des „Aufbaus Ost" die Größenordnung von mehreren hundert Milliarden DM erreichen würden. Bundesregierung, SPD-Opposition und Bundesländer einigten sich auf einen sogenannten Solidarpakt mit den Hauptelementen Steuererhöhungen, Neuordnung des Bund-Länder-Finanzausgleichs und Wohnungsbauprogramm für Ostdeutschland. Dennoch gab es unterschiedliche Vorstellungen, wie es in Ostdeutschland weitergehen sollte.

Geduld ist gefragt

Nach 20 Jahren kann sich die Bilanz sehen lassen. In vielen Bereichen haben sich die Lebensverhältnisse angeglichen, in einigen anderen liegt aber noch ein weiter Weg vor den Bewohnern in den neuen Bundesländern.

M1 In einem Artikel zum Tag der Einheit 2009 heißt es:
„Der Osten wird weiter aufholen, aber nicht flächendeckend", sagte der stellvertretende Geschäftsführer des Ifo-Instituts Dresden, Joachim Ragnitz. Die großen Städte würden Gewerbe und Arbeitskräfte anziehen, auf dem Land werde es weiter abwärts gehen. Besonders bedrohlich sei der Bevölkerungsschwund. Viele seien nach Westen abgewandert. „Viel gewichtiger ist aber der drastische Geburtenrückgang nach der Wende, durch den die nachwachsende Generation drastisch schrumpft", sagt Ragnitz.
Deshalb können wir es uns nicht länger leisten, junge Menschen oder Zuwanderer als künftige Arbeitskräfte wegen schlechter Ausbildung oder fehlender Schulabschlüsse zu verlieren", so Joachim Ragnitz. …

Die deutsche Einheit – ein schwieriger Weg

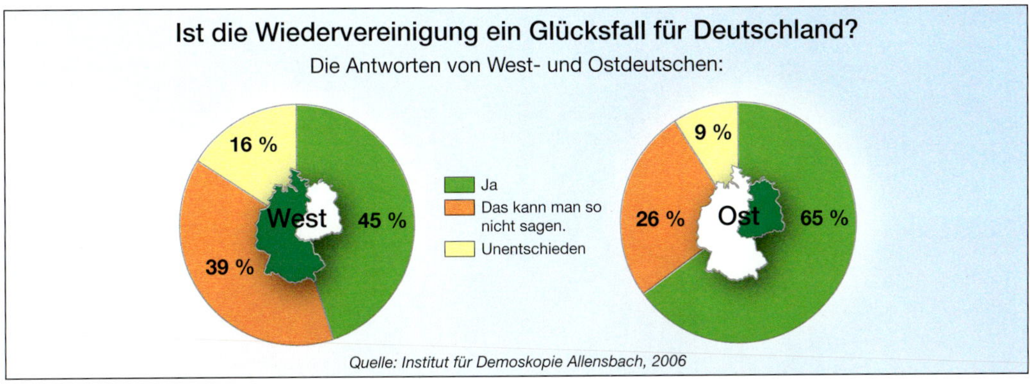

2 **Die Wiedervereinigung – ein Glücksfall?**

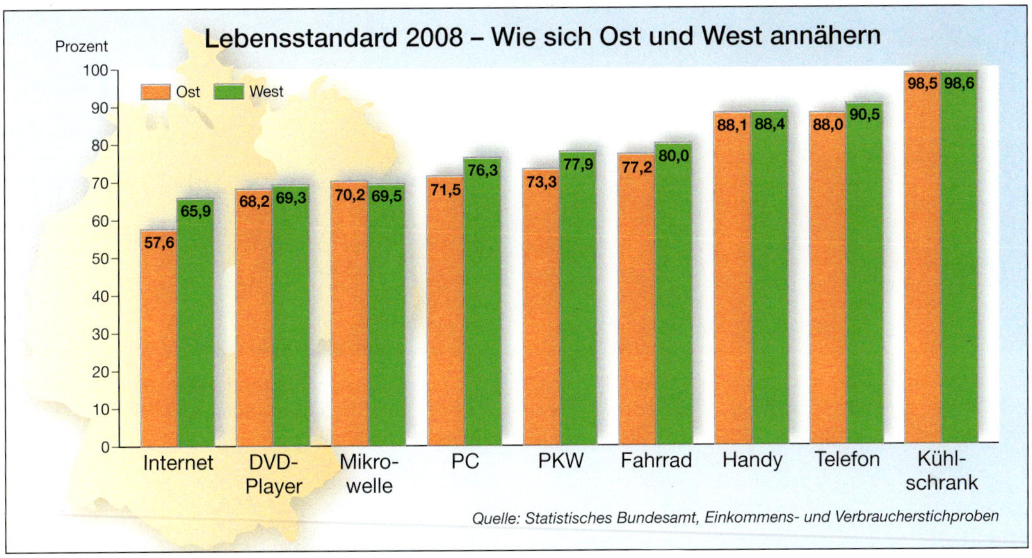

3 **Lebensstandard in Ost und West 2008.**

Renten in Ost und West
(Durchschnittswerte)

	OST mit Berlin-Ost		WEST mit Berlin-West	
	1989	2007	1989	2007
Rente pro Monat	448,95 Mark	804,68 EUR	564,12 EUR	693,32 EUR
Anzahl der Rentner	2 440 900	3 901 777	10 128 467	14 968 393

Quelle: Deutsche Rentenversicherung, 2006

4 **Renten in Ost und West 1989 und 2007.**

Verfügbares Nettoeinkommen/Ersparnis
in Privathaushalten

	OST ohne Berlin		WEST ohne Berlin	
	1991	2006	1991	2006
Gesamt in Milliarden	105 EUR	195 EUR	853 EUR	1 247 EUR
Einkommen pro Monat/Person	595 EUR	1 224 EUR	1 148 EUR	1 583 EUR
Ersparnis pro Monat/Person	44 EUR	110 EUR	158 EUR	173 EUR

Quelle: Arbeitskreis VGR der Länder, 2008

5 **Verfügbares Nettoeinkommen/Ersparnis in Privathaushalten.**

1 *Untersuchen Sie mit Hilfe des Textes und der Materialien dieser Doppelseite die Probleme, die sich aus der Vereinigung der beiden deutschen Staaten ergeben haben.*

2 *Sammeln Sie Berichte über das Zusammenwachsen beider Teile Deutschlands und gestalten Sie eine Wandzeitung.*

Das Erbe der Stasi

1 **Aktenregal in der sogenannten „Gauck-Behörde", 1992.** Das ehemalige Ministerium für Staatssicherheit der DDR ist seit 1990 Forschungs- und Gedenkstätte sowie Sitz des „Bundesbeauftragten für die Unterlagen des Staatssicherheitsdienstes der ehemaligen Deutschen Demokratischen Republik".

Joachim Gauck *(geb. 1940), evangelischer Theologe, führendes Mitglied des Neuen Forums zur Zeit der „Wende", von 1990 bis 2000 Bundesbeauftragter für die Unterlagen des Staatssicherheitsdienstes in der ehemaligen DDR, seit 2012 Bundespräsident.*

Marianne Birthler *(geb. 1948), ehemalige DDR-Bürgerrechtlerin, Bundessprecherin von Bündnis 90/Die Grünen und Ministerin a. D., von 2000 bis 2011 als Nachfolgerin Joachim Gaucks Leiterin der sogenannten „Gauck-Behörde".*

Die Stasi

Zur Zeit des Zusammenbruchs des DDR-Regimes hatten etwa 80000 festangestellte und rund 110000 inoffizielle Mitarbeiter (IM) für die Staatssicherheit Erich Mielkes gearbeitet (vgl. auch S. 128). Bei etwa 16 Millionen Einwohnern der DDR bedeutete dies, dass weit über ein Prozent der Gesamtbevölkerung für den Geheimdienst tätig war. Das ist eine erstaunlich hohe Zahl. Doch die Grade der Verstrickung in das Spitzelsystem der Stasi konnten ganz unterschiedlich sein. Zum Teil wurden Bürger sogar ohne ihr Wissen als IM genutzt, waren also gar nicht aktive Informanten der Stasi.

Die inoffiziellen Mitarbeiter der Stasi

Nach Schätzungen der Gauck-Behörde scheint die überwiegende Mehrzahl der inoffiziellen Mitarbeiter für die Stasi aus politischer Überzeugung tätig gewesen zu sein. Viele IM kamen aber auf anderem Wege in den Dienst der Stasi.

Q1 Der folgende Bericht aus einer Stasi-Akte gibt ein Beispiel:

Der Kandidat wurde uns bekannt durch die aktive Beteiligung an den Veranstaltungen der Studentengemeinde … während seines Studiums … Durch eine Reihe eingeleiteter Maßnahmen wurde sein beruflicher Einsatz (d. h. seine spätere Einstellung durch mögliche Arbeitgeber) … verhindert. Da auch weitere Bewerbungen im Bezirk fehlschlugen, stand der Kandidat noch im März 1969 ohne feste Arbeit in finanziellen Schwierigkeiten. Nach erfolgter Analysierung der vorhandenen Unterlagen im Vorgang und zur Person wurde beschlossen, den Kandidaten unter Ausnutzung seiner Schwierigkeiten bei der

Das Erbe der Stasi

Aufnahme einer Arbeit und der daraus resultierenden gedrückten moralischen Haltung anzusprechen und bei entsprechend positiver Reaktion gegenüber unserem Organ aus dem Vorgang heraus zu werben [d. h. für die Stasi-Mitarbeit zu werben] ... Im Verlauf dieses Gesprächs wurde der Kandidat zur Zusammenarbeit mit unserem Organ verpflichtet, da eingeschätzt werden konnte, dass die von ihm gemachten Angaben unseren Ermittlungen entsprachen. Beim Kandidaten war der Wille zu spüren, seine in der Vergangenheit gemachten Fehler zu revidieren und an der Sicherung unseres Staates mitzuwirken ... Unter Wahrung der Konspiration [= Geheimhaltung] wurde über den 1. Sekretär der SED-Kreisleitung ... eine Einstellung des Kandidaten im VEB ... erreicht.

Es gibt aber auch Beispiele, dass „IM-Kandidaten" die Mitarbeit versagten.

Q2 In einer Akte findet sich etwa folgende schriftliche Erklärung des „IM-Kandidaten":
Auch nach gründlicher und intensiver Prüfung vor meiner religiösen Überzeugung als Christ muss ich Ihnen bekennen, dass ich eine derartige Handlung nicht mit den Grundsätzen meines Glaubens vereinbaren kann. Ich war nicht in der Lage, ein solches Handeln in meiner Situation vor dem Neuen Testament rechtfertigen zu können. Matthäus 16, 26: „Was hülfe es dem Menschen, so er die ganze Welt gewönne und nähme doch Schaden an seiner Seele?"

1 *Erläutern Sie die Methoden, mit denen die Stasi den IM in Q 1 „anwarb".*

2 **Geruchsproben im Glas.** Die Geruchsproben von Oppositionellen wurden zwischen 1980 und 1989 gesammelt, um bei Bedarf mit Spürhunden nach ihnen fahnden zu können.

2 *Ziehen Sie aus der Sprache von Q1 Schlüsse im Hinblick auf das moralische Wertesystem der Stasi.*

3 *Überlegen Sie, welche Konsequenzen die angesprochenen „IM-Kandidaten" für sich und ihre Familien bedenken mussten.*

Das totale Überwachungssystem

Q3 Aus dem Bericht des Leipziger Bürgerkomitees* zur Auflösung der Stasi:
... Über ein Anschaltfeld in den Kelleretagen des Fernmeldeamtes Leipzig war es möglich, 2000 Fernsprechteilnehmer aus dem Bezirk an die Aufnahmegeräte der Abteilung XXVI des MfS [= Ministerium für Staatssicherheit] anzuschließen. Nach Aussagen eines Mitarbeiters dieser Abteilung war die Abhöranlage nur zu Zeiten der Leipziger Messe voll ausgelastet. Zwischenzeitlich seien „nur" 1000 Teilnehmer geschaltet gewesen. 360 Bandaufnahmen von überwachten Bürgern konnten gleichzeitig laufen. Die gesamte Anlage funktionierte automatisch ...
Zielpersonen dieser Abhöraktionen waren Ausreiseantragsteller, Bürger mit dem Verdacht auf Republikflucht oder auf oppositionelle Haltungen und Handlungen, Intellektuelle, aber auch Funktionäre und leitende Kader in Kombinaten, Hochschulen und staatlichen Einrichtungen. Während das widerrechtliche Verfahren des Mithörens ungeniert und weiträumig betrieben wurde, ging man beim Einsatz von Wanzen, im Stasi-Deutsch „Raummikrofone" genannt, offensichtlich etwas zögerlicher vor. Nach Auskunft von Mitarbeitern seien etwa zwei Dutzend Wanzen im Einsatz gewesen ...

4 *Versuchen Sie sich in die Situation bespitzelter Bürger zu versetzen. Überlegen Sie Auswirkungen eines totalen Überwachungssystems für die Privatsphäre des Einzelnen.*

5 *Das Überwachungssystem der Stasi hat zu einem riesigen Bestand an Akten, Tonbandaufzeichnungen und Filmen von Bürgern geführt. Das meiste Material wird von der sogenannten „Gauck-Behörde" in Berlin verwaltet. Führen Sie über die Arbeit der Behörde und den weiteren Umgang mit den Stasi-Beständen eine Recherche durch.*

***Bürgerkomitee*:** Um die Vernichtung von Stasi-Akten zu verhindern, besetzten Bürgerkomitees im Dezember 1989 und Januar 1990 Stasi-Zentralen.*

*Der ehemalige DDR-Bürgerrechtler und Journalist **Roland Jahn** amtiert seit März 2011 als Chef der Stasiunterlagen-Behörde.*

Der Europa-Gedanke

1 **„Der Raub der Europa".** Allegorie* auf Europa. Gemälde von Francesco Zuccarelli, um 1740/50. Das Gemälde bezieht sich auf die griechische Sage, wonach der als Stier verkleidete Göttervater Zeus die phönizische Königstochter Europa schwimmend nach Kreta entführte.

Allegorie*: *Sinnbild, Gleichnis – oft die Darstellung eines abstrakten Begriffs in Form einer Person, eines Tieres oder einer Pflanze.*

Was ist Europa?

Diese Frage ist offenbar schwieriger zu beantworten, als man denken möchte.

M1 Ein Geograf etwa betrachtet das Problem aus der Sicht seines Fachs:

Wenn man Karten und den Globus anschaut, erkennt man sofort, dass Europa im Norden, Westen und Süden durch Meere abgegrenzt ist. Als östliche Grenzen gelten seit langem das Ural-Gebirge und der Ural-Fluss sowie im Südosten das Kaspische Meer und der Höhenzug des Kaukasus. Es wäre jedoch auch verständlich, wenn man diese letztere Grenze weiter nördlich zöge. Die meisten Völker am und im Kaukasus sind nämlich mit asiatischen Völkern verwandt.

M2 Demgegenüber sieht die Sicht eines Russen etwas anders aus:

Wo endet Europa denn eigentlich? Diese Frage ist gar nicht so leicht zu beantworten. Selbstverständlich gehören St. Petersburg und Moskau meiner Meinung nach zu Europa. Andererseits ist der Ural keine wirkliche Grenze. Die Russen in Sibirien haben doch dieselbe europäische Kultur. Aber auch wir rechnen Sibirien nicht mehr zu Europa.

M3 Ein EU-Beamter versteht die Frage dagegen so (hier etwas vereinfacht wiedergegeben):

Europa – das ist das Gebiet der Europäischen Union. Allerdings wollen immer mehr Staaten der EU beitreten Damit wird dieses Europa immer größer.

M4 „Wikipedia" definiert Europa so:

Europa ist ein Erdteil, der sich über das westliche Fünftel der eurasischen Landmasse erstreckt. Obwohl es geografisch gesehen ein Subkontinent ist, der mit Asien zusammen den Kontinent Eurasien bildet, wird es historisch und kulturell begründet meist als eigenständiger Kontinent betrachtet. Dies verweist darauf, dass sich der Begriff „Europa" nicht in der geografischen Definition erschöpft, sondern sich auch auf historische, kulturelle, politische, wirtschaftliche, rechtliche und ideelle Aspekte bezieht.

1 *Untersuchen Sie, worin sich die vier Ansichten unterscheiden. Was wird in den Aussagen jeweils als eigentlicher Gehalt des Europa-Begriffs verstanden?*

2 *Diskutieren Sie anhand einer Europakarte, wo Sie die Grenzen Europas ansetzen und was Ihrer Meinung nach das Gemeinsame der Bewohner Europas heute ausmacht.*

Zeichen europäischer Gemeinsamkeit

Gemeinsam ist allen Völkern, die sich zu Europa zählen, dass ihre Kultur durch die christliche Religion und das antike Erbe, vor allem durch das römische Recht, geprägt ist. Die katholische Kirche mit dem Papst in Rom als Oberhaupt bildete über viele Jahrhunderte hinweg das einigende Band zwischen den ansonsten überwiegend verfeindeten europäischen Völkern. Auch nach der Reformation im 16. Jahrhundert blieb das Christentum in seinen unterschiedlichen Ausprägungen die gemeinsame kulturelle Wurzel Europas.

Das christliche Abendland

2 **Magdeburger Dom (1209 ff.; erster gotischer Bau in Deutschland).**

Karl der Große (747–814) wird bereits in Urkunden des 9. Jahrhunderts „pater Europae" genannt. Sein christliches Fränkisches Reich grenzte sich einerseits gegen die Araber in Spanien und andererseits gegen das Oströmische Reich (Hauptstadt Konstantinopel, heute Istanbul) ab.

Sichtbares Zeichen der Gemeinsamkeit der christlichen Europäer sind die ab dem 13. Jahrhundert in ähnlichen Baustilen errichteten großen Gotteshäuser. Der gotische Baustil entstand um 1150 in Frankreich und verbreitete sich in ganz Europa. Die neuartig gebauten Kirchen wurden teils auch von den reichen Bürgern der Städte geplant, gebaut und finanziert.

3 *Beschreiben Sie mit Hilfe der Abb. 2 in eigenen Worten das Innere einer gotischen Kathedrale.*

Die politische Zerrissenheit Europas

Spätestens seit dem Mittelalter gab es die Idee eines einheitlichen Europa – gegründet auf die kulturelle Einheit des Christentums und in Teilen auch schon „politisch" angelegt im „Heiligen [d.h. christlichen] Römischen Reich", am stärksten unter Otto III. Doch schon allein die Anbindung dieser „europäischen" Kaiserwürde an das nationale deutsche Königtum seit Otto dem Großen (912 bis 973) verhinderte, dass sich aus dem Römischen Reich eine europäische Nation entwickeln konnte. Vielmehr begann seit dem 13. Jahrhundert die Ausprägung der Nationalstaaten. Die in Europa geführten Kriege bekamen eine zusehends nationale Dimension. Schon seit dem 17. Jahrhundert, spätestens aber in den Napoleonischen Kriegen wurden aus den Konflikten einzelner Mächte die Kriege ganzer Nationen. Nicht von ungefähr ist der Begriff von der „Völkerschlacht" bei Leipzig gebräuchlich.

Der Wiener Kongress 1815 war seinerseits erstmals der Versuch einer multinationalen, vertraglich abgesicherten Friedensordnung für Europa, die jedoch bald scheiterte. Ergebnis war nicht zuletzt die unversöhnliche Gegnerschaft der großen europäischen Staaten im 19. Jahrhundert, die in den Ersten Weltkrieg mündete. In ihm brach die alte Ordnung in Europa zusammen.

4 *Grenzen Sie mit Hilfe von Nachschlagewerken die Begriffe „Volk", „Nation", „Staat" und „Kultur" voneinander ab.*

3 **Otto III. vertrat eine ausdrücklich gesamteuropäische Idee des mittelalterlichen Kaisertums.** Miniatur, Ende des 10. Jahrhunderts.

Europa – eine historische Lehre

1 **Das kriegszerstörte Dresden, 1945.**

Die Weltkriege als „Wendepunkt"

Überlegungen und Pläne, die europäischen Nationen auf Grund ihres gemeinsamen christlich-antiken Erbes auch politisch sowie wirtschaftlich zusammenzuschließen, hatte es im Lauf der Jahrhunderte immer wieder gegeben. Sie drückten vor allem eine allgemeine Sehnsucht nach Frieden aus. Erst die beiden Weltkriege mit ihren unzähligen Opfern und verheerenden Zerstörungen führten zu konkreten Plänen und politischen Bewegungen, die „Idee Europa" zu verwirklichen. Dabei spielten die Vereinigten Staaten von Amerika als Vorbild für künftige „Vereinigte Staaten von Europa" eine wichtige Rolle.

Die Paneuropäische Union – 1922 mit dem Ziel gegründet, einen europäischen Staatenbund zu schaffen – erließ kurz nach der Entfesselung des Zweiten Weltkrieges durch Deutschland einen damals unbeachteten Aufruf.

Q1 Aus dem Aufruf der Paneuropäischen Union vom September 1939:

An alle Europäer! Die unaussprechlichen Opfer dieses grausamen Krieges fordern die Errichtung eines Dauerfriedens, der künftige Kriege zwischen Europäern unmöglich machen soll. Nach dem Zusammenbruch des weltumfassenden Völkerbundes, des hemmungslosen Nationalismus und des bolschewistischen Internationalismus bleibt nur eine einzige Lösung übrig zur Sicherung einer langen Epoche des Friedens, des Wohlstandes und der Freiheit: die Vereinigten Staaten von Europa! Dieser Bund soll zur Sicherung folgender Ziele errichtet werden:

1. Europäische Solidarität in der Außen- und Militärpolitik, der Wirtschaft und der Währung …

3. Alle europäischen Staaten verpflichten sich, … die Menschenrechte sowie die Gleichberechtigung ihrer nationalen und religiösen Minderheiten zu achten …

4. Friedliche Schlichtung aller Konflikte, die zwischen europäischen Staaten entstehen können, durch einen Gerichtshof, …

6. Abbau der Binnenzölle, die den europäischen Markt zu Grunde richten … In dieser tragischen Schicksalsstunde der Menschheit appellieren wir an Sie alle: Kämpft für die Europäische Föderation* EUROPÄER, rettet EUROPA!

1 *Erarbeiten Sie die Motive und Ziele für die europäische Einheit, wie sie sich im Aufruf von 1939 zeigen.*

Der Kalte Krieg als Hindernis

Trotz all dieser Pläne standen 1945 die Chancen für eine europäische Einigung nicht viel besser. Im Kalten Krieg (siehe S. 22ff.) wurde Europa in zwei Blöcke geteilt, die Trennungslinie verlief mitten durch Deutschland. Die beiden Teile Deutschlands wurden in ihren jeweiligen Block eingebunden.

Den Staaten Osteuropas blieb eine freie Entwicklung verwehrt: Die Sowjetunion sicherte ihre Vorherrschaft durch erdrückende militärische Stärke und die Einsetzung von totalitären Regierungen ab, die ihre Politik kompromisslos durchsetzten.

Die Staaten Westeuropas sahen in der nachbarschaftlichen Zusammenarbeit die Chance für eine bessere Zukunft. Sie knüpften an Ideen der Vorkriegszeit an und versuchten das Misstrauen zunächst durch Zusammenarbeit auf bestimmten Sachgebieten abzubauen.

*Der Gründer der **Paneuropa Union**, Richard Graf Coudenhove-Kalergi (1894–1972) erklärte die Flagge so: „Im Zeichen des SONNENKREUZES, das die Sonne der AUFKLÄRUNG verbindet mit dem Roten Kreuze internationaler MENSCHLICHKEIT, wird der paneuropäische Gedanke siegen über alle Beschränktheit und Unmenschlichkeit chauvinistischer Zerstörungspolitik. In diesem Zeichen wird das NEUE EUROPA wachsen, zu dem sich heute schon die besten Europäer bekennen." In der Folge legte die österreichische Paneuropa-Bewegung ihre goldene Sonne mit dem schmalen roten Kreuz auf die Europaflagge mit den zwölf Sternen.*

Föderation*: *Zusammenschluss mehrerer Staaten zu einem dauerhaften Staatenbund.*

Erste Schritte zur Versöhnung

2 **Grenzpfahlverbrennung 1950.**

Langsamer Beginn der Zusammenarbeit

Q2 In einer Rede am 19. September 1946 in Zürich sagte der ehemalige britische Premierminister Winston Churchill:

... Ich spreche jetzt etwas aus, das Sie in Erstaunen setzen wird. Der erste Schritt bei der Neuordnung der europäischen Familie muss eine Partnerschaft zwischen Frankreich und Deutschland sein. Nur auf diese Weise kann Frankreich die moralische Führung Europas wiedererlangen. Es gibt kein Wiederaufleben Europas ohne ein geistig großes Frankreich und ein geistig großes Deutschland. ...

2 *Untersuchen Sie, wie Churchill ein Zusammengehen Frankreichs und Deutschlands begründet.*

3 *Erläutern Sie, weshalb Churchills Aussage die Menschen „in Erstaunen setzen" sollte.*

Der Zweite Weltkrieg und seine Folgen für die Menschen weckten gerade bei jungen Leuten Kräfte, sich für eine Überwindung der politischen Grenzen in Europa einzusetzen, um einen erneuten Krieg zu verhindern. Am 7. August 1959 rissen 300 Studenten aus acht Ländern an der deutsch-französischen Grenze bei Weiler-Weißenburg im Elsass Grenzpfähle und -schranken aus, die sie anschließend symbolisch verbrannten.

Die Europabegeisterung europäischer Jugendlicher nach 1945 blieb ohne sichtbare politische Wirkung. Stärkeren Einfluss auf die Europabewegung nahm dagegen der beginnende Ost-West-Konflikt. Unter dem Eindruck der Bedrohung Westeuropas durch die Sowjetunion und ausgehend von der Überlegung, sich gegenüber den USA behaupten zu können, kam der „Einigungszug" langsam in Gang. Nachdem jedoch der Vertrag über eine europäische Verteidigungsgemeinschaft (EVG), verbunden mit einer Europäischen Politischen Gemeinschaft (EPG) als einem „politischen Dach", 1954 gescheitert war, schien der Versuch einer politischen Einigung Westeuropas zunächst in weite Ferne gerückt.

Die deutsch-französische Freundschaft

Die zunehmende Einbindung Westdeutschlands in das westliche Bündnis mit den USA wurde jedoch begleitet von einer immer engeren politischen Kooperation Deutschlands mit Frankreich, so wie es Churchill 1946 vorausgesagt hatte. Der französische Staatspräsident Charles de Gaulle und der deutsche Bundeskanzler Konrad Adenauer vertieften seit 1958 die Zusammenarbeit beider Staaten, die 1963 in einem deutsch-französischen Staatsvertrag besiegelt wurde. Er sah regelmäßige Beratungen beider Regierungen vor. Diese besonders engen Beziehungen zwischen Deutschland und Frankreich haben sich über wechselnde Regierungen und Staatsoberhäupter hinweg bis heute bewährt. Trotz aller unterschiedlichen politischen Ziele bildete die deutsch-französische Zusammenarbeit die Basis der Integrationspolitik innerhalb und außerhalb der heutigen Europäischen Union.

Aber nicht nur im politischen, sondern auch im kulturellen Bereich entwickelte sich eine deutsch-französische Freundschaft, deren Kernstück das deutsch-französische Jugendwerk und die Städtepartnerschaften wurden. Der regelmäßige Schüleraustausch und die Begegnungen zwischen Deutschen und Franzosen ermöglichten es, dass innerhalb von dreißig Jahren viele alte Vorurteile auf beiden Seiten abgebaut werden konnten.

4 *Erkundigen Sie sich nach einer deutsch-französischen Städtepartnerschaft Ihrer Gemeinde und verfolgen Sie ihre Geschichte in Gesprächen mit Gemeindevertretern.*

Deutsch-französische Freundschaft:

1988 erschien zum 25-jährigen Bestehen der deutsch-französischen Zusammenarbeit eine gemeinsame Briefmarke in beiden Staaten.

Frankreichs Präsident Mitterrand und Bundeskanzler Kohl trafen sich 1984 auf dem Schlachtfeld von Verdun.

Frankreichs Präsident Nicolas Sarkozy und Bundeskanzlerin Angela Merkel arbeiten gerade in der Europapolitik eng zusammen. Foto, 2009.

Die wirtschaftliche Zusammenarbeit

1 **Werbung für Europa.** Plakat, 1955.

18. April 1951: *Gründung der Montanunion.*

25. März 1957: Unterzeichnung der Römischen Verträge (Gründung der EWG).

Die Montanunion

Q1 Der französische Außenminister Robert Schuman unterbreitete am 9. Mai 1950 folgenden Vorschlag:

... Die französische Regierung schlägt vor, die Gesamtheit der französisch-deutschen Kohle- und Stahlproduktion unter eine gemeinsame oberste Aufsichtsbehörde ... zu stellen, in einer Organisation, die den anderen europäischen Ländern zum Beitritt offensteht ... Die Solidarität der Produktion ... wird bekunden, dass jeder Krieg zwischen Frankreich und Deutschland nicht nur undenkbar, sondern materiell unmöglich ist ...

Auch auf wirtschaftlichem Gebiet erkannte man in beiden Ländern nicht nur die Chance, das vereinte Europa auf den Weg zu bringen. Als unabdingbare Voraussetzung für das Gelingen eines europäischen Einigungsprozesses galt, wiederum ganz im Sinne Churchills, gleichzeitig die Aussöhnung der ehemaligen Kriegsgegner Frankreich und Deutschland. Am 18. April 1951 unterzeichneten beide Länder, dazu Belgien, die Niederlande, Luxemburg und Italien den Vertrag über die Gründung einer Gemeinschaft für Kohle und Stahl (EGKS oder Montanunion).

1 *Erläutern Sie, warum gerade eine Gemeinschaft für Kohle und Stahl als erste übernationale Organisation Europas geschaffen wurde.*

Die Europäische Wirtschaftsgemeinschaft

Das anfängliche Scheitern einer politischen Einigung führte zu verstärkten Bemühungen der Montanunion-Staaten, die Zusammenarbeit auf wirtschaftlichem Gebiet voranzubringen. Dabei spielten der französische Außenminister Robert Schuman und der deutsche Bundeskanzler Konrad Adenauer eine führende Rolle.

Am 25. März 1957 unterzeichneten die Staats- und Regierungschefs der sechs Montanunion-Staaten in Rom den Vertrag über eine Europäische Wirtschaftsgemeinschaft (EWG). Am selben Tag wurde zwischen diesen Ländern ein Abkommen über die Europäische Atomgemeinschaft (EURATOM) geschlossen. Ähnlich wie die Montanunion verfolgte sie das Ziel, durch eine gegenseitige Kontrolle auf dem Gebiet der noch jungen Nukleartechnik den Frieden zu erhalten. Andere europäische Länder, die wie Großbritannien einen Beitritt zur EWG ablehnten, schlossen sich 1960 zu einer Freihandelszone, der EFTA, zusammen.

2 *Informieren Sie sich in einem Lexikon über die EFTA.*

2 **Unterzeichnung der Römischen Verträge.**

Die politische Zusammenarbeit

3 Der Vertrag von Maastricht 1993.

Von der EWG zur EG

Im Jahr 1967 wurden die drei europäischen Zusammenschlüsse für wirtschaftliche Kooperation – Montanunion, EWG und EURATOM – zur Europäischen Gemeinschaft (EG) vereint. Ein Jahr später war die Zollunion* innerhalb der EG-Staaten verwirklicht. Bis 1971 steigerte sich die Kaufkraft* der EG-Bürger um 74 Prozent; in Großbritannien, das noch nicht der EG angehörte, betrug die Steigerungsrate nur 31 Prozent. Auch in anderen Bereichen der Wirtschaft und der sozialen Sicherung verlief die Entwicklung günstig. Deshalb schlossen sich im Lauf der Jahre immer mehr Staaten der Gemeinschaft an.

Mit „Maastricht" zur Europäischen Union

Unter dem Eindruck von Gorbatschows Reformpolitik und der Veränderungen in Osteuropa und Deutschland seit dem „Epochenjahr" 1989 schlossen die Staats- und Regierungschefs der damals 12 EG-Staaten im holländischen Maastricht im Dezember 1991 den Vertrag über die „Europäische Union" (EU). Der Vertrag trat am 1. November 1993 in Kraft.

3 *Stellen Sie mit Hilfe des Schaubilds die wesentlichen Neuerungen zusammen, welche der Vertrag von Maastricht mit sich brachte.*

4 *Überlegen Sie konkrete Folgen des Vertrags für die Menschen und für die Einzelstaaten.*

M1 Der Journalist Ulrich Lüke schrieb am 9. Dezember 1991 im Bonner „General-Anzeiger":

... Europa hat in den Augen der Bürger dennoch ein schlechtes Ansehen. Es steht für Zentralismus* und Uniformität [= Gleichförmigkeit], wo Gemeinsamkeit und die Vielfalt der Regionen gemeint sind. Das hat weniger mit dem zu tun, was bisher geleistet wurde, als mit dem, wie es zustande kam ... Selbst das größte politische Ziel wird nur über bürokratische Verfahren, über Zeitpläne und Fristen und Ausnahmeklauseln verwirklicht. Muss das wirklich so sein? In einem entscheidenden Punkt nicht. Die EG braucht mehr Demokratie ... Wer also die politische Einigung wirklich will, der braucht nicht nur eine europäische Währung oder eine gemeinsame Außenpolitik. Der braucht vor allem die Identifikation der Bürger mit diesem Ziel. Und das geht nur, wenn sie mitbestimmen können ...

5 *Erarbeiten Sie mit Hilfe von Q 2 die Meinung des Autors zum Vertrag von Maastricht. Welche weiteren Schritte müssen für ihn auf dem Weg zu einer Europäischen Union folgen?*

Zollunion*: *Die EG bildete ab 1967 ein einheitliches Zollgebiet, d. h. Binnenzölle zwischen den einzelnen Mitgliedstaaten wurden abgeschafft und Handelsbeschränkungen aufgehoben. Gegenüber Drittstaaten, also Nicht-Mitgliedern, galt ein gemeinsamer Außenzolltarif.*

Kaufkraft*: *Bezeichnung für die Warenmenge, die man für bestimmte Geldsummen kaufen kann.*

Zentralismus*: *Organisationsform eines Staates, in der sich alle Teilbereiche einer zentralen Entscheidungsgewalt unterordnen.*

Der Euro

1 **„... nur noch einige tausend Tage".** Karikatur von Horst Haitzinger, 1993.

Symbol für den wirtschaftlichen Einigungsprozess: der Euro

Im Vertrag von Maastricht hatten die Staats- und Regierungschefs der damals 15 EG-Länder eine Wirtschafts- und Währungsunion beschlossen. Um die Stabilität der gemeinsamen Währung zu garantieren, gelten strenge Bestimmungen, welche die Länder erfüllen müssen, die an der Währungsunion teilnehmen wollen. So müssen die Staaten beispielsweise ihr jährliches Haushaltsdefizit auf drei Prozent und ihre öffentliche Verschuldung auf 60 Prozent ihres Bruttoinlandsprodukts* (BIP) begrenzen. Ähnlich wie die USA sollte „Euro-Land" nun ein großer Markt mit einer einheitlichen Währung werden.

In der Silvesternacht 2001/02 wurde in zwölf Ländern der EU das bisherige Bargeld (z.B. DM, Lira, Franc) durch den Euro abgelöst, gegenwärtig haben insgesamt 17 EU-Mitglieder sowie sechs weitere europäische Länder die neue Währung übernommen.

1 *Analysieren Sie die Karikatur.*

2 *Fragen Sie Ihre Eltern und Bekannten, wie sie den Umtausch der D-Mark in den Euro empfunden haben.*

Der Euro – stark oder schwach?

Vor der Einführung des Euro versprachen vor allem deutsche Politiker, dass die neue Währung ebenso stark und stabil sein würde wie die D-Mark. Besonders die deutsche Bevölkerung fürchtete eine Entwertung ihres Geldes aufgrund der Tatsache, dass nun zwölf Länder mit einer unterschiedlichen Wirtschafts- und Geldpolitik über eine gemeinsame Währung verfügen. Um diesen Befürchtungen entgegenzutreten, wurde nach dem Vorbild der Deutschen Bundesbank eine von den Regierungen der Staaten unabhängige Europäische Zentralbank (EZB) mit Sitz in Frankfurt am Main geschaffen. Sie wacht über die Geldwertstabilität und legt für ganz „Euro-Land" die Zinsen fest.

Wie stabil ist der Wirtschaftsraum Europa?

Im Frühjahr 2007 begann, bedingt durch Massenspekulationen auf dem Immobilienmarkt, eine Banken-, Finanz- und Wirtschaftskrise in den USA, die sich in der Folgezeit auch auf den europäischen Wirtschaftsraum ausweitete. Mehrere Staaten sahen sich aufgrund der Größe und Bedeutung der von Insolvenzen* betroffenen Unternehmen dazu gezwungen, diese durch Kapitalspritzen am Leben zu erhalten. Die ohnehin hohe Staatsverschuldung vieler EU-Länder (vor allem Griechenland, aber auch Irland, Italien, Portugal, Spanien) stieg deshalb krisenbedingt stark an. Um einen Staatsbankrott dieser Länder abzuwenden, einigten sich die europäischen Staats- und Regierungschefs auf ein Rettungspaket aus Krediten. Gleichzeitig wurden die Regierungen der betroffenen Mitglieder dazu verpflichtet, durch strenge Sparmaßnahmen ihren Staatshaushalt wieder in Ordnung zu bringen. Ziel dieser Maßnahmen ist es, den Wirtschaftsraum Europa als Ganzes zu stabilisieren.

Die Diskussion um den Euro ist durch die Krise in Griechenland neu entfacht. Einige Fachleute forderten Griechenland zum Verlassen der Währungsunion auf, andere befürworteten einen Austritt Deutschlands. In den Verträgen zur Währungsunion ist der Ausschluss eines Landes nicht vorgesehen, seit dem Reformvertrag von Lissabon besteht aber für ein Mitgliedsland die Möglichkeit, freiwillig aus der EU auszutreten.

3 *Informieren Sie sich über aktuelle Diskussionen zur Geldwertstabilität des Euro.*

4 *Diskutieren Sie die Zukunft der EU vor dem Hintergrund der Schuldenkrise.*

Insolvenz*: *Zahlungsunfähigkeit eines Kreditnehmers (Schuldners), der seine Zahlungsverpflichtungen gegenüber dem Kreditgeber (Gläubiger) nicht erfüllen kann.*

Bruttoinlandsprodukt*: *Gesamtwert aller Waren und Dienstleistungen einer Volkswirtschaft, die innerhalb eines Jahres hergestellt werden.*

Das Europäische Parlament

2 **Das Parlament der Europäischen Union in Straßburg.** Foto, 2008.

Symbol für den politischen Einigungsprozess: das Europäische Parlament

Das Europäische Parlament besteht seit 1952. Wurden die Abgeordneten zunächst durch die Parlamente der einzelnen Staaten bestimmt, so werden sie seit 1979 alle fünf Jahre direkt von den Wahlberechtigten in den Mitgliedsländern gewählt. Die Wahlbeteiligung ist zwar in den einzelnen Mitgliedstaaten unterschiedlich hoch, erreicht aber im EU-Durchschnitt keine 50 Prozent.

5 *Überlegen Sie Gründe, warum das Interesse an den Europaparlaments-Wahlen relativ gering ist.*

Die Ausweitung der Kompetenzen

Das Parlament mit Sitz in Straßburg hatte zunächst nur beratende Funktion, schrittweise hat es sich jedoch immer mehr Rechte erkämpft. Im Vertrag von Amsterdam, in Kraft seit Mai 1999, wurden die Rechte des Europäischen Parlaments stark erweitert, denn es muss nun der Wahl des Präsidenten der Europäischen Kommission zustimmen und die Kommission insgesamt in ihrem Amt bestätigen. Fast alle europäischen Gesetze unterliegen jetzt dem Mitentscheidungsverfahren, sodass das Europäische Parlament weitgehend Einfluss ausüben kann.

Im Frühjahr 1999 häuften sich Presseberichte über unerlaubte Geldzuwendungen und die Vergabe von Aufträgen durch Mitglieder der EU-Kommission an ihnen nahe stehende Personen. Ein Untersuchungsausschuss des Europäischen Parlaments stellte zahlreiche und schwer wiegende Verfehlungen fest. Um einer Absetzung zuvorzukommen, traten die Mitglieder der EU-Kommission im März 1999 zurück. Das Europäische Parlament hatte erstmals mit großem Erfolg seine Kontrollrechte ausgeübt.

Seit dem Vertrag von Lissabon 2009 (siehe S. 179) sind viele Gesetze und Verordnungen der nationalen Parlamente bloße Umsetzungen von Beschlüssen des Europäischen Parlaments. Darin wird die Entwicklung des Europäischen Parlaments hin zu einer gesetzgebenden Körperschaft immer deutlicher. Für den einzelnen Bürger macht sich der Einfluss des Parlaments besonders in der Verbraucher- und Umweltpolitik bemerkbar.

6 *Diskutieren Sie, ob der Standpunkt, das Europäische Parlament habe ein Demokratiedefizit, berechtig ist oder nicht.*

7 *Recherchieren Sie aktuelle Gesetzesvorhaben des Europäischen Parlaments.*

3 **Plenarsitzung im Europäischen Parlament.** Foto, 2004.

Die Erweiterung der EU

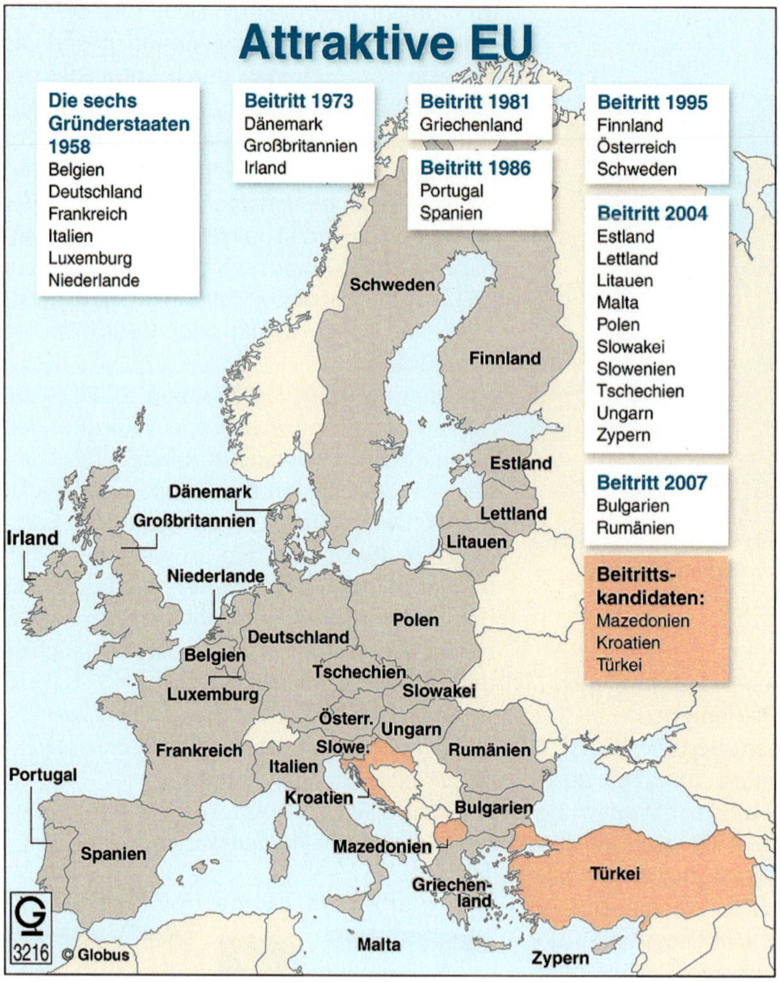

1 **Der Ausbau der Europäischen Union.** Schaubild, 2009.

Die Osterweiterung der EU
In vielen Bereichen der Wirtschaft und in der sozialen Sicherung verlief die Entwicklung günstig. Deshalb schlossen sich im Lauf der Jahre immer mehr Staaten der Europäischen Gemeinschaft bzw. Union an. Gorbatschows Reformpolitik und deren Folgen machten es möglich, dass erstmals 2004 Länder des ehemaligen Ostblocks der EU beitreten konnten.

M1 Über die Motive der polnischen Europapolitik schrieb die „Frankfurter Allgemeine Zeitung" am 16. November 1992:
... Polens Mitgliedschaft in der EG wird ... nicht nur als Garantie für Wohlfahrt und dauerhafte innenpolitische Stabilität gesehen ... (Der polnische Außenminister) Skubiszewski hatte den Gegnern einer Assoziierung [= vertraglichen Anbindung] Polens mit der EG entgegengehalten, dass die Mitgliedschaft in der EG auch größere Sicherheit verbürge. Folgerichtig spricht sich die polnische Führung ... auch für die Vertiefung der wirtschaftlichen und politischen Integration in der EG aus und befürwortet die Einbeziehung der Sicherheitspolitik ... in diese Entwicklung ... Der Nachbar (Deutschland) gilt als Bundesgenosse auf dem Weg Polens in die EG ...

1 *Erläutern Sie die Motive, die Polens Außenminister für einen Beitritt seines Landes zur EU nennt.*

2 *Recherchieren Sie den Stand aktueller Beitrittsverhandlungen.*

Die Reform der EU: der Vertrag von Lissabon

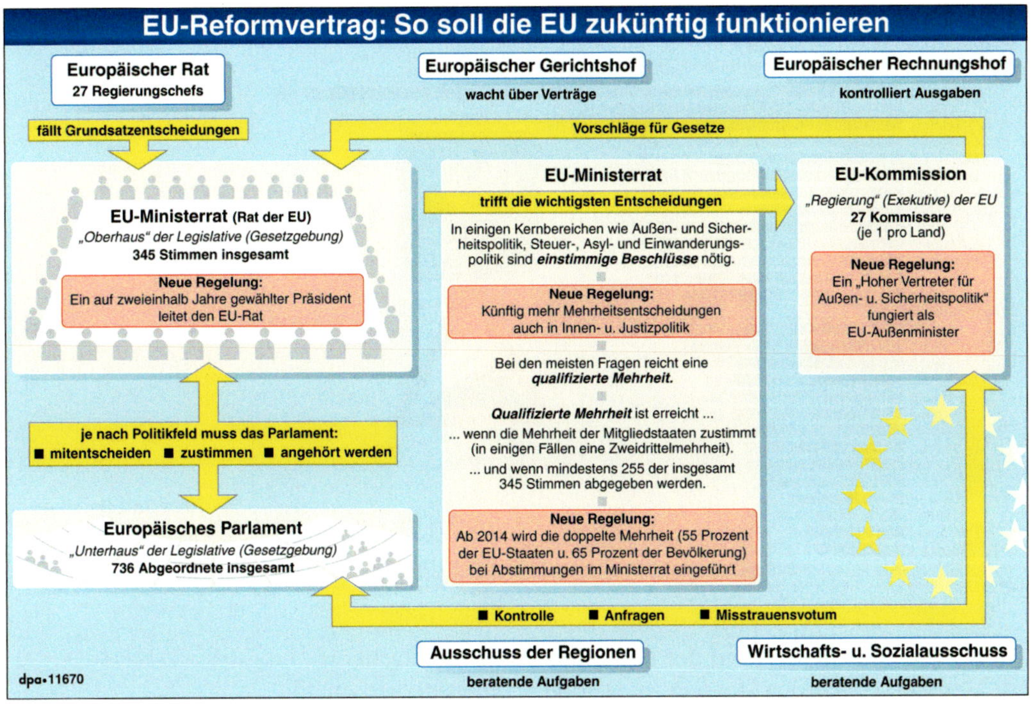

2 Die Organe der EU nach dem Vertrag von Lissabon 2009.

Von Rom nach Lissabon

Das Jahr 2004 schien zunächst ein wichtiger Meilenstein auf dem Weg zur politischen Einigung der EU zu werden. Durch die Unterzeichnung des Vertrags über eine Verfassung für Europa sollte das politische System der EU reformiert werden, um sie insgesamt demokratischer und handlungsfähiger zu machen.
Kritiker bemängelten immer wieder, dass das Europäische Parlament an zahlreichen Entscheidungsprozessen (z. B. bei der europäischen Gesetzgebung oder der gemeinsamen Außen- und Sicherheitspolitik) gar nicht beteiligt sei und die EU deshalb unter einem Mangel an Legitimität [= Rechtmäßigkeit einer Staatsgewalt] leide. Der Verfassungsvertrag, am 29. Oktober 2004 in Rom von den Staats- und Regierungschefs der EU-Mitgliedstaaten unterzeichnet, sollte im Juni 2007 offiziell in Kraft treten. Die Bevölkerungen in Frankreich und in den Niederlanden lehnten aber in Volksabstimmungen das Vertragswerk ab, es erlangte daher keine Rechtskraft. Es musste nach neuen Wegen gesucht werden, den europäischen Einigungsprozess voranzubringen.

Der Vertrag von Lissabon

Nach zähem Ringen und langen Verhandlungen war ein neuer Vertrag unterschriftsreif. Im Dezember 2007 versammelten sich die Staats- und Regierungschefs der EU-Mitgliedstaaten in der portugiesischen Hauptstadt und verabschiedeten den Reformvertrag von Lissabon. Anders als im Verfassungsvertrag von 2004 vorgesehen, der alle bestehenden EU-Verträge ersetzen sollte, brachte das neue Vertragswerk an ihnen umfassende Änderungen an.
Nicht überall in Europa stieß der Vertragsentwurf auf Zustimmung. In der Tschechischen Republik betrieb ihr Präsident lange eine europakritische Politik, in der Bundesrepublik Deutschland musste sich das Bundesverfassungsgericht mit einer Verfassungsklage auseinandersetzen. In Irland gar bedurfte es zweier Anläufe, bis die Bevölkerung in einem Referendum (= Volksabstimmung) im Oktober 2009 den Vertrag billigte, nachdem es ein Jahr vorher noch ein „No“ gegeben hatte.

3 *Erarbeiten Sie mit Hilfe des Schaubilds die Arbeitsweise der EU nach dem Vertrag von Lissabon.*

Herausforderungen für die EU

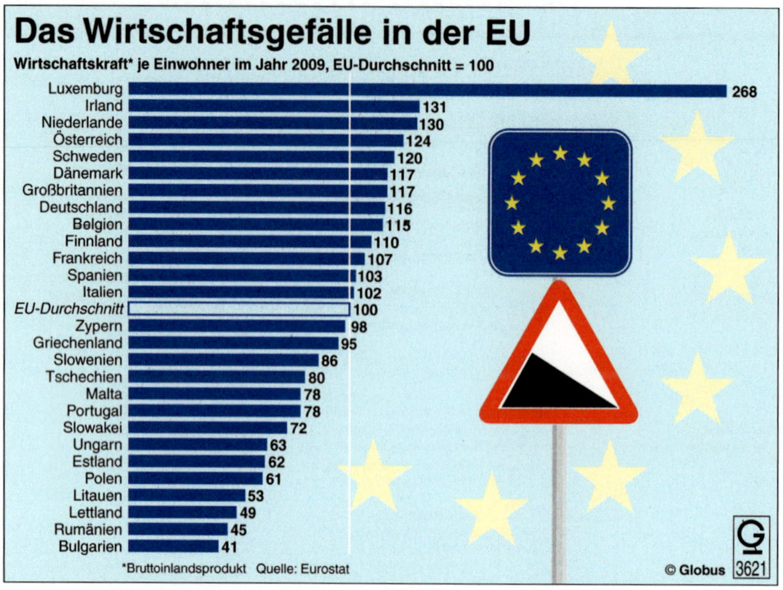

1 Arm und Reich in der EU. Bruttoinlandsprodukt je Einwohner nach Kaufkraft, 2009.

Wirtschaftliche Entwicklung der Regionen

Die Menschen in Europa leben unter sehr unterschiedlichen sozialen und wirtschaftlichen Bedingungen. Einige Länder sind hoch entwickelte Industrieländer, andere sind stark von der Landwirtschaft geprägt. Ein wichtiges Ziel der EU ist es, den Lebensstandard in den verschiedenen Staaten und Regionen einander anzugleichen. Das wird durch die EU-Erweiterung immer schwieriger. Finanzielle Hilfen, die sogenannten Strukturfonds, unterstützen auch bisher schon rückständige Regionen.

1 *Stellen Sie mit Hilfe des Schaubilds fest, in welchen Ländern vorwiegend „reichere" und wo „ärmere" Regionen zu finden sind. Nehmen Sie auch einen Atlas zu Hilfe.*

Soziale Grundrechte

1989 beschlossen die EG-Länder eine „Europäische Charta der sozialen Grundrechte". Ob und inwieweit sie aber angewendet wird, hängt von jedem einzelnen Mitgliedstaat ab.

Q1 Die „Europäische Sozialcharta" enthält unter anderem folgende Rechte:
1. das Recht der Arbeitnehmer, im EU-Staat ihrer Wahl zu arbeiten;
2. das Recht auf freie Wahl des Berufs und das Recht auf einen gerechten Lohn;
3. das Recht auf verbesserte Lebens- und Arbeitsbedingungen;
4. das Recht auf sozialen Schutz entsprechend den Gegebenheiten der einzelnen Mitgliedstaaten;
5. das Recht auf berufliche Bildung;
7. das Recht auf Gleichbehandlung von Männern und Frauen;
8. das Recht der Kinder und Jugendlichen auf sozialen Schutz.

2 *Überlegen Sie anhand von M 1, welche sozialen Grundrechte leichter und welche schwieriger verwirklicht werden können. Begründen Sie Ihre Entscheidung.*

Gleichbehandlung der Frauen in der EU

Die Durchsetzung der Bestimmungen zur Gleichbehandlung der Frauen erwies sich im Lauf der Jahrzehnte als sehr schwierig. Bis heute sind Frauen in vielen Ländern und Arbeitsbereichen noch immer stark benachteiligt. Im Verhältnis zu den Männern sind Frauen häufiger arbeitslos. Der Grundsatz „Gleicher Lohn für gleiche Arbeit" ist nicht überall verwirklicht. Junge Frauen haben es in manchen Ländern schwerer, eine Arbeit zu bekommen, die als „männlich" gilt.

3 *Informieren Sie sich im Internet über das Lohngefälle in der Bundesrepublik.*

Zusammenfassung

Der Umbruch in Osteuropa
Nach fast vier Jahrzehnten des „Kalten Krieges“ war der Ostblock wirtschaftlich weitgehend am Ende. Mit dem Amtsantritt Michail Gorbatschows als Generalsekretär der KPdSU 1985 kam in Moskau ein Reformpolitiker an die Macht. Unter den Schlagworten „Perestroika“ (Veränderung) und „Glasnost“ (Offenheit) stieß er Reformen an, deren Auswirkungen zum großen Teil bis heute nicht gelöste Probleme aufwarfen. Die Reformen in der Sowjetunion setzten in allen osteuropäischen Staaten Kräfte frei, die zum Zusammenbruch totalitärer Regimes führten. Dabei verlief der Prozess der Umgestaltung Osteuropas, wie gerade das Beispiel Jugoslawien zeigt, nicht in allen Staaten des ehemaligen Ostblocks friedlich.

Die deutsche Einheit
Die Führung der DDR stand dem Reformprozess in der UdSSR ablehnend gegenüber. Trotz einer dramatischen Fluchtwelle und des zunehmenden Widerstands, der sich in der Bevölkerung formierte, hielt die Führung am alten System fest. Die folgenden Montagsdemonstrationen wurden zum deutlichsten Ausdruck einer friedlichen Revolution. In der Nacht vom 9. zum 10. November 1989 war die Regierung nicht mehr Herr der Lage. Die Berliner Mauer fiel. In der Folgezeit wurde der Ruf nach einer Vereinigung der beiden deutschen Staaten immer lauter. Nach Verhandlungen mit den ehemaligen Kriegsalliierten und den europäischen Nachbarn konnte am 3. Oktober 1990 die Vereinigung der beiden deutschen Staaten gefeiert werden.

Die Integration Europas
1954 scheiterte vorerst der Versuch einer politischen Einigung Westeuropas nach dem Zweiten Weltkrieg. Dies führte zu verstärkten Bemühungen der seit 1951 in der Montanunion zusammengeschlossenen Staaten, die wirtschaftliche Zusammenarbeit voranzutreiben. 1957 wurden EWG und EURATOM gegründet, 1967 die drei bis dahin bestehenden Gemeinschaften zur Europäischen Gemeinschaft (EG) vereint. 1993 trat der Vertrag von Maastricht in Kraft, der den schrittweisen Ausbau zu einer Europäischen Union (EU) vorsieht. Seit 2002 gehören zwölf Staaten zur Euro-Zone, in der der Euro als einheitliche Währung gilt. Aus dem Europa der sechs ist inzwischen ein Europa der 27 geworden. Die von Gorbatschow eingeleitete Umgestaltung Osteuropas machte zum ersten Mal im Jahr 2004 den Beitritt osteuropäischer Staaten zur EU möglich.

1985–1991

„Perestroika“ und „Glasnost“ in der UdSSR unter Gorbatschow.

1991–1999

Bürgerkrieg im ehemaligen Jugoslawien.

1989/90

Friedliche „Revolution“ in der DDR und deutsche Wiedervereinigung.

Seit 1952

Prozess der wirtschaftlichen und politischen Einigung Europas.

Testen Sie Ihre Kompetenzen!

Begriffe – Namen – Daten

- ✓ Auflösung der UdSSR 1991
- ✓ Michail Gorbatschow
- ✓ Zerfall des Vielvölkerstaates Jugoslawien
- ✓ Friedliche Revolution in der DDR, Herbst 1989
- ✓ Mauerfall
- ✓ Deutsche Wiedervereinigung 3.10.1990
- ✓ George Bush sen.
- ✓ Römische Verträge 1957
- ✓ Europäische Wirtschaftsgemeinschaft (EWG)
- ✓ Europäische Gemeinschaften (EG)
- ✓ Vertrag von Maastricht 1993
- ✓ Europäische Union
- ✓ Einbindung der Bundesrepublik in die EU

1 **„Mit neuem Programm“.** Karikatur 1991.

3 **Warten auf den Fall.** In der Nacht des 9. November 1989 haben die Menschen die Mauer vor dem Brandenburger Tor in Berlin besetzt und warten darauf, dass die Mauer endlich geöffnet wird.

2 **Einkauf in Sarajevo, 1994.** Wegen zahlreicher Heckenschützen waren Einkäufe und Besorgungen nur im Laufschritt und unter dem Schutz von UN-Soldaten möglich.

4 **Unterzeichnung der Römischen Verträge am 25. März 1957.**

Testen Sie Ihre Kompetenzen!

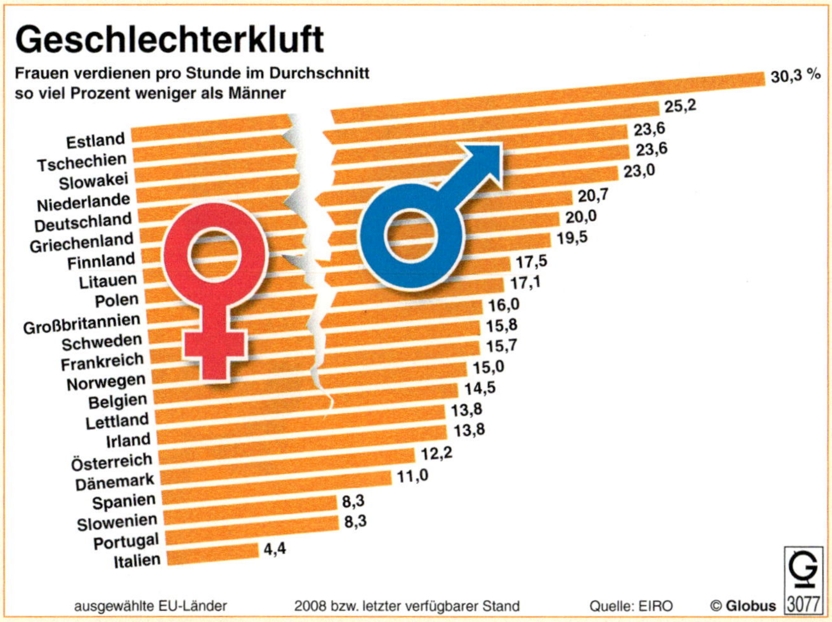

5 **Verdienste weiblicher Beschäftigter in der EU, 2008**

Fachwissen

1 *Erklären Sie sich gegenseitig die wichtigen Begriffe (Kasten) und schreiben Sie Ihre Bedeutung ins Geschichtsheft.*

2 *Beschreiben Sie mit Hilfe der Karikatur (Abb. 1), vor welchen Problemen die Sowjetunion unter Michail Gorbatschow stand.*

3 *Untersuchen Sie die historischen Wurzeln des Konflikts im ehemaligen Jugoslawien (Abb. 2).*

4 *Listen Sie die wesentlichen Stationen der deutschen Wiedervereinigung auf (Abb. 3).*

5 *Fassen Sie die wesentlichen Daten der europäischen Integration in einer Zeitleiste zusammen (Abb. 4).*

Methoden

6 *Bereiten Sie eine Zeitzeugenbefragung zum Zusammenbruch des Ostblocks vor. Präsentieren Sie die Ergebnisse der Klasse.*

7 *Gestalten Sie ein Informationsposter für Ihr Klassenzimmer zum Ende des Kalten Krieges. Berücksichtigen Sie dabei die folgenden Ereignisse: friedliche Revolution in der DDR, Herbst 1989 – Ende des Wettrüstens – Auflösung der Sowjetunion – Gemeinschaft Unabhängiger Staaten – Zerfall Jugoslawiens – Krieg in Bosnien-Herzegowina, Kosovokrieg.*

8 *Erarbeiten Sie ein Interview mit dem Abgeordneten des Europäischen Parlaments in Ihrem Wahlkreis.*

Beurteilen und Bewerten

9 *Michail Gorbatschow erhielt 1990 für seine politische Leistung bei der Beendigung des Kalten Krieges den Friedensnobelpreis. In seiner Heimat sehen ihn viele Menschen sehr kritisch. Finden Sie Ursachen dafür.*

10 *Während der Jugoslawien-Kriege wurden zahlreiche Kriegsverbrechen begangen. Das Kriegsverbrechertribunal in Den Haag bemüht sich um eine Aufarbeitung der Vergangenheit. Bewerten Sie die Arbeit des Gerichts.*

11 *Diskutieren Sie, ob die Behörde des „Bundesbeauftragten für die Unterlagen des Staatssicherheitsdienstes der ehemaligen DDR" angesichts knapper Kassen beibehalten werden soll oder nicht.*

12 *Setzen Sie sich mit Deutschlands Vorreiterrolle im europäischen Einigungsprozess auseinander. Berücksichtigen Sie dabei die deutsche Geschichte des 20. Jahrhunderts.*

13 *In den meisten EU-Staaten verdienen Frauen pro Stunde weniger als Männer (Abb. 5). Diskutieren Sie Möglichkeiten zur Lösung des Problems.*

6 Leben im Zeitalter der Globalisierung

Kriege, Krisen, Katastrophen – seit dem Ende des Ost-West-Konflikts ist die Welt nicht friedlicher geworden. Alte Probleme sind noch immer nicht gelöst, neue sind hinzugekommen. Am Beginn des zweiten Jahrzehnts im neuen Jahrtausend scheint der „blaue Planet" zerbrechlicher denn je.

Vor welchen wichtigen Herausforderungen die Menschheit gegenwärtig steht, das erfahren Sie im folgenden Kapitel …

Globalisierung – was ist das?

1 **„Sprechen wir über die Naturgesetze, zum Beispiel ...“** Karikatur von Thomas Plaßmann.

Globalisierung: Adjektiv „global“ = weltumspannend.*

Der Begriff

1990 fand man das Wort noch in keinem Lexikon – heute vergeht kaum eine Woche, in der uns der Begriff „Globalisierung*“ nicht irgendwo in den Medien begegnet. Doch was bedeutet er eigentlich?

Ursprünglich bezeichnete man mit „Globalisierung“ die Tatsache, dass sich nach dem Zweiten Weltkrieg die wirtschaftlichen Beziehungen zwischen den Ländern über den ganzen Globus hinweg ausweiteten. Für heutige Vorstellungen greift diese Erklärung aber viel zu kurz. Die moderne Definition von Globalisierung bezieht sich auf die weltweite Zusammenarbeit und Beeinflussung von Menschen, Organisationen und Staaten in allen Bereichen des Lebens: Wirtschaft, Politik, Kultur, Umwelt usw.

Liberalisierung: Aufhebung von Beschränkungen.*

Voraussetzungen der Globalisierung

So eröffneten die Erfindungen im Verkehrswesen ganz neue Möglichkeiten. Es war teuer, Waren von Kontinent zu Kontinent zu transportieren, da dies viel Zeit in Anspruch nahm und auch mit erheblichen Risiken verbunden war. Mit den Frachtcontainern wurde es möglich, Produkte in größerem Umfang sicher in kürzerer Zeit zu transportieren. Die Neuerungen im Bereich der Luftfahrt beschleunigten diese Prozesse noch weiter. Doch nicht nur der Transport von Gütern wurde erleichtert. Auch das Reisen in ferne Länder wurde einfacher. Während man früher Wochen brauchte, um beispielsweise nach Australien oder Amerika zu gelangen, ist dies inzwischen in Tagesfrist möglich.

Ebenfalls von großer Bedeutung sind die Entwicklungen im Bereich der Kommunikation. Bereits vor dem Ersten Weltkrieg ermöglichten Morsen oder Telefonieren schnellen Informationsaustausch. Mit Erfindung des Internets wurde der Prozess erheblich beschleunigt. Ohne Zeitverlust und zu extrem geringen Kosten können Informationen von einem Kontinent zum anderen gesendet werden. Innerhalb weniger Sekunden hat man Zugriff auf unvorstellbare Datenmengen, die weltweit ins Netz gestellt werden können. Dabei tritt man auch mit Menschen in Kontakt, die man persönlich nicht kennt.

Schließlich ist vor allem auch die Liberalisierung* der Märkte zu nennen. Die Zölle wurden international erheblich gesenkt. Finanzmärkte sind weitgehend unreguliert. Der Eiserne Vorhang fiel, was außerdem zu neuen Handelsmöglichkeiten führte.

1 *Nennen Sie die wichtigsten Ursachen der Globalisierung.*

2 *Überlegen Sie, welche Folgen die Globalisierung für den Einzelnen und für die Wirtschaft hat.*

3 *Interpretieren Sie die Karikatur.*

Der Globalisierungsprozess

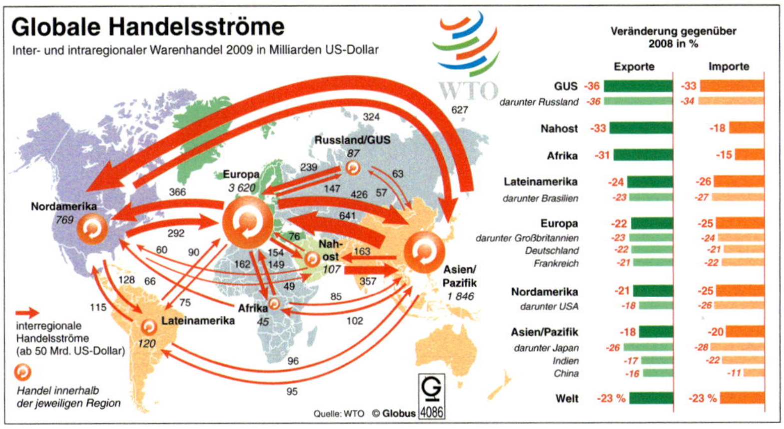

2 **Die Welthandelsbeziehungen 2009.**

Globaler Welthandel

Kritiker der Globalisierung bemängeln, dass es im Welthandel ein starkes Nord-Süd-Gefälle gibt. Über 80 Prozent des internationalen Handels werden zwischen den Industrieländern abgewickelt und nur 15 Prozent zwischen den Erdteilen. Afrika ist mit weniger als drei Prozent am Welthandel beteiligt. Auch bei den Direktinvestitionen ist eine starke Konzentration auf die Industrieländer festzustellen. Die Wirtschaftsräume EU, Nordamerika und japanisch-pazifischer Raum sind eng miteinander verflochten.

Durch die Verzahnung der Volkswirtschaften vieler Länder bleiben die Auswirkungen von Krisen, Naturkatastrophen oder Kriegsfolgen nicht mehr auf das Ursprungsland beschränkt. So löste 2007 die US-amerikanische Immobilienkrise weltweit Turbulenzen an den Börsen aus. Drohende Staatsbankrotte in Island, Griechenland und anderen europäischen Staaten gefährden ab 2009 die Stabilität des Euro.

4 *Arbeiten Sie in Gruppen: Erklären Sie, welche Vorteile und Probleme mit der Globalisierung verbunden sein können.*

5 *Sammeln Sie Informationen zum Verlauf der Finanzkrise 2007 ff.*

Versuche einer gesteuerten Globalisierung

Besonders die USA beförderten den weltweiten Handel und Währungsabsprachen. Ereignisse wie der „Schwarze Freitag" 1929 und die sich anschließende Weltwirtschaftskrise sollten künftig verhindert werden. Unter amerikanischer Federführung wurde nach Mitteln und Wegen zur Schaffung einer Weltwirtschaftsordnung und zur Regulierung der weltweiten Geldströme gesucht.

Es entstanden 1944 der Internationale Währungsfond (IWF) und die Weltbank. Mit dem Abschluss des Allgemeinen Zoll- und Handelsabkommens (GATT) wurde ein System geschaffen, das dem internationalen Handel und den Handelsbeziehungen einen rechtlichen Rahmen gab und die Rechte und Pflichten der Mitgliedsländer festschrieb. Die rasante Entwicklung der Infrastruktur in den letzten 50 Jahren erleichterte den Transport der Waren. Seit 1995 regelt die World Trade Organization (WTO) nicht nur den Güterhandel, sondern auch den Handel mit Dienstleistungen und wacht über den Schutz geistigen Eigentums, wie z. B. Patenten.

Die WTO ist eine mächtige Sonderorganisation der UNO. Kritiker betrachten sie als Monster, da sie bei der Regulierung des Handels in die Souveränität von Ländern eingreift und ihre Bestimmungen besonders für Entwicklungsländer problematisch sein können. Des Weiteren wird der Mangel an Regeln für eine nachhaltige Entwicklung beklagt. Gegenwärtig geht es bei Verhandlungen darum, die Subventionen für die Landwirtschaft in den Industrieländern abzubauen und somit die Märkte für Agrarprodukte aus Entwicklungsländern zu öffnen.

6 *Überlegen Sie, warum fairer Welthandel immer wieder gefordert, aber bisher nie durchgesetzt worden ist.*

FAIRTRADE

*Das **Fair-Trade-Siegel** wird hauptsächlich von nationalen Organisationen für Produkte vergeben, die direkt – also ohne Zwischenhändler – mit den Produzenten gehandelt werden. Weiter zählen Vorfinanzierung, langfristige Lieferbeziehungen und Einhaltung ökologischer Anforderungen zu den Voraussetzungen für die Vergabe des Siegels. Zweck des Fair Trade ist, die Lebenshaltungs- und Produktionskosten der Produzenten zu decken, was mit der Zahlung eines garantierten Mindestpreises erreicht werden soll.*

Die vernetzte Welt

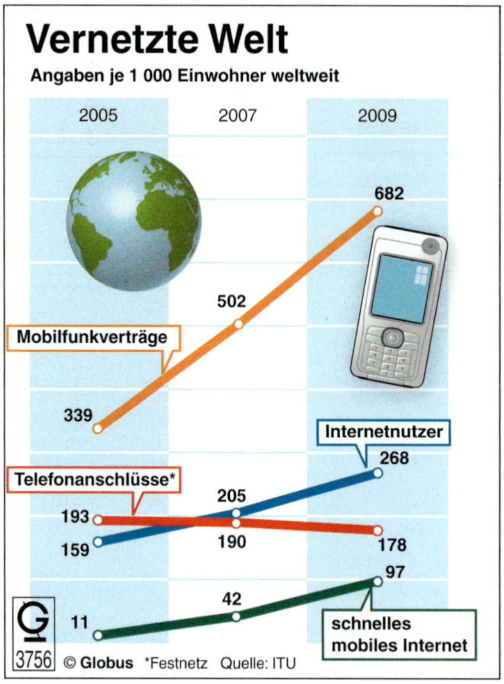

1 Verbreitung moderner Kommunikationssysteme, 2005 bis 2009.

Das Informationszeitalter

Unsere Vorfahren lebten in einer Agrargesellschaft und später in einer Industriegesellschaft. Das heißt, ihre wirtschaftlichen Grundlagen sahen sie in der Landwirtschaft bzw. in der industriellen Produktion von Gütern. In den 1970er Jahren vollzog sich ein Wandel. Der moderne Mensch von heute lebt im sogenannten Informationszeitalter. Durch Neuerungen in der Informations- bzw. Kommunikationstechnik ist es möglich, in Sekundenschnelle große Informationsmengen zu sammeln, zu verarbeiten, zu speichern, zu löschen oder auszutauschen.

Halbleiter und Chip

Begonnen hat diese Entwicklung mit der Erfindung des Halbleiters um 1950. Es wurde dadurch möglich, Rundfunksendungen aus der ganzen Welt zu empfangen und auf Tonbandgeräten aufzunehmen. Kopier- und Faxgeräte sorgten für eine schnelle Vervielfältigung und einen zeitsparenden Versand von Informationen.

Die Zusammenfassung mehrerer Halbleiter zu integrierten Schaltkreisen führte zur Entwicklung des „Chips", der Daten speichern und verarbeiten kann. Der Weg zur Entwicklung der PCs (Personal Computer) war frei. Immer leistungsfähigere PCs kamen in immer kürzeren Abständen zu immer niedrigeren Preisen auf den Markt. Zusammen mit einem rapiden Ausbau der Telefonverbindungen und der Bereitstellung von Breitbandkanälen über Satelliten waren die Voraussetzungen für eine elektronische Revolution gegeben.

Das Internet

Als Inbegriff für die Globalisierung der Informationsflut gilt heute das Internet. Seinen Siegeszug trat das weltumspannende Netzwerk in den 1980er Jahren an, als zunächst militärische Nutzer entdeckten, dass auf diese Weise schnell und kostengünstig Nachrichten auszutauschen sind. Das System der elektronischen Post (E-Mail) war geboren. Technische Neuerungen machen es möglich, dass das Internet über Handys auch unabhängig vom heimischen Computer verfügbar ist. Es haben auch sogenannte soziale Netzwerke dadurch erheblich an Bedeutung gewonnen.

In der Folge kam es zu einer Informationsexplosion. Den Menschen stehen heute auf Mausklick enorme Mengen an Wissen und Information zur Verfügung. Die Folge ist eine regelrechte Informationsüberflutung. Die Schwierigkeit für uns heute besteht darin, die Informationen zu filtern: Was sind brauchbare Informationen, was können wir nicht verwerten?

1 *Erklären Sie, welche Rolle das Internet für die wirtschaftliche und kulturelle Globalisierung spielt.*

2 *Stellen Sie in einer zweispaltigen Tabelle die Vor- und Nachteile des Internets gegenüber.*

3 *Das offizielle China äußert sich skeptisch zur wachsenden Zahl von Internetanschlüssen in seinem Land. Überlegen Sie Gründe für diese Skepsis.*

4 *Diskutieren Sie Vor- und Nachteile sozialer Netzwerke.*

Entwicklung der Informationsübermittlung – ein Überblick

1609 Zeitung
1829 Fotografie
1840 Elektrischer Telegraf
1875 Telefon
1895 Film
1897 Drahtloser Telegraf
1920 Rundfunk
1950 Tonbandgerät
1954 Fernsehen
1970–78 Video
1971 Satelliten-TV
1980 Bildschirmtext
1981 PC
1983 CD-Player
1990 Digitaler Mobilfunk
1990/91 World Wide Web
1992 CD-ROM
1998 Google
2000 DVD
2004 Facebook
2006 Mobiles Internet

Wirtschaftliche Folgen der Globalisierung

2 **Soziale Folgen der Globalisierung:** Arbeitsbedingungen in einer Textilfabrik in China.

Globaler Preiskampf

Das Internet eröffnet für Firmen und Privatleute gleichermaßen ganz neue wirtschaftliche Möglichkeiten. Über Grenzen hinweg können Angebote und Preise verglichen werden – was zu einer Verschärfung des Wettbewerbs geführt hat. Mit wachsendem Kostendruck kommt es in transnationalen Unternehmen auch dazu, dass wenig Rücksicht auf die wirtschaftliche Lage der Zulieferer, den Umweltschutz oder die sozialen Bedingungen wie Arbeitsschutz und Mindestlohn genommen wird. Findet eine Firma an einem anderen Standort günstigere Rahmenbedingungen, so kann sie den Zulieferer wechseln oder den Standort verlegen. Daraus ergibt sich eine schwierige Verhandlungsposition zum Beispiel für Arbeitnehmer und Gewerkschaften bzw. die Politik.

Gleichzeitig hat die enge internationale Verflechtung der Güterherstellung dazu geführt, dass die Weltwirtschaft in den letzten Jahren sehr gewachsen ist. Gewinner der Globalisierung sind derzeit die Industriestaaten und einige Länder Asiens. Dort konzentrieren sich die Firmenzentralen der Global Player*, internationale Finanzkonzerne sowie Forschungseinrichtungen.

5 *Arbeiten Sie in Gruppen. Untersuchen Sie, woher die Waren (Kleidung, Lebensmittel, Elektroartikel) kommen, die Sie in Ihrem Haushalt vorfinden. Welche Schlussfolgerungen können daraus gezogen werden?*

6 *Recherchieren Sie, ob es in Ihrer Region eine Firma gibt, die international arbeitet. Sammeln Sie Informationen und stellen Sie diese für eine Präsentation zusammen.*

Kulturexport

Modeartikel, bestimmte Nahrungs- und Genussmittel, aber auch Filmstars und Musikbands treffen wir weltweit an. Diese Universalkultur macht aber auch deutlich, wie austauschbar Unterhaltung geworden ist. Egal, ob man in Bombay, Berlin oder Boston vor den aktuellen Kinoplakaten steht, überall laufen die gleichen Filme aus der Traumfabrik Hollywood oder tönen die gleichen Popsongs aus den Lautsprechern. Bis in die Sprache hinein geht der Einfluss des Englischen. Für bestimmte Dinge mangelt es an deutschen Bezeichnungen, und wer gerade im technischen Bereich oder in der Mode englische Begriffe nicht kennt, erweckt den Eindruck, altmodisch und nicht „hip" zu sein.

Kritiker beklagen, dass durch den Kulturimport und durch die Amerikanisierung des Lebensstils ein Mangel an Individualität und nationaler Identität im Heimatland entsteht.

7 *Forschen Sie nach, welche deutschen Wörter es in anderen Sprachen gibt. Bewerten Sie Ihre Ergebnisse.*

Global Player*: *Unternehmen, das international arbeitet und in seiner Branche weltweit eine Vormachtstellung einnimmt.*

Folgen der Globalisierung für die Umwelt

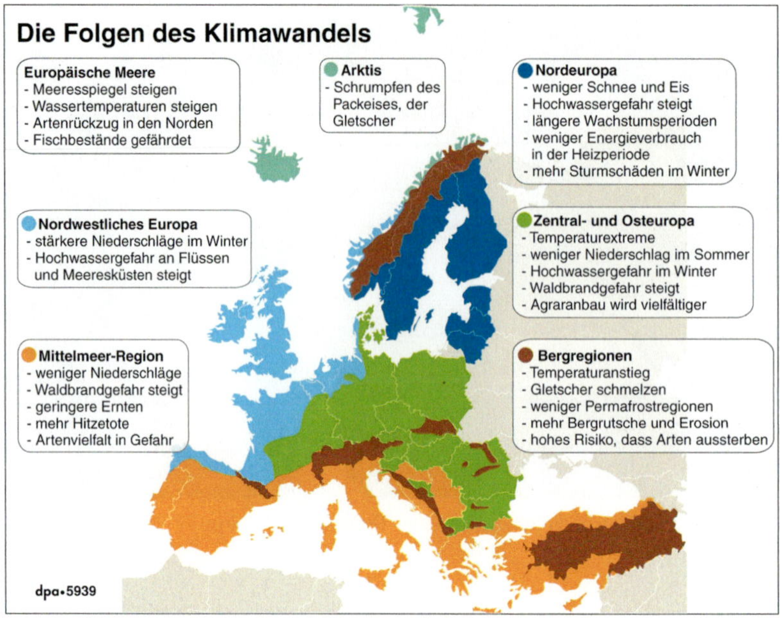

1 Der Klimawandel und die Folgen.

Die amerikanische Meeresbiologin ***Rachel L. Carson*** *(1907–1964) konnte 1962 nachweisen, dass „DDT" (Dichlordiphenyltrichloräthan [Chlorphenotan]) in die Nahrungskette eingeht und Fehlfunktionen bei der Fortpflanzung verursacht. DDT wurde daher ab Ende der 1960er Jahre in fast allen Industrieländern verboten. In Entwicklungs- und Schwellenländern sowie im ehemaligen Ostblock wird es aber weiterhin produziert und verwendet. Durch den Einsatz von DDT konnten Malaria, Typhus und Cholera drastisch reduziert werden, und auch in der Landwirtschaft wurde eine Vielzahl von Schädlingen wirkungsvoll bekämpft.*

Globale Folgen für die Umwelt

Wenn wir über globale Umweltschäden sprechen, dann geht es um katastrophale Veränderungen in der Atmosphäre, die weltweit verursacht werden. Seit der Industrialisierung vor ca. 150 Jahren nehmen Gase wie Kohlendioxid, Methan, Fluorchlorkohlenwasserstoff, Distickstoffoxid und Ozon dramatisch zu und bewirken, dass die Erde zum Treibhaus wird.

1 *Informieren Sie sich im Erdkunde- oder Chemieunterricht über den sogenannten Treibhauseffekt.*

Aufgrund dieser Tatsache müssen wir von einem folgenschweren Klimawandel in den nächsten Jahrzehnten ausgehen. Ein zwischenstaatlicher Ausschuss der Vereinten Nationen hat durch Beobachtungen und Messungen herausgefunden, dass

- die Durchschnittstemperatur im 20. Jahrhundert um 0,6 °C stieg;
- die Schnee- und Eisdecken abnahmen;
- der Meeresspiegel und die Temperatur der Ozeane stieg;
- im 21. Jahrhundert die Temperatur um 1 bis 6 °C und der Meeresspiegel bis zu 90 cm steigen werden.

2 *Überlegen Sie mögliche Folgen dieser Veränderungen in der Natur (Schaubild).*

Versuche einer globalen Klimapolitik

Die erste UNO-Konferenz, die sich mit dem Treibhauseffekt beschäftigte, konnte sich 1992 noch nicht auf konkrete Maßnahmen im Kampf gegen die globale Umweltbedrohung einigen. Erst fünf Jahre später unterzeichneten bei der Weltklimakonferenz in Kyoto 38 Staaten ein detailliertes Klimaprotokoll. Darin verpflichteten sich die Industriestaaten, zwischen 2008 und 2012 den Ausstoß der Treibhausgase um 5,2 Prozent gegenüber 1990 zu senken. Leider haben wichtige Staaten wie die USA dem Protokoll nicht zugestimmt. Unter den Vertragsstaaten waren auch keine Entwicklungsländer. Um aber eine wirkliche Globalisierung in der Umweltpolitik zu erreichen, ist auch eine Beteiligung der Entwicklungsländer an der Reduzierung der Treibhausgase notwendig.

Auf jährlich stattfindenden Kontrollkonferenzen konnten sich die Teilnehmer auf keine dringend notwendigen Vereinbarungen, die über das Jahr 2012 hinausgehen, verständigen.

3 *Informieren Sie sich über den aktuellen Stand der internationalen Klimapolitik. Setzen Sie sich mit den Chancen und Schwierigkeiten dieses Prozesses auseinander.*

Verknappung der Ressourcen

2 **Syrer stehen mit einem Bild ihres Präsidenten Assad auf dem Staudamm im Yarmuk-Tal.** Syrien lieferte an Jordanien zwei Millionen Kubikmeter Wasser. Foto, 2001.

Wasser ist Leben

Die Ressourcen* der Erde sind begrenzt. Gleichzeitig führen die wachsende Weltbevölkerung, der stetig steigende Pro-Kopf-Verbrauch und die Zunahme an industrieller Produktion dazu, dass wir diese Ressourcen immer schneller verbrauchen.

Das Beispiel Nahost

„Der nächste Krieg im Nahen Osten wird um das Wasser geführt werden", prophezeite der jordanische Kronprinz. Israel deckt seinen Wasserbedarf aus dem Jordan und aus dem Grundwasser. Beides ist problematisch:

- Der Jordan versorgt neben Israel auch Syrien, Jordanien und den Libanon mit Wasser. Obwohl Jordanien im Vergleich zu Israel nur ein Fünftel des Wassers verbraucht, kann es seinen Bedarf aus dem See Genezareth kaum decken. Der Grund: Israel zapft so viel Wasser aus dem See ab, wie das eigene Volk benötigt. So verbraucht Israel rund drei Viertel des Jordanwassers.
- Durch die intensive Nutzung des Grundwassers – das nicht erneuerbar ist – sinkt der Grundwasserspiegel. Es sickert Meerwasser in das Grundwasser ein, sodass es zu Versalzungen kommt.

Das wenige Trinkwasser wird häufig noch durch die Landwirtschaft und Abwässer verschmutzt. In Palästina sind nur rund 40 Prozent der Haushalte an die Kanalisation angeschlossen und auch in Israel werden Abwässer nicht immer geklärt.

Die Zusammenarbeit der vom Wassermangel betroffenen Staaten und die Einbeziehung aller Interessen wird notwendig sein, um den Frieden im Nahen Osten dauerhaft sichern zu können. Es wird aber auch darum gehen, wie der Wasserverbrauch langfristig reduziert werden kann.

4 *Informieren Sie sich in Atlanten und Lexika über die Klimadaten der Region Naher und Mittlerer Osten.*

5 *Suchen Sie nach Gründen, womit sich der steigende Wasserverbrauch erklären lässt.*

Energiepolitik der Zukunft?

Unser Bedarf an Rohstoffen und Energie nimmt ständig zu, er wird aus verschiedenen Quellen gedeckt: Erdöl, Kohle, Atomenergie, Gas und erneuerbaren Energien. Nach dem Reaktorunfall von Fukushima flammte die Diskussion über die weitere Nutzung der Kernenergie wieder auf. Angesichts von weltweit über 400 Reaktoren wird deutlich, dass es sich dabei um ein globales Problem handelt.

6 *Informieren Sie sich über alternative Energiequellen und stellen Sie deren Vor- und Nachteile tabellarisch gegenüber.*

Ressourcen*:
Vermutete Gesamtmenge eines Rohstoffs auf der Erde, eingeschlossen die Vorkommen, die unter heutigen Bedingungen wirtschaftlich gesehen nicht gefördert werden können.

Die Weltbevölkerung wächst

Geburtenrate in Europa 2002 *(Geburten je 1000 Einwohner):*

Irland	*16,7*
Frankreich	*12,8*
Großbritannien	*12,8*
Zypern	*12,0*
Schweden	*12,0*
...	
Ungarn	*9,6*
Italien	*9,5*
Portugal	*9,4*
Österreich	*9,1*
Deutschland	*8,1*

Familienplanung in der Welt *(Prozent der Frauen im reproduktionsfähigen Alter, die Verhütungsmittel anwenden):*

Welt	*61*
Industrieländer	*68*
Entwicklungsländer	*59*
Entwicklungsländer ohne China	*50*
Afrika	*28*

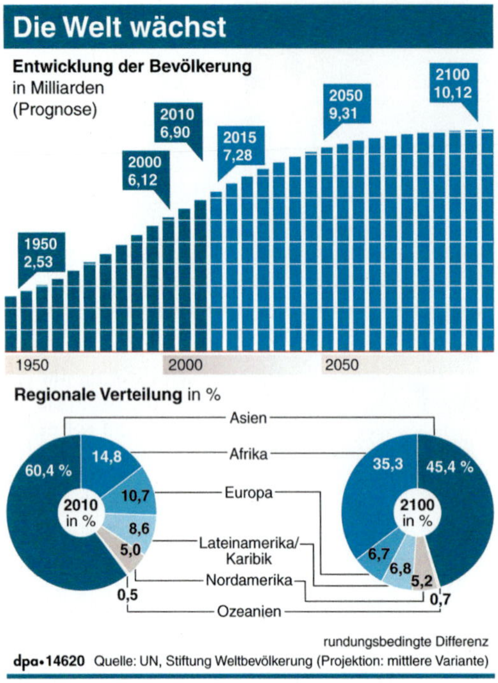

1 **Das Anwachsen der Weltbevölkerung.**

Die Weltbevölkerung nimmt zu

Um 1900 lebten 1,6 Milliarden Menschen auf der Erde, heute sind es rund sieben Milliarden. Während in den meisten Industrieländern die Geburtenraten dramatisch sinken, steigen sie in den Entwicklungsländern. Dort leben 75 Prozent der Weltbevölkerung, und diese sind für 90 Prozent des globalen Bevölkerungswachstums verantwortlich.

Legt man die wirtschaftlichen, ökologischen und technischen Rahmenbedingungen zugrunde, dann ist unser Planet überbevölkert. An Ballungszentren wie Mexiko-Stadt, Mumbai (je 20 Mio.) oder Tokio (35 Mio.) wird dies besonders deutlich. Laut Voraussagen soll der globale Wachstumstrend erst um 2200 bei elf Milliarden Menschen stehen bleiben.

1 *Nennen Sie Gründe, die zum rasanten Anstieg der Weltbevölkerung im 20. Jahrhundert geführt haben.*

2 *Erklären Sie, wieso die wachsende Weltbevölkerung ein globales Problem ist.*

Was ist zu tun?

Obwohl die Weltbevölkerung mittlerweile langsamer wächst, bedarf es vielfältiger Maßnahmen, um den Trend nachhaltig zu beeinflussen. Dazu gehören:

- vernünftige Familienplanung durch sexuelle Aufklärung und Abkehr von traditionellen Leitbildern (Kinder als Altersvorsorge oder Statussymbol für die Rolle des Mannes);
- Anstrengungen zur Hebung des Entwicklungsniveaus in den Ländern der „Dritten" und „Vierten Welt" (fairer Welthandel, Entwicklungshilfe, nachhaltige Entwicklung zur Sicherung der Lebensgrundlage künftiger Generationen, Hebung des Bildungsniveaus, Verbesserung der medizinischen Grundversorgung, Kampf gegen AIDS, Stärkung der gesellschaftlichen Rolle der Frau, politische Stabilität in Entwicklungsländern usw.);
- Einbeziehung der Regierungen von Entwicklungsländern in den internationalen politischen Prozess und deren konstruktive Mitarbeit dort.

3 *Begründen Sie, warum es so schwer ist, dieses globale Problem der Überbevölkerung zu lösen.*

2 **Megacity Mumbai.** Moderne Hochhäuser neben Elendsquartieren.

Das Problem der Migration

3 Flüchtlinge aus Nordafrika. Die italienische Küstenwache greift immer wieder überfüllte und kaum seetüchtige Boote vor der Insel Lampedusa auf.

Auf der Suche nach einem menschenwürdigen Dasein

Die Bilder von Flüchtlingen aus Kriegs- und Krisengebieten, illegalen Einwanderern an den Küsten Italiens oder Spaniens oder von Menschenhändlern und ihren Opfern sind immer wieder in den Medien präsent. Aber was veranlasst Menschen dazu, ihre Heimat zu verlassen und welche Probleme ergeben sich daraus?

Man unterscheidet zwischen folgenden Ursachenkomplexen:

- inner- und zwischenstaatliche Auseinandersetzungen und Kriege um politische Macht und Ressourcen (Bodenschätze, Wasserquellen, Weideflächen usw.);
- ethnische, religiöse und soziale Konflikte in den Heimatländern, meist verbunden mit Verfolgungen;
- Armut, Arbeitslosigkeit, Überbevölkerung und Perspektivlosigkeit in den Heimatländern;
- Umweltkatastrophen (Erdbeben, Überschwemmung, Dürreperioden usw.) oder Übernutzung landwirtschaftlicher Flächen.

Millionen von Menschen verlassen zudem ihre Heimat und suchen ein neues Zuhause und Beschäftigung in anderen Ländern. Damit haben nicht nur Handel und Finanztransaktionen eine globale Dimension erreicht, sondern auch der Arbeitsmarkt. Insgesamt ist eine Migration (Wanderungsbewegung) von Süd nach Nord und von Ost nach West festzustellen.

Als „Brain Drain" bezeichnet man die gezielte Aufnahme von hoch qualifizierten Fachkräften aus Entwicklungsländern oder Staaten des ehemaligen Ostblocks. Diese Länder bilden ihren wissenschaftlichen Nachwuchs aus und müssen dann zusehen, wie dieser in attraktivere Länder geht, um zu arbeiten. Auch in Deutschland gibt es verschiedene Bereiche (Computerbranche, Kranken- und Altenpflege, Landwirtschaft), wo auf Dauer oder zeitlich begrenzt Arbeitsmigranten gesucht sind.

Ein großes Problem für westliche Industrieländer ist der gezielte Menschenhandel. Schlepperbanden bringen Menschen, die auf ein besseres Leben in den Industriestaaten hoffen, gegen Zahlung hoher Summen illegal über die Grenzen. Um der Abschiebung und Rückkehr in die Heimatländer zu entgehen, tauchen viele unter und versuchen, durch die Annahme von niedrigst bezahlten Jobs ihren Lebensunterhalt zu verdienen. Besonders dramatisch ist die Entwicklung beim mafiaähnlich organisierten Frauenhandel.

4 *Fassen Sie zusammen, aus welchen Gründen Menschen ihre Heimat verlassen (müssen), und suchen Sie nach aktuellen Beispielen.*

5 *Stellen Sie Chancen und Risiken der Migration in einer Tabelle gegenüber.*

Kampf gegen den Terrorismus

Osama bin Laden
gilt als der Hauptverantwortliche für den islamischen Terror;
- *geboren ca. 1957 als Sohn einer vermögenden saudi-arabischen Familie;*
- *studierte Wirtschaftswissenschaften und arbeitete im elterlichen Bauunternehmen mit;*
- *fiel bereits in seiner Jugend durch religiösen Eifer und starke Frömmigkeit auf;*
- *kämpfte im Krieg der Sowjetunion gegen Afghanistan im Untergrund und organisierte den Widerstand in Afghanistan und Pakistan;*
- *baute dort die Elitetruppen der islamischen Mudschaheddin (siehe S. 98) auf;*
- *kehrte nach dem Rückzug der sowjetischen Besatzungstruppen 1989 nach Afghanistan zurück;*
- *organisierte in der Folgezeit eine Armee aus Glaubenskriegern, die hinter mehreren terroristischen Anschlägen vermutet werden;*
- *wurde im Lauf einer geheimgehaltenen Militäraktion der USA im Mai 2011 in einem Haus in Pakistan getötet.*

1 **11. September 2001:** Die zweite entführte Maschine kracht in den Südturm des World Trade Center.

Der Begriff

Unter dem Begriff „Terrorismus" versteht man die Androhung oder Anwendung von Gewalt mit dem Ziel, politische und soziale Überzeugungen durchzusetzen. Die Aktionen von Terroristen sollen Angst und Schrecken verbreiten. In den letzten Jahren hat sich die Bedrohung verändert. Terroristische Vereinigungen operieren international, vor allem islamische Fundamentalisten haben internationale Netzwerke aufgebaut. Sie fordern die Rückkehr zu den Werten des Korans und lehnen die westliche Lebensform ab. Zu diesen Gruppierungen gehören die Hisbollah im Libanon, die Hamas im Gazastreifen und das Netzwerk Al-Qaida. Im Kampf gegen die Ungläubigen rufen islamische Fundamentalisten immer wieder zum Heiligen Krieg auf.

Der 11. September 2001

Am 11. September 2001 wurden die USA zum ersten Mal in ihrer Geschichte auf dem eigenen Territorium angegriffen. Angehörige der terroristischen Al-Qaida lenkten drei gekaperte Passagierflugzeuge in das New Yorker World Trade Center und in das Verteidigungsministerium in Washington. Etwa 3000 Menschen kamen bei dem Angriff ums Leben. Dieser Anschlag war der Höhepunkt in einer Reihe von Angriffen der Organisation gegen amerikanische Stützpunkte in Afrika und Asien. Neu war, dass die USA auf ihrem Territorium nicht von einem Staat, sondern von einem weltweit verzweigten Netz von radikal-islamischen Terroristen angegriffen wurden. Diese gaben vor, im Namen eines radikalen Islam gegen die USA zu kämpfen.

1 *Fragen Sie Erwachsene nach ihren Erinnerungen an den 11. September 2001.*

2 *Ergänzen Sie Ihre Befragungen durch Informationen aus dem Internet.*

Die Reaktion der UN

Der UN-Sicherheitsrat rief in zwei Resolutionen zum Kampf gegen den Terrorismus als Bedrohung von Frieden und Sicherheit auf und erkannte das Recht der USA auf Selbstverteidigung an.

Q1 Aus dem Beschluss des UN-Sicherheitsrates:

… Der Sicherheitsrat fordert alle Staaten dringend zur Zusammenarbeit auf, um die Täter, Organisationen und Förderer dieser Terroranschläge vor Gericht zu stellen, und betont, dass diejenigen, die den Tätern, Organisationen und Förderern dieser Handlungen geholfen, sie unterstützt oder ihnen Unterschlupf gewährt haben, zur Verantwortung gezogen werden …

3 *Fassen Sie den Beschluss des Sicherheitsrates in eigenen Worten zusammen.*

Der Krieg gegen Afghanistan

Afghanistan war der wichtigste Stützpunkt des Terrornetzwerks Al-Qaida. Im unwegsamen afghanisch-pakistanischen Grenzgebiet unterhält Al-Qaida Lager, in denen unter militärischem Drill radikale Muslime zu Terroristen ausgebildet werden. Seit 1995 regierten die radikal-islamischen Taliban in Afghanistan. Da sich die Taliban weigerten, den vermeintlichen Drahtzieher des Anschlags vom 11. September, Osama bin Laden, auszuliefern, stürzten die USA in einer Militäraktion das Talibanregime im Herbst 2001. Bin Laden konnte allerdings nicht gefasst werden.

„Die Koalition der Willigen"

2 **Gefangenenlager An-Najaf/Irak.** Das Foto des Franzosen Jean-Marc Boujou erhielt 2003 die weltweit bedeutendste Auszeichnung für Pressefotografie.

Seit 2004 ist das Land eine Islamische Republik mit einer demokratischen Verfassung. Doch die Sicherheitslage ist weiterhin sehr angespannt: Bereits fünf Jahre nach ihrem Sturz konnten die Taliban ihren Einfluss im Süden Afghanistans wieder ausbauen und die von der NATO geführte Schutztruppe in schwere Kämpfe verwickeln. Eine Ursache dafür war, dass der Wiederaufbau des durch Bürger- und Luftkrieg zerstörten Landes nur geringe Fortschritte machte. Zahlreiche Staaten und eine internationale Schutztruppe (ISAF) mit deutscher Beteiligung unterstützen Afghanistan beim Wiederaufbau.

4 *Suchen Sie nach Informationen über die gegenwärtige Lage in Afghanistan und die Aufgabe der dort stationierten deutschen Bundeswehrsoldaten.*

Der Krieg gegen Saddam Hussein

Während die Weltgemeinschaft die USA gegen Afghanistan und Al-Qaida einmütig unterstützt hatte, war der UN-Sicherheitsrat in der Frage eines Krieges gegen den Irak 2002/03 uneinig. Die USA und Großbritannien befürworteten einen Krieg mit der Begründung, das diktatorische Regime unter Saddam Hussein unterstütze Al-Qaida, der Irak besitze Massenvernichtungswaffen* und bedrohe damit die Welt. Die übrigen Länder im Sicherheitsrat, besonders Frankreich und Deutschland, sahen die Begründung der USA für einen Krieg als nicht stichhaltig an und verweigerten die Unterstützung.

Dennoch griff eine „Koalition der Willigen"* unter Führung der USA und Großbritanniens im März 2003 den als „Schurkenstaat" eingestuften Irak an – ohne Billigung der UNO. Nach einem kurzen Krieg im Wüstentreibsand wurde die Regierung Saddam Husseins Anfang April gestürzt.

Die USA, Großbritannien und weitere Staaten übernahmen die Verwaltung und den Wiederaufbau des Landes. Die Massenvernichtungswaffen, deren Sicherstellung ein Ziel des Krieges war, wurden nicht gefunden. Es fanden sich auch keine Belege für eine Unterstützung der Al-Qaida.

Nach dem Sieg der Allianz um die USA gestalteten sich der Wiederaufbau des Irak und die Errichtung einer demokratischen Gesellschaft als äußerst schwierig. Lange Zeit schien es so, als ob sich der neue Irak in einem Bürgerkrieg der verschiedenen Volksgruppen auflöste. Nach einer Stabilisierung der politischen Verhältnisse sollen alle fremden Truppen aus dem Irak abgezogen werden.

5 *Suchen Sie in den Medien aktuelle Informationen zur Lage im Irak und berichten Sie der Klasse.*

Saddam Hussein *(1937–2006) regierte den Irak seit 1979 diktatorisch und wurde nach seinem Sturz u. a. wegen Völkermord, Kriegsverbrechen und Verbrechen gegen die Menschlichkeit angeklagt und zum Tod durch den Strang verurteilt. Das Urteil wurde im Dezember 2006 vollstreckt.*

Koalition der Willigen*: *Bezeichnung für ein Bündnis von mehr als 40 Staaten, die den Angriff der USA auf den Irak im Frühjahr 2003 politisch und militärisch unterstützten.*

Massenvernichtungswaffen*: *Waffen, die bei ihrem Einsatz sehr viele Menschen das Leben kosten würden. Beispiele: Atombomben, biologische Waffen (Krankheitserreger), chemische Waffen (Giftgas).*

Die UNO – Macht oder Ohnmacht?

1 Die Rolle der UNO?
Karikatur von Brigitte Schneider, 2003.

Die mangelnde Effektivität der UN ist vielfach beklagt und kritisiert worden. An einem Beispiel aus der jüngeren Vergangenheit kann dies verdeutlicht werden.

Schwäche der UNO:
Beispiel Bosnien-Herzegowina

Weil die USA und Russland Anfang der 1990er Jahre gegen ein militärisches Eingreifen gestimmt hatten, beschränkte sich die UNO im Balkankrieg (siehe S. 156f.) neben ihren diplomatischen Bemühungen um Frieden auf humanitäre Aktionen. Im Sommer 1992 kamen Blauhelme nach Bosnien-Herzegowina, um Hilfsaktionen zur Versorgung der Bevölkerung zu unterstützen. Mit der Ausdehnung der Kämpfe wurde der Auftrag der UNO-Truppen immer wieder umformuliert: Sicherung des Flughafens von Sarajevo, Schutz von Versorgungskonvois für die Flüchtlinge, Vermittlung und Überwachung von Waffenstillständen. Über 200 Resolutionen des Sicherheitsrates wurden verabschiedet, oft nach langem politischen Gerangel.

Unklar formulierte Aufträge, nicht ausreichendes Personal und unzureichende Ausrüstung beeinträchtigten die Wirksamkeit der Beschlüsse. Ohnmächtig mussten leicht bewaffnete UNO-Einheiten mit ansehen, wie serbische Einheiten im Juli 1995 die von der UNO für die Bevölkerung eingerichteten „Schutzzonen" Srebrenica und Zepa überrannten. Der Völkermord an den muslimischen Bewohnern fand auf diese Weise unter den Augen der UNO statt. Vergewaltigungen, Morde, Hinrichtungen, die Verschleppung Tausender in Gefangenenlager waren mit den Mitteln der UNO ebenso wenig zu verhindern wie die weitgehende Eroberung und Zerstörung des Landes durch die serbische Armee.

Erst als 1995 NATO-Kampfflugzeuge im Auftrag der UNO serbische Stellungen und Einrichtungen angriffen und die US-Regierung sich in die Verhandlungen einschaltete, kam im November 1995 ein Friedensvertrag zustande. 60000 NATO-Soldaten, darunter auch Einheiten der Bundeswehr, wurden daraufhin in Bosnien-Herzegowina stationiert, um die Umsetzung des Friedensabkommens zu überwachen. Dass die UNO auf NATO-Truppen angewiesen war, unterstrich ihre ganze Hilflosigkeit ebenso wie die Tatsache, dass die Serben die Luftangriffe mit der Geiselnahme von UNO-Soldaten beantworteten.

1 *Auch der Krieg der USA und ihrer Alliierten gegen den Irak (3. Golfkrieg, 2003) dient vielen Kritikern als Beweis für das Versagen der UNO. Recherchieren Sie die Rolle der UNO in diesem Konflikt und resümieren Sie kritisch.*

2 *Analysieren Sie die Karikatur.*

Kollektive Friedenssicherung

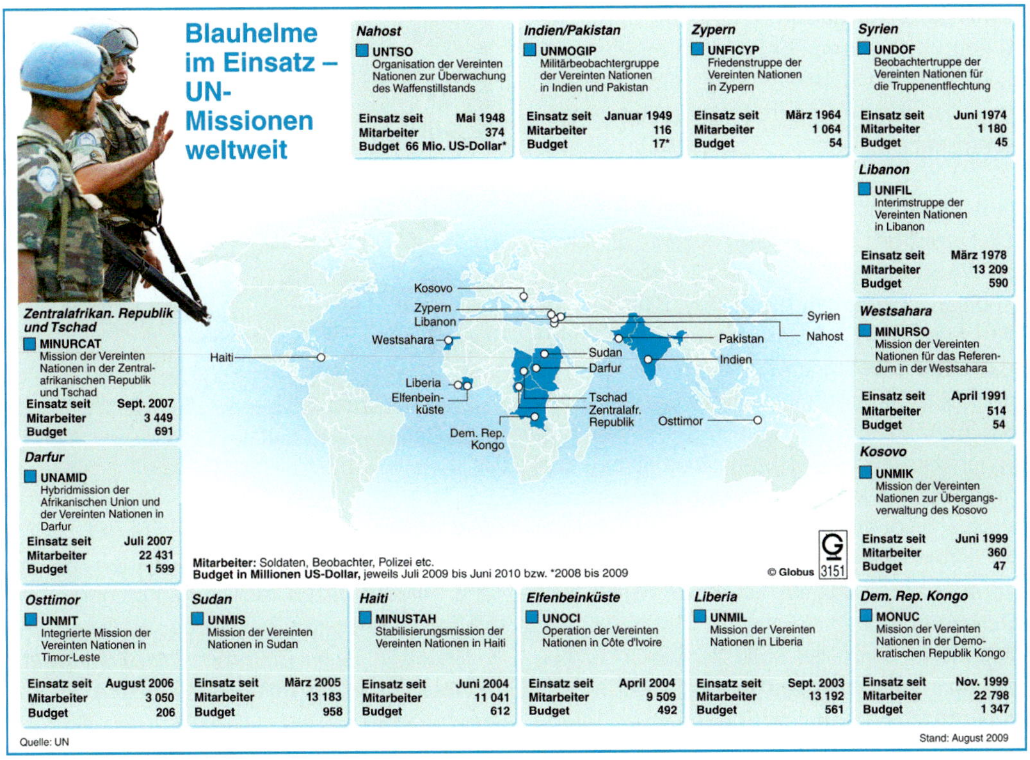

2 „Blauhelm"-Einsätze nach dem Zweiten Weltkrieg.

Friedenssicherung nach 1989
Nach dem Ende des Ost-West-Konflikts traten viele bis dahin nicht wahrgenommene oder vernachlässigte Krisenherde in das Blickfeld der Weltöffentlichkeit. Im Jahr 2002 zum Beispiel gab es 29 Kriege und 18 bewaffnete Konflikte.
Die Beratungen der UN-Vollversammlung wurden mit dem Ende des Kalten Krieges 1989 und dem Zerfall der Sowjetunion 1991 nicht mehr durch die Spaltung der Welt in eine westliche und eine östliche Einflusszone behindert. Die USA verblieben als einzige Supermacht im Sicherheitsrat. Russland, der größte der Nachfolgestaaten der UdSSR, war durch seine wirtschaftlichen und innenpolitischen Schwierigkeiten geschwächt, arbeitete aber in allen wichtigen Fragen mit den USA zusammen. Dem Sicherheitsrat wurde es jetzt möglich, die ihm 1945 zugedachte Funktion der Friedenswahrung und Friedensschaffung besser und ohne die Blockierung durch das Vetorecht einer Macht auszuüben.

War es den UN bereits 1988 gelungen, den Krieg zwischen Iran und Irak zu beenden und im selben Jahr den Truppenrückzug der Sowjetunion aus Afghanistan zu erzwingen, so erfolgte 1990 nach dem Überfall des Irak auf das Nachbarland Kuwait erstmals seit dem Koreakrieg 1950 wieder ein militärisches Eingreifen der UNO.
So hofften viele Menschen, dass nach dem Ende des Kalten Krieges der UNO als Weltorganisation eine zentrale Rolle bei der Wahrung des Weltfriedens zufallen wird.
Die Zahl der „Blauhelm"-Soldaten und ihrer Einsätze stieg in den letzten Jahren deutlich an. Die Vereinten Nationen müssen sich heute vor allem mit regionalen Konflikten, Bürgerkriegen und Menschenrechtsverletzungen befassen.

3 *Untersuchen Sie das Schaubild. Vergleichen Sie die Zeit vor und nach 1989 und diskutieren Sie Ihre Ergebnisse.*

4 *Informieren Sie sich über aktuelle UNO-Friedenstruppeneinsätze.*

Die Vereinten Nationen im 21. Jahrhundert

Kofi Annan (geb. 1938) stammt aus Ghana und war von 1997 bis 2006 der siebte Generalsekretär der Vereinten Nationen.

Ban Ki-moon (geb. 1944), südkoreanischer Politiker, ist seit 2007 als Nachfolger Annans Generalsekretär der UN.

Grundgesetz
Artikel 24 (2) Der Bund kann sich zur Wahrung des Friedens einem System gegenseitiger kollektiver Sicherheit einordnen …
Artikel 87a (1) Der Bund stellt Streitkräfte zur Verteidigung auf …

Wandel der Aufgaben

Im Jahr 2001 wurde der Friedensnobelpreis zu gleichen Teilen an die Vereinten Nationen und ihren damaligen Generalsekretär Kofi Annan verliehen.

Q1 Bei der Entgegennahme des Preises am 10. Dezember 2001 in Oslo äußerte er sich zu den Aufgaben der UNO im 21. Jahrhundert:
In diesem neuen Jahrhundert müssen wir von der Erkenntnis ausgehen, dass der Friede nicht nur Staaten und Völkern, sondern jedem einzelnen Mitglied dieser Gemeinschaften gehört … Der Friede muss in der täglichen Existenz jedes Menschen in Not real und greifbar werden. Um den Frieden muss man sich vor allem deshalb bemühen, weil er für jedes Mitglied der Menschheitsfamilie die Voraussetzung für ein Leben in Würde und Sicherheit ist …
Aus dieser Vision der Rolle der Vereinten Nationen im nächsten Jahrhundert ergeben sich drei entscheidende Prioritäten [= vorrangige Ziele] für die Zukunft: die Beseitigung der Armut, die Verhinderung von Konflikten und die Förderung der Demokratie. Nur in einer Welt frei von Armut können alle Männer und Frauen das Beste aus ihren Fähigkeiten herausholen. Nur wo die Rechte des Einzelnen geachtet werden, können Meinungsverschiedenheiten politisch behandelt und friedlich beigelegt werden …

1 *Arbeiten Sie heraus, was Kofi Annan unter „Frieden" versteht.*

2 *Erläutern Sie, welche Aufgaben er der UNO für das 21. Jahrhundert zuweist.*

Die Rolle Deutschlands

Q2 Bundeskanzlerin Angela Merkel sagte am 8. September 2009 im Deutschen Bundestag während einer Debatte zu Afghanistan:
… Der Kampfeinsatz der Bundeswehr zusammen mit unseren Partnern im Nordatlantischen Bündnis in Afghanistan ist notwendig. Er trägt dazu bei, die internationale Sicherheit, den weltweiten Frieden und Leib und Leben der Menschen hier in Deutschland vor dem Übel des internationalen Terrorismus zu schützen. Das stand am Anfang dieses Einsatzes und das gilt bis heute … Wir wissen, wie viele einfache Afghanen uns immer wieder bitten, sie im Kampf gegen die Taliban nicht allein zu lassen …

1 **Die Bundeswehr und das Grundgesetz.** Karikatur.

3 *Erläutern Sie die Aufgaben Deutschlands in der internationalen Politik nach Ansicht der Bundesregierung.*

4 *Lesen Sie die Auszüge aus dem Grundgesetz (siehe Randspalte). Das Bundesverfassungsgericht hat in seinem Urteil vom 12. Juli 1994 Auslandseinsätze der Bundeswehr für verfassungskonform erklärt, allerdings mit einem Parlamentsvorbehalt. Das bedeutet, dass der Bundestag einem Auslandseinsatz erst zustimmen muss.*
Setzen Sie sich mit dem Urteil auseinander und berücksichtigen Sie die Karikatur.

2 **Rund 4000 deutsche Soldaten beteiligen sich am Einsatz einer internationalen Sicherheitsunterstützungstruppe in Afghanistan unter Führung der NATO.** Foto, März 2005.

Zusammenfassung

Globalisierung

Mit dem Begriff „Globalisierung" ist das schnelle weltweite Zusammenwachsen in allen Bereichen des Lebens gemeint, vor allem aber auf den Gebieten der Produktion, der wirtschaftlichen Beziehungen, des Transportwesens, der Kommunikation, der Kultur und der Politik. Voraussetzung für die Beschleunigung des Prozesses ist die rasante Weiterentwicklung technischer Möglichkeiten in den letzten Jahrzehnten.
Zu den global zu lösenden Problemen gehören u. a. die sozialen Auswirkungen der Globalisierung, der Klimawandel, das stetige Anwachsen der Weltbevölkerung, die Verknappung von Ressourcen und die Migration bzw. die Bewältigung von Flüchtlingsströmen.

Der internationale Terrorismus

Der Sturz des Schahs und die anschließende Revolution im Iran 1979 ließ das Selbstbewusstsein des Islam wieder wachsen. Viele Muslime lehnten die westliche Lebensweise ab und propagierten eine Rückkehr zu den Lehren des Korans. Überzeugt vom „Heiligen Krieg" gegen die „Ungläubigen" ließen sich gewaltbereite Muslime in Ausbildungslagern zu „Kämpfern Allahs" schulen. In diesem Zusammenhang entstand in den 1990er Jahren das internationale Terrornetzwerk Al-Qaida, das seither mit barbarischen Anschlägen eine Blutspur durch die Welt zieht. Die spektakulärste Aktion inszenierten die Terroristen im September 2001, als sie zwei Passagierflugzeuge in die Zwillingstürme des World Trade Center lenkten. Die internationale Staatengemeinschaft ist sich im Kampf gegen den Terrorismus weitgehend einig.

Die Vereinten Nationen

Mit der Gründung der UNO verbanden die USA und die anderen Gründerstaaten die Hoffnung, eine Organisation zur weltweiten Sicherung des Friedens geschaffen zu haben. Nach dem Ende des Kalten Krieges, als die gegenseitige Blockade der USA und der Sowjetunion im Sicherheitsrat weggefallen war, war es den UN möglich, in zahlreiche Konflikte zwischen Staaten und vor allem ethnischen Gruppen einzugreifen. Viele Brennpunkte sind trotzdem bis heute geblieben.
20 Jahre nach der Wiedervereinigung übernimmt die Bundesrepublik immer mehr Aufgaben bei der Friedenssicherung in der Welt. Die Zahl der Auslandseinsätze der Bundeswehr nimmt zu. Deutschland spielt bei der Bewältigung internationaler Konflikte zunehmend eine wichtige Rolle.

Seit 1990

Die Welt wächst zusammen.

Seit 1998

Anschläge islamischer Terroristen erschüttern die Welt.

1945

In San Francisco erfolgte die Gründung der Vereinten Nationen.

Seit 1992

Die Bundeswehr beteiligt sich an der Friedenssicherung.

7 Jugend im 20. und 21. Jahrhundert

Vom „Wandervogel" 1896 zur Disko-Party 2011 – bunt und vielschichtig sind die Strömungen, Erscheinungs- und Organisationsformen der Jugendkultur des 20. und 21. Jahrhunderts. Auch die Lebensentwürfe und Zukunftschancen der Jugendlichen und Heranwachsenden stellen sich ganz unterschiedlich dar. Einen Einblick, wie sich das Leben der Jugendlichen in einzelnen Zeitabschnitten des letzten Jahrhunderts ganz verschieden gestaltet hat und welche Tendenzen in der Gegenwart erkennbar sind, vermittelt Ihnen das letzte Kapitel des Buches.

Jugendbewegungen nach 1900

1 Wandern in der Natur, 1926.

Der „Wandervogel"

Politik und Gesellschaft im Deutschen Kaiserreich (1871–1918) waren von Adel und hohem Militär geprägt. Vor allem dem Bürgertum diente dies als Vorbild. Unterordnung, Disziplin und Gehorsam waren oberste Erziehungsziele. Viele Jugendliche versuchten um 1900, aus der physischen und geistigen Enge des Elternhauses auszubrechen. Seit etwa 1896 organisierten sich Jungen, seit 1905 auch Mädchen als „Wandervogel*"-Gruppen. Bis zum Ersten Weltkrieg konnten diese Gruppierungen etwa 25 000 jugendliche Mitglieder gewinnen. Sie entstammten meist Familien der Ober- und gehobenen Mittelschicht. Beim Kriegsausbruch 1914 schlug jedoch ihre Begeisterung für ein naturnahes Leben teilweise in Kriegsbegeisterung um.

Diese Gruppen strebten einen jugendspezifischen Lebensstil an, wobei Wandern, Zeltlager, Volkstanz und Volkslied eine große Rolle spielten. Gemeinschaftsgefühl und Naturerleben sollten helfen, „aus grauer Städte Mauern" – wie es in einem bekannten Wandervogel-Lied heißt – der Enge des Alltags und der Bedrängungen der industriellen Gesellschaft sowie der Massenzivilisation mit ihren Großstädten und Elendsquartieren zu entkommen.

Wandervogel*: *1895 gründete Hermann Hoffmann diese Bewegung, Karl Fischer am Steglitzer Gymnasium Berlin baute sie zu einer Organisation für „Schülerfahrten" aus. Der Wandervogel wurde somit zum Ausgangspunkt der deutschen Jugendbewegung.*

Der „Greif", das Symbol der „Wandervogel"-Bewegung.

Q1 Eine unbekannte Frau erinnert sich im Rückblick:

... Aber – die Mädchen werden so eigensinnig im Wandervogel! Sie wollen sich nicht mehr kleiden, wie die Mutter es wünscht. Sie haben ihre eigenen Ansichten über Ernährung. Sie wollen keine Tanzstunden mitmachen. Sie setzen sich nicht in das Kaffeekonzert: Ja, Korsett und Stöckelschuhe, Hutungetüme und enge Röcke haben die Wandervogel-Mädchen mit einer Selbstverständlichkeit beiseite gesetzt, gegen die alle mütterlichen Einsprüche nichts verschlagen.

1 *Überlegen Sie, gegen welche Rollenerwartungen die Mädchen verstoßen.*

Jugendbünde in der Weimarer Republik

In der Zeit der Weimarer Republik (1919 bis 1933) bildeten Jugendbünde größere Organisationen, trugen einheitliche Fahrtenkleidung und kritisierten in großen Teilen die junge Weimarer Demokratie mit ihrer Parteien- und Interessenvielfalt. Neben der Wandervogel-Bewegung bildeten sich in dieser Zeit Pfadfinder, kirchliche und parteispezifische Jugendvereine, die sich zu Verbänden zusammenschlossen. Sie alle hatten durch gemeinsame Uniformen, Lieder, Heimabende und Freizeitangebote eine integrierende Funktion.

Jugend im Dritten Reich

2 HJ-Gruppe mit Zugführer, um 1935.

3 BDM-Fahnenzug, 1936.

Von der Vielfalt zur Hitlerjugend (HJ) und zum Bund Deutscher Mädel (BDM)
Noch 1932 zählte die von den Nationalsozialisten ins Leben gerufene Hitlerjugend lediglich 20 000 Mitglieder. Durch Verbot und Auflösung bestehender Jugendverbände gelang es dem Regime jedoch bis Ende 1934, rund 3,5 Millionen Jugendliche im Alter zwischen zehn und 18 Jahren für die verschiedenen Abteilungen der HJ und des BDM zu gewinnen. Das weitere rasche Anwachsen dieser beiden NS-Organisationen (12 Millionen Mitglieder bis 1939) erklärt sich nicht zuletzt wegen der „Zwangsmitgliedschaft".
Trotz manch positiver Erinnerungen an die in der Hitlerjugend verbrachte Zeit waren Alltag und Zusammenkünfte der Jugendlichen von Ordnung, Drill und Disziplin geprägt. Disziplinverstöße wurden von den HJ-Führern häufig mit Schikanen geahndet. Darüber hinaus nahm die Unterweisung in der NS-Weltanschauung einen großen Raum ein.

Jugend in Opposition zum Nationalsozialismus
Die strenge Ordnung in HJ und BDM lehnten einige Jugendliche ab, sie kämpften offen oder verdeckt gegen das NS-Regime. Cliquen wie die Edelweiß-Piraten, die sich in Großstädten des Rhein- und Ruhrgebiets bildeten und neben dem militärischen Drill die organisierte Freizeitgestaltung der HJ ablehnten, oder die Hamburger Swing-Jugend widersetzten sich der geforderten Anpassung. Auch in Bayern entzogen sich Jugendliche den Zwängen des Regimes und schlossen sich zu Cliquen oder „Blasen" zusammen. Mit bewusst lässiger Kleidung, längerem Haarschnitt und besonderen Abzeichen rebellierten sie deutlich sichtbar gegen staatliche Bevormundung und Gleichschaltung. In den Arbeitervierteln Münchens und Nürnbergs entstanden Jugendbanden, die Bandenkriege mit der HJ führten.

Q2 Der Reichsführer SS und Chef der Deutschen Polizei, Heinrich Himmler, schrieb im Januar 1942 an den Leiter der Sicherheitspolizei, Reinhard Heydrich:
… Meines Erachtens muss … das ganze Übel radikal ausgerottet werden … Alle Rädelsführer … sind in ein Konzentrationslager einzuweisen. Dort muss die Jugend zunächst einmal Prügel bekommen und dann in schärfster Form exerziert und zur Arbeit angehalten werden … Nur wenn wir brutal durchgreifen, werden wir ein gefährliches Umsichgreifen dieser … Tendenz … vermeiden können.

2 *Stellen Sie die Einstellung der HJ und des BDM den Zielen und Vorstellungen der „Edelweiß-Piraten" bzw. der bayerischen „Blasen" gegenüber.*

3 *Beschreiben Sie die Reaktion des Staates (Q 2).*

„Auch du gehörst dem Führer." *BDM-Plakat, 1936.*

„Jugend dient dem Führer." *HJ-Plakat, 1936.*

„Halbstarke" in den 1950ern

1 „Halbstarke", 1953.

***Elvis Presley**, das amerikanische Idol der Rock 'n' Roll-Ära.*

***Peter Kraus**, das Idol der deutschen Rock 'n' Roll-Fans.*

Die Rückkehr der Tradition

Weil viele Kinder und Jugendliche nach dem Zweiten Weltkrieg ohne Vater aufwuchsen und die Mütter die wirtschaftlich-materielle Versorgung der Familie übernehmen mussten, blieben sie zunächst weitgehend sich selbst überlassen. Erst als einige Väter aus der Kriegsgefangenschaft zurückkehrten und das beginnende Wirtschaftswachstum Mütter an den häuslichen Herd zurückzwang, konnten traditionelle Erziehungsformen und -werte erneut zur Geltung gebracht werden. Viele Kinder und Jugendliche verloren dabei die Freiheit, die sie in der Nachkriegszeit genossen hatten. Die Eltern knüpften an die Regeln und Normen der Vorkriegsfamilie an. Die Heranwachsenden hatten nun wieder genau Auskunft zu geben, was sie taten, mit wem sie sich wann und wo trafen.

Die „Rock 'n' Roll-Krawalle"

Ab dem Frühjahr 1956 bis 1958 entlud sich die aufgestaute Wut vieler Jugendlicher in den sogenannten „Rock 'n' Roll-Krawallen". Im Anschluss an Konzerte bekannter Rock 'n' Roll-Musiker und Vorführungen amerikanischer Kino- und Musikfilme kam es in etlichen Großstädten zwischen Jugendlichen und der Polizei zu Schlägereien, die damals für großes Aufsehen und Empörung sorgten.

Q1 Die „Westdeutsche Allgemeine Zeitung" schrieb am 1. Dezember 1956:
Letzter Lagebericht von der Rock-and-Roll-Front ... Das Capitol [Kino in Dortmund] ... steht noch – vier Schaufenster zu Bruch – sechs Autos umgeworfen – zwölf Verkehrsschilder demoliert – ein Dutzend Mülltonnen vernichtet. Eine regelrechte Schlacht zwischen Polizei und Rock-and-Rollern wurde am Samstagabend geschlagen: Mit einem Wasserwerfer und Gummiknüppeln ging eine Hundertschaft ... gegen die „außer Rand und Verstand" tobenden Jahrgänge 1938 bis 1944 vor und schlug sie in die Flucht.

1 *Vergleichen Sie das Toben der Jugendlichen in den 1950ern mit dem heutiger Jugendlicher.*

Die „Halbstarken"

Über das Phänomen der „Halbstarken" waren die Erwachsenen sehr beunruhigt. Wissenschaftliche Studien versuchten die Hintergründe der von amerikanischen Vorbildern geprägten neuen Jugendkultur zu ergründen. Im Kern ging es den Jugendlichen, die in Gruppen abends an Ecken herumstanden, „Dummheiten" machten und betont lässig auftraten, um Selbstverwirklichung und das Erproben eigener Möglichkeiten. Zu ihrer äußeren Aufmachung gehörten ein auffälliger Haarschnitt, Röhrenhosen (Jeans!), der Petticoat, bunte Hemden, Lederjacken oder schwarz-weiß karierte Sakkos.
So plötzlich die Jugendrevolte ausbrach, so plötzlich flaute sie auch wieder ab. Die Heranwachsenden passten sich schnell an die vorherrschenden gesellschaftlichen Wertvorstellungen an. Denn in den 1950er Jahren stand für die Jugendlichen das Streben nach Wohlstand und individuellem Glück im Vordergrund.

2 *Fragen Sie ältere Verwandte und Bekannte, wie sie ihre Jugend in den 1950er Jahren erlebt haben.*

3 *Präsentieren Sie Ihre Ergebnisse der Klasse.*

Der Protest der 1960er

Jugendleben in der offenen Gesellschaft

In der Bundesrepublik Deutschland entwickelten sich seit den 1960er Jahren zahlreiche unterschiedliche jugendliche Lebensstile. Viele Heranwachsende ahmten die neueste Jugendmode und die Musik aus den USA und Großbritannien nach, die durch die Medien weltweit verbreitet wurden. Freiheit und Selbstverantwortung waren die Schlagworte der jungen Generation. Verwirklicht wurden sie u.a. durch das frühzeitige Ausziehen aus der elterlichen Wohnung und das Zusammenleben in Wohngemeinschaften. Zahlreiche Jugendliche lehnten moralische Werte wie Anstand und Umgangsformen ab, die 1961 auf den Markt gekommene Anti-Baby-Pille ermöglichte ein freieres Ausleben der Sexualität. Zur neuen Freiheit gehörte auch der Minirock. Von der britischen Modeschöpferin Mary Quant entworfen, galt er zunächst als skandalös, entwickelte sich jedoch bereits kurze Zeit später weltweit zum Verkaufsschlager.

Opposition und Protest

Die Studenten- und Schülerbewegung der späten 1960er Jahre (siehe S. 116), die als Protest gegen den Vietnamkrieg begann, veränderte das Zusammenleben der Erwachsenen und Jugendlichen nachhaltig. Daneben wandten sich die Jugendlichen auch gegen den nach ihrer Meinung bestehenden Mangel an Demokratie in der Bundesrepublik. Sie rebellierten besonders gegen die von einer großen Koalition aus CDU/CSU und SPD beschlossenen Notstandsgesetze, die für den Fall eines staatlichen Notstandes die Grundrechte der Bürger stark einschränken konnten. Politisch schlossen sich viele Jugendliche der „APO", der außerparlamentarischen Opposition, an, da sie sich in den politischen Parteien nicht vertreten fühlten.

Q2 Die Wochenzeitung „Die Zeit" schrieb im Oktober 1968 über die protestierenden Jugendlichen:

... Noch nie war eine Jugend in Deutschland auf eine so entschlossene und zugleich überzeugende Weise jung. Dies ist eine erstaunlich schöne Generation jener Deutschen, die doch in der Welt als die Hässlichen etikettiert

2 Jugendliche demonstrieren in München gegen die Notstandsgesetze, 1968.

werden. Die Mädchen in ihren verwegenen Pullovern, die Jungens mit ihren imponierenden Backenbärten, sie erinnern an die apartesten Modelle aus der Werbebranche ...
Dies ist eine, bei allem Geist der Revolte, merkwürdig fröhliche Generation.
... Sicher ist, dass ihr Lebensgefühl, diese skurrile Mischung aus Heiterkeit und Aggressivität, nicht ohne unsere Wohlstandsgesellschaft denkbar ist. Obwohl sie gegen die Konsumform der Gesellschaft im Überfluss protestierten, bleiben sie doch zunächst einmal deren Geschöpfe und Kreationen ...

4 *Erarbeiten Sie mit Hilfe der Quelle eine Charakteristik Jugendlicher in den 1960er Jahren.*

Der neue Lebensstil prägte eine ganze Generation, die sogenannten „68er". Eine freiere Lebensgestaltung und der Bruch mit vielen Traditionen setzten sich durch. Das begann beim „Duzen" innerhalb der Betriebe und Arbeitsgruppen und setzte sich im politischen Protest gegen die staatlichen und als willkürlich angesehenen Regelungen fort. Bisherige Normen des Umgangs an Schulen und Universitäten und die allgemeine Kleiderordnung wurden verworfen. Verwaschene Jeans und der Pullover prägten das Bild der Jugendlichen.

5 *Veranschaulichen Sie das Leben von Jugendlichen in der Bundesrepublik Deutschland in den 1960er Jahren mit Hilfe einer Bildcollage.*

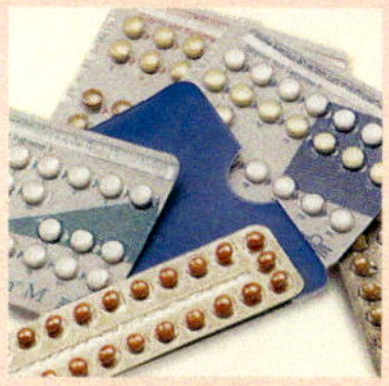

Die ersten Anti-Baby-Pillen auf dem Markt.

***Minirock**, erstmals 1962 in der britischen Modezeitschrift „Vogue" abgebildet.*

Die 1970er und 1980er: No future?

1 **Gorleben, Mai 1980:** Atomkraftgegner errichteten auf dem Gelände des geplanten Atommüll-Endlagers nahe der niedersächsischen Stadt ein Anti-Atom-Dorf und nannten es „Republik freies Wendland". Im Juni räumte die Polizei das Hüttendorf.

Hippies *(von engl. hip): Von San Francisco ausgehende Bewegung, die an die Stelle einer gesättigten Wohlstandsgesellschaft mit ihrem Leistungsdruck eine von Zwängen und Tabus befreite Lebensvorstellung zu setzen versuchte.*

Popper* *oder Snobs nahmen aus Überdruss an der Protesthaltung vorangegangener Jugendkulturen eine betont unpolitische Haltung ein, verhielten sich bewusst egoistisch und provozierten mit teurer Markenkleidung.*

Unterschiedliche Jugendkulturen nebeneinander

Wie weit sich der Einzelne den Regeln der jeweiligen Jugendkultur unterwarf oder sich eher an den traditionellen Werten orientierte, war schon in den 1950er Jahren eine individuelle Entscheidung. Doch während in den 1950er und frühen -60er Jahren die Halbstarken die einzige Jugendkultur waren, die sich von den traditionellen Verhaltensmustern ablöste, gliederte sich die Jugendkultur um 1970 in verschiedene Strömungen auf. Hippies und Rocker verkörperten bereits damals gegensätzliche Lebensweisen.

Ende der 1970er Jahre kamen die ökologisch und pazifistisch ausgerichteten Alternativen hinzu. Gerade jüngere und gebildetere Bevölkerungsteile wurden von den gewaltfreien und basisdemokratischen Gruppen angesprochen. Weil es ihnen im Unterschied zur „APO" nicht mehr so sehr um grundlegende gesellschaftliche Veränderungen als vielmehr um das Erreichen konkreter Ziele vor Ort ging, engagierten sich die von der Parteipolitik Enttäuschten häufig in Bürgerinitiativen. Das Anwachsen dieser kritischen Grundeinstellung führte Anfang der 1980er Jahre mit zur Gründung der Partei „Die Grünen".

„No future" war dagegen eher die Einstellung der anarchisch ausgerichteten Punks, denen sich zu Beginn der 1980er die äußerlich angepassten Popper* entgegenstellten. Ihnen lag mehr an beruflichem Fortkommen und persönlichem Glück.

Auch rechtsextreme Gruppen fanden sich seit den 1980er Jahren beispielsweise als Skinheads zusammen. Sie spielten eher eine untergeordnete Rolle. Auf der anderen Seite bildeten sich die politisch orientierten, anarchistischen Autonomen. Sie wurden von der Öffentlichkeit besonders wahrgenommen, weil sie sich bei Demonstrationen regelmäßig mit der Polizei Straßenschlachten lieferten.

1 *Diskutieren Sie als „Basisdemokrat" mit einem „No future"-Jugendlichen über diese beiden Grundhaltungen der 1970er und 1980er Jahre.*

2 **Popper und Punker in West-Berlin, 1984.**

Die 1990er: Just for fun?

Politik – nein danke?

Jugendliche haben kaum noch Interesse an der Politik, so lauteten Klagen, die in den 1990er Jahren wiederholt geäußert wurden. Als Gründe führte man das zunehmende Streben nach sofortiger Lustbefriedigung und die gestiegene Zahl an Freizeit- und Vergnügungsangeboten an, die der „Fun-Generation" zur Verfügung stünden. Die daraus resultierende Entwicklung unterschiedlicher Lebensentwürfe führte dazu, dass sich die Szene der Jugendkulturen in den 1990er Jahren immer weiter aufspaltete.

2 *Erstellen Sie eine Übersicht über die Jugendkulturen der 1990er Jahre (Rapper, Hip-Hopper, Raver usw.). Informieren Sie sich über ihre Geschichte.*

Wissenschaftler konnten nachweisen, dass das Interesse der Jugendlichen an Politik sank.

M1 Untersuchungen im Rahmen der Shell-Jugendstudie* 1997:

69 Prozent meinen, heute ändere sich alles so, dass man oft nicht weiß, woran man sich halten soll; 64 Prozent glauben, heute sei jeder so mit sich selbst beschäftigt, dass er nicht an morgen denken kann; 68 Prozent sind der Überzeugung, dass viele Probleme durch die Politik unnötig kompliziert werden; 61 Prozent meinen, die politischen Parteien sind oft im Wege, wenn politische Probleme gelöst werden müssen.

3 *Ermitteln Sie anhand von M 1 Gründe für das fehlende Engagement der Jugendlichen.*

4 *Nehmen Sie Stellung zur Aussage der Jugendstudie 97: „Die Jugend engagiert sich nicht, weil ihr die Überzeugung von der Wirksamkeit fehlt."*

M2 Der Berliner Jugendforscher Klaus Farin beurteilt das politische Engagement der Jugendlichen im Jahr 2003:

... Die Ziele der Gruppen, in denen Jugendliche sich engagieren, sind gegenwartsbezogen (und ihre) konkreten Zielsetzungen beinhalten selten gesamtgesellschaftliche Forderungen an Politik und Wirtschaft ... Jugendliche sind durchaus bereit, sehr viel Energie in eine Sache zu investieren, doch dies nur so lange, wie sie es für sinnvoll und spannend erachten ... Sinn und Spaß sind also die Triebkräfte, die Jugendliche veranlassen, ihre Klubs, Cyberdecks oder Videoschirme zeitweilig verwaisen zu lassen, um Gutes zu tun.

3 **„Rente mit 20"?** Karikatur, 2000.

M3 Wertvorstellungen Jugendlicher (Shell-Studie 1997 – Angaben in Prozent):

eigene Fähigkeiten entfalten	68,8
das Leben genießen	65,4
unabhängig sein	62,0
durchsetzungsfähig sein	61,9
sich selbst verwirklichen	60,9
etwas leisten	56,3
pflichtbewusst sein	55,6
sich gegen Bevormundung stellen	54,5
anderen Menschen helfen	54,2
ein hohes Einkommen anstreben	52,1
Rücksicht auf andere nehmen	51,7
auf Sicherheit bedacht sein	46,7
kritisch sein	45,3
ein aufregendes, spannendes Leben führen	43,8
ehrgeizig sein	41,2
Verantwortung für andere übernehmen	36,1
tun und lassen, was man will	35,0
sich anpassen	22,8

5 *Zeigen Sie auf, dass diese Befunde den Ergebnissen der Shell-Jugendstudie 1997 nicht widersprechen (M 1 und M 3).*

Shell-Jugendstudie*: *Eine vom Mineralölkonzern Shell seit 1953 im Abstand von drei bis vier Jahren herausgegebene Untersuchung unabhängiger Forschungsinstitute, die u. a. Einstellungen, Werte, Gewohnheiten und Sozialverhalten von Jugendlichen untersucht.*

Jugend im 21. Jahrhundert

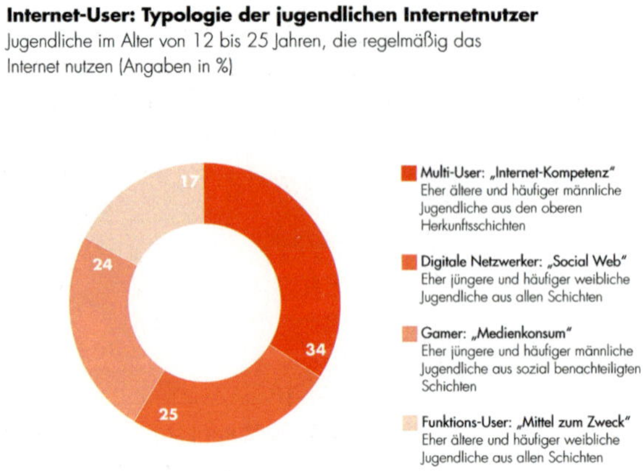

1 **Typen jugendlicher Internetnutzer.**

Generation Internet

Am Ende des letzten Jahrhunderts fanden die mit Radio und Fernsehen begrenzten medialen Möglichkeiten ein rasches Ende. Weltweit nutzen heute mehr als 1,3 Milliarden Menschen das Internet, in Deutschland sind es mehr als 42 Millionen.

Hineingeboren in eine digital vernetzte Welt bewegen sich die Jugendlichen des 21. Jahrhunderts souverän in der multimedialen Welt. Diese erste Generation, die sich ein Leben ohne die Vielfalt elektronischer Medien gar nicht mehr vorstellen kann, bezeichnet man auch als „Digital Natives". Verfügten 2002 nur zwei Drittel der deutschen Jugendlichen über einen Internetzugang, so ist heute fast jeder online.

Jugend online

Demzufolge hat das Freizeitverhalten Jugendlicher heute ein anderes, jedoch ambivalentes Gesicht. Heranwachsende aus privilegierten Elternhäusern verbringen ihre Freizeit mit Lesen oder kreativen Tätigkeiten und pflegen vielfältige soziale Kontakte; Jugendliche aus sozial benachteiligten Familien dagegen beschäftigen sich vorwiegend mit dem Computer.

Zu diesem Ergebnis kam die zum 16. Mal von Shell Deutschland in Auftrag gegebene Jugendstudie. Weniger überraschend dabei war die Tatsache, dass neben der Zahl der Internetnutzer auch die Anzahl der Stunden, die Jugendliche im Netz verbringen, stark angestiegen ist.

1 *Werten Sie die Grafik aus und fassen Sie die wesentlichen Aussagen schriftlich zusammen.*

2 *Beobachten Sie eine Woche lang Ihr persönliches Internetverhalten und führen Sie genau Buch über Dauer, Zweck und Ergebnis Ihres Aufenthalts im Netz. Nehmen Sie anschließend eine Zuordnung zu einem von der Shell-Studie vorgeschlagenen Nutzungstyp vor.*

3 *Tragen Sie die Ergebnisse aus Aufgabe 2 in Ihrer Klasse zusammen. Erstellen Sie mit Hilfe eines Diagrammassistenten eine Übersicht.*

4 *Vergleichen Sie das Nutzungsverhalten Ihrer Klasse mit den Ergebnissen der Shell-Studie. Begründen Sie gravierende Abweichungen.*

Facebook und viele andere

Etwa drei Viertel aller Jugendlichen in Ihrer Altersstufe nutzen täglich bzw. mehrmals in der Woche ein soziales Netzwerk – Grund genug, sich mit diesem Medium näher zu befassen.

5 *Bilden Sie Gruppen und beschreiben Sie die Funktion von sozialen Netzwerken, die Ihnen bekannt sind.*

6 *Tragen Sie Gründe zusammen, die für eine Nutzung sozialer Netzwerke sprechen.*

7 *Erläutern Sie, welche Gefahren mit der Nutzung sozialer Netzwerke verbunden sind, und überlegen Sie, wie sie sich verringern lassen.*

Das Ende der „Fun-Generation"

2 Das Interesse Jugendlicher an Politik.

Jugend mit Verantwortung

Die 16. Shell-Jugendstudie kommt zu dem Ergebnis, dass die heutige junge Generation in Deutschland zuversichtlich bleibt. Sie lässt sich weder durch die Wirtschaftskrise noch durch die unsicher gewordenen Berufsverläufe und -perspektiven von ihrer optimistischen Grundhaltung abbringen. Mit den Herausforderungen in Alltag, Beruf und Gesellschaft gehen Jugendliche auch weiterhin pragmatisch um. Prägend für diese Generation sind insbesondere eine starke Leistungsorientierung und ein ausgebildeter Sinn für soziale Beziehungen.

M1 Aus der Jugendstudie 2010:

... Stabil bleibt die politische Selbsteinschätzung der Jugendlichen: Die Mehrheit ordnet sich etwas links von der Mitte ein. Auch beim Vertrauen in gesellschaftliche Institutionen hat sich wenig geändert: Hohe Bewertungen gab es für Polizei, Gerichte, Bundeswehr sowie Menschen- und Umweltschutzgruppen, niedrige für die Bundesregierung, die Kirche, große Unternehmen und die Parteien. Kaum verwunderlich, dass in Zeiten der Wirtschafts- und Finanzkrise das Vertrauen in Banken am meisten gelitten hat. Entsprechend zeigt sich bei den Jugendlichen heutzutage ... ein ausgeprägter Missmut gegenüber Wirtschaft und Finanzen.

Trotz der allgemeinen Partei- und Politikverdrossenheit sind Jugendliche durchaus bereit, sich an politischen Aktivitäten zu beteiligen, insbesondere dann, wenn ihnen eine Sache persönlich wichtig ist ...

8 *Fassen Sie die Ergebnisse der Jugendstudie hinsichtlich des politischen Interesses der Jugendlichen in eigenen Worten zusammen und vergleichen Sie mit 1997 bzw. 2003 (siehe S. 207).*

9 *Erläutern Sie vor dem Hintergrund Ihres Wissens über die Geschichte der Bundesrepublik Deutschland die Schwankungen am Interesse für Politik Jugendlicher (Schaubild).*

Aktive Jugendliche

Ein Thema, das Jugendliche heutzutage besonders stark beunruhigt, ist der Klimawandel. Ein Teil der Heranwachsenden zieht persönliche Konsequenzen und achtet auf ein umweltbewusstes Verhalten. Zahlreiche junge Leute engagieren sich darüber hinaus in Umweltschutzorganisationen. Ebenso bieten Schulprojekte, Sportvereine oder Parteien die Möglichkeit, politisch und gesellschaftlich aktiv zu werden, mitzureden und mitzuentscheiden.

10 *Erstellen Sie in Gruppenarbeit eine Collage, die verschiedene Möglichkeiten zeigt, wie Jugendliche politisch oder gesellschaftlich aktiv sein können.*

11 *Präsentieren Sie, ausgehend von der Jugendstudie, in Ihrer Klasse Kurzreferate zu folgenden Themenbereichen: soziales Engagement, Bildung, Werte und Lebenseinstellungen.*

Altsteinzeit

Jungsteinzeit

Metallzeit

Altertum

2,4 Millionen | 8000 v. Chr. | 3000 v. Chr.

10 000 v. Chr.	Erster Getreideanbau und erste Viehzucht im Vorderen Orient
7000 v. Chr.	Erste stadtähnliche Siedlung in Jericho

Bronzezeit / Eisenzeit

um 3000 v. Chr.	Erste Bronzeverarbeitung im Vorderen Orient
um 2000 v. Chr.	Ausdehnung der Bronzetechnik bis Mitteleuropa
um 1300 v. Chr.	Erste Eisenverarbeitung in Kleinasien
um 500 v. Chr.	Jüngere Eisenzeit in ganz Deutschland

vor ca. 2 Mio. Jahren	Erste Menschen
vor ca. 700 000 Jahren	Ältester Menschenfund in Deutschland
vor ca. 35 000 Jahren	Cro-Magnon-Mensch

In der gesamten Altsteinzeit lebten die Menschen als Jäger und Sammler.

Ägypten

3000 v. Chr.	Staatsgründung in Ägypten
1900 v. Chr.	Ägypten wird Großmacht
1000 v. Chr.	Ägyptens Großreich zerfällt
30 v. Chr.	Ägypten wird römische Provinz

500 v. Chr.

Christi Geburt

Mittelalter

500 n. Chr.

Griechenland

750–550 v. Chr.	Griechische Kolonisation
500 v. Chr.	Entstehung der Demokratie in Athen
477 v. Chr.	Gründung des Attischen Seebundes
356–336 v. Chr.	Philipp von Makedonien unterwirft Griechenland
300–30 v. Chr.	Hellenistische Staaten entstehen in Ägypten, Persien und Makedonien

Rom

753 v. Chr.	Gründung Roms (Sage)
um 500 v. Chr.	Beginn der römischen Republik
um 250 v. Chr.	Rom ist stärkste Landmacht im Mittelmeerraum
44 v. Chr.	Alleinherrschaft Caesars
31 v.–14 n. Chr.	Herrschaft des Kaisers Augustus

Das Christentum

391 n. Chr.	Das Christentum wird Staatsreligion
395 n. Chr.	Teilung des Römischen Reiches
476 n. Chr.	Der letzte weströmische Kaiser wird von den Germanen abgesetzt

Der Islam

570	Geburt Mohammeds in Mekka
622	Mohammed flieht nach Medina
630	Mohammed erobert Mekka
632–715	Ausbreitung des Islam bis Indien und Europa
632	Tod Mohammeds
711	Araber dringen in Europa (Spanien) ein

Mittelalter

800 900 1000 1100 1200

Vom Frankenreich zum Reich der Deutschen

482 Chlodwig wird König der Franken
722 Bonifatius wird mit der Missionierung der Germanen beauftragt
722–804 Sachsenkriege
800 Kaiserkrönung Karls des Großen in Rom
814 Tod Karls des Großen

919 Wahl Heinrichs I. zum ersten deutschen König
936–973 Otto I.
955 Sieg über die Ungarn auf dem Lechfeld
962 Otto I. wird in Rom zum Kaiser gekrönt

Deutsches Reich

1084–1105 Kaiser Heinrich IV.
1075 Beginn des Investiturstreits
1077 Heinrich IV. in Canossa

1095 Papst Urban II. ruft zum Kreuzzug auf
1099 Eroberung Jerusalems
1122 Wormser Konkordat

1220–1250 Kaiser Friedrich II.
12./13. Jh. Aufstieg der Fürsten zu Landesherren/Besiedlung der Gebiete östlich der Elbe
um 1300 Muslime erobern die letzten Kreuzfahrerstaaten

Neuzeit

1300 1400 1500 1600

1356 Kaiser Karl IV. erlässt die „Goldene Bulle“

Städte in Europa

12.–15. Jh.	Städteboom in Europa
seit 1300	Gotische Kirchen werden in ganz Europa errichtet
1300–1400	Zünfte erkämpfen sich in zahlreichen Städten ein Mitspracherecht
14. Jh.	Die Hanse beherrscht Nordeuropa

Vom Mittelalter zur Neuzeit

14.–16. Jh.	Humanismus und Renaissance erobern Europa
um 1450	Gutenberg erfindet den Buchdruck
1473–1543	Nikolaus Kopernikus
seit 1487	Erste Entdeckungsreisen
1492	Kolumbus sucht den Westweg nach Indien und entdeckt Amerika
1519	Cortez erobert Mexiko. Die Europäer errichten ihre Herrschaft in den Kolonien

Reformation und Glaubenskriege

1483–1546	Martin Luther
31.10.1517	Luther veröffentlicht die Wittenberger Thesen gegen den Missbrauch des Ablasses. Beginn der Reformation
1519–1556	Regierungszeit Kaiser Karls V.
1521	Reichstag zu Worms. Der Kaiser verhängt die Reichsacht über Luther (Wormser Edikt)
1525	Bauernkrieg
1547	Karl V. besiegt den Schmalkaldischen Bund
1555	Augsburger Religionsfriede
1545–1563	Konzil von Trient. Die katholische Kirche ergreift Maßnahmen gegen die Reformation
1618–1648	Dreißigjähriger Krieg
1648	Westfälischer Friede

Neuzeit

1600 1700

Das Zeitalter des Absolutismus

1600–1750	Zeitalter des Barock
1643–1715	Ludwig XIV., König von Frankreich
17./18. Jh	Zeitalter der Aufklärung
1679–1726	Maximilian II. Emanuel, Kurfürst von Bayern
1740–1780	Maria Theresia, Kaiserin von Österreich
1740–1786	Friedrich II., König von Preußen

USA/England

1607	Jamestown gegründet
1620	Pilgerväter landen in Amerika
1689	Glorreiche Revolution/Bill of Rights in England
1776	Unabhängigkeitserklärung der USA
1787	Verfassung der USA
1789	George Washington; erster Präsident der USA

Die Französische Revolution

1789	Mai: Versammlung der Generalstände
1789	Juli: Sturm auf die Bastille
1789	August: Erklärung der Menschenrechte
1791	1. Verfassung
1792/93	Krieg gegen die vereinigten europäischen Mächte
1793	Hinrichtung Ludwigs XVI.
1793/94	Schreckensherrschaft unter Robespierre

Das 19. Jahrhundert

1800 — 1850

Napoleon

1799	Napoleon übernimmt die Herrschaft
1804	Napoleon krönt sich selbst zum Kaiser
1806	Bayern wird Königreich
1807	Preußische Reformen
1808	Reformen in Bayern
1812/13	Napoleons Feldzug nach Russland
1813	Völkerschlacht bei Leipzig
1815	Napoleon wird verbannt

Deutscher Bund

1814/15	Wiener Kongress
1815–1848	Zeitalter des Biedermeier
1815–1866	Deutscher Bund
1817	Wartburgfest
1819	Karlsbader Beschlüsse
1825–1848	König Ludwig I. von Bayern
1832	Hambacher Fest
1837	„Göttinger Sieben" des Landes verwiesen

Revolution 1848/49

1830	Julirevolution in Frankreich
1848	Märzaufstände in Wien, Berlin, Paris
1848	Mai: Nationalversammlung in Frankfurt am Main
1849	Friedrich Wilhelm IV. von Preußen lehnt die Kaiserkrone ab, Auflösung der Nationalversammlung, neue Aufstände werden durch das Militär niedergeschlagen

Das 19. Jahrhundert

1850 — 1880 — 1900

Industrialisierung

seit 1700 Industrialisierung in England
1769 James Watt: Dampfmaschine
1833/34 Gründung des Deutschen Zollvereins
1835 Erste Eisenbahn in Deutschland
um 1840 Beginn der Industrialisierung in Deutschland
1848 K. Marx und F. Engels: Kommunistisches Manifest
1861 Erste Gewerkschaften in Deutschland
1875 Gründung der Sozialdemokratischen Partei

Deutsches Kaiserreich

1871 Gründung des Deutschen Reiches; Otto von Bismarck wird Reichskanzler
1878 Sozialistengesetz
1879–1890 Bismarcks Bündnissystem
seit 1883 Bismarcks Sozialgesetzgebung
1888 Wilhelm II. wird Kaiser
1890 Entlassung Bismarcks

Imperialismus

ab 1870 Eroberungspolitik europäischer Staaten in Afrika und Asien
1884 Deutschland wird Kolonialmacht in Afrika
seit 1890 Deutschlands „neuer Kurs“ in der Außenpolitik unter Wilhelm II.
1904 Herero-Aufstand
1905/06 Marokko-Krisen
1908–1913 Balkan-Krisen

Der Erste Weltkrieg

28.6.1914 Attentat in Sarajevo
1.8.1914 Beginn des Ersten Weltkriegs
1916 Schlacht bei Verdun
6.4.1917 Kriegseintritt der USA
3.3.1918 Friede von Brest-Litowsk
11.11.1918 Waffenstillstand

Die Entstehung der UdSSR

7.11.1917 Oktoberrevolution in Russland
1918–1920 Bürgerkrieg in Russland
1922 Gründung der UdSSR
1927–1953 Stalinismus in der UdSSR

Der Nationalsozialismus

1929–1933 Aufstieg der NSDAP
30.1.1933 „Machtergreifung"
1.4.1933 „Judenboykott"
Mai 1933 „Gleichschaltung"
ab 1934 Aufbau des KZ-Systems
15.9.1935 „Nürnberger Gesetze"
9./10.11.1938 Reichspogromnacht
20.1.1942 Wannsee-Konferenz: „Endlösung"
bis 1945 Ermordung von fast 6 Mio. Juden

Der Zweite Weltkrieg

23.8.1939 Hitler-Stalin-Pakt
1.9.1939 Beginn des Zweiten Weltkriegs
1942/43 Schlacht um Stalingrad
18.2.1943 „Totaler Krieg"
Juni 1944 Invasion der Alliierten
8./9.5.1945 Ende des Zweiten Weltkriegs in Europa
6./9.8.1945 Atombombenabwürfe auf Hiroshima und Nagasaki
2.9.1945 Ende des Zweiten Weltkriegs in Asien
1944–1946 Flucht und Vertreibung der Deutschen aus Osteuropa

Die Weimarer Republik

3.–9.11.1918 Novemberrevolution
9.11.1918 Ausrufung der Republik
Nov. 1918–April 1919 Räterepublik in Bayern
28.6.1919 Versailler Vertrag
11.8.1919 Weimarer Verfassung
1924–1928 Die „Goldenen Zwanziger"
1929 Weltwirtschaftskrise
1930–1933 Präsidialkabinette

Das 20. Jahrhundert

1945 1960 1975

Die Teilung Deutschlands

2. 8. 1945	Potsdamer Abkommen
1945–1949	Vier Besatzungszonen
8. 12. 1946	Inkrafttreten der bayerischen Verfassung
5. 6. 1947	Marshall-Plan
20. 6. 1948	Währungsreform
Juni 1948– Mai 1949	Berlin-Blockade
23. 5. 1949	Gründung der Bundesrepublik
7. 10. 1949	Gründung der DDR

Der Kalte Krieg

1945–1956	Blockbildung
1945–1987	Wettrüsten
1949	Gründung der NATO
1955	Gründung des Warschauer Pakts
August 1975	KSZE-Vertrag
ab 1987	Abrüstungs- und Entspannungspolitik

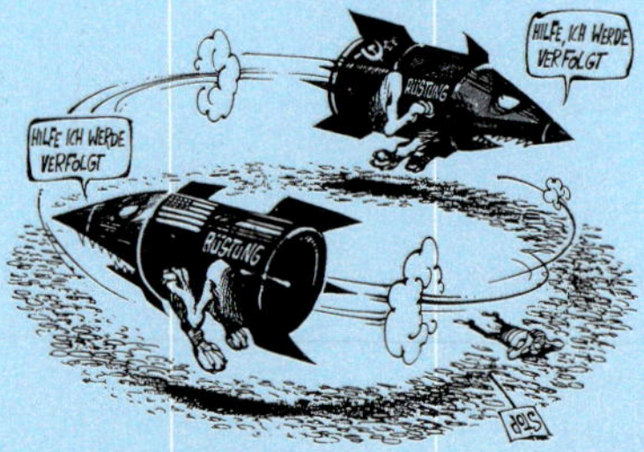

Die Bundesrepublik

ab 1950	Wirtschaftliche Erholung
1955	Beitritt zur NATO
ab 1960	„Wirtschaftswunder"
ab 1966	APO-Protestbewegung
ab 1969	„Neue Ostpolitik" der SPD/FDP-Regierung
ab 1970	RAF-Terrorismus

Die DDR

ab 1950	Sozialistische Umgestaltung; Planwirtschaft
17. 6. 1953	Arbeiteraufstand
13. 8. 1961	Mauerbau in Berlin
ab 1970	Sozial- und Wirtschaftskrise
ab 1980	Wachsende Unzufriedenheit und Widerstand in der Bevölkerung
1989	Massenflucht aus der DDR

Krisen und Konflikte

1950–1953	Koreakrieg
1956	Ungarnaufstand
1958–1961	Berlinkrise
1962	Kubakrise
1964–1973	Vietnamkrieg
1968	„Prager Frühling"
1980	Solidarność in Polen

Die deutsche Einheit

7.10.1989	40. Jahrestag der DDR
Okt./Nov. 1989	Montagsdemonstrationen und „friedliche Revolution“
9./10.11.1989	Öffnung der Berliner Mauer
1.7.1990	Wirtschafts-, Währungs- und Sozialunion der beiden deutschen Staaten
3.10.1990	Wiedervereinigung

Die europäische Einigung

1951	Montanunion
1957	Römische Verträge
1967	Europäische Gemeinschaft (EG)
1991	Vertrag von Maastricht (EU)
1993	Binnenmarkt
1999	EU-Beitritt von Rumänien und Bulgarien
2002	Euro-Bargeld
2004	Beitritt osteuropäischer Staaten

Ungelöste Konflikte

1945–1990	Auflösung der Kolonialreiche
1948	Gründung Israels
1948–1982	Fünf Nahostkriege
1960	„Afrikanisches Jahr“
seit 1978	Mühsamer Friedensprozess und Intifada der Palästinenser
1979	Islamische Revolution im Iran
1992–1999	Bürgerkrieg in Afghanistan
11.9.2001	Terroristischer Anschlag auf das World Trade Center in New York

Der Zerfall Osteuropas

1985	Reformpolitik in der UdSSR unter Gorbatschow
1986	GAU in Tschernobyl
1991	Rücktritt Gorbatschows; Gründung der GUS
1991–1999	Jelzin Präsident Russlands
2000–2008 seit 2012	Wladimir Putin Präsident Russlands
1980	Tod Titos
1991–1999	Balkankriege

Historische Fragestellungen eigenständig verfolgen ...

Inhalt der Methodenübersicht

☐ Informationen beschaffen

Eine Bibliothek benutzen (Band 6, S. 40)

1. Schritt: Besuchstermin vereinbaren
Vereinbaren Sie einen Termin für einen gemeinsamen Besuch in der Bibliothek. Wenn Sie sich zum ersten Mal mit der ganzen Klasse anmelden, vereinbaren Sie am besten eine Führung.

2. Schritt: Im Katalog suchen
Sie können nach den Büchern auch selber suchen. Dazu müssen Sie in den „Katalog" schauen.
Der Katalog ist ein Verzeichnis, in dem alle Bücher der Bibliothek notiert sind. Er sieht ganz anders aus, als Sie sich wahrscheinlich einen Katalog vorstellen. In einigen Büchereien ist es ein Schrank mit vielen Schubladen, in denen Tausende von Karteikarten stecken, in anderen Bibliotheken müssen Sie an einem Bildschirm arbeiten. Stets finden Sie aber einen Autoren- und einen Schlagwortkatalog.
Der Autorenkatalog hilft Ihnen, wenn Sie schon wissen, von welchem Autor Sie ein Buch haben wollen. Der Schlagwortkatalog ist für den Anfang besser. Hier können Sie beispielsweise unter einem Stichwort nachsehen, aber auch unter vielen anderen Schlagworten.

3. Schritt: Bücher ausleihen
Im Katalog finden Sie zu jedem Buch eine Buchstaben- und Zahlenkombination, die so genannte Signatur. Notieren Sie die Signatur, den Namen des Autors und den Buchtitel, und fragen Sie die Angestellten, wie es nun weitergeht. Entweder lassen sie das Buch aus dem Magazin holen oder sie zeigen Ihnen die Stelle im Regal, an der das Buch steht.

4. Schritt: Eine Dokumentation anlegen
Ausgeliehene Bücher müssen Sie nach einiger Zeit zurückgeben. Wenn Sie trotzdem wichtige Informationen behalten oder wenn Sie Ihre Mitschülerinnen und Mitschüler über Ihr Thema informieren wollen, müssen Sie diese Informationen auswählen und festhalten. Das heißt, eine Dokumentation anlegen.
In einem Hefter sammeln Sie Fotokopien von Bildern und Texten aus den ausgeliehenen Büchern. Einige Bilder können Sie auch selber zeichnen. Wichtige Informationen aus langen Texten lassen sich besser kurz mit eigenen Worten zusammenfassen. Auf jedem Blatt sollten Sie als Überschrift das Thema festhalten, um das es geht. Am besten nummerieren Sie die Seiten durch, wenn Ihre Dokumentation abgeschlossen ist.

Eine Internet-Recherche durchführen (Band 7, S. 184)

1. Schritt: Wonach suche ich?
Finden Sie heraus, nach welchen Begriffen, Personen, Orten oder Ereignissen Sie im Internet suchen wollen, um den Arbeitsauftrag zu erfüllen. Notieren Sie sich diese Schlagwörter, um bei der Online-Suche Zeit zu sparen.

2. Schritt: Wie finde ich die benötigten Informationen?
Sie können eine offene Suche starten. Dazu benutzen Sie eine der bekannten Suchmaschinen (yahoo, fireball, altavista, google) oder eine Suchmaschine für deutsche Suchmaschinen (metager) o. a. Sie durchforsten in kurzer Zeit ihre Inhaltsverzeichnisse, ob sie Informationen zu Ihrem eingegebenen Stichwort beinhalten.
In den so genannten Katalogen *www.lycos.de* oder *www.web.de* finden Sie Verweise auf gesammeltes Wissen nach Oberbegriffen sortiert. Es ist auch möglich, Kontakte über

die Homepage eines Netzbetreibers herzustellen. Am besten ist es, wenn Sie eine konkrete Internetadresse für Ihr Thema haben. Sammeln Sie diese Adressen in einem Ordner, damit Sie sie bei Bedarf schnell wieder finden. Sie können sie für die häufige Nutzung auch als Lesezeichen (Bookmark) im Browser (Programm zum Betrachten von Seiten im Internet) eintragen.

3. Schritt: Wie recherchiere ich zeitsparend?

Sie können die gefundenen Informationen herunterladen und in einer normalen Textdatei speichern. Somit haben Sie später die Möglichkeit, sie in Ruhe durchzuarbeiten. Beachten Sie, dass beim Herunterladen die Bilder einer Internetseite verloren gehen können.
Falls es nur wenige Informationen im Internet gibt, lesen Sie diese schnell durch und machen Sie sich Notizen. Diese können Sie dann später bei der Bearbeitung Ihres Themas verwenden. Achten Sie auch auf Querverweise, sogenannte Links und Hyperlinks, die es auf vielen Seiten im Netz gibt und die weitere Informationen für Ihre Arbeit liefern können. Notieren Sie sich diese nützlichen Adressen. Für weitere Recherchen und für Ihre Adressensammlung zum Thema ist das sehr wichtig.

4. Schritt: Wie verarbeite ich die gefundenen Informationen?

Nicht alles, was Sie im Internet finden, wird Ihnen bei der Bearbeitung des Themas helfen. Es ist wichtig, wertvolle von unnötigen Informationen zu trennen.
Überlegen Sie, was Sie mit dem gefundenen Material machen. Lesen Sie Ihren Arbeitsauftrag nochmals gründlich durch. Sie können kurze Artikel oder eine Zusammenfassung mit Hilfe der im Netz gefundenen Informationen schreiben. Denken Sie auch an die Verwendung von gutem Bildmaterial aus dem Netz.

5. Schritt: War die Recherche nützlich?

- Diskutieren Sie, wie nützlich die Internet-Recherche für die Bearbeitung Ihres Themas war.
- Überlegen Sie, ob die Benutzung anderer Medien (Lexika, Fachbücher, Zeitschriften, Filme etc.) günstiger gewesen wäre. Schreiben Sie sich diese kritischen Anmerkungen hinter die jeweiligen Internetadressen in Ihren Ordner.

Falls Ihre Schule eine Homepage hat, können Sie über Ihre Recherche auch hier kurz berichten und die Ergebnisse zusammenfassen.
Geben Sie gute Internetadressen zu bestimmten Themen als Links an.

Im Archiv recherchieren (Band 9, S. 169)

1. Schritt: Das Thema eingrenzen

Je genauer Sie Ihr Thema eingrenzen, umso gezielter können Sie überlegen, wonach Sie im Archiv suchen wollen.

2. Schritt: Eine Archivführung vereinbaren

Ihr/Ihre Geschichtslehrer/in muss die Klasse natürlich anmelden und sich mit dem Archivar über Umfang und Inhalt des Archivbesuchs verständigen. Es wäre gut, wenn Sie während der Vorstellung des Archivs ständig die Möglichkeit zum Fragen hätten. Sie sollten auf diese Weise viele Informationen über das jeweilige Archiv und seine Aufgabenstellung sammeln. Die Arbeit eines Archivars sollte ebenso deutlich werden: Wie werden Objekte konserviert und archiviert? Wie werden die Überlieferungen bewertet?

3. Schritt: Betreute Arbeitsgruppen bilden

Nachdem Sie bei der Archivführung die Grundzüge der Archivbenutzung und die Bedeutung des Archivs für Ihre Arbeit kennen gelernt haben, geht es nun an die Ermittlung entsprechender Quellen und deren Auswertung: Wovon berichtet der Text? Was ist über den Verfasser bekannt? usw.

4. Schritt: Selbstständig recherchieren

Sie sind jetzt mit den wichtigsten Benützungsbedingungen im Archiv vertraut und können langsam selbstständig recherchieren. Machen Sie sich ständig Notizen darüber, wie Sie vorgehen und was Sie finden.

Software als Informationsquelle nutzen (Band 7, S. 100)

1. Schritt: Art der CD-ROM klären

Liegt vor Ihnen
- ein Abenteuerspiel, das zwar in der Vergangenheit spielt, aber eher zur Unterhaltung gedacht ist;
- eine geschichtliche Lern-CD-ROM, mit der Sie in eine andere Zeit versetzt werden;
- ein Trainingsprogramm (Frage-Antwort-Spiel) oder
- ein Nachschlagewerk?

2. Schritt: Thema eingrenzen

- Geht es um einen bestimmten zeitlichen Abschnitt aus der Geschichte? Wird die Zeit allgemein behandelt oder geht es um einen engeren Themenkreis, z. B. das Leben bestimmter sozialer Gruppen?
- Geht es um wirkliche Ereignisse, die sich weitgehend so zugetragen haben, oder wird eine erfundene Geschichte angeboten?

3. Schritt: Benutzerfreundlichkeit einschätzen

- Ist der CD-ROM eine Anleitung beigefügt, in der die wichtigsten Bedienungsschritte erklärt werden?
- Ist die Startseite übersichtlich? Macht Sie diese neugierig?
- Gibt es ein Inhaltsverzeichnis? Ist es verständlich?

- Können Sie gleich verstehen, wie die CD-ROM aufgebaut ist? Ist sie z. B. nach bestimmten Themen geordnet oder stellt sie die Ereignisse in einem zeitlichen Zusammenhang dar?
- Ist Vorwissen notwendig?
- Ist die Bedienung des Programms einfach oder kompliziert?
- Können Sie gleich erkennen, wo Schaltflächen sind? Oder treffen Sie nur zufällig auf Elemente, bei denen sich etwas verändert?
- Gibt es ein Themenverzeichnis?

4. Schritt: Eigene Eindrücke klären
- Ist die CD-ROM abwechslungsreich gestaltet? (Wechseln Informationen und Rätsel/Spiele ab?)
- Ist die CD-ROM anschaulich und unterhaltsam?
- Welche Elemente kommen in der CD-ROM vor (Bilder, Fotos, Filme, 3D-Video, Toneinspielungen, Textquellen, Statistiken, Animationen, Karten)?
- Sind die Texte verständlich? Können Sie diese selbst lesen oder werden sie vorgelesen? Sind sie zu lang, werden sie zu schnell vorgetragen?
- Sind Bild und Ton gut verknüpft oder werden Sie verwirrt?
- Erfahren Sie Neues? Bekommen Sie vielleicht sogar zu viele oder zu komplizierte Informationen?
- Werden Fachausdrücke verwendet? Werden diese geklärt? Gibt es ein Wörterbuch, in dem die komplizierten Begriffe gesammelt sind?

5. Schritt: Programmmöglichkeiten untersuchen
- Können Sie im Programm stöbern oder müssen Sie sich an einen vorgegebenen Lehrpfad halten?
- Können Sie das Programm unterbrechen und später weitermachen?
- Können Sie nach vorne und wieder zurückspulen?
- Können Sie in die Handlung eingreifen?
- Sind die Aufgaben lösbar oder haben Sie das Gefühl, diese nicht erfüllen zu können? Wie lange brauchen Sie dafür?
- Können Sie überprüfen, ob Sie etwas gelernt haben?
- Bekommen Sie Anleitung, wo Sie noch weitere Informationen besorgen können?

6. Schritt: Technische Voraussetzungen beurteilen
- Wie ist die Bild-/Tonqualität?
- Kann man Bilder und Texte vergrößern, kann man sie ausdrucken?
- Finden Sie eine Auflistung der Bilder, Texte usw., die auf der CD-ROM enthalten sind?

□ Informationen auswerten und darstellen

Eine Wandzeitung gestalten (Band 6, S. 64)

1. Schritt: Informationen auswählen
Was ist wichtig, was kann weggelassen werden? Was soll als Text, was im Bild, Schaubild oder in einer Tabelle dargestellt werden?

2. Schritt: Gestaltung überlegen
Wie soll die Schrift aussehen (Druck- oder Schreibschrift, Größe, Farbe)? Welche Bilder sind geeignet und wie werden sie angeordnet? Welche Zeichnungen, Tabellen oder Schaubilder sollen angefertigt werden und an welchen Platz sollen sie kommen?

3. Schritt: Material bereitstellen
Welches Material wird benötigt (Tapete, Pappe, Transparentpapier, Stifte, Kleber, Heftzwecken, Stecknadeln, Scheren, Lineal usw.)? Wer besorgt es?

4. Schritt: Arbeit verteilen und durchführen
Wer möchte Texte schreiben, Bilder ausschneiden und beschriften, Zeichnungen, Tabellen anfertigen usw.? Sprechen Sie sich untereinander ab. Wichtiger Hinweis: Bilder, Texte usw. nicht sofort festkleben, sondern erst alles lose auflegen!

5. Schritt: Wandzeitung präsentieren
Wandzeitung aufhängen und den anderen Gruppen vorstellen (präsentieren).

Eine Ausstellung organisieren (Band 7, S. 213)

1. Schritt: Informationen sammeln und auswerten
- Worüber soll die Ausstellung informieren?

- Welche Informationen sind wichtig, damit die Besucher die Ausstellung auch verstehen können? Was kann man weglassen?
- Wie können Sie Ihr Fachwissen erweitern (Bücherei, Internet, Museum usw.)?

2. Schritt: Arbeitsschritte planen
- Wie soll die Ausstellung aufgebaut sein? In welche Themengebiete soll sie eingeteilt werden?
- Wie viel Zeit, Arbeits- und Ausstellungsraum, Material (Geld?) steht Ihnen zur Verfügung? Brauchen Sie die Unterstützung anderer Fachlehrer/innen (Musik, Kunst, Werken, Religion, Englisch usw.)?
- Wie sollen die Informationen der einzelnen Themengebiete vermittelt werden? Wo ist es z. B. sinnvoll, Plakate mit erklärenden Texten anzufügen? Für welche Stationen sollen besondere Ausstellungsstücke hergestellt werden?
- Wie soll der Zeitplan aussehen, nach dem gearbeitet wird?
- Welches Material ist nötig? Wer kann dieses besorgen?
- Wie soll die Arbeitsverteilung innerhalb der Klasse aussehen? Wer erarbeitet welches Themengebiet?
- Innerhalb dieser Expertengruppen gilt es festzulegen: Wer möchte die Texte für die Plakate erstellen, wer übernimmt die Gestaltung dieser Plakate, wer stellt die Ausstellungsstücke her, wer überwacht die Einhaltung des Zeitplans?

3. Schritt: Die Ausstellung erarbeiten
„Zwischenstopps", bei denen sich die ganze Klasse trifft, bieten die Möglichkeit, über den Fortgang der Arbeit zu sprechen. Ist man noch im Zeitplan? Wo treten Probleme auf? Wie kann man Abhilfe schaffen? Wo ist man von der Planung abgewichen? Gibt es neue Anregungen? Braucht man die Unterstützung einer anderen Gruppe?

4. Schritt: Die Ausstellung präsentieren
Vor allem der Tag der offenen Tür, ein schulischer Projekttag oder der Elternsprechtag bieten sich an, die Arbeitsergebnisse darzustellen oder die Ausstellung „zu eröffnen".
- Machen Sie Werbung für Ihre Ausstellung.
- Es ist sinnvoll, wenn die Besucher sich bei Fragen an jemanden wenden können. Deshalb sollten am Tag der Eröffnung jeweils ein oder zwei Schüler/innen die Ausstellungsgegenstände erklären. Es ist zweckmäßig, schichtweise zu arbeiten.

5. Schritt: Die Erfahrungen auswerten
Sprechen Sie abschließend über Ihre Erfahrungen. Was würden Sie das nächste Mal anders machen? Was hat gut geklappt?

Arbeitsergebnisse präsentieren (Band 9, S. 23)

1. Schritt: Auswahl des Themas
Klären Sie gleich zu Beginn, in welche Richtung Ihre Arbeit gehen soll.

2. Schritt: Organisation des Projekts
Wenn Sie das wissen, müssen Sie das jeweilige Thema in verschiedene „Häppchen" aufteilen, sodass Sie in Gruppen- oder Partnerarbeit mit der Materialsammlung beginnen können.
- Machen Sie einen Zeitplan. Wann müssen die Schritte 2 und 3 abgeschlossen sein? Wann soll die Ausstellung eröffnet werden (Elternsprechtag, Tag der offenen Tür, Schuljubiläum, Heimatfest usw.)?

3. Schritt: Sammeln von Material
Je nach Thema kommen auf Sie völlig unterschiedliche Arbeitsbedingungen zu.
- So können Sie auf das Internet und eventuell sogar auf Bücher zurückgreifen.
- Sie können Befragungen oder eine Erkundung vor Ort durchführen.

4. Schritt: Aufbereitung des Materials
Wenn Sie genug Material haben, sollten Sie sich darüber Gedanken machen, wie Sie die verschiedenen Themen am besten präsentieren können. Grundsätzlich gilt: Je abwechslungsreicher die Ausstellung ist, desto mehr Menschen werden Sie dafür gewinnen. Es gibt viele Möglichkeiten; bei jeder gilt es, bestimmte Produktionsregeln zu beachten.
Arbeiten Sie hier auch gruppenübergreifend, fragen Sie Klassenkameraden, die zu einer anderen Gruppe gehören, wie Ihre Arbeit auf sie wirkt, ob sie etwas verändern würden. Ihrer Kreativität sind bei der Ausstellung keine Grenzen gesetzt.
Sie können z. B.:
- Plakate anfertigen (wichtig: große und gut leserliche Druckschrift verwenden, den Umfang und Inhalt des Textes sinnvoll gestalten, mit Farben und Bildern arbeiten)
- Modelle basteln
- eine Zeitleiste erstellen (Fotos tragen hier entscheidend zur Veranschaulichung bei)
- einen Comic gestalten
- eine Collage anfertigen (z. B. mit alten Zeitungsartikeln)
- ein Spiel basteln
- Tonbandaufnahmen für die Besucher der Ausstellung zugänglich machen (z. B. von einem Ihrer Interviews)
- einen Film drehen (z. B. zum Produktionsablauf) usw.

5. Schritt: Werbung
Machen Sie Werbung für Ihre Ausstellung. Diese Werbung ist natürlich auch davon abhängig, wer die Ausstellung besuchen soll. Bei einem Tag der offenen Tür bieten sich z. B. Werbeplakate an, Sie können aber auch kleine Flugblätter verteilen oder durch „Marktschreier" auf sich aufmerksam machen.

Informationen weitergeben/Kurzreferat (Band 9, S. 55)

1. Schritt: Themenauswahl
Grenzen Sie das Thema ein und verteilen Sie Referate auf mehrere Gruppen.

2. Schritt: Informationsbeschaffung
Sammeln Sie Informationen (Bücher, Zeitschriften, CD-ROMs, Internet, Archive usw.). Überprüfen Sie dabei sorgfältig, inwieweit die Informationen brauchbar sind. Von wem wurde der Text veröffentlicht? Verfolgt der Autor des Textes ein bestimmtes Interesse? Ist im Text eine Wertung enthalten, die objektiv nicht nachvollziehbar ist? Ziehen Sie notfalls mehrere Quellen zur Überprüfung der Angaben heran.

3. Schritt: Aufbereitung des Materials
Gliedern Sie Ihren Vortrag sinnvoll, arbeiten Sie Ihr Referat aus und verteilen Sie die Gliederungspunkte auf die verschiedenen Referenten. Überlegen Sie sich, wie Sie das Referat aufwerten können, z. B. durch Folien, griffige Zitate, Anschauungsmaterial o. Ä. Erarbeiten Sie ein Plakat, damit Sie am Ende Ihrer Vortragsreihe noch kleine Gedächtnisstützen im Klassenzimmer zurückbehalten.

4. Schritt: Vortrag
Sprechen Sie möglichst frei und verwenden Sie nur einen Notizzettel. Es ist oft sinnvoll, für die Schulkameraden ein kleines Thesenpapier vorzubereiten und das Referat durch Hinweise auf interessante Literatur, Medien oder Internetadressen abzurunden.

Grafiken lesen und verstehen (Band 8, S. 120)

1. Schritt: Worüber teilt die Grafik etwas mit?
Eine Grafik steht meistens in engem Zusammenhang mit einem Text. Orientieren Sie sich, wovon dieser berichtet, um welches Thema es geht.

2. Schritt: Welche Farben, Linien und Symbole werden verwendet?
Jedes Strukturschema versucht, durch einfache Zeichen komplizierte Zusammenhänge zu erklären. Die verwendeten Symbole sind zumeist in einer Legende erklärt.
- Verschaffen Sie sich einen Überblick über die Farben. Was bedeuten sie? Treten manche Farben mehrmals auf? Gibt es eine Farbe in verschiedenen Schattierungen (z. B. ein blasses und ein leuchtendes Rot)? Gibt es dafür Gründe? Werden Farben gemischt (z. B. blau-grüne Schraffierung)? Soll damit etwas ausgesagt werden?
- Werden verschiedene Linien eingesetzt? Sind z. B. Kästchen verschiedenartig eingerahmt? Welchen Sinn hat dies?
- Welche Symbole treten auf (z. B. Krone für König, Kreuz für Kirche)? Was bedeuten sie?
- Fallen Ihnen Besonderheiten auf? Gibt es z. B. das gleiche Symbol in verschiedenen Größen/Farben? Welchen Grund könnte es dafür geben?
- Gibt es Zeichen, die Sie nicht verstehen? Versuchen Sie, diese zu klären.

3. Schritt: Welche Elemente werden zueinander in Beziehung gesetzt?
Wenn Sie einen Überblick darüber haben, welche einzelnen Elemente in dem Strukturschema eine Rolle spielen, müssen Sie klären, wie diese zusammenhängen.
- Hat es eine Bedeutung, was in der Grafik oben, unten, links oder rechts steht? Wenn ja, was wird dadurch ausgesagt?
- Zwischen welchen Elementen finden Sie Verbindungslinien, Pfeile oder andere Zeichen (z. B. Blitze)? Sind die Pfeile durch einen Text erklärt?

4. Schritt: Welche Schlussfolgerungen sind möglich?
Ein Strukturschema transportiert viele Informationen. Zunächst werden uns Tatsachen mitgeteilt: Wer hatte welche Rechte, wer hatte welche Pflichten? Doch wir können darüber hinaus noch weitere Erkenntnisse aus einem Strukturschema gewinnen.
- Gibt es ein „Zentrum" innerhalb des Strukturschemas? Laufen z. B. besonders viele Pfeile in einem Punkt zusammen? Was bedeutet das?
- Auch da, wo es keine Pfeile und Verbindungslinien gibt, sind Informationen versteckt. Welche Elemente wirken ausgegrenzt? Welche Gründe könnte es dafür geben?
- Gibt es ähnliche Strukturschemata? Welche Gemeinsamkeiten, Unterschiede fallen auf?

… und darstellen – ein Methodenüberblick

□ Orte erkunden

Ein Museum besuchen (Band 7, S. 201)

1. Schritt: Planung und Organisation
- Legen Sie einen Tag für den Museumsbesuch fest.
- Erkundigen Sie sich bei der Informationsstelle des Museums über die Öffnungszeiten, Eintrittspreise und mögliche Führungen.
- Informieren Sie sich über Anreisemöglichkeiten, Fahrzeiten und Fahrtkosten.

2. Schritt: Inhaltliche Vorbereitung
- Suchen Sie im Internet nach Informationen über Themen und Ausstellungen des Museums.
- Erarbeiten Sie einen Katalog von Fragen, die Sie stellen wollen.
- Überlegen Sie, auf welche Weise Sie Ihre Arbeitsergebnisse festhalten wollen (Notizen, Zeichnungen, Fotos, Videoaufzeichnungen …).

3. Schritt: Durchführung
- Verschaffen Sie sich zu Beginn des Besuchs einen Überblick über den Aufbau des Museums.
- Nehmen Sie an einer Führung teil.
- Füllen Sie angebotene Arbeitsbögen aus.
- Erschließen Sie in kleinen Gruppen ausgewählte Themenbereiche.

4. Schritt:
- Auswertung der Arbeitsergebnisse
- Vergleichen Sie Ihre Aufzeichnungen und ergänzen Sie eventuell noch fehlende Informationen (Lexikon, Museumsführer …).
- Fertigen Sie eine Wandzeitung für das Klassenzimmer an.
- Schreiben Sie einen Bericht für die Schülerzeitung.

Eine Exkursion planen und durchführen (Band 7, S. 67)

1. Schritt: Informationen beschaffen
Lassen Sie sich Prospekte von der Institution schicken, die Sie erkunden wollen. Nutzen Sie auch die Möglichkeiten des Internets.

2. Schritt: Die Erkundung vorbereiten und organisieren
Planen Sie bereits im Unterricht einen Rundgang. Was wollen Sie besichtigen und erfahren? Wie gehen Sie am besten dabei vor?

3. Schritt: Das Objekt selbstständig entdecken und erforschen
Stellen Sie Vergleiche an. Stellen Sie Fragen, die Sie am besten schon vorher schriftlich festgehalten haben. Dokumentieren Sie Ihre Exkursion mit Fotos und anderen Arbeitsmaterialien.

4. Schritt: Arbeitsergebnisse vorstellen
Die Ergebnisse Ihrer Exkursion können Sie auf verschiedene Weise festhalten:
- Verfassen Sie einen Artikel für die Schülerzeitung.
- Schreiben Sie eine Erzählung, einen Bericht oder eine Reportage.
- Veranstalten Sie eine Podiumsdiskussion.
- Gestalten Sie mit Ihren Materialien eine Ausstellung.

Eine Gedenkstätte besuchen (Band 9, S. 184)

1. Schritt: Organisatorisches klären
Der Aufbau der Gedenkstätte, die Möglichkeit einer Führung, die Organisation der An- und Abreise und die Finanzierung können im Vorfeld häufig schon mit Hilfe des Internets geklärt werden. Für viele Gedenkstätten gibt es bei Klassenfahrten auch Zuschüsse.

2. Schritt: Informationen einholen
Es ist notwendig, sich bereits vorher über die Hintergründe der Gedenkstätte zu informieren, sich kundig zu machen, was an der Gedächtnisstätte passiert ist. Nicht selten wirken Gedenkstätten sehr still und ruhig oder man wird von der Betriebsamkeit der Besuchermassen abgelenkt. Es ist notwendig, gut informiert zu einer Gedenkstätte zu fahren, um durch diese Ruhe oder durch das rege Treiben hindurchschauen zu können zu dem, was einst an dem Ort geschehen ist.

3. Schritt: Auswertung
- Was haben Sie bei dem Besuch gefühlt? Was hat Sie besonders bewegt, beeindruckt?
- Was haben Sie Neues erfahren, was wussten Sie schon?
- Gibt es neu entstandene Fragen? Wie können Sie die fehlenden Informationen beschaffen?
- Welche Botschaft nehmen Sie für sich persönlich aus dem Besuch mit?

Historische Fragestellungen eigenständig verfolgen ...

□ Texte, Bilder, Karten, Kunstwerke, Lieder, Filme untersuchen

Eine Textquelle analysieren (Band 8, S. 80)

1. Schritt: Fragen zum Text
- Wovon handelt der Text? Hier geht es um die Beantwortung der sogenannten W-Fragen: Wer? Wo? Wann? Was? Wie? Warum?
- Gibt es unbekannte Wörter, die Sie im Lexikon nachschlagen müssen?
- Wie ist der Text gegliedert? Könnte man für einzelne Abschnitte Überschriften finden? Welcher Gesichtspunkt steht im Mittelpunkt des Textes? Wie kann man den Inhalt kurz zusammenfassen?
- Welche Widersprüche oder Übertreibungen enthält der Text?

2. Schritt: Fragen zum Verfasser
- Welche Informationen besitzen wir über den Verfasser (Autor)?
- Kennt der Verfasser die Ereignisse, über die er schreibt, aus eigener Anschauung?
- Welche Absichten verfolgt der Verfasser mit seinem Text?
- Versucht der Verfasser neutral zu sein oder ergreift er Partei für bestimmte Personen?

Texte zusammenfassen/Exzerpieren (Band 8, S. 152)

1. Schritt: Lesen des Textes
Als Erstes lesen Sie sich den Text einmal ganz durch. Gleichzeitig unterstreichen Sie alle Wörter, die Sie nicht verstehen. Außerdem ist es sinnvoll, wenn Sie sich schon beim ersten Durchlesen am Rand mit Bleistift Notizen machen. Zum Beispiel können Sie an Stellen, die besonders wichtig erscheinen, ein Ausrufezeichen und bei unklaren Aussagen ein Fragezeichen anfügen. Sie können natürlich auch andere Zeichen und Symbole verwenden, nur sollten Sie darauf achten, dass Sie Ihre Randnotizen auch später noch verstehen. Es ist auch ratsam, nicht zu viele verschiedene Zeichen einzusetzen, da Sie sich so selbst verwirren.

2. Schritt: Klären unklarer Begriffe und Zusammenhänge
Fremdwörter und Fachbegriffe können Sie mit Hilfe des Lexikons oder anderer Nachschlagewerke klären. Die „Übersetzungen" der Wörter sollten Sie sich in Stichpunkten aufschreiben. So verhindern Sie, dass Sie die „Lösung" gleich wieder vergessen. Ist Ihnen eine ganze Textstelle unklar, ist es empfehlenswert, ein anderes, ausführlicheres Buch zu dem Thema zu befragen.

3. Schritt: Hervorheben der wichtigsten Textstellen
Beim erneuten Durchlesen des Textes treten jetzt keine Schwierigkeiten mehr auf. Mit einem Leuchtstift heben Sie die wichtigsten Aussagen des Textes hervor. Sie können auch verschiedene Farben verwenden. Erneut gilt: Beschränken Sie sich auf eine sinnvolle Anzahl von Farben.

4. Schritt: Gliedern des Textes
Bevor Sie damit anfangen, die wichtigsten Informationen herauszuschreiben, sollten Sie den Text in Sinnabschnitte oder nach Themen gliedern. Es ist eine zusätzliche Hilfe, wenn Sie am Rand ganz kurz anfügen, worum es in dem jeweiligen Abschnitt geht.

5. Schritt: Erstellen der Zusammenfassung
Vor Ihnen liegt nun ein gut durchgearbeiteter Text. Zum Schluss fassen Sie diesen zusammen. Es liegt dabei ganz an Ihnen, ob Sie eine Art Inhaltsangabe schreiben oder ob Sie eine Gliederung erstellen. Wichtig ist jedoch, dass Sie nichts Wichtiges weglassen und keine unnötigen Informationen aufnehmen. „So knapp wie möglich, so ausführlich wie nötig" – das soll Ihr Motto sein. Arbeiten Sie bei der Niederschrift mit Farben, Unterstreichungen und Absätzen. Aber: Unterstreichen Sie das Wesentliche und verwenden Sie höchstens zwei Farben.

Komplexere Texte erfassen und bewerten (siehe S. 154)

Bilder analysieren (Band 9, S. 181)

1. Schritt: Erster Eindruck
- Wie wirkt das Bild auf mich? Wie gefällt es mir? Welche Einzelheiten sprechen mich an? Was stößt mich ab?

2. Schritt: Fragen zum Bildinhalt
- Was ist dargestellt (Personen, Gegenstände, Symbole ...)?
- Was soll ich über die dargestellten Personen erfahren? (Was tun sie, wo befinden sie sich, wie sind sie gekleidet?)
- Wie sind die Gegenstände oder Personen angeordnet (Vorder- oder Hintergrund, Mittelpunkt, Bildrand etc.)?
- Lässt sich der Standpunkt des Künstlers/ Fotografen erschließen? Welche Perspektive hat er gewählt?

3. Schritt: Fragen zur Bildgestaltung
- Was fällt sofort auf?
- Wohin wird mein Auge gelenkt? Gibt es Fluchtpunkte? Durchziehen geometrische Formen oder Linien das Bild?
- Wird Farbe in dem Bild verwendet? Wie? Welche Aufgabe hat die Farbgestaltung?

4. Schritt: Fragen zum Quellenwert
- Was weiß ich über die Entstehung des Bildes? Wer war der Urheber? Ergreift er mit seinem Bild Partei?

- Wie wurde das Bild dem Publikum vermittelt? Wurde es häufig reproduziert?
- Was weiß ich über die Wirkung des Bildes?

Mit Bildern arbeiten (Band 7, S. 170)

1. Schritt: Fragen zum Kunstwerk
- Welche Daten des Bildes sind bekannt (Name des Künstlers, Bildtitel, Entstehungszeit, Auftraggeber)?
- Was ist dargestellt (Personen, Dinge, Ereignisse, Natur usw.)?
- Wie ist es dargestellt (naturgetreu oder nicht? Farben, Helligkeit, Anordnung der Personen, Dinge usw.)?
- Gibt es einen Mittelpunkt, auf den das Auge des Betrachters gelenkt wird? Was ist im Vorder- und was im Hintergrund erkennbar?
- Welchen Eindruck will der Künstler durch die Darstellung vermitteln?
- Zu welchem Zweck wurde das Bild geschaffen?

2. Schritt: Fragen an den Betrachter
- Wie wirkt das Bild als Ganzes auf mich?
- Welche Einzelheiten sprechen mich besonders an? Was finde ich interessant, schön, hässlich, abstoßend usw.?
- Wo finde ich weitere Informationen (im Geschichtsbuch, im Lexikon, im Internet usw.)?

Mit Karikaturen arbeiten (Band 8, S. 176)

1. Schritt:
Betrachten Sie die Karikatur genau und schildern Sie Ihren ersten Eindruck.

2. Schritt:
Beschreiben Sie Einzelheiten der Abbildung. Halten Sie dabei fest, was Sie noch nicht erklären können.

3. Schritt:
Achten Sie auf Textelemente, wie z. B. Bildunterschriften, und versuchen Sie herauszufinden, ob sich die Texte auf bestimmte Gegenstände oder Personen beziehen.

4. Schritt:
Überlegen Sie, worum es bei der Karikatur geht: Was ist das Thema der Abbildung?

5. Schritt:
Formulieren Sie, was mit der Karikatur ausgedrückt werden soll. Welche Meinung nimmt der Zeichner zum Thema ein?

Wahlplakate untersuchen (Band 9, S. 154)
- Wer ist der „Urheber" des Plakats?
- An wen richtet sich die Werbung?
- Werden bestimmte Gruppen angesprochen?
- Welche Ziele sind zu erkennen?
- Wie ist das Plakat gestaltet? Welche darstellerischen Mittel werden eingesetzt?
- Welche Wirkung soll erzielt werden?
- Lässt sich eine Gesamtaussage des Plakats formulieren?

Politische Propaganda analysieren (Band 9, S. 81)

1. Schritt: Form und Inhalt klären
Welches Medium, welche Darstellungstechnik wird benutzt? Was wollen Bild, Text (und Musik) aussagen? Unverständliches müssen Sie klären.

2. Schritt: Absicht klären
Wer war der Auftraggeber der Propaganda, wen wollte er beeinflussen? Welches Ziel hat die Propaganda? Wozu sollen die Betrachter gebracht werden?

3. Schritt: Methode erkennen
Es gibt viele Mittel, mit denen eine Beeinflussung versucht wird (Versprechen, falsche Behauptungen, Über- bzw. Untertreibungen u. a.). Geschieht das offen oder verdeckt?

4. Schritt: Beurteilen
Schließlich müssen Sie beurteilen, ob Sie die Propaganda für wirksam und für moralisch in Ordnung halten.

Mit Karten arbeiten (Band 6, S. 156)

1. Schritt: Thema und Zeitraum bestimmen
Antwort gibt meist der Titel einer Karte. Er ist zumeist neben den Karten abgedruckt. Wenn der Zeitraum im Titel nicht zu erkennen ist, müssen Sie einen Blick in die Legende werfen oder auf der Karte eingetragene Jahreszahlen berücksichtigen.

2. Schritt: Das dargestellte Gebiet bestimmen
Häufig wird das Gebiet im Titel einer Karte genannt. Fehlen die Angaben, müssen Sie sich am Kartenbild orientieren.

3. Schritt: Farben und Zeichen erkennen
Fast jede Karte hat eine Zeichenerklärung, die sogenannte Legende. Dort finden Sie für Farben und Symbole Erklärungen, die nicht in der Karte selbst stehen.

4. Schritt: Aussagen der Karte zusammenfassen
Manchmal hilft es, die Aussagen einer Karte in einem kurzen Bericht zusammenzufassen.

Historische Fragestellungen eigenständig verfolgen ...

Historische Karten vergleichen (Band 8, S. 146)

1. Schritt: Gemeinsamkeiten erkennen
- Haben die Karten das gleiche Thema?
- Zeigen die Karten genau die gleiche Gegend? Wenn nicht, warum gibt es Abweichungen?

2. Schritt: Legenden untersuchen
Was bedeuten die Farben und Zeichen? Liefern die gleichen Farben auch immer die gleichen Informationen?

3. Schritt: Karten vergleichen
Was fällt Ihnen beim Vergleich der Karten auf? Hat sich ein Gebiet besonders vergrößert oder verkleinert? Blieb alles im Großen und Ganzen gleich? Fassen Sie die einzelnen Ergebnisse Ihrer Untersuchung zu einer Hauptaussage zusammen.

4. Schritt: Fragen beantworten
Sind beim Vergleich der Karten bei Ihnen Fragen aufgetaucht? Schreiben Sie diese Fragen auf und begeben Sie sich auf Entdeckungsreise. Recherchieren Sie im Internet, schlagen Sie in Lexika nach, durchforsten Sie Ihre Bücherei.

Ein historisches Lied als Quelle nutzen (Band 8, S. 32)
- Wann und wo ist das Lied entstanden?
- Wer ist der Verfasser des Liedes?
- Worum geht es in dem Lied? Unterstreichen Sie dazu die entsprechenden Aussagen des Liedtextes in den einzelnen Strophen.
- Wer sind die Adressaten des Liedes? Sind deren Reaktionen auf das Lied bekannt?
- Was wollten diejenigen, die das Lied sangen, zum Ausdruck bringen?
- Welchen Eindruck macht das Lied auf Sie? Passt die Musik zum Text? Versuchen Sie, das Lied einzustudieren und vorzutragen.

Einen historischen Film untersuchen (Band 9, S. 86)

1. Schritt: Einordnung des Films
Stellen Sie fest, wo und wann der Film produziert wurde und wo und wann seine Handlung spielt. (Klären Sie, ob der Film eine erfundene oder eine historisch belegbare Geschichte erzählt.)

2. Schritt: Zusammenfassung des Inhalts
Geben Sie den Inhalt des Films in Form einer Nacherzählung oder Inhaltsangabe wieder. Nennen Sie die Haupt- und Nebenpersonen und die Art, wie sie dargestellt sind. Schildern Sie, aus welchem Blickwinkel der Film erzählt und welche Lösung der Probleme er anbietet.

3. Schritt: Untersuchung der filmischen Mittel
Stellen Sie fest, mit welchen Mitteln Sie der Film in seine Sichtweise ziehen möchte. Achten Sie besonders auf

a) Bildgestaltung (Schwarzweiß- oder Farbfilm, Bildfolge, Bildausschnitte, Perspektivenwechsel)

b) Ausstattung (Rollenbesetzung, Kleidung, Einsatz von Tieren, besondere Requisiten)

c) Musik und Sprache (Einsatz zur Charakterisierung einzelner Gruppen oder des ganzen Films).

4. Schritt: Auswertung des Films
Prüfen Sie, ob und in welcher Form Ihnen der Film zum jeweiligen Thema Informationen geben konnte. Entsprechen diese dem, was Sie aus anderen Quellen dazu erfahren haben? Planen Sie, wie Sie die Auswertung festhalten wollen: Inhaltsangabe, Filmkritik, Dialog schreiben, Filmplakat entwerfen usw.

Tondokumente analysieren (Band 9, S. 211)

1. Schritt: Höreindruck der Rede
- Wie wirkt die Rede auf Sie?

2. Schritt: Faktoren der Rede
- Wann und wo wurde die Rede gehalten?
- Was war der Anlass der Rede?
- Wer war der Redner? Wie trat er auf, wie war seine Sprechweise?
- An wen wandte er sich? Wie reagierten die Zuhörer auf seine Rede?

3. Schritt: Analyse des Textes
- Wie ist die Struktur, der Aufbau der Rede?
- Welche Leitideen enthält sie?
- Welche sprachlichen und rhetorischen Mittel werden bevorzugt eingesetzt?
- Was ist die Absicht der Rede?

... und darstellen – ein Methodenüberblick

□ Sich mit anderen auseinandersetzen

Ein Rollenspiel organisieren (Band 7, S. 90)

1. Schritt: Auf Situationskarten die Ausgangslage beschreiben
Auf der „Situationskarte“ wird beschrieben, was los ist. Die Karte wird zunächst nur den „Spielern“ mitgegeben.
- Was soll im Spiel „geklärt“ werden? Gibt es ein Problem?
- Wer ist beteiligt? Was wollen die Einzelnen erreichen? Wie sollen sie sich verhalten?
- Wo findet das Ganze statt?
- Soll eine Lösung gesucht werden oder ist sie schon bekannt?

2. Schritt: Rollen verteilen
Auf den „Rollenkarten“ wird die spielende Person genau beschrieben: Beruf oder Funktion, Alter, Charakter, Art des Auftretens, Absichten usw.
- Rollen sollten freiwillig übernommen werden. Alle Rollen können von Mädchen oder Jungen gespielt werden, gleichgültig, ob Frauen oder Männer darzustellen sind.
- Wichtig: Die „Schauspieler“ dürfen zwar frei gestalten, müssen sich aber mindestens an das „Drehbuch“ (Rollenkarte) halten. Die „Zuschauer“ müssen daran denken, dass sie jemanden, der eine unsympathische Rolle spielt, am Ende nicht auch persönlich so finden.

Es sollen – so gut das geht – die Rollen, nicht der eigene Charakter gespielt werden.

3. Schritt: Rollenspiel kurz vorbereiten
Da keine große „Theateraufführung“ geplant ist, kann alles schnell und einfach angedeutet werden.
- Meist genügt es, ein paar Tische zu verrücken, den Spielern ein Schild mit der Rollenbezeichnung umzuhängen.
- Die Spieler besprechen (untereinander) kurz:
  - die Lage („Situationskarte“) und
  - die Rollen („Rollenkarten“).

Ist alles verstanden, beginnen sie auf ein Zeichen mit dem Spiel.

4. Schritt: Spielen und Spiel beobachten
Wenn Sie wollen, können Sie Spielbeobachter einsetzen – am besten gleich je zwei bis drei Beobachter für eine Rolle:
- Welche Argumente wurden während des Spiels genannt?
- Welche Rolle spielen die Einzelnen?
- Wie wird die Rolle gespielt?

5. Schritt: Spiel auswerten und besprechen
Die Zuschauer sagen anschließend, was sie gesehen und verstanden haben:
- Worum ging es?
- Welche Rollen spielten die Einzelnen, wie verhielten sie sich?
- Wie entwickelte sich die Handlung?
- Wenn nötig, überprüfen: Stimmte das mit der „Rollenkarte“ überein?
- Was hat gut gefallen? (Loben hilft mehr als meckern!) Die „Spieler“ erklären,
- wie sie sich beim Spiel gefühlt haben und
- ob sie von den Zuschauern richtig verstanden wurden. Abschließende gemeinsame Runde:
- Welche Fragen sind entstanden?
- Wie war/ist die Wirklichkeit?
- Soll nochmal gespielt werden? (Andere Schüler/innen, andere Rollen, anderer Verlauf, anderes Ende?)

□ Interviews führen

Zeitzeugen befragen (Band 9, S. 224)

1. Schritt: Klärung des Themas
Generell sind viele Themenstellungen möglich. Im Unterricht bespricht man vor allem die politischen Ereignisse. Doch welche Folgen hatte ein geschichtliches Ereignis für den einzelnen Menschen, für die einzelnen Familien?

2. Schritt: Auswahl des Interviewpartners
Bei einer persönlichen Befragung geht es immer darum, historische Erinnerungen von Einzelpersonen zu wecken. Es versteht sich von selbst, dass es hier nicht das Ziel ist, objektive Fakten abzurufen. Die Interviewpartner erzählen das, woran sie sich noch erinnern können, und sie erzählen nur das, was sie erzählen wollen. Die Aussagen sind also Meinungsäußerungen, die auch von den Interessen der Menschen abhängig sind. Das ist jedoch gerade das Besondere an der persönlichen Befragung.
So ist es möglich, eine Person vor der ganzen Klasse zu interviewen oder aber in Gruppenarbeit verschiedene Personen zu befragen. Auch eine Straßenbefragung ist denkbar. Wenn Sie ganz bestimmte Personen befragen wollen, sollten Sie nicht mit der Tür ins Haus fallen, sondern sich vorher erkundigen, ob die Personen Ihnen Antworten geben wollen. Vereinbaren Sie gegebenenfalls einen Termin. Falls Sie sich für eine Straßenbefragung entscheiden, müssen Sie sich vorher gut überlegen, welche Personengruppen Sie dort ansprechen wollen. Bevor Sie mit dem Interview beginnen, sollten Sie sich und Ihr Projekt kurz vorstellen, damit der Gesprächspartner auch weiß, worum es geht.

3. Schritt: Ausarbeitung der Fragen

Grundsätzlich gibt es zwei Verfahren, wie Sie Ihren Gesprächspartnern begegnen können.

- Wenn Sie Ihr Gegenüber gut kennt, können Sie das Gespräch völlig offen lassen. In diesem Fall beginnen Sie Ihr Interview beispielsweise mit der Frage: Wie haben Sie das Kriegsende 1945 erlebt und auf welche Weise hat sich Ihr Leben im Frieden verändert? Durch ein offenes Gespräch wird man vielleicht Dinge erfahren, die man bewusst nicht erfragt hätte. Auf der anderen Seite besteht die Gefahr, dass der Gesprächspartner nur zögerlich erzählt oder vom Thema abschweift. Dann muss man als „Gesprächsleiter" weiter nachhaken und neue Impulse geben.
- Die zweite Möglichkeit besteht darin, einen genau ausgearbeiteten Fragenkatalog vorzubereiten und exakte Fragen zu stellen. Bei einer Straßenbefragung könnte dies sogar in schriftlicher Form geschehen. Der Vorteil dieser Vorgehensweise liegt auf der Hand: Die Antworten verschiedener Gesprächspartner sind vergleichbar. Der Nachteil ist auch offensichtlich: Je enger die Fragestellung, desto knapper fallen die Antworten aus, und manche Themenbereiche, an die man bei der Vorbereitung der Fragen nicht gedacht hat, die aber durchaus interessant wären, bleiben unberücksichtigt. Insgesamt scheint es ratsam zu sein, Fragen relativ offen zu halten, also beispielsweise: Wo haben Sie vom Kriegsende erfahren? Was haben Sie gedacht/ getan? Welche Hoffnungen, Ziele hatten Sie unmittelbar nach dem 8. Mai 1945? Wie haben Sie die Besatzungszeit erlebt? In welcher Form haben sich Ihre Wohnverhältnisse in der Folgezeit verändert? Wie sah damals die Lebensmittelversorgung aus? Wo haben Sie gearbeitet? Gab es damals einen normalen Schulbetrieb? usw.

4. Schritt: Vorbereitung des Interviews

- Sie müssen inhaltlich gut vorbereitet sein, sowohl was das Thema und den historischen Hintergrund anbelangt, als auch was das Leben Ihrer Zeitzeugen betrifft.
- Natürlich sollten Sie auch alle notwendigen Materialien dabei haben (Stift, Aufnahmegerät usw.).
- Nehmen Sie auch – wenn es möglich ist – Gegenstände mit, zu denen Sie Fragen haben, z. B. Fotos aus der Zeit, ein Kleidungsstück, ein altes Plakat.

5. Schritt: Durchführung der Befragung

- Während der Befragung machen Sie sich Notizen. Wenn es Ihren Gesprächspartnern recht ist, scheint es sinnvoll, ein Tonband mitlaufen zu lassen. Dadurch haben Sie die Möglichkeit, die Erzählungen später noch einmal abzufragen.
- Das Erzählte gilt es später zu ordnen und zu systematisieren, beispielsweise nach Themen oder gemäß einer Zeitleiste.
- Das, was die Interviewpartner berichten, sollte durch andere Quellen, beispielsweise andere Interviews oder Geschichtsbücher, überprüft werden – nicht, weil man den Interviewten nicht glauben würde, sondern weil diese manches auch anders erlebt haben können oder einiges auch in Vergessenheit geraten sein dürfte. Dabei kann man erkennen, was für die einzelnen Menschen damals wichtig war.

6. Schritt: Dokumentation

Die Ergebnisse Ihrer Arbeit können Sie auf verschiedene Weise dokumentieren. Es kommt darauf an, ob Sie eine Person befragt haben oder ob Ihnen verschiedene Personen Antworten gegeben haben.

- Wollen Sie Ihre Ergebnisse vor allem für sich, für Ihre Schulkameraden und für die Befragten selbst festhalten, können Sie ein kleines Geheft erstellen, in dem Sie die verschiedenen Gesprächspartner vorstellen. Eine solche Zeitung wird aussagekräftig, wenn Sie Fotos von den Interviewpartnern und/oder Bilder aus der damaligen Zeit ergänzen. Sie können auch Gedichte und Kurzgeschichten einbauen, die thematisch dazupassen und vielleicht Anstoß zu weiterem Nachdenken geben.
- Eine Ausstellung mit Plakaten und vielleicht sogar Gegenständen der damaligen Zeit vorzubereiten, macht vor allem dann Sinn, wenn Sie Ihre Arbeit im Rahmen eines Elternabends oder beim Tag der offenen Tür präsentieren können. Hier bietet sich auch eine Zeitleiste an, die das Leben der Menschen zu den politischen Ereignissen in Beziehung setzt.
- Wenn Sie Ihr Material einem größeren Personenkreis zur Verfügung stellen wollen, können Sie auch eine CD-ROM produzieren. Neben Bildmaterial eignen sich als Inhalt der CD-ROM Tondokumente, beispielsweise Teile Ihrer Interviews oder Schlager der damaligen Zeit bzw. Ausschnitte aus Reden der damals aktiven Politiker. Dabei gilt es natürlich, die Urheberrechte zu berücksichtigen.

Begriffe – Namen – Daten

Besatzungszonen: Die Alliierten des Zweiten Weltkriegs vereinbarten, dass Deutschland nach dem Krieg besetzt werden sollte. Jede der drei Mächte – später kam als vierte Besatzungsmacht Frankreich hinzu – erhielt ein bestimmtes Gebiet zur Besetzung.

Freistaat Bayern: Um den Wiederaufbau in Gang zu bringen, bildeten die Besatzungsmächte in ihren Zonen größere Verwaltungseinheiten, die Länder. Die USA waren bestrebt, in ihrer Zone schnell ein demokratisches Staatswesen von unten nach oben aufzubauen und dazu auch die Deutschen selbst heranzuziehen. Die unter alliierter Aufsicht ausgearbeitete Verfassung trat am 8. Dezember 1946 in Kraft, der Freistaat Bayern war damit gegründet.

Konferenz von Potsdam: Vom 17. Juli bis 2. August 1945 versuchten die USA, Großbritannien und die Sowjetunion auf der Konferenz, eine gemeinsame Haltung in der Deutschlandpolitik zu finden. Der aufbrechende Ost-West-Konflikt machte jedoch verbindliche Beschlüsse unmöglich, sodass es lediglich zu einem Abschlussprotokoll und nicht zu einem Vertragswerk kam. Folgenschwer war die Absprache über die Umsiedlung der deutschen Bevölkerung aus Ostpreußen, Schlesien und dem Sudetenland. Die während des Krieges einsetzende **Massenflucht** vor der Roten Armee fand jetzt ihre Fortsetzung in den von den Siegermächten legitimierten **Vertreibungsaktionen**.

Ost-West-Konflikt: Gegensatz der beiden von den USA einerseits und der Sowjetunion andererseits angeführten Machtblöcke nach dem Zweiten Weltkrieg. Er entzündete sich am politisch-ideologischen Gegensatz der beiden Mächte und trat in der Unmöglichkeit der Kriegsalliierten, sich auf eine gemeinsame Deutschlandpolitik zu einigen, offen zutage.

Kalter Krieg: Der nach dem Zweiten Weltkrieg ausgebrochene Ost-West-Konflikt wurde nicht als offener Krieg zwischen den Blöcken ausgetragen. Das verhinderte allein schon die atomare Rüstung der beiden Supermächte. Die Spannungen führten zu zahlreichen Krisen, von denen die Kubakrise **1962** an den Rand des Atomkriegs führte, und entluden sich in Stellvertreterkriegen. Eine direkte Konfrontation vermieden sowohl die USA als auch die UdSSR.

NATO (North Atlantic Treaty Organization): Das am 4. April 1949 zwischen den USA, Kanada und zehn westeuropäischen Staaten geschlossene Bündnis verpflichtet die Mitglieder im Fall eines Angriffs von dritter Seite zu gegenseitigem militärischen Beistand. Die Bundesrepublik trat 1955 der NATO bei, die bis heute besteht.

Politik der Koexistenz: Der Kubakrise 1962 folgte eine Phase der Entspannung zwischen den USA und der UdSSR. Die von Chruschtschow sogenannte „friedliche Koexistenz“ beinhaltete ein friedliches Nebeneinander von politisch und wirtschaftlich unterschiedlichen Systemen. Dauerhafte Erfolge hatte diese Politik allerdings erst Mitte der 1980er Jahre, als die Entspannungspolitik konkrete Vereinbarungen brachte.

UNO/UN (United Nations Organization): 1945 als Nachfolgeorganisation des Völkerbunds gegründet, hat die UNO die Aufgabe, an der Friedensstiftung zwischen Staaten mitzuwirken, Flüchtlingen Hilfe zu leisten und die kulturelle und wirtschaftliche Entwicklung der Dritten und Vierten Welt voranzutreiben.

Warschauer Pakt: Am 15. Mai 1955 schloss die Sowjetunion mit den meisten Staaten Osteuropas, darunter der DDR, einen „Vertrag über Freundschaft, Zusammenarbeit und gegenseitigen Beistand“. Er bildete das Gegenstück zur NATO, wurde aber 1991 aufgelöst.

Außerparlamentarische Opposition (APO): Als Reaktion gegen die Politik der Großen Koalition, die mit ihrer erdrückenden Mehrheit im Parlament 1968 die Notstandsgesetze in Kraft setzte, bildete sich eine Opposition außerhalb des Parlaments. Die als studentischer Protest entstandene Bewegung lieferte sich zahlreiche Straßenschlachten mit der Polizei. Ein Teil der APO radikalisierte sich und versuchte, als RAF mit Terroranschlägen einen Umsturz der politischen und gesellschaftlichen Verhältnisse herbeizuführen.

Gründung der BRD: Mit der Verabschiedung des **Grundgesetzes** durch den Parlamentarischen Rat am **23. Mai 1949** war die Bundesrepublik gegründet. Der Verfassung nach war sie eine **parlamentarische Demokratie**, in welcher der Wille des Volkes durch Volksvertreter im Parlament repräsentiert wird. Erster Bundespräsident der Bundesrepublik wurde der FDP-Politiker Theodor **Heuss**, erster Bundeskanzler der CDU-Vorsitzende Konrad **Adenauer**.

Konsumgesellschaft: Nach Jahren der Entbehrung kam es in der Nachkriegszeit zu sogenannten „Konsumwellen“. Der „Fress-“ folgte die „Wohn-“ und „Automobilwelle“. Zu Beginn der 60er Jahre rollte die „Reisewelle“. Touristikwerbung, Illustriertenberichte, Filme und Schlager aus der Juke-Box verstärkten das Fernweh. Die Unternehmer **Schickedanz** und **Burda** repräsentierten den wirtschaftlichen Aufschwung der Wirtschaftswunderjahre. Sie standen an der Spitze eines Versandhausunternehmen bzw. eines Medienimperiums.

Marshall-Plan: Der nach dem amerikanischen Außenminister benannte Plan stellte ein Wiederaufbauprogramm für das nach dem Zweiten Weltkrieg zerstörte Europa dar. Es sah Kreditzahlungen und Hilfslieferungen vor. Weil sie die Einführung einer freien Marktwirtschaft voraussetzten, untersagte die Sowjetunion den osteuropäischen Ländern die Teilnahme. Im Westen trug der Marshall-Plan wesentlich zur schnellen wirtschaftlichen Gesundung bei, insbesondere war er Garant für die wirtschaftliche Wiederbelebung in der Bundesrepublik.

Begriffe – Namen – Daten

Ostverträge: Unter dem Motto „Wandel durch Annäherung" betrieb die sozialliberale Regierung unter Bundeskanzler **Brandt** ab 1969 eine Politik des Ausgleichs mit dem Osten. Sie schlug sich nieder in zahlreichen Verträgen, wie den Moskauer, den Warschauer und den Grundlagenvertrag mit der DDR. Die Ostpolitik der Bundesregierung war nicht unumstritten und sorgte für jahrelange politische Auseinandersetzungen in der Bundesrepublik.

Soziale Marktwirtschaft: Die Mittel aus dem Marshall-Plan setzten eine Entscheidung für die freie Marktwirtschaft voraus. Sie wurde von dem Wirtschaftspolitiker Ludwig Erhard (CDU) ergänzt durch soziale Gesichtspunkte, die es dem Staat erlauben, in den freien Markt dann einzugreifen, wenn wirtschaftlich und sozial unerwünschte Wirkungen eintreten.

Staatliche Souveränität: Mit dem Beitritt zur NATO **1955** wurde das 1949 in Kraft gesetzte Besatzungsstatut unwirksam. Damit gewann die Bundesrepublik die von Bundeskanzler Adenauer als vorrangiges politisches Ziel angestrebte volle staatliche Souveränität.

Westintegration: Die Bundesrepublik betrieb nach dem Zweiten Weltkrieg unter Bundeskanzler Adenauer eine konsequente Politik der Eingliederung in das westliche Verteidigungs- und das westliche Wirtschaftsbündnis. Mit dem Beitritt zur NATO 1955 und der Unterzeichnung der Römischen Verträge 1957 war sie abgeschlossen. Voraussetzung dafür war die Aussöhnung mit Frankreich.

Ausprägung eines totalitären Systems: Die SED baute ihre Herrschaft im Lauf der Zeit so aus, dass sie alle Bereiche des politischen, gesellschaftlichen, wirtschaftlichen und privaten Lebens unter Kontrolle hatte. Opposition wurde nicht geduldet und mit Verfolgung, Gefängnis, Zwangsarbeit oder Ausbürgerung geahndet. Zur Durchsetzung ihres totalen Machtanspruchs schuf die SED ein eigenes Ministerium. Nahezu ein Prozent der DDR-Bevölkerung war offiziell oder inoffiziell für das Ministerium für Staatssicherheit **(Stasi)** tätig.

Berliner Mauer: Um die anschwellende Fluchtbewegung in den Westen zu unterbinden, ließ der Erste Sekretär des ZK der SED **Ulbricht** am 13. August **1961** eine Mauer mitten durch Berlin errichten. In der Folgezeit wurden die Sperranlagen in Berlin wie zur Bundesrepublik immer perfekter ausgebaut. Die **Mauer fiel** erst im Jahr **1989**, als sich infolge der friedlichen „Revolution" in der DDR das Ende des zweiten deutschen Staats abzeichnete.

Eingliederung in das östliche Bündnissystem: Analog zur Westintegration der Bundesrepublik wurde die DDR in das östliche Bündnissystem eingegliedert: 1950 in den Rat für gegenseitige Wirtschaftshilfe (COMECON) und 1955 in das militärische Bündnis des Warschauer Pakts.

Gründung der DDR: Am **7. Oktober 1949** setzte ein durch eine Einheitsliste gewählter Volksrat, der sich zur provisorischen Volkskammer erklärt hatte, einen Verfassungsentwurf der SED von 1947 in Kraft. Dieser Tag gilt als Gründungstag der DDR, der alljährlich mit Truppenparaden und Aufmärschen pompös gefeiert wurde, zuletzt 1989. Der Verfassung nach war auch die DDR ein demokratischer Staat. In Wirklichkeit lag die eigentliche Macht beim Zentralkomitee der SED. Die DDR war somit ein **sozialistischer Staat nach sowjetischem Vorbild**.

Zentrale Planwirtschaft: Im Unterschied zur Marktwirtschaft, die Art und Umfang der Produktion sowie die Verteilung der Produktionsergebnisse über den freien Markt steuert, legen in der Planwirtschaft zentrale Planungsbehörden fest, was, wie viel in welcher Zeit produziert wird. Weil die zentral aufgestellten Pläne nicht flexibel auf die Konsumbedürfnisse der Bevölkerung reagieren können, kommt es in zentral gesteuerten Planwirtschaften immer wieder zu Mangelwirtschaft und Versorgungsengpässen.

Entkolonialisierung: Nach dem Zweiten Weltkrieg befreiten sich viele Staaten der Erde aus der Abhängigkeit von den Mutterländern. Dieser Prozess verlief teils friedlich, zum großen Teil erkämpften sich die ehemaligen Kolonien ihre Souveränität erst nach jahrelangen blutigen Kriegen. Vor allem im „Afrikanischen Jahr" 1960 erlangte eine Reihe afrikanischer Staaten ihre Unabhängigkeit. Die negativen Folgen der Kolonialherrschaft wirken bis heute ebenso nach wie die während der Unabhängigkeitskriege geschlagenen Wunden. Zahlreiche Hilfsprojekte der Industriestaaten in den Entwicklungsländern wollen zumindest die schlimmsten Folgen von Armut, Hunger und Not beseitigen. Für ihren beispielhaften **humanitären Einsatz** erhielt die katholische Ordensfrau **Mutter Teresa** den Friedensnobelpreis. Für einen gewaltfreien Übergang von der Kolonialzeit in die Unabhängigkeit steht der Inder **Mahatma Gandhi**, der die britische Kolonialmacht 1947 zum Rückzug zwang. Allerdings wird die Region bis heute von Auseinandersetzungen zwischen Hindus und Muslimen erschüttert.

Kommunistische Volksrepublik in China: **Mao Zedong** führte die Kommunistische Partei Chinas seit 1931. Nach der Niederlage Japans im Zweiten Weltkrieg gelang es Mao in einem vierjährigen Bürgerkrieg, die Macht in China zu erringen. Er vertrieb die Armee des Generals Chiang Kaishek auf die Insel Formosa und rief **1949** die kommunistische Volksrepublik China aus.

Nahost-Konflikt: Die Verwirklichung der auf Theodor Herzl zurückgehenden Idee einer „jüdischen Nationalheimstätte" in Palästina führte **1948** zur **Gründung des Staates Israel** durch **Ben Gurion**. Die damit verbundene Vertreibung der palästinensischen Bevölkerung löste einen Dauerkonflikt aus, der auch zu mehreren militärischen Auseinandersetzungen zwischen Israel und seinen arabischen Nachbarn führte. Trotz eines von dem später ermordeten israelischen Ministerpräsidenten **Rabin** vorangetriebenen Friedensprozesses ist eine dauerhafte friedliche Beilegung des Konflikts bis heute nicht erreicht. Insbesondere ist die **Palästinenserfrage**, das allgemein anerkannte Recht der palästinensischen Bevölkerung auf Heimat, nicht beantwortet.

EG: Aus den drei europäischen Zusammenschlüssen Montanunion, EWG und EURATOM bildeten die Mitgliedsländer im Jahr 1967 eine einzige Gemeinschaft und nannten sie EG (Europäische Gemeinschaft).
EU: Im Dezember 1991 vereinbarten die Staats- und Regierungschefs der damals zwölf EG-Staaten den Ausbau der wirtschaftlich orientierten EG zu einer politischen Union. Sie strebten eine gemeinsame Außen- und Sicherheitspolitik und die Zusammenarbeit in den Bereichen Justiz und Inneres an. Der **Vertrag von Maastricht** über die Gründung der EU (Europäische Union) trat am 1. November **1993** in Kraft. Als Motor des Integrationsprozesses war Deutschland, das unter dem Eindruck der deutschen Wiedervereinigung stand, an einem schnellen Ausbau der europäischen Zusammenarbeit interessiert. Die von Bundeskanzler Adenauer begonnene Politik der Westintegration setzte Bundeskanzler **Kohl** mit der konsequenten **Einbindung** der Bundesrepublik **in die EU** fort.
Römische Verträge: Die sechs Staaten der 1951 gegründeten Montanunion unterzeichneten am 25. März **1957** in Rom zwei Verträge: Im ersten vereinbarten sie eine enge wirtschaftliche Zusammenarbeit und gründeten dazu die **EWG (Europäische Wirtschaftsgemeinschaft)**. Ein zweiter Vertrag sah die Kooperation der Unterzeichnerstaaten bei der friedlichen Nutzung der Kernenergie vor. Dazu wurde die **EURATOM (Europäische Atomgemeinschaft)** gegründet.

Gentechnologie: Im Unterschied zur Biotechnologie greift die Gentechnologie in die genetischen Anlagen (Erbgut) von Lebewesen ein. Sie bringt Lebewesen mit neuen Eigenschaften hervor und überschreitet Artgrenzen. Als Motive für die Gentechnikforschung werden zumeist wissenschaftliche Neugier, medizinische Gründe und die künftige Ernährungssituation der Menschheit genannt. Ihre Gegner führen vor allem ethisch-moralische Gründe ins Feld.
Globalisierung: Der Begriff bezeichnet die zunehmende Internationalisierung des Handels, der Kapital- sowie der Produkt- und Dienstleistungsmärkte und die internationale Verflechtung der Volkswirtschaften. Voraussetzung für die Globalisierung war eine **revolutionäre Entwicklung elektronischer Medien**, die eine weltweite Datenvernetzung, Satellitenkommunikation und computergestützte Logistik möglich machte. Die negativen Folgen der Globalisierung rufen in vielen Ländern Globalisierungsgegner auf den Plan.
Umweltschutz: Angesichts dramatischer klimatischer Veränderungen unternehmen die Industrieländer Anstrengungen, den Ausstoß von Schadstoffen in den nächsten Jahren schrittweise zu begrenzen. Das Ozonloch wird nach Meinung der Wissenschaftler zu einer Erwärmung der Erdoberfläche führen, was die Abschmelzung der Polkappen und das Ansteigen der Meeresspiegel zur Folge haben wird. Naturkatastrophen größten Ausmaßes können nicht ausgeschlossen werden. Bereits 1962 machte die Meeresbiologin **Rachel Carson** darauf aufmerksam, das der intensive Einsatz des Schädlingsbekämpfungsmittels DDT zu Fehlfunktionen bei der Fortpflanzung führen kann.
Weltraumfahrt: Das Vordringen in den Weltraum hatte zunächst militärische Gründe und stand damit im Zeichen des „Kalten Krieges". Die Sowjets schockten die Welt, als sie 1957 den ersten künstlichen Satelliten ins All schossen. 1961 gelang es ihnen, die Kapsel „Sojus 1" mit dem Kosmonauten **Gagarin** an Bord in eine Erdumlaufbahn zu bringen.

Auflösung der UdSSR: Die von KPdSU-Generalsekretär Gorbatschow seit 1985 betriebene Politik von Perestroika und Glasnost führte im Dezember **1991** zur Auflösung der nach der bolschewistischen Oktoberrevolution 1917 entstandenen Sowjetunion. An ihre Stelle trat ein lockerer Staatenbund, die Gemeinschaft unabhängiger Staaten (GUS). Mit der Auflösung der Sowjetunion endete gleichzeitig der seit dem Zweiten Weltkrieg bestehende Ost-West-Konflikt.
Friedliche Revolution in der DDR: Die während der 1980er Jahre fortschreitende wirtschaftliche Misere und die anhaltende Unterdrückung der Bevölkerung führten während des Sommers 1989 zu einer Massenflucht von DDR-Bürgern vor allem über Ungarn und die Tschechoslowakei. Die unter dem Dach der evangelischen Kirche entstandene Oppositionsbewegung weitete sich in den Montagsdemonstrationen im **Herbst 1989** zur Bewegung „Wir sind das Volk" aus. SED-Generalsekretär **Honecker** musste seinen Posten räumen und die gesamte SED-Führung ohnmächtig mit ansehen, wie innerhalb weniger Wochen ihre 40-jährige Herrschaft zusammenbrach. Sehr bald wurde unter dem Slogan „Wir sind ein Volk" der Wunsch nach Wiedervereinigung laut. Nach vorbereitenden Verträgen und der Zustimmung der Kriegsalliierten konnte am **3. Oktober 1990** vor dem Reichstag in Berlin die **deutsche Wiedervereinigung** festlich gefeiert werden.
Zerfall des Vielvölkerstaates Jugoslawien: Nach Titos Tod 1980 brachen im Vielvölkerstaat Jugoslawien die unterdrückten nationalen Gegensätze wieder auf. In einer Folge von Bürgerkriegen zwischen 1991 und 1999 fiel Jugoslawien in viele Einzelstaaten auseinander. Die UNO ist seitdem beschäftigt, einen labilen Frieden auf dem Balkan zu überwachen.

Register / Grundbegriffe / Verzeichnis der Worterklärungen*

Register / Grundbegriffe / Verzeichnis der Worterklärungen*

Register / Grundbegriffe / Verzeichnis der Worterklärungen*

Register / Grundbegriffe / Verzeichnis der Worterklärungen*

Quellenverzeichnisse

Textquellen

S. 10, Q1, 2: Guido Knopp: Das Ende 1945. Bertelsmann, München 1995, S. 170 – **S. 11, Q3:** Eva Berthold/Norbert Matern: München im Bombenkrieg. Droste, Düsseldorf 1983, S. 88 f.; **Q4:** Günter Kunert: Erwachsenenspiele. Erinnerungen. Hanser, München 1997, S. 79 ff.; **Q5:** Richard v. Weizsäcker: Ansprache am 8. Mai 1985. Hg. v. d. Bundeszentrale für politische Bildung. Bonn 1985, S. 1 f. – **S. 12, Q1:** Potsdam 1945. Quellen zur Konferenz der „Großen Drei". Hg. v. Ernst Deuerlein. Deutscher Taschenbuch Verlag, München 1963, S. 350 ff. – **S. 13, Q2:** Erich W. Gniffke: Jahre mit Ulbricht. Verlag Wissenschaft und Politik, Köln 1966, S. 215 f. – **S. 16, Q1, 2:** Zit. nach: Geschichte des modernen Bayern. Hg. v. d. Landeszentrale für politische Bildungsarbeit. München 1994, S. 385, 390 – **S. 18, Q1:** www.neugablonz.info [16.12.2011] – **S. 22, Q1:** Milovan Djilas: Gespräche mit Stalin. Übers. v. Hermann Junius. S. Fischer, Frankfurt/M. 1962, S. 146; **Q2:** George F. Kennan: Memoiren eines Diplomaten. Bd. 1: 1925–1950. Übers. v. Heidi von Alten. Goverts, 4. Aufl. Stuttgart 1968, S. 264 f.; **Q3:** Elmar Krautkrämer: Die Vereinigten Staaten von Amerika. Diesterweg, Frankfurt/M. 1971, S. 254 – **S. 23, Q4:** Zit. nach: Europa-Archiv, 2/1947, S. 820 – **S. 24, Q1:** Geschichte in Quellen. Die Welt seit 1945. Bayerischer Schulbuch Verlag, München 1980, S. 370 f. – **S. 25, Q2:** Walter Göbel: Deutschland – Von der Kapitulation bis zum Mauerbau. Arbeitsblätter Geschichte. Ernst Klett, Stuttgart 1994, S. 18; **Q3:** Christoph Kleßmann: Die doppelte Staatsgründung. Deutsche Geschichte 1945 bis 1955. Vandenhoeck & Ruprecht, Göttingen 1984, S. 454 – **S. 26, Q1:** Theo Stammen (Hg.): Einigkeit und Recht und Freiheit. Deutscher Taschenbuch Verlag, München 1965, S. 143 f. – **S. 27, Q2:** Bonner Generalanzeiger, 20.6.1958 – **S. 28, Q1:** Tägliche Rundschau, 24.6.1948; **Q2:** Lucius D. Clay: Entscheidung in Deutschland. Verlag der Frankfurter Hefte, Frankfurt/M. 1950, S. 400; **Q3:** www.salvator.net/salmat/pw/luft/interview1.html [16.12.2011] – **S. 29, Q4:** Harry S. Truman: Memoiren. Bd. 2: Jahre der Bewährung und des Hoffens. Scherz, Bern 1956, S. 142 – **S. 30, Q1:** Wolfgang Leonhard: Die Revolution entlässt ihre Kinder. Kiepenheuer & Witsch, Köln 1955, S. 356; **Q2:** Dietrich Güstrow: In jenen Jahren. Aufzeichnungen eines „befreiten" Deutschen. Severin und Siedler, Berlin 1983, S. 286 f. – **S. 31, Q3:** Zit. nach: Norman N. Naimark: Die Russen in Deutschland. Die sowjetische Besatzungszone 1945–1949. Propyläen, Berlin 1997, S. 392 – **S. 32, Q1:** Geschichte in Quellen. Die Welt seit 1945. Bayerischer Schulbuch Verlag, München 1980 – **S. 34, Q1:** Keesing's Archiv der Gegenwart, 1948/49, S. 1552 f.; **Q2:** Der Parlamentarische Rat. Akten und Protokolle. Bd. 1: Vorgeschichte. Bearb. v. Johannes Volker Wagner. Boldt im Oldenbourg Verlag, München 1975, S. 143 ff. – **S. 35, Q3:** www.documentarchiv.de/brd/1949/grundgesetz.html [16.12.2011] – **S. 36, Q1:** www.documentarchiv.de/brd/1949/grundgesetz.html [16.12.2011]; **Q2:** BGBl. 1975, I, S. 1593 – **S. 38, Q1:** Geschichte in Quellen. Weltkriege und Revolutionen, 1914–1945. Bayerischer Schulbuch Verlag, 3. Aufl. München 1979, S. 271 – **S. 39, Q2:** Dokumente zur Deutschlandpolitik. Reihe 2: 9. Mai 1945–4. Mai 1955. Bd. 2: Die Konstituierung der Bundesrepublik Deutschland und der Deutschen Demokratischen Republik. 7. September bis 31. Dezember 1949. Bearb. v. Hanns Jürgen Küsters. Oldenbourg, München 1996, S. 190 ff. – **Q3:** www.konrad-adenauer.de/index.php?key=&menu_sel=unterseite&menu_sel2=&menu_sel3=&menu_sel4=&msg=4437&hl=entgegen%20dem%20potsdamer [16.12.2011] – **S. 41, Q1:** Zit. nach: Dokumente zu Deutschland 1944–1994. Hg. v. d. Bayerischen Landeszentrale für politische Bildungsarbeit. München 1996, S. 81 – **S. 46, Q1:** Zit. nach: Geschichte betrifft uns, 4/2002: Die Ära Adenauer, S. 29 – **S. 49, Q1:** Staatsarchiv Dresden. Film 685/94/4 (Rat des Bezirks Dresden/Bezirkstag. Strukturteil 2.1); **Q2:** Archiv der SED. Bezirksleitung Dresden. Agit.-Prop.-Kommission, RegNr. 00049 – **S. 50, Q1:** Verhandlungen des Deutschen Bundestags, Bd. 10. Bonn 1952, S. 817; **Q2:** Ebd. – **S. 51, Q3:** Zit. nach: Der Spiegel, Nr. 40. Spiegel-Verlag, Hamburg 1990, S. 28; **Q4:** Konrad Adenauer: Erinnerungen. Bd. 2: 1953–1955. Deutsche Verlagsanstalt, 4. Aufl. Stuttgart 1968, S. 87 – **S. 52, Q1:** Berliner Morgenpost, 17.6.1953 (Forderung 1–3) – **S. 53, Q2:** Fritz Schenk: Im Vorzimmer der Diktatur. Kiepenheuer & Witsch, Köln 1982, S. 199; **Q3:** Geschichte. Lehrbuch für die Klasse 10. Volk & Wissen, Berlin (Ost) 1971, S. 125; **Q4:** Die Auswärtige Politik der Bundesrepublik Deutschland. Hg. v. Auswärtigen Amt. Verlag Wissenschaft und Politik, Köln 1972, S. 240 – **S. 54, M1:** Informationen zur politischen Bildung, Nr. 245, 1994, S. 26; **Q1:** Originalton Walter Ulbricht: www.hanszoschke1981.com/mp3/WalterUlbrichtNiemandAbsicht.mp3 [16.12.2011] – **S. 55, Q2:** Vierteljahreshefte für Zeitgeschichte. Oldenbourg Wissenschaftsverlag, München 1985, S. 382; **Q3:** Hans Kroll (Übers.): Botschaft in Belgrad Tokio Moskau Societäts 1969, S. 348 – **S. 56, Q1:** Zit. nach: Die Volksarmee, 41/1963; **Q2:** Joachim Gauck: Die Stasi-Akten. Das unheimliche Erbe der DDR. Rowohlt, Reinbek b. Hamburg 1991, S. 45 f. – **S. 61, Q1:** www.konrad-adenauer.de/index.php?msg=10301 [16.12.2011] – **S. 65, Q1:** Geschichte in Quellen. Die Welt seit 1945. Bayerischer Schulbuch Verlag, München 1980, S. 666 f. – **S. 66, M1:** Peter J. Opitz: Die Vereinten Nationen: Geschichte, Struktur, Perspektiven. Heyne, München 2000, S. 46 ff. – **S. 69, Q1:** Zit. nach: Ernst-Otto Czempiel/Hans-Christoph Schweitzer: Weltpolitik der USA nach 1945. Leske + Budrich, Opladen 1984, S. 125 f. – **S. 71, Q1:** Bernd Greiner: Kuba-Krise. Greno, Nördlingen 1988, S. 319 ff.; **Q2:** Ebd., S. 381 f. – **S. 72, Q1:** Zit. nach: Jürgen Horlemann: Modelle der kolonialen Konterrevolution. Suhrkamp, Frankfurt/M. 1968, S. 169 ff. – **S. 74, Q1:** Jeremy Isaacs/Taylor Downing/Markus Schurr (Übers.): Der Kalte Krieg. Eine illustrierte Geschichte. Diana, München/Zürich 1999, S. 162 f. – **S. 75, Q2:** Zit. nach: Readers's Digest: Eroberung des Weltalls, S. 55 – **S. 76, M1:** Gregor Schöllgen: Geschichte der Weltpolitik von Hitler bis Gorbatschow 1941–1991. C. H. Beck, München 1996, S. 163; **Q1:** Geschichte in Quellen. Bd. 7: Die Welt seit 1945. Bayerischer Schulbuch Verlag, München 1980, S. 580 – **S. 77, M2:** Werner Link: Der Ost-West-Konflikt. Kohlhammer, 2. Aufl. Stuttgart 1980, S. 160 f. – **S. 78, Q1:** Manfred Görtemaker/Gerhard Wettig (Hg.): USA–UdSSR. Dokumente zur Sicherheitspolitik. Leske + Budrich, Opladen 1987, S. 65 – **S. 79, Q2:** Bulletin des Presse- und Informationsamtes der Bundesregierung vom 15. August 1975, Nr. 102, S. 967 ff. – **S. 80, Q1:** Gerhart Schlott: Das Negerproblem in den USA. Trennung oder Verschmelzung der Rassen. Leske + Budrich, Opladen 1967, S. 21 – **S. 81, Q2:** Henry Steele Commager: Documents of American History. Bd. 2. New York 1973, S. 688 – **S. 82, Q1, 2:** Zit. nach: Informationen zur politischen Bildung, Nr. 225, 1989, S. 28 f. – **S. 83, Q3:** Prawda, 13.11.1968; **Q4:** Rainer W. Fuhrmann: Polen: Handbuch. Geschichte, Politik, Wirtschaft. Fackelträger, Hannover 1990, S. 131 – **S. 84, Q1:** Entstalinisierung. Der XX. Parteitag der KPdSU und seine Folgen. Hg. v. Reinhard Crusius und Manfred Wilke. Suhrkamp, Frankfurt/M. 1977, S. 536 f. – **S. 91, Q1:** Franz Ansprenger: Politik im schwarzen Afrika. Westdeutscher Verlag, Köln 1961, S. 461 – **S. 94, Q1:** Geschichte in Quellen. Die Welt seit 1945.

Quellenverzeichnisse

Bayerischer Schulbuch Verlag, München 1980, S. 621 ff. – **S. 97, M1:** Süddeutsche Zeitung, 17.6.2003 – **S. 100, Q1:** Zit. nach: Informationen für die Truppe. Hg. v. Bundesministerium für Verteidigung, 12/1966 – **S. 101, M1:** Süddeutsche Zeitung, 19.1.2011 – **S. 104, Q1:** Hans Jendges/Ernst Vogt: Der israelisch-arabische Konflikt. Hg. v. d. Bundeszentrale für politische Bildung. Zollhaus, 2. Aufl. Bonn 1985, S. 71 f. – **S. 105, Q2:** Süddeutsche Zeitung, 11./12.9.1993 – **S. 107, Q1:** Zit. nach: Tilman Nagel: Staat und Glaubensgemeinschaft im Islam. Bd. 2: Vom Spätmittelalter bis zur Neuzeit. Artemis, Zürich 1981, S. 310 f. – **S. 108, M1:** Katajun Amirpur: Kleiner, großer Dschihad. In: Das Parlament, Nr. 3/4, 18./25.1.2002 – **S. 116, Q1:** www.rafinfo.de/hist/kap05.php [16.12.2011] – **S. 118, Q1:** Zit. nach: Deutsche Geschichte in Quellen und Darstellung. Bd. 11: Bundesrepublik und DDR 1969–1990. Reclam, Stuttgart 1996, S. 35 ff. – **S. 119, Q2:** Keesing's Archiv der Gegenwart. Siegler, St. Augustin 1977, S. 20968 ff. – **S. 122, Q1:** www.boell.de/downloads/stiftung/1980_Bundesprogramm.pdf [16.12.2011] – **S. 123, Q2, 3:** Zit. nach: Dieter Blumenwitz: Denk ich an Deutschland – Antworten auf die deutsche Frage. Dokumentenband. Hg. v. d. Bayerischen Landeszentrale für politische Bildungsarbeit, München 1989, S. 124 ff.; **Q4:** Verfassung der Deutschen Demokratischen Republik. Staatsverlag der DDR, 3. Aufl. Berlin (Ost) 1975 – **S. 124, M1:** Jürgen Fuchs/Gerhard Hieke: Dummgeschult? Ein Schüler und sein Lehrer. Basis-Druck, Berlin 1992, S. 65 f. – **S. 125, Q1:** www.ddr-geschichte.de/Bildung/Schule/Jugendweihe/Jugendweihe-Gelobnis/jugendweihe-gelobnis.php [16.12.2011] – **S. 126, M1:** Zit. nach: Gisela Helwig: Frau und Familie in beiden deutschen Staaten. Verlag Wissenschaft und Politik, Köln 1982, S. 17; **M2:** Ebd., S. 56; **M3:** Zusammengestellt nach: Zahlenspiegel Bundesrepublik Deutschland – Deutsche Demokratische Republik. Hg. v. Bundesministerium für innerdeutsche Beziehungen. Bonn 1985, S. 52; **M4:** Stefan Wolle: Die heile Welt der Diktatur. Alltag und Herrschaft in der DDR 1971–1989. Links, 3. Aufl. Berlin 1998 – **S. 127, M5:** Rüdiger Soldt: Zum Beispiel „Schwarze Pumpe". Arbeitsbrigaden in der DDR. In: Geschichte und Gesellschaft, 24/1998, S. 104, 107; **M6:** Stefan Wolle: Die heile Welt der Diktatur. Alltag und Herrschaft in der DDR 1971–1989. Links, 3. Aufl. Berlin 2009 S. 177 – **S. 128, M1:** Spiegel spezial, 2/1990, S. 52 – **S. 136, Q1:** Egon Bahr, in: Begegnungen und Einsichten. Hoffmann & Campe, Hamburg 1976; **Q2:** Der Vertrag vom 12. August 1970. Hg. v. Presse- und Informationsamt der Bundesregierung. Bonn 1970, S. 8 f.; **Q3:** Der Vertrag zwischen der Bundesrepublik Deutschland und der Volksrepublik Polen. Hg. v. Presse- und Informationsamt der Bundesregierung. Bonn 1970, S. 7 – **S. 137, Q4:** Zit. nach: Deutsche Geschichte in Quellen und Darstellung. Bd. 11: Bundesrepublik und DDR 1969–1990. Reclam, Stuttgart 1996, S. 59 f.; **Q5:** Weltgeschehen, 4/1972; **Q6:** Die deutsche Frage. Materialien zur politischen Bildung. Hg. v. d. Niedersächsischen Landeszentrale für politische Bildung, Hannover 1982, S. 128 – **S. 138, Q1:** Bericht zur Lage der Nation. Hg. v. Presse- und Informationsamt der Bundesregierung. Bonn 1984 – **S. 141, Q1:** Zit. nach: Deutsche Geschichte in Quellen und Darstellung. Bd. 11: Bundesrepublik und DDR 1969–1990. Reclam, Stuttgart 1996, S. 37 ff. – **S. 144, Q1:** Zit. nach: Informationen zur politischen Bildung, Nr. 236, 1992, S. 27 f.; – **S. 145, Q2:** Michail Gorbatschow: Perestroika. Die zweite russische Revolution. Droemer Knaur, München 1987, S. 39 f. – **S. 146, Q1:** Lloyd S. Fischel (Hg.): Lieber Herr Gorbatschow. Briefe an den sowjetischen Präsidenten. Lübbe, Bergisch Gladbach 1990 – **S. 148, Q1:** Michail Gorbatschow: Perestroika. Die zweite russische Revolution. Droemer Knaur, München 1987, S. 212 f.; **Q2:** Bulletin des Presse- und Informationsamtes der Bundesregierung, Nr. 61/15.6.1989, S. 542 – **S. 150, M1:** Gabriele Krone-Schmalz: Was passiert in Russland? Herbig, München 2007, S. 21 ff. – **S. 152/153:** Süddeutsche Zeitung, 22.12.2001 – **S. 156, Q1:** Zlata Filipović: Ich bin ein Mädchen aus Sarajevo. Übers. v. Sabine Schwenk. Lübbe, Bergisch Gladbach 1994, S. 66 – **S. 157, Q2:** Slavenka Drakulić: Keiner war dabei. Kriegsverbrechen auf dem Balkan vor Gericht. Übers. v. Barbara Antkowiak. Zsolnay, Wien 2004, S. 43 – **S. 158, Q1:** Zit. nach: Deutsche Geschichte in Quellen und Darstellung. Bd. 11: Bundesrepublik und DDR 1969–1990. Reclam, Stuttgart 1996, S. 323 – **S. 161, Q1:** Tillmann Müller/Ludwig Rauch: Jetzt machen wir das Tor auf. In: Stern, 41/1989, S. 37 f. – **S. 163, Q1:** BGBl. 1990, I, S. 2058 – **S. 164, Q1:** BGBl. 1990, II, S. 1318 ff.; **RS:** Die Zeit, 8.3.1990 – **S. 166, M1:** Markus Funke: 20 Jahre Aufbau Ost – eine Bilanz. nachrichten.t-online.de/20-jahre-aufbau-ost-eine-bilanz/id_19899608/index [16.10.2009] – **S. 168, Q1:** Joachim Gauck: Die Stasi-Akten. Das unheimliche Erbe der DDR. Rowohlt, Reinbek b. Hamburg 1991, S. 57 f. – **S. 169, Q2:** Ebd., S. 59; **Q3:** Johannes Beleites: Stasi intern. Macht und Banalität. Hg. v. Bürgerkomitee Leipzig. Leipzig 1990, S. 113 – **S. 170, M4:** de.wikipedia.org/wiki/Europa [16.12.2011] – **S. 172, Q1:** Richard Coudenhove-Kalergi: Eine Idee erobert Europa. Desch, Wien 1958, S. 232 – **S. 173, Q2:** Winston Churchill: The Sinews of Peace. Post-War Speeches. Übers. v. Walter Lipgens. Hg. v. Forschungsinstitut der Deutschen Gesellschaft für Auswärtige Politik, Bd. 1. Oldenbourg, München 1962, S. 114 f. – **S. 174, Q1:** Europa-Archiv, 11/1950 (Autor: Robert Schuman), S. 3091 f. – **S. 175, M1:** Zit. nach: Otto Schmuck/Maximilian Schröder: Auf dem Weg zur Europäischen Union. Schriftenreihe „Kontrovers". Hg. v. d. Bundeszentrale für politische Bildung. 2. Aufl. Bonn 1994, S. 31 f. – **S. 178, M1:** Frankfurter Allgemeine Zeitung (Autor: Michael Ludwig), 16.11.1992 – **S. 180, Q1:** Zit. nach: conventions.coe.int/treaty/ger/treaties/html/035.htm [16.12.2011] – **S. 194, Q1:** Resolution Nr. 1368 des Weltsicherheitsrates v. 12.9.2002 – **S. 198, Q1:** Zit. nach: UNIC-Bonn, Pressemitteilungen, Nr. 439; **Q2:** www.bundesregierung.de/Content/DE/Regierungs erklaerung/2009/2009-09-08-regerkl-merkel-afghanistan,layoutVariant=Druckansicht.html [16.12.2011] – **S. 202, Q1:** Zit. nach: Praxis Geschichte, 1/1997, S. 35 – **S. 203, Q2:** Zit. nach: Du bist nichts, dein Volk ist alles. Beilage zu Geschichte lernen, 24/1991, S. 13 – **S. 204, Q1:** Westdeutsche Allgemeine Zeitung, Essen (WAZ-Mediengruppe), 01.12.1956 – **S. 205, Q2:** Die Zeit, Hamburg (Zeitverlag), (Autor: Horst Krüger), 18.10.1968 – **S. 207, M1, 3:** 12. Shell Jugendstudie. Hg. v. d. Deutschen Shell Holding GmbH. Hamburg 1997, S. 40 f.; **M2:** Neue Zürcher Zeitung, Zürich (© Neue Zürcher Zeitung AG), (Autor: Klaus Farin), 19.07.2003 – **S. 209, M1:** 16. Shell Jugendstudie. Hg. v. d. Deutschen Shell Holding GmbH. Hamburg 2010

Bildquellen

S. 3 (li.), 6/7, 8 ff. (Vignette), 24 (1, RS), 25 (3), 29 (RS o.), 39 (2), 58 (u.), 59 (2. v. o.), 60 (3), 70 (1), 126 (RS): **bpk** – S. 3 (re.), 4 (m., re.), 41 (2), 52 (1), 62/63, 64 ff. (Vignette), 74 (RS), 78 (1), 83 (RS u.), 85 (o., 2. v. u.), 86 (2), 94 (RS o.), 96 (RS u.), 99 (2), 109 (2. v. o.), 112/113, 114 (RS u.), 114 ff. (Vignette), 116 (RS), 118 (RS), 127 (2), 138 (1), 139 (o., 2. v. o.), 142 (o.), 142/143, 144 ff. (Vignette), 148 (1), 158 (RS), 158 ff. (Vignette), 173 (2), 181 (o., 2. v. u.), 199 (2. v. o., 2. v. u.): **dpa**

– S. 4 (li.), 5 (m. li.), 38 (RS o.), 49 (4), 53 (RS), 55 (1), 59 (u.), 69 (RS u.), 70 (RS u.), 73 (2), 80 (RS o., m.), 82 (1), 84 (1, RS o.), 85 (u.), 88 o., 90 ff. (Vignette), 98 (RS u.), 100 (1, RS), 105 (RS u.), 107 (2, RS o.), 115 (2), 123 (RS), 124 (1), 128 (RS), 131 (2), 135 (2, RS), 140 (2, 3), 144 (RS), 150 (RS), 164 (1), 168 (RS o.), 172 (1), 194 (RS), 200, 202 ff. (Vignette), 206 (2 re.): **ullstein bild** – S. 5 (li.), 13 (RS), 75 (3, 4, RS), 86 (4), 184/185, 186 ff. (Vignette), 199 (o.): **NASA** – S. 5 (m. re.), 201, 203 ff. (Vignette): **picture-alliance/ZB** – S. 12 (1), 20 (1), 35 (2), 42 (2 re.), 58 (o.), 61 (5), 80 (1), 88 (u.), 96 (1), 98 ff. (Vignette), 109 (o.), 114 (RS o.), 115 (RS o.), 116 (1), 134 (RS u.), 139 (u.), 204 (1, RS u.), 205 (2, RS u.): **Süddeutsche Zeitung Photo** – S. 13 (2): **ullstein bild/dpa** – S. 16 (1), 44 (RS), 46 (RS u.), 60 (1), 67 (2), 80 (RS u.), 81 (RS u.), 84 (RS u.), 89 (o.), 91 (RS), 93 (RS), 94 (RS u.), 98 (RS o.), 104 (RS), 106 ff. (Vignette), 107 (RS u.), 108 (RS), 110 (4), 119 (RS u.), 122 (RS o.), 140 (4), 149 (RS), 151 (RS o.), 156 (1, RS), 161 (RS u.), 163 (2), 164 (RS), 173 (RS m., u.), 177 (2, 3), 181 (2. v. o.), 189 (2), 191 (2), 193 (3), 194 (1), 198 (RS u.), 206 (1, 2 li.): **picture-alliance/dpa** – S. 16 (RS o., u.), 17 (RS): **www.bayern.de** [03.01.2012] – S. 18 (1, 2, RS): **Verkehrsverein Kaufbeuren e. V.** – S. 19 (3): **Thomas Schulz**, Hohen Neuendorf – S. 21 (2): **Donau-Kurier** Ingolstadt – S. 22 (1): aus: **Wolfgang Marienfeld: Die Geschichte des Deutschlandproblems im Spiegel der politischen Karikatur.** Niedersächsische Landeszentrale für politische Bildung, Hannover [2]1991, S. 13 – S. 23 (2): © **Bruce Russell** – S. 23 (3), 44 (1), 69 (RS o.); 102 (RS), 154 (RS): **picture-alliance/akg-images** – S. 26 (1): **Die Welt** – S. 26 (RS): **www.loc.gov/pictures/resource/fsa.8d44476/** [03.01.2012] – S. 27 (2), 29 (3), 59 (o.): **Landesbildstelle Berlin** – S. 28 (1): **ullstein bild/The Granger Collection** – S. 28 (RS), 29 (RS u.), 30 (RS), 35 (RS), 38 (RS u.), 46 (RS o.), 53 (2), 55 (RS), 68 (RS o.), 70 (RS o.), 72 (RS), 81 (RS o.), 82 (RS), 83 (RS o.), 89 (u.), 96 (RS o.), 103 (RS), 105 (RS o., m.), 109 (2. v. u.), 115 (RS u.), 118 (1), 119 (RS o.), 131 (RS), 138 (RS), 159 (RS), 161 (RS o.), 162 (RS), 168 (RS u.), 170 (1), 171 (2, 3): **akg-images** – S. 30 (1), 38 (1): **Bundesarchiv Koblenz** – S. 31 (2), 42 (RS), 61 (4), 117 (2), 160 (RS): **Haus der Geschichte**, Bonn – S. 32 (1): **Zweites Deutsches Fernsehen**, Bildarchiv – S. 33 (2), 117 (RS), 121 (2), 125 (2), 129 (2, RS), 134 (RS o.): **DHM**, Berlin – S. 34 (1): **Hannoversche Presse**, 22.5.1948 – S. 42 (2 li.): **Westermann-Bildarchiv** – S. 42 (2 m.): **G. Strutz**, Salzgitter – S. 46 (1): **picture-alliance/ASA** – S. 47 (2, RS): **Verlag W. Tümmels**, Nürnberg – S. 48 (1), 56 (1), 109 (u.): **Cornelsen-Archiv** – S. 50 (1), 174 (1): **Münchner Stadtmuseum**, Plakatsammlung – S. 51 (2): aus: **Wolfgang Marienfeld: Die Geschichte des Deutschlandproblems im Spiegel der politischen Karikatur. Niedersächsische Landeszentrale für politische Bildung**, Hannover [2]1991, S. 81 (© Felix Mussil) – S. 57 (1, 2): **Deutsch-deutsches Museum Mödlareuth** – S. 57 (1 o.): **Bernhard Lutz**, Regensburg – S. 58 (2. v. u.): **Mauritius**, Mittenwald – S. 67 (3), 83 (2): © **Luis Murschetz** – S. 68 (2): **chineseposters.net/images/e27-169.jpg** [03.01.2012] – S. 68 (RS u.): **www.trumanlibrary.org/photographs/58-61.jpg** [03.01.2012] – S. 69 (3, 4): **picture-alliance/DoD** – S. 71 (3), 85 (2. v. o.), 86 (3), 137 (RS): aus: **Der Spiegel**, Hamburg – S. 74 (1), 203 (3): **Keystone Pressedienst**, Hamburg – S. 74 (2): **Photo- und Presseagentur Focus**, Hamburg – S. 76 (1), 81 (2), 138 (2), 159 (3), 165 (2), 176 (1): © **Horst Haitzinger** – S. 79 (2): aus: Deutsches Allgemeines Sonntagsblatt, 19.10.1975 (© **Ivan Steiger**) – S. 79 (3), 168 (1), 174 (2), 182 (4): **Bundesbildstelle Bonn** – S. 86 (1), 195 (2): **ap** – S. 87 (5): aus: Nebelspalter, Juli 1969 (© **Horst Haitzinger**) – S. 97 (2), 110 (2): **Laif Photos & Reportagen**, Köln (Guernay Ulutuncok) – S. 101 (2), 110 (3): aus: **China heute**, 11/1998 – S. 105 (2): © **Gerhard Mester** – S. 111 (6): © **Marc Deganck/f1-online, Frankfurt** – S. 119 (2), 203 (RS): **Langewiesche-Brandt**, Ebenhausen – S. 122 (1), 141 (5): **Archiv Grünes Gedächtnis**, Berlin – S. 123 (2): **Bundesarchiv Koblenz/ADN** – S. 125 (RS): **Stephan Warnatsch**, Berlin – S. 128 (1), 139 (2. v. u.), 140 (1): **Frank Darchinger** – S. 130 (1): **Harald Hauswald/Ostkreuz** – S. 132 (1): **ullstein bild – CARO/Andreas Riedmiller** – S. 133 3): **www.bayern.de** (© Eurocopter) [03.01.2012] – S. 133 (4): **Siemens-Pressebild** (© Siemens AG München/Berlin) [03.01.2012] – S. 134 (1): **www.audi.de** [03.01.2012] – S. 137 (2): © **Josef Blaumeister** – S. 146 (1): aus: **Wochenschau**, Sek. II, 2/1989 – S. 147 (2): **Bundesamt für Strahlenschutz**, Salzgitter – S. 149 (2): aus: Geschichte lernen, 20/1991, S. 64 (© **Jupp Wolter**) – S. 151 (2), 198 (2): **picture-alliance/dpa/dpaweb** – S. 151 (RS u.): **www.kremlin.ru** [03.01.2012] – S. 155 (2): aus: **Imanuel Geiss/Gabriele Intemann: Der Jugoslawienkrieg.** Diesterweg, Frankfurt/M. 1995, S. 61 – S. 157 (2): **picture-alliance/Lonely Planet Images** – S. 158 (1): © **Joachim Kohlbrenner** – S. 136 (1), 159 (2): **Sven Simon**, Essen – S. 127 (RS), 160 (1): **Jürgens Ost- und Europaphoto**, Berlin – S. 160 (2): **Sammlung Otto Maly** – S. 161 (3), 182 (3): **Paul Glaser**, Berlin – S. 166 (1): © **Reiner Schwalme** – S. 169 (RS): www.BStU.bund.de [03.01.2012] – S. 177 (2): **Forschungs- und Gedenkstätte Normannenstraße**, Berlin – S. 182 (2): **KNA** – S. 186 (1): © **Thomas Plaßmann** – S. 196 (1): © **Brigitte Schneider** – S. 198 (1): **www.c5.net** – S. 202 (1): **Archiv der deutschen Jugendbewegung** – S. 203 (2): **H. Weber**, Köln – S. 204 (RS o.): **Internews München** – S. 205 (RS o.): **J. Hollatz**, Heidelberg – S. 207 (3): aus: **Frankfurter Allgemeine Zeitung**, 28.3.2000 – S. 208 (1), 209 (2): **Shell Deutschland**

Nicht in allen Fällen war es uns möglich, die Rechteinhaber der Abbildungen ausfindig zu machen. Für eventuell entstandene Fehler oder Auslassungen bitten wir um Verständnis. Berechtigte Ansprüche werden selbstverständlich im Rahmen der üblichen Vereinbarungen abgegolten.

Karten und Grafiken

Carol Borrell, Berlin; Elisabeth Galas, Bad Neuenahr; Skip Langkafel, Berlin; Bernhard Lutz, Regensburg

Die Grundlage dieses Lehrwerks wurde erarbeitet von:
Sabine Billinger, Heike Bruchertseifer, Martin Fritze,
Claudia Janker, Matthias Steiner, Doris Thammer,
Gisela Wohlhöfner, Josef Zißler.

Redaktion: Bernhard Lutz, Dr. Uwe Andrae
Bildassistenz: Helena Wittkowski
Umschlaggestaltung: Klein & Halm Grafikdesign, Berlin
Layoutkonzept: Mike Mielitz, Simone Siegel
Technische Umsetzung: Verlagsbüro Bernhard Lutz, Regensburg

Das Titelbild zeigt das Ausstellungsgebäude eines Autoproduzenten in München.
(Foto: mauritius-images/Foto: Günter Lenz; Bild-Nr. 71700916)

www.cornelsen.de

1. Auflage, 1. Druck 2012

Alle Drucke dieser Auflage sind inhaltlich unverändert
und können im Unterricht nebeneinander verwendet werden.

Druck: Stürtz GmbH, Würzburg

ISBN 978-3-464-64176-7

Inhalt gedruckt auf säurefreiem Papier aus nachhaltiger Forstwirtschaft.